Kohlhammer

Judentum und Christentum

Herausgegeben von

Kathy Ehrensperger
Soham Al-Suadi

Band 28

Andreas Zingg

Von und mit Israel hoffen lernen

Friedrich-Wilhelm Marquardts Eschatologie und ihre Implikationen für Theologie und Kirche

Verlag W. Kohlhammer

1. Auflage 2023

Gesamtherstellung: W. Kohlhammer GmbH, Stuttgart

Print:
ISBN 978-3-17-043400-4

E-Book-Format:
pdf: 978-3-17-043401-1

Inhaltsverzeichnis

Vorwort

Die Dissertation «Von und mit Israel hoffen lernen. Grundmotive der von Israelverbindlichkeit durchwirkten Eschatologie Friedrich-Wilhelm Marquardts und ihre Implikationen für Theologie und Kirche» wurde im Mai 2022 von der Theologischen Fakultät der Universität Bern als Dissertation angenommen und für die Drucklegung geringfügig überarbeitet. Insbesondere wurde auf Anraten des Verlags sowohl der Untertitel gekürzt als auch von der Erstgutachterin angeregte sprachliche Verbesserungen umgesetzt und in Fussnoten auf ihre kritischen Anmerkungen zum Schlusskapitel hingewiesen. Ferner, ebenfalls in Fussnoten, wurden auf Detailhinweise des Zweitgutachters eingearbeitet.

An dieser Stelle danke ich herzlich der Erstgutachterin, Frau Prof'in Dr. Magdalene L. Frettlöh (Bern). Sie hat mich ermutigt, die Arbeit zu schreiben und mich mit ihrer begeisternden Art, Theologie zu treiben, immer wieder motiviert, auch neben der Tätigkeit als Gemeindepfarrer die begonnenen Denkwege weiter zu verfolgen. Meinem Zweitgutachter, Herrn Prof. Dr. Rinse H. Reeling Brouwer (Amsterdam) danke ich für seine präzisen, insbesondere konfessionshistorischen Anmerkungen. Von beiden habe ich über all die Jahre viel gelernt. Mein theologisches Denken ist dank ihnen klarer und mutiger geworden.

Mein Dank geht auch an die Mitglieder des systematisch-theologischen Kolloquiums der Theologischen Fakultät der Universität Bern, die sich meiner Texte und Fragen immer wieder angenommen und sie wohlwollend-kritisch bedacht haben. Ihre Rückmeldungen haben Klarheit und Kontur in mein Schaffen gebracht.

Die vorliegende Arbeit hätte nicht ohne das Stipendium für Nachwuchswissenschaftlerinnen und -wissenschaftler der Reformierten Kirchen Bern-Jura-Solothurn entstehen können. Herzlichen Dank insbesondere Herrn Prof. Dr. Matthias Zeindler (Bern) für sein Fördern und Nachfragen.

Besonders gefreut habe ich mich darüber, dass die Arbeit mit dem Hans-Ehrenberg-Wissenschaftspreis 2021 ausgezeichnet worden ist, zusammen mit der Habilitationsschrift von Herrn Prof. Dr. Joachim Krause (Bochum).

Ebenfalls herzlich danken möchte ich den Herausgeberinnen der Reihe «Christentum und Judentum» des Kohlhammer-Verlags, Frau Prof'in Dr. Soham Al-Suadi (Rostock) und Frau Prof'in Dr. Kathy Ehrensperger (Potsdam) für die Aufnahme meiner Arbeit in die Reihe. Auch den Mitarbeitenden des Kohlhammer-Verlags, namentlich Herrn Dr. Sebastian Weigert, Lektoratsleiter Theologie, Philosophie und Religionswissenschaft und Herrn Florian Specker, Lektorat Theologie, danke ich für die freundliche und professionelle Mithilfe und Korrespondenz.

Einen besonderen Dank möchte ich den Institutionen und Privatpersonen aussprechen, die sich grosszügigerweise an den Druckkosten beteiligt haben, namentlich den Reformierten Kirchen Bern-Jura-Solothurn, der Evangelischen Kirche Deutschland, dem Doktoratsprogramm der Theologischen Fakultät der Universität Bern.

Und nicht zuletzt: Viel Motivation verdanke ich all den interessierten Nachfragen aus der Gemeinde, meinem Freundes- und Familienkreis. Sie haben mich dazu animiert, meine Gedanken so zu formulieren, dass sie für theologische Laien verständlich sind. Danke für dieses wichtige Korrektiv!

Ich widme diese Arbeit meinen Eltern, Christine und Daniel Zingg. Sie haben mir eigenständiges, unabhängiges und geerdetes Leben und Denken vorgelebt.

Schlosswil, im Winter 2022

«Hatten Theologen in der vorigen Generation unter dem Andrang der nihilistischen Grundsituation im Abendland Theologie zu treiben versucht, etsi Deus non daretur: als gäbe es Gott nicht, finden wir uns in der umgekehrten Situation, *von Gott zu reden: als gäbe es ihn.*»
Friedrich-Wilhelm Marquardt: U, 572.

0 Einstimmung: Friedrich-Wilhelm Marquardts von Israelverbindlichkeit durchwirkte Eschatologie

Friedrich-Wilhelm Marquardts Theologietreiben unterscheidet sich ganz wesentlich von dem anderer Dogmatikerinnen und Dogmatiker und kann als einzigartig gelten. Im Gegensatz zu vielen Dogmatiken, die sich nach der Klärung der Prolegomena an klassischen Gross-Themen wie Schöpfungslehre, Anthropologie, Christologie, Gotteslehre und Eschatologie systematisch abarbeiten, atmet die Dogmatik Marquardts von der ersten bis zur letzten Seite die Not, in die das erwählte Volk Israel vor allem während der Schoa von Christinnen und Christen gebracht wurde. Marquardts persönliche Betroffenheit davon und das aus ihr hervorgehende Bemühen, angesichts dieser Not verbindliche und verantwortungsvolle Theologie zu treiben, bringt eine dogmatische Denkbewegung hervor, die auf mehreren Ebenen beispiellos ist. Einerseits ist Marquardts Dogmatik nicht an einer klar definierten Begriffsmatrix aufgehängt. Marquardts theologische Begriffe verändern sich im Laufe seiner Denkbewegung oder er lässt sie von Anfang an bewusst vieldeutig. Im Kontrast zu dieser fluiden Begriffsverwendung ist die theologische Verbindlichkeit mit Israel eine Konstante, an der Marquardt alles Theologietreiben ausrichtet. Dies führt auf eine Vielseitigkeit auf der sprachlichen Ebene, wo sich predigtähnliche, meditative Passagen abwechseln mit dialogischen, welche die Argumente ihrer oftmals auch jüdischen Gesprächspartnern und -partnerinnen darlegen und abwägen. Nicht selten streut Marquardt ganz unverhofft sehr dichte, detailreiche und anspruchsvolle eigene Exkurse ein, die er eng auf diese Partner- und Partnerinnenstimmen bezieht, ohne sie aber im Text selbst etwa durch Zwischenüberschriften kenntlich zu machen. Dies führt dazu, dass Marquardts frage- und denkräumliche Theologie immer in ihrem Gesamtaufriss betrachtet werden muss, obwohl sie auf den ersten Blick dazu verführen könnte, sie einseitig als vielleicht etwas ausführlich und umständlich geratene israel-theologisch grundierte Eschatologie zu bezeichnen.

Die Spannung zwischen Nicht-Definieren-Können und Verbindlich-Sein-Müssen zeigt, dass Marquardts Theologietreiben nicht davon lebt, ein stimmiges Theoriegebilde zu sein. Vielmehr ist sie eine Suchbewegung, die die existenzielle und konkret erlebte Not real existierender Menschen zum Anlass nimmt. Marquardt sucht den Leben verheissenden Gott trotz sichtbarer Gottverlassenheit in der todbringenden Schoa. Er hofft auf die Erfüllung göttlicher Verheissung trotz der Preisgabe des erwählten Volkes. Er gibt gerade diese Hoffnung nicht auf, weil immerhin eine kleine Minderheit die Gaskammern überlebt hat und nur wenige Jahre später ausgerechnet auf dem Boden des verheissenen Landes einen jüdischen Staat aufbaut. Das Volk Israel hat so seinen in Auschwitz fraglich gewordenen Gott als Gott bestätigt, es zeugt so davon, dass Gott selbst in Auschwitz wohl doch nicht hingerichtet worden war. Gleichwohl ist gerade diese Zeugenschaft kein Offenbarungsmerkmal des Frieden verheissenden Gottes, zumal sich in der ambivalenten politischen Realität des Staates Israel immer wieder Krieg und Unfrieden zeigen.

Im Folgenden sollen zum einen die für Marquardts theologisches Arbeiten wesentlichen israelbezogenen biographischen Hintergründe skizziert, dann die Entstehung der Dogmatikbände aufgezeigt werden, bevor in die produktive theologische Grundspannung dieser Dogmatik eingestimmt wird. Dieser Dreischritt soll eine Hilfe dafür sein, das theologisch produktive Potential der Marquardtschen Dogmatik erkennen zu können.

> Darüber hinaus ist es mir auch ein Anliegen, die ganz eigene Schönheit der Marquardtschen Gedankengänge und der Sprache, derer er sich bedient, zu zeigen. Mir ist nämlich kaum je eine Dogmatik begegnet, die mich spannungsvoller berührt hat als die Marquardtsche: Erstaunen, Erhellen, Berührung, Gerührt- und Ergriffensein gehen immer einher mit Unverständnis, Nichtverstehen, Verloren-sein und Nicht-Folgen-Können.

0.1 Israels Sitz im Leben Marquardts bis zur Entstehung der Dogmatikbände

Weil einerseits die Biographie Friedrich-Wilhelm Marquardts wenig bekannt und andererseits sein theologisches Denken stark von seiner Biographie geprägt ist, gebe ich hier einen gerafften und auf Israel fokussierten Überblick über die Biographie Friedrich-Wilhelm Marquardts wieder.[1]

---

1 Pangritz: *Gott* umreisst das Leben Marquardts anschaulich. Ich nehme diese Skizze als primäre Grundlage für die folgenden Ausführungen und ergänze sie mit den trans-

> Diese Biographiearbeit muss aus mehreren Gründen sehr sensibel getätigt werden: Einerseits deshalb, weil ich persönlich die Person Marquardts nur aus seinen Schriften und einigen wenigen mündlichen Erzählungen von Menschen kenne, die ihn persönlich gekannt haben.[2] Ich habe also keine eigenen Eindrücke von Marquardt, die ich etwa ins Gespräch mit diesen Überlieferungen und Selbstzeugnissen bringen könnte. Wertvolle Informationen sind so leider nicht verfügbar. Andererseits hat diese Situation aber den grossen hermeneutischen Vorteil, auf die Texte Marquardts selbst angewiesen zu sein. Die Versuchung, den Eindrücken persönlicher Begegnung einen ihr nicht zustehenden Stellenwert beizumessen, besteht so nicht.

Obwohl beide Eltern des 1928 geborenen Friedrich-Wilhelm Marquardt Mitglied der NSDAP waren, konnten sie ihren Ariernachweis nicht erbringen. Friedrich-Wilhelm hatte aber eine «jüdische Urgrossmutter»,[3] deren Existenz von seinen Eltern aufgrund der Nürnberger Rassengesetze verschwiegen werden musste.[4]

> Von ihr kann sich Marquardt aber nicht viel mehr als an ihren Namen, Marianne Salomon, unsicher erinnern. Sie war eine ehemalige Dienstmagd, die von einem General von der Decken ein uneheliches Kind, den Urgrossvater Marquardts mütterlicherseits, zur Welt gebracht hat. So war sie doch wohl eher Ururgrossmutter als «Urgrossmutter».[5]

In der Reichspogromnacht 1938 geschah dann das, was Marquardt, rückblickend, als prägend empfand und es darum an vielen Stellen seines Werks als etwas beschreibt, was ihm ein «Wendedatum»[6] oder «Grunddatum» seines Theologietreibens o. ä. wurde.[7]

Im Sommer 1947 begann Marquardt, in Marburg Theologie zu studieren.[8] Mit der Prägung durch Rudolf Bultmann und dessen «Entmythologisierungsprogramm» von 1941 ist Marquardt die existentiale Interpretation des Neuen Testaments wichtig geworden.[9] Im von der religionsgeschichtlichen Schule und dem Neukantianismus charakterisierten Marburg hörte Marquardt aber auch beim liberalen Emil Balla und seinem Schüler Georg Fohrer Altes Testament. Fohrer legte das Alte Testament existential aus, d. h. er ging davon aus, dass das Alte Testament ein ganz gegenwärtiger Text sei. Von Fohrer übernahm Marquardt die Einstellung, dass das Alte Testament, wie das Neue auch, ein Text ist, der «richtig historisch verstanden werden» will. Das heisst: die Tatsache, dass das

---

kribierten Audio-Aufzeichnungen aus der Dokumente-DVD Pangritz: *Erinnerungen*. Weitere Einblicke in Marquardts Biographie geben: Pangritz, *Wendung* und Waßmann: *Vaterland*.

2 Dazu gehören unter anderen die Gutachterin und der Gutachter dieser Arbeit.

3 Vgl. Marquardt: *Befreit*, 3.

4 Vgl. Pangritz: *Gott*, 9.

5 Vgl. Marquardt: *Befreit*, 3.

6 Vgl. Pangritz: *Erinnerungen*, Transkript III, 1.

7 Vgl. Marquardt: *Befreit*, 2 und Pangritz: *Erinnerungen*, Transkript II, 14.

8 Vgl. Pangritz: *Erinnerungen*, Transkript V, 2.

9 Vgl. ebd., Transkript VI, 16. Hinweis zur Zitierweise: Steht nach einem wörtlichen Zitat keine Anmerkung, gilt als Quellennachweis dafür immer der darauffolgende.

Buch der Christen zu einem Grossteil aus einem jüdischen Buch besteht, bringt die Frage mit sich, «wie dieses Judentum des Alten Testaments und dieses Christentum des Neuen Testaments zusammengehören».[10]

> Gerade an dieser Stelle zeigt sich, dass Marquardt Terminologie verwenden kann, die aus heutiger Sicht nicht mehr dem Stand der Diskussion entspricht, er aber im Eruieren von Problemstellen eigene Wege geht.

Im Jahr 1949 hat Marquardt im Rahmen einer Studienreise in die Niederlande bei einer jüdischen Gastfamilie gewohnt, deren Gastfreundschaft den jungen Deutschen beschämt hat – es war seine «erste Lebensgemeinschaft und Begegnung mit Juden»[11]. Auf einer theologischen Tagung in den Niederlanden hat Marquardt begonnen, zu seiner Marburger Prägung etwas hinzuzulernen, was ihn später von Marburg nach Berlin geführt hat, nämlich ein «gesellschaftliches Bewusstsein» für theologische Themen.[12] Deshalb wurde für ihn sein Engagement für den evangelischen Kirchentag wichtig, das in dieser Zeit angefangen und ihn von da an sein ganzes Leben lang intensiv begleitet hat.[13]

Im Herbst 1951 nahm Marquardt sein Studium in Basel auf – bei Karl Jaspers, aber vornehmlich bei Karl Barth.[14] Besonders faszinierend fand Marquardt Barths «dynamische Auffassung von der Rechtfertigung mit ihrer Abzielung auf die Lebenspraxis der Christen»[15]. Er empfand die Barthsche Rechtfertigungslehre als Gegensatz zu dem, was er bei Bultmann gelernt hatte, nämlich «gerade alle Eigentätigkeit des Menschen und die Lebenspraxis auszublenden».[16]

Als «Erdbeben und Wende-Erlebnis» beschreibt Marquardt die Entdeckung des Barth-Satzes «Jesus Christus ist unser Vorverständnis»[17]. «Vorverständnis» ist ein zentraler Begriff in Bultmanns Theologie, weil er die Voraussetzung für den den Glauben fundierenden Verstehensprozess beschreibt. Jesus Christus als Vorverständnis im Sinne Barths leuchtete Marquardt unmittelbar ein: Erst, nachdem man persönlich darüber ins Klare gekommen ist, was man über Jesus Christus «ganz untheologisch, ganz undogmatisch, auch ganz unexegetisch reflektieren» kann, hat man die Möglichkeit, ein Dogma zu verstehen.[18]

Während seines dritten Studiensemesters assistierte Marquardt bei Barth, was ihm die Möglichkeit gab, intensiv den sich im Entstehen befindenden Band IV/I der *Kirchlichen Dogmatik* zu lesen und mit Barth selbst zu diskutieren.[19]

---

10 Vgl. Pangritz: *Erinnerungen*, Transkript VI, 6–12.
11 Vgl. ebd., Transkript VII, 17.
12 Vgl. Pangritz: *Erinnerungen*, Transkript VII, 14f.
13 Vgl. ebd., Transkript VII, 2.
14 Vgl. ebd., Transkript IX, 3f.
15 Vgl. Pangritz: *Gott*, 15.
16 Vgl. ders.: *Erinnerungen*, Transkript IX, 4.
17 Vgl. ebd., 6. Marquardt zitiert aus der Erinnerung und nur mit Barth: *KD* I/2 als vermuteter Quellenangabe.
18 Vgl. ebd., 6f.
19 Vgl. ebd. 14.

Bevor Marquardt sein Doktoratsstudium bei Helmut Gollwitzer antrat, war er 1953 Vikar in Lindau[20] und wurde 1954 ordiniert.[21] Auf Anraten Barths sollte er bei Gollwitzer und Hans Joachim Iwand promovieren. Seine Arbeit *Verstehen und kirchliche Verkündigung*[22] wurde aber nicht angenommen[23] und er übernahm schliesslich 1957 das Studentenpfarramt in Berlin.[24]

Marquardt hat den «Schlüssel» seiner «theologischen Existenz» auf einer Nahostreise gefunden. Im Frühling 1959 reiste Marquardt als einer der ersten aus Deutschland mit einer Studentengruppe durch den Nahen Osten.[25] Die Begegnungen auf dieser Reise mit realen Jüdinnen und Juden löste in Marquardt grosse Verwirrung aus: Angesichts des real existierenden Volkes Israel im real existierenden Staat und Land Israel wurden seine Bultmannsche und Barthsche Hermeneutiken infrage gestellt.[26]

Marquardt nennt drei Gründe für die Erschütterung seiner «theologischen und christlichen Identität», die durch diese Nahostreise ausgelöst wurde: Erster und wichtigster war die Erfahrung, dass «das Judentum» ein «real existierendes Volk» ist und nicht nur «eine Religion». Gerade weil das Judentum real existiert, kann es einerseits nicht aus christlicher Sicht als Negativfolie zum Neuen Testament betrachtet werden, wie es noch in den Fünfzigerjahren gang und gäbe war. Andererseits muss sich das Christentum von der gegenwärtigen Realität der Existenz Israels fragen lassen, wie «man» sich «eigentlich zu einer Bibel, deren Gegenstände mitten unter uns gegenwärtig sind» verhält.[27]

Als zweiten Grund der Erschütterung nennt Marquardt die «Bedeutung der Materie Land für ein Selbstverständnis». Marquardt war sich bis dahin gar nicht bewusst, dass «dieses Land» in der Bibel so stark präsent ist. Wenn man also «irgend ein Sinnverhältnis zu diesem Volk bekommen wollte», ist es unumgänglich, auch zu einem «Sinnverhältnis zu solch einem Erdboden» zu kommen. Das «war in dieser völlig vergeistigten und existentialisierten Form unseres theologischen und christlichen Bewusstseins eine wirkliche Erschütterung für mich.»[28]

Die dritte Erschütterung war für Marquardt «die Erfahrung des Staates». Es stellte sich für ihn die Frage, ob «die Bildung eines Staates» mit seiner politi-

---

20 Vgl. Pangritz: *Erinnerungen*, Transkript X, 12.

21 Vgl. ebd., 21.

22 In dieser Arbeit hat Marquardt die Bultmannsche Position, dass «alle Bewegungen der Gottesoffenbarung im Akt existenziellen Verstehens zum Ziel» kommen, mit seiner eigenen Ansicht konfrontiert, dass sich «das Wort Gottes [...] nach aussen, dem Mitmenschen» zuwendet; es sich in dem, der es hört, zu einem neuen Wort für neue Hörende wird. (Vgl. Marquardt: *Genosse*, 96.)

23 Vgl. ebd. Marquardt nennt konkret, dass Iwand seinen «enigmatischen Stil» kritisiert hat.

24 Vgl. Pangritz: *Erinnerungen*, Transkript XII, 1f.

25 In Marquardt: *Begegnungen*, 145–151 beschreibt Marquardt diese erste Israelreise. Siehe dazu auch Pangritz: *Erinnerungen*, Transkript XI, 2.

26 Vgl. Pangritz: *Gott*, 18f.

27 Vgl. ders.: *Erinnerungen*, Transkript [XVI], 1f.

28 Vgl. ebd., 4f.

schen, gesellschaftlichen, aber auch militärischen Wirklichkeit als eine Art Ausdruck göttlichen «Walten[s]» zu deuten sei.[29]

Diese dreifache Erschütterung hat Marquardt verarbeitet, indem er begonnen hat, mit dem «Allerschwersten», weil «Allersinnlichsten» seiner Israel-Erfahrung, über die «Bedeutung des Landes» theologisch nachzudenken unter der Frage, welche Bedeutung die biblischen Landverheissungen für Israel und auch für die Christen haben können. Daraus ist der Aufsatz *Die Bedeutung der biblischen Landverheissungen für die Christen* entstanden, der 1964 publiziert wurde.[30]

«Praktisches Ergebnis» dieser ersten Nahostreise war die Gründung der *Arbeitsgemeinschaft «Juden und Christen» beim Deutschen Evangelischen Kirchentag* 1961 unter anderen zusammen mit Robert Raphael Geis, Helmut Gollwitzer, Schalom Ben-Chorin, Ernst Ludwig Ehrlich, Eva G. Reichmann, Eleonore Sterling.[31] Die Gründung dieser Arbeitsgemeinschaft war eine Pionierleistung: Nach Jahrhunderten christlicher Vertreibung oder Vereinnahmung der Jüdinnen und Juden und erst recht nach dem Schweigen der Kirchen zu den Holocaustverbrechen war ein solches «Glaubensgespräch» ohne Vorbild[32] und fiel in eine Zeit, in der bereits wieder deutschlandweit Synagogen verschmiert und jüdische Friedhöfe geschändet wurden.[33]

1967 reichte Marquardt bei Helmut Gollwitzer seine Dissertation mit dem Titel *Die Entdeckung des Judentums für die christliche Theologie. Israel im Denken Karl Barths* ein. Ausgehend von der in Israel aufgeworfenen Frage nach den theologischen Konsequenzen der wirklichen Existenz Israels ist Marquardt wieder auf Karl Barth gestossen. Barth selbst hat nämlich während der drei Semester, in denen Marquardt in Basel bei ihm studierte, Israel nie thematisiert. So sah sich Marquardt herausgefordert, an Barth selbst seine Fragen betreffend das «neue Israel» und «das Judentum als eine dem Christentum irgendwie benachbarte Wirklichkeit» zu behandeln.[34]

Aus Marquardts Vermittlungsbemühungen zwischen Studierenden, Kirchenleitenden, Politik und Öffentlichkeit in den Jahren der Studentenbewegung ging auch seine als Habilitationsschrift geplante Schrift *Theologie und Sozialismus. Das Beispiel Karl Barths* von 1971 hervor, die er bei Helmut Gollwitzer verfasst hatte. Diese wurde von der Kirchlichen Hochschule knapp abgelehnt, worauf

---

29 Vgl. Pangritz: *Erinnerungen*, Transkript [XVI], 6f.

30 Vgl. ebd., 8.

31 Vgl. ders.: *Gott*, 20. Die komplette Liste der Gründungsmitglieder findet sich bei Goldschmidt: *Bund*, 312f. Marquardt hatte von 1968 bis 1971 und 1991 bis 1994 den christlichen Vorsitz der AG Juden und Christen inne. (Vgl. ebd., 26.37.)

32 Seit 1948 existierten «jüdisch-christliche Gesellschaften», in denen aber kaum eine theologische Auseinandersetzung stattfand. Landeskirchliche «Arbeitskreise» existierten kaum und wenn, dann mit wenig öffentlicher Wirksamkeit oder kirchenpraktischer Relevanz. (Vgl. Kammerer: *Arme*, 10.)

33 Vgl. ebd., 9.

34 Vgl. Pangritz: *Erinnerungen*, Transkript IX, 16f. Trotz Barth: *KD* IV/1 § 59, 181f.

Gollwitzer aus Solidarität mit Marquardt zurücktrat. Dann aber wurde die Arbeit vom Fachbereich Philosophie und Sozialwissenschaften der Freien Universität Berlin angenommen.[35] In den Niederlanden fand das Buch mit grosser Aufregung Aufnahme.[36]

1974 zog Marquardt für ein Gastsemester, im Austausch mit Frans Breukelman,[37] nach Amsterdam und wohnte, wie schon bei seinem ersten dortigen Aufenthalt, wieder bei einer jüdischen Familie.[38]

Marquardt lernte in den Niederlanden – auch im Gespräch mit dem Rabbiner und Hochschullehrer Jehuda Ashkenasy –, dass einerseits die «*politische Wirklichkeit des Judentums*» theologisch unbedingt neu bedacht werden musste, damit der «historisch-theologische Sinn» des Judentums begriffen werden kann. Andererseits ist vom Judentum zu lernen, dass es einen «*Erkenntniswert des Handelns*» gibt und daher praktisches Tun nicht zwingend theologischer Begründung folgen muss, also «Halacha [...] *vor* aller ‹Theologie› (im Sinne christlicher Dogmatik)» steht.[39]

0.2 Hintergründe der Entstehung der Dogmatikbände

Seine Dogmatik entwarf Marquardt seit 1976 in den Vorlesungen und Kolloquien auf dem Lehrstuhl für Systematische evangelische Theologie an der Freien Universität Berlin als Nachfolger von Helmut Gollwitzer.[40] Im Jahr davor hat Marquardt den Ruf an die Universität von Amsterdam abgelehnt, da dies einerseits wohl die Schliessung des Theologischen Instituts in Berlin zur Folge gehabt hätte – aus finanziellen Gründen hätte es nach der Emeritierung Gollwitzers keine Neubesetzung dieser Stelle gegeben – und da andererseits für

35 Marquardt berichtet darüber kurz in ders.: *Genosse*, 104, betont aber, dass er sich in dieser Sache nicht äussere: Die Begründung der Ablehnung lautete dahingehend, dass Marquardt «über Theologie und Sozialismus überhaupt, aber nicht über Barths Verhältnis in dieser Sache» schreiben sollte. (Auszüge aus ebd. sind unter dem wohl editorischen Titel «Über den Zusammenhang von Theologie und Biographie – am Beispiel des gescheiterten Habiliationsverfahrens an der Kirchlichen Hochschule Berlin 1971» in Pangritz: *Erinnerungen*, Transkript I, 1. wiedergegeben.) Warum Marquardt bzw. seine Herausgeber diese Begebenheit unter dem Gesichtspunkt von Theologie und Biographie darlegen, erschliesst sich mir nicht.

36 Vgl. Tomson: *Kritik*, 57.

37 Vgl. ebd., 59.

38 Vgl. Marquardt: *Amsterdam*, 99.

39 Vgl. ebd., 123–125.

40 Vgl. Pangritz: *Gott*, 33.

Marquardts Anliegen, die «jüdisch-christliche Belehrung», in Deutschland viel grösserer Bedarf herrschte.[41]

Marquardt verfolgte mit seinem dogmatischen Projekt ein missionarisches, gar pädagogisches Ziel: Indem er die christliche und auch die dogmatische Tradition «auf die Hörner genommen»[42] hat, wollte er eine durch radikale theologische Selbstkritik ausgelöste «Erneuerung» des jüdisch-christlichen Verhältnisses auslösen. Vor diesem Hintergrund hat er die Dogmatik «in Angriff genommen», die den Anspruch hat, «kirchlich» zu sein.[43] Marquardt will nämlich in seiner Dogmatik, die «nichts anderes ist als die Aufarbeitung» der ersten Nahostreise von 1959, vermitteln «zwischen dem Elend und der Heimsuchung des Christentums heute in seiner Mitverantwortung für Auschwitz und in seinem Glück, überlebenden Juden begegnen zu können [...] [und] dem, was in der Kirche nach wie vor gelebt und von der Gemeinde geglaubt wird.»[44]

Marquardt hat bereits nach dem Abschluss des Prolegomenabandes, der 1988 publiziert wurde, festgestellt, dass er «den Begriff und die Form der Dogmatik-Tradition» nicht wird fortsetzen können, da einerseits die so zu bearbeitende Stofffülle zu gross war. Andererseits zeigt «schon der Gang der Barthschen Dogmatik (in seinen drei Dogmatiken) [...] die innere Nötigung dazu, immer wieder von vorne anfangen zu müssen und nie zu einem ‹letzten Wort› kommen zu können.» Für Marquardt vorbildlich sind deshalb die Lehrstücke Barths, die nicht ein letztes Wort reden wollen, sondern geöffnet sind auf ihre «Verifizierung durch ‹Gott selbst›».[45] Letzteres hat zur Konsequenz, dass durch die gesamte Dogmatik Marquardts ein «Riss» geht: Auf der einen Seite gilt es das zu bekennen, was man auf der anderen Seite nicht behaupten kann.[46] Denn Gott kann nicht durch dogmatische Sätze der Menschen sondern – hoffentlich! – nur durch sich selbst verifiziert werden.

Von 1988 bis 1997 erschien die Dogmatik, ein Werk von insgesamt sieben Bänden.[47] Die Aufteilung in einen Prolegomenaband, gefolgt von zwei Bänden Christologie, gefolgt von drei Bänden Eschatologie und einem eigentlich zur Eschatologie gehörenden Abschlussband über theologische Utopie, ist zugegebenermassen unausgewogen und «untypisch».[48]

Aufgrund der zunehmenden Eschatologisierung in seiner dogmatischen Arbeit, obwohl die «christologische Frage» fundamental bleibt, kann Marquardt

---

41 Vgl. Pangritz: *Erinnerungen*, Transkript [XVI], 13f.

42 Vgl. ebd., 15.

43 Vgl. ebd.

44 Vgl. ebd., Transkript [XV], 2f.

45 Vgl. Marquardt: *Amsterdam*, 136f.

46 Vgl. ebd., 145.

47 Von den sieben Dogmatikbänden ist 2013 der christologische Doppelband in einer Studienausgabe neu erschienen. Die Prolegomena, die dreibändige Eschatologie und der Utopieband sind bis dato, wenn überhaupt, nur noch antiquarisch erhältlich.

48 Vgl. Pangritz: *Erinnerungen*, Transkript [XVI], 18.

keine Zweinaturenlehre mehr vertreten. Ferner bekundet er «äusserste Schwierigkeiten» mit der Trinitätslehre.[49] Statt einer Zweinaturenlehre will Marquardt das Verhältnis zwischen Gott und Jesus in einer «Werkgemeinschaft» sehen. Er will einen theologischen Begriff des «Lebensprozesses eines Sich-Einens» jüdisch und christlich einholen.[50]

Als Marquardt, allerdings schon 1972, mit ersten Gliederungsarbeiten einer Dogmatik begann, verfolgte er, wie oben dargestellt, noch ein anderes Konzept: Die Dogmatik sollte als «Evangelische Halacha»[51] aufgebaut, d. h. der gesamte Stoff christlicher Tradition auf ihre ethischen Gehalte hin befragt werden. Marquardt wollte die gesamte Tradition als «Auslegung des Zehnwortes am Sinai» entwickeln mit dem Ziel, herausarbeiten zu können, was «die ethische Frage für die Formulierung von Glaubensinhalten» bedeutet. Die Dogmatik hat dann eine andere Ausrichtung erhalten, weil Marquardt «Auschwitz» und damit auch die Frage der christlichen Mitschuld daran, in den Weg gekommen ist. So heisst der Prolegomenaband in seinem Titel «Vom Elend und Heimsuchung der Theologie», weil Marquardt dort intensiv die Frage bearbeitet, ob christliche Theologie nach Auschwitz überhaupt noch möglich sei.[52]

Nach dem «Erkenntnisgewinn», den Marquardt durch das Auftauchen der Auschwitzfrage gemacht hat, kamen ihm Ende der Siebziger-, anfangs der Achtzigerjahre die «Christusfragen», d. h. die «Messiasfrage», «die Frage nach dem Judentum Jesu».[53] Für Marquardt ist seit seiner Dissertation über Barths Israeltheologie «Israel selbst ein christologischer Tatbestand». Hier lehnt sich Marquardt an die Barthsche Formel «von Israel als der ‹natürlichen Umgebung› Jesu Christi» als «Gegenbegriff» zur Kirche als der «geschichtlichen Umgebung Jesu Christi» an.[54]

Aus dieser Fragerichtung, die vorwiegend im Rahmen der Kirchentagsarbeit entwickelt wurde, geriet Marquardt in die Nähe der mündlichen Tora, zum Tal-

---

49 Vgl. Pangritz: *Erinnerungen*, Transkript [XIV], 12.

50 Vgl. ebd., 15.

51 Siehe hierzu etwa Marquardt: *Rechtfertigungsgeschehen*, 43–75 oder Aktion Sühnezeichen Friedensdienste (Hg.): *Halacha*.

52 Vgl. Pangritz: *Erinnerungen*, Transkript [XVI], 15f. Siehe hierzu etwa Marquardt: *Christsein nach Auschwitz*, in: ders., Albert Friedlander: *Schweigen*, 7–34. Als «Heim-Suchung» charakterisiert Marquardt hier die Aufgabe der Theologie, ein «Denken aus der Umkehr heraus» im Sinne Hans Iwands zu sein: Theologie muss «ontologisch dort noch einmal [...] beginnen, wo die Kirche einst das jüdische Volk verliess und verstiess: in der biblischen Wirklichkeitsordnung». (Vgl. P, 7f.) Christliche Theologie muss sich also auf die Bibel berufen, die historisch gesehen einen jüdischen Hintergrund hat und deshalb eine jüdische Wirklichkeit beschreibt. Christliche Theologie kann die Bibel adäquat nur mit Kenntnis der jüdischen Zugänge und Auslegetraditionen auslegen. Sie darf sich deshalb nicht von Israel abwenden.

53 Vgl. Pangritz: *Erinnerungen*, Transkript [XVI], 12f. Der Hg. verweist hier auf Marquardt: *Talmud*.

54 Vgl. Pangritz: *Erinnerungen*, 16.

mud, zur Interpretation des Alten Testamentes, «die in Konkurrenz gesehen werden kann zum Neuen Testament». Marquardt hat sich durch diese Fragen immer stärker von einem «Harmoniemodell» verabschiedet, das in der Anfangsphase der AG Juden-Christen des Kirchentages gelebt wurde. Zunehmend stellte er sich die Frage, wie Christen mit Differenzen zum Judentum umgehen können.[55]

Während der Achziger- und Neunzigerjahre wurde dann für Marquardts dogmatische Arbeit der Gedanke zentral, dass die Christen von den Juden zu lernen hätten.[56] So hat sich Marquardt in den letzten zehn Jahren seines Lebens eingehender als vorher mit dem Talmud beschäftigt. An der Berliner Evangelischen Akademie hat er zusammen mit der jüdischen Talmudgelehrten Chana Safrai von 1992 bis 2001 jährlich[57] die Talmudtagungen «Talmud lernen» gehalten, auf denen christliche Zugänge zum Talmud diskutiert wurden.[58]

Im Jahr 1999 hat Marquardt während eines Krankenhausaufenthaltes eine Erläuterung und Entfaltung des Glaubensbekenntnisses verfasst.[59] Diesen Text überschrieb Marquardt mit *Ein kleiner Katechismus zur Selbstvergewisserung über das Christsein und die kirchliche Lehre heute: nach Auschwitz. Den Gemeinden Jesu zur Stärkung – der Öffentlichkeit zur Information.*[60] Mit diesem Text will Marquardt zu einer «Selbsterneuerung des Handelns und der Lehre der Kirche» anregen und eine «Lebens- und Geisteswende der Kirche vorbereiten».[61]

Dies könnte als anmassend interpretiert werden, ist aber vor dem Hintergrund der Entwicklung Marquardtscher Theologie nur konsequent: Christliche Theologie gehört weder in die Gelehrtenstube noch besteht sie aus dogmatistischen Sätzen, sondern muss sich, aus ihrer Geschichte und ihren biblischen und traditionellen Texten speisend, immer neu den Anforderungen des «Heute», des Lebens, stellen und in dieses «Heute» die Hoffnung des sich selber bezeugenden Gottes hören lassen.

---

55 Vgl. Pangritz: *Erinnerungen*, 12f. Der Hg. verweist hier auf Marquardt: *Talmud*.

56 Vgl. ders.: *Gott*, 40.

57 Eine Chronologie der Tagungen findet sich in: Pangritz: *lernen*, 361. Nach Marquardts Tod fanden unter veränderter personeller Zusammensetzung noch fünf weitere Tagungen bis zum Tod von Chana Safrai 2008 statt.

58 Vgl. Pangritz: *Talmud*, 184.

59 Vgl. Marquardt: *Katechismus*, 3.

60 Vgl. ebd., vor allem 9.

61 Vgl. ebd., 10.

0.3 *«Von Gott zu reden: als gäbe es ihn» und «So Gott will und er lebt» – die verwegene Spannung der Marquardtschen Dogmatik*

Marquardts Dogmatik steht unter einem doppelten, spannungsreichen Vorzeichen: der Umkehrung des traditionellen *etsi deus non daretur*[62] in «von Gott zu reden: als gäbe es ihn»[63], und der radikalen theologischen Verschärfung des eschatologischen Vorbehalts aus Jak 4,15, der bei Marquardt nun lautet: «So Gott will und er lebt.»[64] Beide Vorzeichen sind darin grundgelegt, dass Marquardt sich in seiner Theologie wie wohl kein anderer deutschsprachiger Dogmatiker anfechten und heimsuchen liess von der Mitschuld christlicher Theologie und Kirche an der Schoa. Marquardts siebenbändige Dogmatik ist – in einem erschütterten wie erschütternden Masse – Theologie nach Auschwitz. Als solche verfolgt sie ein grosses Ziel: sie soll der «Erneuerung des christlich-jüdischen Verhältnisses» dienen.[65]

---

62 Dieser Ausspruch geht auf den Rechtsgelehrten, Philosophen und Theologen Hugo Grotius zurück, der darin die Gültigkeit des Naturrechts ohne Gottes Einwirkung oder die Berücksichtigung eines göttlichen Gesetzes ausdrückt. Im Laufe der fortschreitenden philosophischen und gesellschaftlichen Entkoppelung von weltlichen und göttlichen Sphären wurde das *etsi deus non daretur* verallgemeinert und besagt, dass Weltliches ohne Rekurs auf Gott funktioniert. (Siehe dazu auch Waldenfels: *Geist*, 114f.) Dietrich Bonhoeffer bemüht das Axiom *etsi deus non daretur* für die Begründung einer Gotteslehre in einer säkularisierten Welt. Dadurch, dass an Gott geglaubt wird, als gäbe es ihn nicht, steht nicht der Mensch mit seinen religiösen Bedürfnissen im Zentrum, sondern Gott. (Siehe dazu auch Biewald: *Bonhoeffer*, 86.)

63 U, 572. Hinweis zur Zitierweise: Direkte Verweise auf die Dogmatikbände Marquardts gebe ich unmittelbar nach dem Zitat im Text an und zitiere, ohne Nennung des Namens des Autors, nach folgendem Schlüssel:
Als «P»: Von Elend und Heimsuchung der Theologie. Prolegomena zur Dogmatik, München 1988.
Als «C I»: Das christliche Bekenntnis zu Jesus, dem Juden. Eine Christologie, Bd. 1, Studienausgabe, München 1990.
Als «C II»: Das christliche Bekenntnis zu Jesus, dem Juden. Eine Christologie, Bd. 2, Studienausgabe, München 1991.
Als «E I»: Was dürfen wir hoffen, wenn wir hoffen dürften? Eine Eschatologie, Bd.1, Gütersloh 1993.
Als «E II»: Was dürfen wir hoffen, wenn wir hoffen dürften? Eine Eschatologie, Bd. 2, Gütersloh 1994.
Als «E III»: Was dürfen wir hoffen, wenn wir hoffen dürften? Eine Eschatologie, Bd. 3, Gütersloh 1996.
Als «U»: Eia, wärn wir da – eine theologische Utopie, Gütersloh 1997.
Hervorhebungen bei allen Zitaten jeweils im Original.

64 Marquardt: *So Gott will*, 7.

65 Vgl. P, 8.

«[...] von Gott zu reden, als gäbe es ihn» – dieser Vorsatz steht bei Marquardt so pointiert zwar erst ganz am Ende seiner ehrfurchtgebietenden Dogmatik: im Utopieband.[66] Doch schon ganz zu Beginn, im Prolegomenaband, also vor allem Theologietreiben, nimmt Marquardt die Fraglichkeit Gottes in den Blick bzw. sie wird ihm zum Anlass, überhaupt Theologie zu treiben. Schon die Kapitelüberschriften sind entsprechend formuliert: «Soll und kann es überhaupt Theologie geben?», «Zur Begrenzung evangelischer Theologie», «Die Fraglichkeit der Theologie». Gott ist nämlich als Gott in Auschwitz fraglich geworden und deshalb auch alle christliche Theologie, weil er weder sein erwähltes Volk Israel vor den Gaskammern gerettet noch seine Vernichter und -innen an ihrem bösen Tun gehindert hat. Denn Gott kann nur Gott sein, wenn er Gott seines erwählten Volkes Israel ist. Deshalb stellt das, was im Holocaust dem erwählten Volk Israel angetan wurde, Gott selbst als Gott – und übrigens auch die christliche Kirche als christliche Kirche – infrage. Denn Gott hat weder die Opfer gerettet noch Täterinnen und Täter gehindert. Genauso wenig hat sich die Kirche, deren Christus notabene ein Jude ist, entschieden genug gegen das gezielt antijüdische Tun der Täter und Täterinnen gestellt, die notabene Getaufte waren.

Marquardt dreht nun das klassische *etsi deus non daretur* deshalb in «von Gott zu reden: als gäbe es ihn» um, weil es ihm Hoffnung macht, dass gerade nach dieser radikalen, hoffnungslosen und durch nichts zu beschönigenden Vernichtung der europäischen Judenheit, die im Holocaust stattgefunden hat, wieder jüdisches Leben, ein eigener jüdischer Staat, eine jüdische Holocausttheologie und sogar eine schrittweise Annäherung von Judentum und Christentum entstanden sind.[67]

Gleichwohl sind weder der Staat Israel noch das neue jüdische Leben nach dem Holocaust etwa Gottesbeweise. Wenn diese jüdischen Lebenszeichen aber im Verhältnis mit der durchorganisierten und auf totale Gründlichkeit zielenden Todesmaschinerie gesehen werden, die von Berlin aus gesteuert wurde und beinahe an ihr Ziel gekommen wäre, dann sind sie Grund dafür, dass christlicherseits noch oder wieder gehofft und daran geglaubt werden darf, dass es Gott geben könnte. Denn es wäre ja möglich, dass Gott Auschwitz knapp überlebt hat, wie sein erwähltes Volk auch.

Marquardt zieht diesen Gedanken noch weiter: Gleich, wie die allermeisten europäischen Jüdinnen und Juden im Holocaust ermordet worden waren, hat Gott selbst das Allermeiste seiner Glaubwürdigkeit in Auschwitz verloren. Wenn er aber nach wie vor Gott sein will, müsste er sich in Zukunft wieder als Gott an der Seite Israels bewähren. Denn er ist existenziell vom Sein Israels abhängig, weil er sein Sein als Gott in der Erwählung Israels an die lebendige Beziehung zu

---

66 Siehe U, 572.

67 Dass seit einigen Jahren ausgerechnet Berlin zu einem beliebten Lebensort vor allem junger Israelis geworden ist, zieht diese Linie in die jüngste Gegenwart weiter.

Israel gebunden hat. Vor diesem Hintergrund ist für Marquardt Ontologie nur als Eschatologie denkbar.[68]

Marquardts Dogmatik ist deshalb eine Provokation, weil sie ihren Ausgangspunkt in Auschwitz hat. Denn wie kann es sein, dass solch ein Abgründiges, Perverses, Unmenschliches – man muss sogar sagen Satanisches – Ausgangspunkt für christliches Theologietreiben ist? Wie ist es möglich, dass Auschwitz produktiv, gar inspirativ für eine christliche Dogmatik sein kann?

Marquardt schafft das, indem er Auschwitz theologisch radikal ernst nimmt. Er sagt, dass die «Endlösung», die in nationalsozialistischer Ideologie eiskalt geplant und mit aller Härte vollstreckt wurde, auch ein Ende Gottes hätte werden sollen. Gerade diese provokante Radikalität, die einerseits vor alle Theologie die Fraglichkeit Gottes stellt und andererseits vom historischen Überleben Israels ausgeht, ist es aber, die Marquardts Theologie ihre Anschlussfähigkeit auch an heutige theologische und kirchliche Themen ermöglicht. Theologie, die ihre Vorzeichen vergisst, verliert ihre Glaubwürdigkeit.

Wenn aber, wie es Marquardt tut, unter Vorbehalt bezeugt werden kann, dass es Gott trotz Auschwitz geben könnte, dann darf Theologie mit all ihren Aporien und Fraglichkeiten getrieben werden. Wenn sich Theologie und Kirche der Klammern bewusst sind, die ihr Reden, Schreiben, Fragen, Glauben und Hoffen umschliessen, brauchen sie um ihre gesellschaftliche Anschluss- und Gesprächsfähigkeit keine Angst zu haben. Sie sind so vielleicht sogar methodisches Vorbild für andere Wissenschaften, die sich, vermeintlich, um die ihnen eigenen Vorbehalte keine Gedanken zu machen brauchen. Deshalb kann mit Marquardt etwa auch den Naturwissenschaften und empirischen Wissenschaften in Erinnerung gerufen werden: Auch euer Wirken steht nach einem Konjunktiv. Zählen und messen, als gäbe es Zahlen und Masse. Interpretieren und auswerten, als gäbe es hermeneutische und methodologische Grundlagen.

«Von Gott zu reden: als gäbe es ihn»[69] ist der eine Pol des theologischen Spannungsfelds, «so Gott will und er lebt»[70] der andere. Diese abgeänderte *Conditio Jacobea* erwähnt Marquardt bereits im Vorwort des ersten Eschatologiebandes. Das Sein Gottes überhaupt und das Sein Gottes in Zukunft ist die Bedingung der Möglichkeit christlichen Hoffens. Deshalb mündet die Eschatologie in die Gotteslehre. Laut Marquardt besteht für Christinnen und Christen allein deshalb Hoffnung, weil ihnen der Jude Jesus durch sein Sein und Tun die Schriften öffnet, die durch und durch von einem Hoffnung verheissenden Gott zeugen. Diese Hoffnung steht aber unter der Bedingung bzw. Verstörung[71] – oder müsste man besser Anfechtung sagen? – der abgeänderten *Conditio Jacobea*: «*so Gott will und* er

68 Siehe hierzu insbes. Kap. 2.1.2 und 2.5.1.

69 U, 572.

70 E I, 14.

71 Vgl. ebd.

lebt»[72] [Hervorhebung: AZ]. Marquardt schreibt also seiner eschatologischen theologischen Ontologie eine Doppeldeutlichkeit ein: Gott ist Subjekt, das will und das lebt. In dieser Doppeldeutlichkeit kommt auch implizit die Fraglichkeit zum Ausdruck. Denn was, wenn Gott weder will noch lebt? Theologie und Kirche könnten seit jeher ihre Rechnung ohne den Wirt gemacht haben, wenn Gott weder will noch lebt.

So hält das «*so Gott will und er lebt*»[73] Zukunft offen. Dies beschreibt Marquardt in einem späteren Text, der ursprünglich als Vortrag an einer Talmudtagung im Dezember 1994 gedacht war, aber dann 2008 als Zeitschriftenartikel[74] publiziert wurde. Darin legt Marquardt Rechenschaft von seiner Theologie ab und er gesteht sich ein, dass er vor dem Hintergrund der Souveränität Gottes und der Abgründigkeit des Auschwitzgeschehens eigentlich nur noch als «Theo-Soph» und nicht als «Theo-Loge» denken kann. Denn weil Gott selbst nach Auschwitz als Gott «unter dem Vorbehalt seiner eigenen Existenz» steht, kann nur noch die theosophische Frage gestellt werden: «Wie wird Gott?»[75]

> «Doch kann ich meine Grenzüberschreitung von der Theologie, die immer schon mit Gott beginnt, ins Theosophische nicht als Verrat ansehen. Sie ist eine Konsequenz dessen, dass die Theologie die Gaskammern mit vorbereitet hat. Und die Konsequenz davon, dass ich gewählt habe, Theologie nur noch im Hörverhältnis zu meinen Opfern machen zu wollen, also im Hören auf Andere als mich selbst und meinesgleichen. Die Fragen von jenseits der Theologie gellen in meinem Ohr und nötigen mich zu Seufzern meiner theologischen Ohnmacht: So Gott will und er lebt.»[76]

Diese «Ohnmachtsformel»[77], die ihm einerseits zum «Leitmotiv» seiner gesamten Theologie geworden ist und «die einzelnen Teile» seiner Arbeit «innerlich zusammen[hält]»[78], führt Marquardt trotz aller Fraglichkeit, die sie ausdrückt, auf den Weg des Hoffens. Obwohl sie alles vom Menschen auf Gott wegweist, gebiert sie Hoffnung: «Etwas Gott überlassen, heisst freilich: hoffen. *Nur* hoffen. Aber eben hoffen.»[79]

Andererseits ist sie für Marquardt eine Formel der Gotteslehre, also eine genuin theologische Formel. In Auschwitz ist nämlich der «ewige Grund», dass Gott etwa unwandelbar und beständig sei – seit Menschengedenken und auch in der christlichen Tradition tief verankerte Gottesattribute – «ins Wanken geraten».[80] «So Gott will und er lebt» drückt aus, auf welchem Fundament nach Auschwitz christlicherseits noch Theologie getrieben werden kann:

---

72 E I, 14.
73 Ebd.
74 Unter anderem in: *Begegnungen. Zeitschrift für Kirche und Judentum* 3 (2008), 5–12.
75 Vgl. Marquardt: *So Gott will*, 7.
76 Ebd.
77 Ebd.
78 Vgl. ebd., 2.
79 Ebd.. 6.
80 Vgl. ebd.

> «Mit dieser Formel [‹So Gott will und er lebt›, AZ] versuche ich teilzunehmen an ihrem [der in Auschwitz Ermordeten, AZ] Zeugnis; sie ist nichts als ein Hör-Versuch auf sie. Sie hat nichts Dogmatisches. Sie ist selbst eine Formel des Unsagbaren: eben über das Verhältnis von Gott zu Gott.
>
> Weil in und nach Auschwitz ein Tod Gottes sich nicht behaupten lässt – wage ich von Gott zu reden.
>
> Weil in und nach Auschwitz ein Leben Gottes im Dennoch sich nicht behaupten lässt – wage ich, von Gott nur noch zu reden unter dem Vorbehalt Gottes.»[81]

Vor dem Hintergrund von Auschwitz verstärkt sich jeder eschatologische Vorbehalt zu einem «Vorbehalt Gottes gegen Gott: ob er will und er lebt.»[82]

Nach Auschwitz kann Marquardt diesen theologischen Grund nicht mehr verlassen. Nur wenn sich einst Gott durch sich selbst bestätigt, nur wenn er sich einst selbst behauptet, ist der Glaube an Gott nicht ins Leere gegangen. Nur rückbezüglich, aus der Zukunft ins Jetzt, wird vielleicht einmal, so denn «Gott will und er lebt», unser Glauben und Hoffen auf ihn bestätigt. Angesichts von Auschwitz ist jeder christliche Glaube, der ohne diesen eschatologischen Vorbehalt auskommt, ein Selbstbetrug.[83]

In der Ohnmachtsformel «So Gott will und er lebt» ist aber noch ein weiterer Zusammenhang von Israelverbindlichkeit und Eschatologie gegeben: Da in Auschwitz das erwählte Volk Israel hätte vernichtet werden sollen, sind den gläubigen Christinnen und Christen in Auschwitz radikal alle theologischen Gewissheiten abhandengekommen: «Gott ist uns da nicht nur aus der Erfahrung, sondern auch aus der Offenbarung, aus dem Wort entrückt.»[84] Anhand des Schicksals, das Israel in Auschwitz erlitten hat, kann Theologie nur noch eschatologisch grundiert sein. Es gibt dann erst recht keine theologischen Glaubensgrundsätze mehr, die nicht ihrer eschatischen Bestätigung durch Gott selbst bedürfen. Am Schicksal Israels in Auschwitz wird also der eschatologische Vorbehalt, den es in der christlichen Theologie und im Glauben schon vor Auschwitz gab, «verschärft [...] auf einen Vorbehalt Gottes gegen Gott: ob er will und er lebt»[85], denn nach Auschwitz «steht Gott unter dem Vorbehalt seiner eigenen Existenz, seitdem steht sein Leben auf dem Spiel».[86]

An dieser Stelle merkt Marquardt an, dass er hier das Gebiet der Theologie verlässt und «in das Gebiet des Theosophischen» wechselt, also die Frage der menschlichen weisheitlichen Rede von Gott berührt. Da Marquardt aber trotz aller Fraglichkeit Gottes und der christlichen Theologie immer mit Gott rechnet – andernfalls hätte er

---

81 Marquardt: *So Gott will*, 12.
82 Vgl. ebd.
83 Siehe hierzu insbes. Kap. 2.1.1.
84 Vgl. Marquardt: *So Gott will*, 12.
85 Ebd.
86 Vgl. ebd.

> ja keine christliche Dogmatik schreiben können –, sind Marquardts theo-sophischen Gedankengänge auch in theologischen Fragestellungen fruchtbar zu diskutieren.[87]

Marquardt schliesst seinen Beitrag im Bändchen *Das Schweigen der Christen und die Menschlichkeit Gottes. Gläubige Existenz nach Auschwitz*, das er zusammen mit Albert Friedlander verfasst und 1980 veröffentlicht hat, mit einem eschatologischen «Vielleicht», das hoffnungsvoll auf die Auschwitzerschütterung antwortet:

> «Vielleicht [ist] die Erschütterung der Anfang. [...] Neuer Glaube entsteht aus dem Zusammenbruch alter Gewissheiten. Wenn Christen doch heute ihre stoische Gelassenheit verlieren könnten. Wenn sie doch heute statt nach theologischen Antworten zu greifen, nach Gott schrieen. [...] Vielleicht liesse der alte, treue Gott sich dann erbitten, und siehe: Er machte uns neu.»[88]

Vor diesem Hintergrund betreibt Marquardt Eschatologie als Hoffnungslehre.[89] Dies ist schon an den Titeln seiner drei Eschatologiebände ersichtlich, die alle überschrieben sind mit «Was dürfen wir hoffen, wenn wir hoffen dürften?»

Der Konjunktiv, der hier im zweiten Satzteil genannt wird, ist eine Konsequenz von «so Gott will und er lebt». Wir dürfen nämlich nur dann hoffen, wenn Gott auch wirklich lebt. Gleichzeitig dürfen wir hoffen, dass Gott will und lebt, wenn die Theologie Auschwitz nicht verdrängt, sondern für Auschwitz dadurch «Mitverantwortung» übernimmt, indem sich «theologische Erkenntnis und neue theologische Satzbildung immer wieder der Frage» unterwerfen, «was auch sie an Bedingungen auch nur der Möglichkeiten von Auschwitz in sich hatten und womöglich behalten». Diese selbstkritische Grundhaltung der Theologie kann dazu führen, dass auf einen Gott gehofft werden darf, auf den die Christinnen und Christen «doch noch einmal als Christen aufrecht» entgegengehen, ja, der «dies gerade so *will* und darin: *lebt*.»[90]

Wie und warum das Eschatische im Gottesbegriff selber angelegt ist, beschreibt Marquardt ebenfalls in *Was meint «So Gott will und er lebt?»*. Darin charakterisiert zu Beginn das Wort «Amen» als «Wort von Zukunft schlechthin».

> Das «Amen»-Wort ist in Marquardts Theologie wichtig: Im «Amen»-Paragraphen am Schluss des zweiten Christologiebandes beschreibt Marquardt die Handlungen Jesu als «Zeithandlungen», d. h. als Handlungen in der Zeit. Das «Amen» ist der hoffende Ruf der Menschen, der herbeiruft, dass ist bzw. wahr werde, was Gott in Jesus tut.[91] Gleich darauf folgt in § 1 des ersten Eschatologiebandes das «Amen»-Wort auch in christologischem Zusammenhang: In Jesus ist das Ja Gottes zu den Menschen und das in Zukunft weisende «Amen» enthalten; im «Amen» Jesu sind die Verheissungen Gottes und deren bleibende Gültigkeit besiegelt. Dadurch ist der Grund für die

---

87 Vgl. Marquardt: *So Gott will*, 12.

88 Ders.: *Schweigen*, 34.

89 Vgl. E I, 28. Marquardt bezeichnet zwar nirgends seine Eschatologie mit diesem Begriff, wohl aber die Glaubenslehre. (Vgl. U, 54–56.)

90 Vgl. U, 577.

91 Vgl. C II, 441.

> Hoffnung der Menschen gelegt.[92] Dieses «Amen»-Wort bindet die Menschheit an Israel, denn das die geschichtlichen Verheissungen Gottes bekräftigende Amen ist auch das «Amen», das Gottes Ja zu Jesus, seinem Sohn, ausdrückt.[93] In seinem 2009 publizierten Text *Amen – einzig wahres Wort des Christentums* führt Marquardt aus, dass «Amen» ein «aramäisch-hebräischer Brocken» – nebst anderen – im neutestamentlichen Sprachduktus ist, der bis heute für das Christentum unverzichtbar ist und der das «hebräische Idiom» bestätigt.[94] «Amen», auch das doppelte «Amen, Amen» ist unter anderem «Schwurformel», «Selbstzeugnis», «Beteuerung über Gewesenes und Nichtgewesenes», «Gelöbnis für künftiges Verhalten» und bei Paulus Bestätigung von Segnungen Gottes, «‹Amen›-Sagen ist eine Tathandlung zur Bekräftigung und Stärkung Gottes».[95] Nebst dem, dass Marquardt auch hier betont, dass im «Amen»-Wort Gottes Ja zu Jesus als seinem Sohn enthalten ist, sieht er, für mich zwar exegetisch kaum nachvollziehbar, das «Amen» auch als Gottesname: «Amen» ist «Zukunftsname» und «Erfüllungsname» Gottes, «Gott: Amen auf sich selbst». «Amen» also als eschatisches Wort, denn es gilt zu warten, «dass Gott ‹Amen› sagt zu sich selbst, selbst zum «Amen» wird und als «Amen» einsteht für alles, was er je gesagt und getan hat.»[96] Darüber hinaus, und hier bin ich mit Marquardt wieder ganz einverstanden, drückt besonders das «Amen», das im Gottesdienst verwendet wird, die «Bestätigungsbedürftigkeit Gottes» aus: Gott ist selbst nur dann Gott, wenn das wesenhaft zu ihm gehörende erwählte Volk immer und immer wieder «Amen» zu seinen – Gottes – Taten sagt. Dieses «Amen» ist deshalb einzig wahres Wort im Christentum, weil nur es «Gott, seine Worte und Werke» bekräftigen und «seine Zukunft» beschwören und herbeirufen kann. Im «Amen»-Wort sind wir Menschen «in alle Ewigkeit auf Gott bezogen».[97]

Glauben ist «auf Hoffen angewiesen», weil «gegen das, was *ist*», nur das aufkommen kann, «was erst noch *kommen* muss: ein Wahrwerden des Glaubens, dass also das Wort Fleisch werde auch in uns». Es kann niemand davon ausgehen, «dass wahr sei, was wir glauben; wir können nur darauf *zu*gehen, dass es wahr werde.»[98] Dass es ausgerechnet ein hebräisches Wort ist, «Amen», das dies ausdrückt, hat für Marquardt eine theologische Dimension: Auch die nichtjüdischen Menschen schliessen ihre Gebete in der Sprache Israels. Es ist ein Wort, das in seiner hebräischen Bedeutung Zukunft in sich trägt: «Es *werde* all das wahr, was wir bisher geglaubt haben. Es *bedarf* das alles, was wir glauben, noch einer ganz anderen Bewahrheitung als die, die wir bisher mit unserem Herzen geben können.» Das hebräische «Amen» drückt dieses Bewahrheiten aus, das ein Bewahrheiten des Glaubens ist, der seinerseits immer vom Zweifel angefochten wird. Denn noch ist das Wort nicht Fleisch geworden in uns Menschen, sondern erst in Jesus von Nazareth.[99]

---

92 Vgl. E I, 31.
93 Vgl. ebd., 65.
94 Vgl. Marquardt: *Amen*, 270f.
95 Vgl. ebd., 272–274.
96 Vgl. ebd., 277f.
97 Vgl. ebd., 282f.
98 Vgl. Ders.: *So Gott will*, 5.
99 Vgl. ebd., 6.

Es ist also schon das kleine Wort «Amen», das die Knüpfung von Israel und Eschatologie quasi *in nuce* aufzeigt: Dieses Wort, das ein hebräisches[100] Wort ist und deshalb ein Wort Israels, weist semantisch immer auch schon ins Eschaton. Es wünscht Zukunft herbei, die auch die Zukunft Israels und die seines Gottes ist.

100 Das griechische ἀμέν ist vom hebräischen אָמֵן abgeleitet. (Siehe etwa Schlier, Art.: ἀμέν, ThWNT, 343.)

«Nicht das Vielwissen sättigt die Seele und leistet ihr Genüge, sondern das innere Fühlen und Verkosten der Dinge.»
Ignatius von Loyola: *Geistliche Übungen*, 20.

1 Einleitung: Warum und wie Texte Friedrich-Wilhelm Marquardts lesen?

Marquardt will Theologie treiben, die «nicht in der Welt des Denkens» ihren Ort hat, «sondern in der Geschichte der Zeugungen des Himmels und der Erde, die uns durch die Berufung Jesu Christi als Geschichte der Zeugungen Abrahams und seiner Nachkommen erreicht hat.»[1] Was theoretisch anmutet, meint Marquardt vom konkreten Leben inspiriert, das von Gottes Geschichte mit den Menschen zeugt. Deshalb spricht er davon, dass die nach Auschwitz fraglich gewordene Theologie «nach neuen Lebensverbindlichkeiten des Christseins fragen»[2] lässt. Denn christliche Theologie kann nach Auschwitz nicht mehr als reines Gedankenexperiment, ohne Verbindung zur Wirklichkeit, getrieben werden, weil gerade die in Auschwitz geschehene Wirklichkeit jegliche Theologie infrage stellt, die diese Wirklichkeit ignoriert.

Diese Radikalität macht die Texte Marquardts lesenswert. Sie mahnen die Leserin und den Leser auf Schritt und Tritt daran, verbindlich zu leben, verbindlich zu denken, verbindlich Theologie zu treiben. Weil die christliche Theologie in Auschwitz gezeigt hat, dass sie gerade diese Verbindlichkeit verloren hat – sie hat sich weder den Tätern und Täterinnen in den Weg noch sich auf die Seite der Opfer gestellt und hat dadurch das erwählte Volk Israel, die Humanität und letztlich Gott selbst verraten[3] –, muss sie sich nach Auschwitz an «drei Orten» ihres «Versagens» abarbeiten: «in Lebensbeziehung zum jüdischen Volk, in Teilung des Lebens mit Armen, in Bewährung der Humanität in der Gattung Mensch».[4]

Für Marquardt selbst ist die erste Lebensbeziehung, die zum jüdischen Volk, die wichtigste. Er zieht diese Lebensbeziehung weiter und bezeichnet die «neuen Lebensverbindlichkeiten» als «Voraussetzung neuen Denkens»,[5] die er in die Ausformulierung einer «Evangelischen Halacha»,[6] eines evangelischen Religi-

1 Vgl. P, 365.
2 Ebd.
3 Vgl. ebd., 77.
4 Vgl. ebd., 366.
5 Vgl. ebd., 155.
6 Vgl. insbes. ebd. 166–262. Die Halacha bezeichnet «die Regeln für den Lebensweg», im weitesten Sinn das Religionsgesetz, die Haggada die erzählenden, nichthalachischen Texte. (Vgl. Stemberger: *Talmud*, 77.158.)

onsgesetzes nach jüdisch halachischem Vorbild münden lässt. Gerade das Halachische ist es, das gemäss Marquardt den Glauben, die Theologie in den Wirklichkeiten des Lebens und der Geschichte erden lässt, denn es ist die «*Wegfindung des Glaubens*».[7]

> «*In möglicher Nähe zu jüdischer Halacha befinden wir uns, indem wir die bisher das wissenschaftliche Denken unserer Kultur prägende Ontologie des Seins der biblisch-jüdischen Ontologie eines ‹Seins in der Tat› unterordnen und das Gott-Mensch-Welt-Verhältnis als ein Werkbund-Verhältnis sehen lernen.*»[8]

Weil für Marquardts Theologie die Verbindlichkeit und gerade die Israelverbindlichkeit konstitutiv ist, charakterisiere ich sie als eine israelverbindliche Theologie.

Schon dieser kurze Einblick in einige Grundzusammenhänge Marquardtscher Theologie machen ihre Eigen- und Einzigartigkeit deutlich. Darum bedarf die vorliegende Arbeit einer etwas längeren Einleitung, die die Spezifik Marquardtscher Texte und Marquardtschen Denkens aufzeigt. Nebst den üblichen Themen zur Anlage der Arbeit und zur Forschungssituation werden deshalb auch Grundfragen zum Umgang mit Marquardttexten gestellt und wird in einem Exkurs exemplarisch an einem Marquardttext gezeigt, wie dieser Dogmatiker gelesen werden kann.

1.1 Erkenntnisleitendes Interesse: Marquardts Theologie als provokante und produktive Redehilfe im Israelschweigen von Theologie und Kirche

Ausgangspunkt für meine Beschäftigung mit Friedrich-Wilhelm Marquardts Texten ist die subjektive Beobachtung aus meiner kirchlichen Praxis, dass in deutschsprachigen reformierten Landeskirchen der Schweiz in der kirchlichen Verkündigung ein verbreitetes Israelschweigen herrscht. Wohl gibt es gerade zu Israel offizielle Stellungnahmen bzw. Erwähnungen in Kirchenverfassungen und -ordnungen, aber in der Verkündigung, wie auch in konkreter Lehre und praktischem Leben der Kirche ist Israel im Vergleich zu anderen – gleichwohl wichtigen – Themen wie etwa Verantwortung gegenüber der Schöpfung, Einsatz für die Menschenrechte, Gleichstellung der Geschlechter, spirituelle Lebenshilfe,

---

7 Vgl. P, 166.
8 Ebd.

bewusste Lebensgestaltung und (biblisch-spirituell reflektierter) Umgang mit Alltagsherausforderungen, unterrepräsentiert.[9]

In den Kirchenordnungen bzw. -verfassungen folgender reformierter Landeskirchen der Schweiz findet sich ein expliziter Bezug auf Israel: Basel-Land, Bern/Jura/Solothurn, Schaffhausen, St. Gallen, Zürich. In der überwiegenden Mehrheit der landeskirchlichen Kirchenordnungen bzw. -verfassungen wird aber Israel nicht ausdrücklich erwähnt, genau so wenig wie in der Verfassung des *Schweizerischen Evangelischen Kirchenbundes* (SEK) von 1950 und in der Verfassung der aus ihm hervorgegangenen *Evangelischen Kirche der Schweiz* (EKS) von 2020. Der SEK hat aber drei grundlegende Dokumente über das Verhältnis der Kirche zu Israel herausgegeben: *In gegenseitiger Achtung auf dem Weg. Gemeinsame Erklärung zum Dialog von Juden und evangelischen Christen in der Schweiz*, hrsg. von der Evangelisch-Jüdischen Gesprächskommission von SEK und SIG, Bern/Zürich 2010; *Wahrheit in Offenheit. Der christliche Glaube und die Religionen*, (= SEK-Position 8, hrsg. vom SEK), Bern 2007; *Das Friedensengagement der Kirchen im Nahen Osten*, Bern 2011. Die *Reformierten Kirchen Bern-Jura-Solothurn* (Refbejuso) haben die Schrift *Begegnung und Dialog der Religionen. Eine Standortbestimmung der Reformierten Kirchen Bern-Jura-Solothurn*, Bern 2010, herausgegeben, worin unter anderem auch auf das Verhältnis der Kirche zum «Judentum» eingegangen wird. Dieses wird als historisch und insbesondere theologisch besonders und einzigartig beschrieben, weil es «uns von der Bibel selbst vorgegeben ist»[10]. Bekenntnishaft ist die Aussage, dass «das jüdische Volk» Gottes Volk ist und bleibt. Deshalb ist das jüdische Nein «zur Christusbotschaft» zu respektieren und nicht etwa als «Untreue» zu taxieren und ferner sind «Judentum und Christentum als zwei legitime Gestalten biblischen Glaubens anzusehen». Gleichwohl sind gerade angesichts des Staates Israel politische und theologische Ebenen nicht zu verwechseln und der «theologische Begriff ‹Israel› nicht mit dem modernen Staat Israel gleichzusetzen».[11] Das Verhältnis «zum Judentum» ist ferner als eine «ökumenische Frage zu begreifen», weil «Jüdinnen und Juden bereits an den einen Gott glauben, den Jesus als seinen Vater anredet».[12]

Israel wird in den Verfassungen folgender internationaler kirchlicher Körperschaften nicht erwähnt: *Lutherischer Weltbund* LWB, *Ökumenischer Rat der Kirchen* ÖRK, *Weltgemeinschaft reformierter Kirchen* WGRK. Hingegen wird in der *Charta Oecumenica* der *Konferenz Europäischer Kirchen* in Abs. 10 unter «Gemeinschaft mit dem Judentum vertiefen» auf Israel explizit Bezug genommen.[13]

---

9 Dies zeigt ein hier unvollständiger thematischer Überblick über Predigthilfen, die etwa von den *Reformierten Kirchen Bern-Jura-Solothurn* (Refbejuso), der *Evangelischen Kirche Schweiz* (EKS) oder dem *Hilfswerk der evangelischen Kirchen der Schweiz* (HEKS) herausgegeben werden. In Deutschland bieten hingegen z. B. die *Arbeitsgemeinschaft Juden-Christen beim Deutschen Evangelischen Kirchentag*, die *Konferenz Landeskirchlicher Arbeitskreise Christen und Juden* (KLAK) mit einem eigenen Perikopenmodell und die *Aktion Sühnezeichen Friedensdienste* (ASF) regelmässig israelzentrierte theologische Grundlagentexte bzw. Gottesdienstentwürfe an.

10 Vgl. Refbejuso: *Begegnung*, 17.

11 Vgl. ebd., 20f.

12 Vgl. ebd., 40.

13 Vgl. Konferenz Europäischer Kirchen: *Charta Oecumenica*, Art. 10.

Für Deutschland muss hier der oberflächliche Befund reichen, dass in der Grundordnung der *Evangelischen Kirche Deutschlands* (EKD) Israel unerwähnt bleibt, ebenso in den Verfassungen von sechs evangelischen Landeskirchen; hingegen in 13 Verfassungen wird Israel erwähnt, wie auch in der Verfassung der Evangelisch-reformierten Kirche. Die EKD hat aber zwei namhafte Publikationen herausgegeben: *Christen und Juden I–III. Die Studien der Evangelischen Kirchen in Deutschland 1975–2000*, Gütersloh 2002 und *Gelobtes Land? Land und Staat Israel in der Diskussion. Eine Orientierungshilfe*, Gütersloh 2012.[14]

Das Israelschweigen in der reformierten Kirchen der Schweiz mag seinen Grund vor allem in den Schwierigkeiten des Israelthemas selbst haben, denn die Grösse Israel ist in politischer und historischer wie auch theologischer Hinsicht umstritten und stellt hohe Anforderungen an diejenigen, die mit ihr umgehen. Gleichwohl gilt, dass Predigen «Verkündigung des fleischgewordenen Wortes Gottes»[15] ist; eines Gottes, dessen Wirken nach dem Holocaust aber mit Recht aufgrund des Geschehenen hinterfragt werden muss. Darüber hinaus ist in christlichem Bekenntnisstand Gottes Inkarnation der Jude Jesus von Nazareth – ein Angehöriger des erwählten Volkes Israel, das im Holocaust von christlicher Seite her gezielt ausgerottet werden sollte. Gerade aufgrund dieses christologisch-homiletischen und historischen Zusammenhangs kommen nach dem Holocaust weder Theologie noch Kirche unbescholten an Israel vorbei. Vor diesem Hintergrund gilt das, was der Praktische Theologe Christian Stäblein schreibt:

> «Eine Konsequenz aus den Überlegungen zur Erinnerung an den Holocaust wird sein, dass christliche Theologie und somit auch homiletische Theorie ihr Selbstverständnis nur in der Wahrnehmung eines Judentums entwickeln kann, das gegenwärtig und lebendig ist und dessen Selbstverständnis nicht von christlicher Seite eigenmächtig festgelegt werden kann.»[16]

Die Theologie Friedrich-Wilhelm Marquardts liefert für diese Anforderungen provokante theologische Anknüpfungspunkte.

1.2 Forschungseinblicke

Die Fülle dogmatischer, eschatologischer und auch israeltheologischer Forschungsliteratur macht es unmöglich, hier einen repräsentativen Überblick zu bieten. Deshalb können nur einige Einblicke gegeben werden mit dem Ziel, das thematische und fachliche Umfeld, in dem Marquardts Dogmatik steht, in

14 Darauf, wie sich etwa die römisch-katholische, die christkatholische oder orthodoxe Kirchen offiziell zu Israel stellen, kann hier nicht eingegangen werden.

15 Stäblein: *Predigen*, 10.

16 Ebd., 23.

Schlaglichtern zu zeigen, Marquardts Theologie von anderen Entwürfen abzugrenzen und aufzuzeigen, wo Streitpunkte liegen.

Eine wichtige Partnerin in diesem Umfeld ist die Theologie Karl Barths, von der Marquardt stark geprägt wurde und über die er seine beiden theologischen Qualifikationsarbeiten verfasst hat: Über Barths Israelverständnis die Dissertation *Die Entdeckung des Judentums für die christliche Theologie. Israel im Denken Karl Barths*, fünf Jahre später, 1972, die Habilitation *Theologie und Sozialismus. Das Beispiel Karl Barths.* Weil Barth einerseits für Marquardt prägend war und andererseits ein in seiner Zeit mutiges und revolutionäres theologisches Israelverständnis entwickelt hat, skizziere ich in einem eigenen Kapitel Barths israeltheologischen Einsichten.[17] Darauf folgen Einblicke in das weite Themenfeld Israel in dogmatischen und eschatologischen Entwürfen. Obwohl Israel nicht zu den Topoi gehört, die in vielen Dogmatiken und Eschatologien essenziell vorkommen, habe ich aufgrund der Fülle und zum Teil auch der Länge der Texte eine enge, mehrheitlich deutschsprachige Auswahl treffen müssen, die mit Überblicksartikeln beginnt, dann dogmatische und schliesslich eschatologische Entwürfe zeigt. Abgeschlossen wird das Einblickskapitel mit einer Wiedergabe der Rezensionen von Marquardts Theologie; der Gesamtdogmatik im Allgemeinen, der dreibändigen Eschatologie im Speziellen. Hier integriert ist ein Unterkapitel über jüdische Stimmen zu Marquardts Theologie; aufgrund meiner fehlenden Ivrit-Sprachkenntnisse beschränkt sich dieses aber auf deutsch- und englischsprachige Texte.

1.2.1 Israel in der Dogmatikdes Marquardtlehrers Karl Barth

Marquardt hat in seiner Dissertation *Die Entdeckung des Judentums für die christliche Theologie. Israel im Denken Karl Barths* von 196, wie er selbst sagt als erster, über das Israelverständnis seines Lehrers gearbeitet.[18]

In zwei Hauptkapiteln greift er die «Zusammenhänge der Barthschen Israeltheologie» und «Israel in der Kirchlichen Dogmatik» auf. Dabei hält er als Zusammenfassung des ersten Hauptkapitels ein Dreifaches fest: Erstens, dass die

---

17 Aktuelle detaillierte Darstellungen von Karl Barths Israelverständnis liefern unter anderem die Monographien Katherine Sonderegger: *Jesus*, Mark R. Lindsays: *Barth,* und ders.: *Reading Auschwitz with Barth. The Holocaust as Problem and Promise for Barthian Theology* (= PTMS, Bd. 202), Eugene 2014, sowie der Sammelband George Hunsinger (Hg.): *Karl Barth: Post-Holocaust Theologian?* London et al. 2018. Etwas ältere Werke sind Eberhard Busch: *Unter dem Bogen des einen Bundes. Karl Barth und die Juden 1933–1945*, Neukirchen-Vluyn 1996 und Bertold Klappert: *Israel und die Kirche. Erwägungen zur Israel-lehre Karl Barths* (= TEH, Nr. 207), München 1980, 11–76.

18 Vgl. Marquardt: *Entdeckung*, 13.

«Aufnahme Israels in die Theologie und die dogmatische Qualifizierung des nachbiblischen Judentums [...] die beiden auffallenden Wendungen in Barths Verständnis Israels» sind. Dass Barth Israel in der Erwählungslehre unterbringt, ist die «kerygmatische Spitze», denn wenn Jesus als «Grund und Ziel der Geschichte der Erwählung verkündigt werden muss, muss auch Israel Inhalt des christlichen Glaubensbekenntnisses werden.» Zweitens: Israel «ante Christum natum» und die Kirche bilden beide das Gottesvolk und als solches bezeugt es «die zu ihrem göttlichen Ziel kommende Menschlichkeit». Das Judentum «post Christum» widerspricht zwar der Offenbarung Christi, ist aber «in seiner Erwählung ontologisch hochqualifiziert[...]», weil es «die bisher nicht erfüllte, auf ihr Ziel weiter zugehende Menschheit» bezeugt. Drittens: Barth befragt biblische Texte nicht nur aus der Perspektive des Israel vor Christi Geburt und der Kirche, sondern auch aus der des Judentums nach Christi Geburt, weil es biblisch bezeugt ist, auf «sich selbst» und auf die «Gemeinschaft der Kirche mit Israel» zugeht.[19]

In der *Kirchlichen Dogmatik* kommt Israel ausführlich an drei Stellen vor: In I/2 wird «in Israel» die Zeit der Erwartung Christi «aktualisiert». Die Geschichte Israels ante Christum natum hat, so stellt Marquardt fest, «keine letzte Selbstständigkeit», sondern sie «lebt auf die Geburt Christi hin». Damit aber die Geschichte Israels ihre Gültigkeit bleibend behält, ordnet Barth sie in die «Lehre von der Gnadenwahl» in II/2 ein. Gottes Wählen und Verwerfen setzt aber, nicht wie in der Tradition bisher behauptet, statische Verhältnisse fest. Das zeigt sich an Israel in der Erwählungslehre, dessen Erwähltheit ewige Gültigkeit besitzt, die aber nach Christus «sub specie Jesu Christi» gesehen werden muss. Dieses Zentralstück der Barthschen Israel-Lehre wird in II/2 § 34 ausformuliert, wo Barth auch «die einzig mögliche theologische» Erkenntnis Israels darstellt, nämlich die christologische. In der Vorsehungslehre dann, in III/3, spricht Barth von dem vorher schon «christologisch qualifizierten Judentum», das Christus verneint, aber als «*Judentum Gott bezeugende[s] Israel*» ist.[20]

Ohne, dass ich hier Marquardts Barth-Analyse beurteile, weise ich auf folgende Aussage Marquardts über die Stellung Israels innerhalb der Barthschen Prädestinationslehre hin. Sie bildet den letzten von sechs zusammenfassenden Abschnitten und ist für Marquardts eigenes Israelverständnis am ehesten anschlussfähig:

> «Barths Verständnis der Apokatastasis erhält in der Israel-Lehre eine konkrete Anwendung. Die Offenheit der Apokatastasis-Lehre bei Barth übt eine kritische Funktion aus gegen die theologische Disqualifizierung und Preisgabe Israels im christlichen Denken, und sie entspricht darüber hinaus eindeutig dem Schriftzeugnis, laut

19 Vgl. Marquardt: *Entdeckung*, 97f.
20 Vgl. ebd., 101–103.

> dessen Jesus Christus selbst die Offenheit des Verhältnisses von Israel und Kirche in der Zeit, der aber auch die Verheissung der Einheit beider in aller Ewigkeit ist.»[21]

Marquardt spricht sich wie Barth gegen eine theologische Herabstufung Israels gegenüber der Kirche aus.[22] Darüber hinaus sieht er ebenfalls Israel und die Kirche in Zukunft, im Gericht, gemeinsam vor Gott stehen.[23] Bei Marquardt ist es aber nicht die Versöhnungslehre, die Israel für christliche Theologie verbindlich macht, sondern in erster Linie die Geschichte, konkret: die Schoa.[24] Auch Jesus Christus, der bei Barth laut Marquardt das Verhältnis von Israel und Kirche in der Zeit offen hält, was auch immer das bedeutet, hat bei Marquardt eine andere Funktion: Jesus öffnet die Tora für die nichtjüdische Menschheit und bietet dadurch Eingang in die Verheissung Gottes.[25]

Karl Barth hat ein dezidiert theologisches Verständnis von Israel, nicht ein historisches. Deshalb kann er im Römerbriefkommentar von 1919 «Israel in die Gesamtheit evangelischer Ekklesiologie» einordnen. Israel und Kirche stehen sich so nicht wie erratische Blöcke gegenüber und gleichzeitig werden dem Alten und Neuen Testament theologisch gleiche Bedeutung beigemessen. Später hat sich dieses Israelverständnis dahingehend verändert, dass Kirche und Israel in einer «spezifischen Verbindung» zueinander stehen.[26] In II/2 § 34, also in der Erwählungslehre, beschreibt Barth dieses Verhältnis: «Israel und Kirche» sind beide Gestalten der erwählten Gemeinde,[27] wobei die Funktion Israels innerhalb dieser Gemeinde ist, «Spiegel des Gerichts» zu sein.[28] Die Kirche ist «Spiegel des Erbarmens»,[29] aber nur deshalb, weil der Kirche das Gericht auch gilt. Vor diesem Hintergrund ist Israel ein unverzichtbares Element im christlichen Zeugnis.[30]

Die eschatologische Bedeutung Israels bei Barth beschreibt Johannes Schelhas so: Die «theologische Identität Israels realisiert sich in der Geschichte Israels. Sie wird christologisch begründet und erst beim Kommen des Christus-Eschatos endgültig offenbar.» Der Bund, den Gott mit Israel geschlossen hat, ist «exklusiv». Kraft dieses Bundes ist Israel «Typos der Völker und sogar der Schöpfung». Die «Sendung Israels existiert [...] in der Kirche und im Judentum» fort: «Wegen der Verheissung Gottes an die Väter Israels lebt die Sendung Israels in der Kirche; wegen des Bundes, der in Jesus Christus eschatologisch geöffnet ist, wirkt die Sendung Israels im Judentum fort.» In Jesus Christus hat sich Gott offenbart. Dies ist «der hermeneutische Schlüssel zum Verständnis Israels». Das bedeutet:

---

21 Marquardt: *Entdeckung*, 156.
22 Vgl. P, 8.
23 Vgl. E III, 195.
24 Vgl. P, 74f.
25 Vgl. C II, 7f.; E I, 220.
26 Vgl. Kraft: *Israel*, 3f.
27 Vgl. Barth: *KD* II/2, 218f.
28 Vgl. ebd., 227.
29 Vgl. ebd., 231.
30 So auch Lindsay: *Barth*, 110.

«Israels Weg zur Offenbarung in Jesus Christus darf nicht nur vom Ziel her, sondern kann auch auf das Ziel hin und muss in seinem Eigenwert betrachtet werden.»[31] Gleichwohl hat Israel aber keine herausragende, eigenständige und spezifische eschatologische Funktion. Barth sieht Israel bzw. das Judentum als bleibend erwähltes Volk, dem auch Jesus Christus angehört. Aber nur deshalb und nicht weil es etwa ersterwähltes Volk Gottes ist, kann es – und dies nur an der Seite der Kirche – eschatologische Wichtigkeit haben.

Dies bestätigt Katherine Sonderegger: In der *Kirchlichen Dogmatik* sind Israel und das Judentum in der Rolle der Erwählten. Der Messias kam zuerst zu den Juden, weil er einer der Ihren war; «the root and branch belong to Israel in an irrevocable covenant.» Das hat zur Folge, dass die Prophetien, das Gesetz und die Erlösung jüdische Geschenke an die Kirche sind. «The Church is called from Jew and Gentile, because Christ elected to come to them, to the Jews first and then to the Gentile.» Die Kirche freut sich an der Gegenwart der Juden und Jüdinnen in ihrer Mitte und wartet auf den Tag, an dem Gott seine Erwählung vollenden wird «and allow all Jews to rise up to life in the Church.» Juden und Jüdinnen überdauern das Kommen und Gehen der Weltreiche. Wieder und wieder richtet Gott sie aber auf; «they will ‹persist› as the visible and historical witness of God's gracious condescension in Christ.»[32] Gerade dieses «one object of theology, the living Christ» dominiert Barths Theologie der *Kirchlichen Dogmatik*.[33] Was aber nicht übersehen werden darf, ist der Umstand, dass in Barths Dogmatik die Juden und Jüdinnen ihre Erwählung zurückweisen: «the Jews are the people who refuse their election; they are those who refuse their Messiah; they refuse their life and mercy in the Church.»[34] Sonderegger geht – entgegen Marquardts Analyse – sogar soweit und sagt, die *Kirchliche Dogmatik* sei «irreconcilably anti-Judaic».[35]

Anders sieht es Eberhard Busch. Er listet drei traditionelle Vorstellungen auf, an welchen Barth «einem Umdenken die Bahn brach»: Christus habe eine neue Religion gestiftet und trenne die Christinnen und Christen deshalb von den Juden und Jüdinnen; aufgrund ihres Nein zu Jesus als Christus seien jüdische Menschen von Gott verworfen und durch die Kirche ersetzt worden; das göttliche Gebot begegne den Menschen in einer profanen völkischen Ordnung. Das neue Denken Barths kommt gerade in der Erwählungslehre zum Ausdruck: «Durch Christus wird die Erwählung Israels definitiv gemacht *und* in ihm öffnet sich in Israel die Tür für die Heiden.» Die Juden und Jüdinnen werden also nicht «durch ihr Nein zu Christus definiert, sondern durch das Ja, das Christus zu ihnen sagt und das auch ihr Nein umgreift.»[36] Eschatologisch bedeutet dies, dass Israel in die Kirche «eingehen wird» und so «das Erbarmen des Gottes Israels in

31 Vgl. Schelhas: *Bedeutung*, 216–220.
32 Vgl. Sonderegger: *Jesus*, 163f.
33 Vgl. ebd., 166.
34 Vgl. ebd., 169.
35 Vgl. ebd., 173f.
36 Vgl. Busch: *Barth*, 149f.

Jesus Christus als den Grund der Verbundenheit von Juden und Heidenchristen» bekennt.[37]

Geradezu mutig scheinen diese theologischen neuen Wege angesichts der zeitgeschichtlichen Umstände, unter denen sie entstanden sind. Anfangs der 1940er Jahre haben die Auswüchse des politischen Antisemitismus für Juden und Jüdinnen in weiten Teilen Europas das Todesurteil bedeutet. Karl Barth zeigt auch in diesem Kontext seine wache Zeitgenossenschaft, indem er dem weit bis in Theologinnen- und Theologenkreise verbreiteten Antisemitismus jegliche Legitimität abspricht.

Dies nivelliert aber nicht die Tatsache, dass Barths Israeltheologie aus heutiger Sicht eine antijüdische Spitze enthält. Denn gerade die eschatologische Denkfigur, dass Juden und Jüdinnen in die Kirche eingehen werden, obwohl sie in ihr nicht aufgehen, wertet faktisch das Jüdische gegenüber der Kirche ab. Genau so die notabene nicht erst eschatische christologische Konzentrierung, dass die Erwählung Israels erst durch Jesus Christus vollendet wird.

1.2.2 Israel in weiteren Dogmatiken und Eschatologien

Damit Marquardts Eschatologie innerhalb der theologischen Wissenschaft verortet werden kann, sei hier ein Forschungseinblick in Auswahl aufgeführt. Angefangen bei Überblickstexten, über dogmatische und exegetische Arbeiten hin zu eschatologischen Entwürfen, die Israel überhaupt thematisieren. Dabei wird schnell klar, wie singulär und radikal israelverbindlich Marquardts Ansatz ist.

Schon ein oberflächlicher Blick über dogmatische und eschatologische Überblickstexte zeigt, dass Israel häufig kein oder nur ein marginales Thema ist.

> Thomas Marschlers aktueller Übersichtsbeitrag zu eschatologischen Themen katholischer Theologie weist Israel bzw. das Judentum nicht als Motiv gegenwärtiger Eschatologien aus. Er erwähnt aber Marquardt zwei Mal: Einerseits bezeichnet er dessen Theologie als radikal und in katholischer Eschatologie als ohne Entsprechung;[38] andererseits charakterisiert er, mit anderen protestantischen eschatologischen Entwürfen auch Marquardts Kirchenverständnis als antisakramental, weil Marquardt der Kirche lediglich die «eschatologische Funktion» der «Gerichtsverfallenheit» zuschreibe.[39]

Das grösstenteils aus katholischer Autor- und Autorinnenschaft stammende *Handbuch der Dogmatik* verweist in seinem Stichwortverzeichnis unter «Israel» auf die Einträge «Israel und die Kirche», zusammen mit dem einzigen Eintrag unter dem Stichwort «Judentum», der auf «Kirche» und dort auf die Unterrubrik «Kirche und Israel» bzw. «Kirche und Judentum» verweist; der Eintrag «Sakra-

37 Vgl. Busch: *Barth*, 153.

38 Vgl. Marschler: *Eschatologie*, 535.

39 Vgl. ebd., 549.

mente Israels» verweist auf «Sakrament» und der Eintrag «Geschichte Israels» auf ein Unterkapitel in der Allgemeinen Sakramentenlehre. Dort wird der «*ganze[n] Geschichte Israels* [...] zeichenhafte[r] Charakter» zugeschrieben, genauso, wie die «*ganze geschaffene Welt* als ‹Zeichen› Gottes verstanden werden» könne.[40] Im Ekklesiologiekapitel werden Israels «Gotteserfahrung» und seine «religiöse Sozialitätserfahrung» als «Vorbildung» für die «religiöse Tiefenstruktur der christlichen Kirche» genannt. Die «*empirische*» und die «*ideale Realität [...] bezeichnen schliesslich auch eine eschatologische Realität, die erhoffte und ersehnte neue Jahwe-Gemeinschaft*»[41]. Im Eschatologiekapitel wird dieser Zusammenhang aber nicht mehr aufgenommen.

Das *Oxford Handbook of Eschatology* eröffnet zwar die Untersektion «Eschatology in World Religions» – ein Unterkapitel des Teils I «Historical Eschatology» mit dem Kapitel «Jewish Eschatology» des jüdischen Theologen David Novak. Ansonsten sind weder Israel noch das Judentum Thema, nicht einmal im Teil III «Issues in Eschatology». Sie werden lediglich hie und da als Nebentopoi erwähnt, auffallend häufig im Kapitel «Millennialism».[42]

Die grossen Überblicksartikel in der TRE[43] erwähnen Israel unter «Eschatologie» als historisches Phänomen oder beschreiben eschatologische Vorstellungen im Judentum. Und unter «Israel» wird die Eschatologie nicht zum Thema der Dogmatik gemacht.

> In seinem TRE-Teil-Artikel erwähnt Clemens Thoma, exegetisch mit Blick auf das Daniel-Buch, Israel als «eschatologische Heilsgemeinde».[44] Hans Hübner streicht den Gesamttrend der neutestamentlichen Texte heraus, dass «das Heilsproprium Israels mehr und mehr auf die Kirche» übertragen wird.[45] Benjamin Uffenheimer skizziert die grosse Vielzahl jüdischer eschatologischer Vorstellungen und betont, dass diese in keiner «Harmonie bzw. Systematik» stehen, wohl aber auch im modernen Judentum «wirken».[46]

Der theologiegeschichtliche Sammelband *Mapping Modern Theology*, herausgegeben von Kelly M. Kapic und Bruce L. McCormack, listet nur das Stichwort «Judaism» in seinem Index auf, welches auf eine einzelne Stelle im Hermeneutikkapitel verweist. Dort wird lediglich erwähnt, dass «postliberal theologians» die christlich-jüdischen Beziehungen und deshalb die die Kirche fundierenden Quellen ernst nehmen.[47] Weder im Einleitungs- noch in den

40 Vgl. Nocke: *Sakramentenlehre*, 193f.
41 Vgl. Wiedenhofer: *Ekklesiologie*, 57f.
42 Vgl. Weber: *Millenialism*, 368f. 380f.
43 Die einschlägigen Artikel in RGG[4] sind nicht theologischer, sondern religionsgeschichtlicher und -wissenschaftlicher sowie historischer Art.
44 Vgl. Thoma: Art. *Israel*, 380.
45 Vgl. Hübner: Art. *Israel*, 387.
46 Vgl. Uffenheimer: Art. *Eschatologie*, 269.
47 Vgl. Treier: *Hermeneutics*, 92.

Christologie-, Ekklesiologie- und Eschatologiekapiteln wird auf Israel hingewiesen.[48]

In vielen dogmatischen Gesamt-Entwürfen, in denen Israel zwar im Zusammenhang mit Eschatologie vorkommt, hat es aber für die christliche Eschatologie keine zentrale oder gar tragende Funktion. So z. B. bei Robert W. Jenson, der im Eschatologiekapitel «The Fulfillment» argumentiert: «Judaism and the church are mirror images of one another». Bei seinem eschatischen Kommen wird Gott aber diese Teilung aufheben, denn nach der Wiederkunft Jesu gibt es keinen Sinn mehr, dass «Judaism» und «Church» je separate Rollen spielen. Israels Rolle bis zum Gericht besteht darin, die Gaben Gottes und die Berufung (Röm 11,29) und die Tora aufrecht zu erhalten. Zusätzlich wird «the advent of Jesus Christ» die Verheissungen Israels erfüllen.[49]

Auch andere dogmatische Entwürfe ziehen jüdische Gesprächspartner heran. Als Beispiel dafür sei hier Joseph Wohlmuths Dogmatik genannt, der die «Hinführung» seiner *Eschatologie aus katholischer Perspektive im Gespräch mit jüdischem Denken der Gegenwart* mit dem Hinweis beschliesst:

> «Wer *Letztgültiges* im Modus des absoluten Wahrheitsanspruchs zu denken versucht, wie es die christliche Eschatologie versucht, und sich dabei nicht mit Entschiedenheit der eschatoethischen Verantwortung stellt, gerät in die Gefahr, gewaltsam zu werden, wenn es die Verhältnisse erlauben. Eine christliche Eschatologie nach Auschwitz, die zugibt, dass auch die Getauften das Land der Verheissung als Fremdlinge nur von ferne schauen und grüssen, kann sich vielleicht in gebotener Bescheidenheit bereit halten, mit dem Judentum eine Hoffnungsgemeinschaft zu bilden, die der gesamten Menschheit zugute kommt.»[50]

Wohlmuth formuliert dann aber nicht etwa eine christliche Eschatologie an der Seite Israels, sondern er wählt jüdische Gesprächspartner, welche ihm «Herausforderung für die christliche Eschatologie»[51] sind – vor allem Emmanuel Lévinas, Walter Benjamin und Gershom Sholem. Auch in seiner Aufsatzsammlung *Im Geheimnis einander nahe* bringt Wohlmuth jüdische und christliche Eschatologien miteinander ins Gespräch, ohne aber eine christliche Eschatologie im Angesicht Israels zu schreiben.[52]

Für Peter Hirschberg hat Israel eine konkretere Aufgabe, nämlich «eine, ja vielleicht die entscheidende Provokation» für das Christentum sein zu müssen. Denn das Christentum kann mit dem Judentum «nie ‹fertig› werden», obwohl das Interesse am christlich-jüdischen Dialog wenige Jahrzehnte nach dem Holocaust bereits nachgelassen hat. «Es ist m. E. Gott selbst, der Juden und Christen dazu bestimmt hat, einander durch ihr jeweils eigenes Selbstverständnis zu inspirieren und zu provozieren.» Dabei ist es vor allem die Gottesvolkfrage, die hel-

48 Siehe die entsprechenden Kapitel in: Kapic: *Theology*.
49 Vgl. Jenson: *Theology*, 335f.
50 Wohlmuth: *Mysterium*, 48.
51 Ebd., 123.
52 Vgl. ders.: *Geheimnis*, insbes. 25f. und 183–210.

fen kann, «eine verantwortbare Verhältnisbestimmung von Kirche und Synagoge zu finden».[53] Es geht Hirschberg also darum, dass sich Juden- und Christentum auch in eschatologischer Hinsicht gegenseitig inspirieren, gerade dadurch, dass das Judentum für das Christentum eine Provokation darstellt.

In Gerhard Lohfinks Eschatologie hingegen erhalten Israel und das Alte Testament die Funktion, die christliche Theologie bei ihren Wurzeln zu halten und sie ggf., wenn sie sich etwa von ihrer Grundlage, den biblischen Texten, loslöst, wieder zu ihnen zurück zu führen.[54] Lohfink weist auf den Befund hin, dass das Alte Testament eine «tiefe Skepsis gegenüber allen religiösen Jenseitsvorstellungen» habe und in weiten Teilen «anscheinend kein Leben nach dem Tod» kenne.[55] Das Alte Testament habe «einen nüchternen Blick auf den Tod».[56] Gleichwohl durchzieht es eine «Zukunftshoffnung», deren prophetischen Hoffnungsbilder des «endgültigen Friedens und absoluter Gerechtigkeit» aber «angesiedelt [sind] im Feld irdischer Geschichte» und so «zunächst einmal die radikale Diesseitigkeit alttestamentlichen Denkens» bestätigen.[57] Lohfink fordert angesichts dieses Befundes:

> «Auch der christliche Glaube muss bei der Hinwendung Israels zu dieser Welt bleiben. Nichts darf da durch Vergeistigung defizitär werden. Alles, was Israel über den Tod und das Leben weiss, behält im christlichen Glauben an die Auferstehung der Toten seinen Platz. [...] Die christliche Theologie muss das Diesseits-Denken Israels weiterhin in sich tragen.»[58]

In Lohfinks eschatologischem Entwurf hat Israel eine das Christentum kritisierende bzw. sogar korrigierende Funktion. Ohne diese doppelte theologische Funktion läuft das Christentum Gefahr, sich von seiner biblischen und historischen Herkunft zu entfernen. Was dies aber eschatologisch bedeutet, bleibt offen.

Theologisch konkreter und auch etwas näher an Marquardts Denkfigur argumentiert Gerhard Sauter in seiner Reaktion auf die Ergänzung[59] der Kirchenordnung, die die Synode der Evangelischen Kirche im Rheinland 1996 beschlossen hat. Er bezeichnet «das Gegenüber von Israel und Kirche» als «Verheissung für die Menschheit», denn «Israel und die Kirche sind Gottes Verheissungen unterschiedlich begegnet, und sie antworten darauf auf verschiedene

---

53 Vgl. Hirschberg: *Provokation*, Vf.

54 Umso mehr erstaunt es, dass sich wenige protestantische Eschatologien finden, die Israel bzw. dem Alten Testament diese Funktion auch wirklich zuschreiben.

55 Vgl. Lohfink: *Ende*, 81.

56 Vgl. ebd., 84.

57 Vgl. ebd., 86.

58 Ebd., 107.

59 Die Evangelische Kirche im Rheinland erklärt mit dieser Ergänzung, «dass *sie sich von der Geschichte Israels und seiner Hoffnung her sehen* und sich so selber neu verstehen will». (Vgl. Sauter: *Rechenschaft*, 293.)

Art und Weise.»[60] Das Verheissungsvolle liege darin, dass dieses Gegenüber auf Gottes offenes eschatisches Handeln verweise, zumal «nur Gott darüber urteilen kann», wer Israel und wer die Kirche ist.[61] Dieser Verweis hat auch deshalb eine eschatologische Perspektive, weil «[d]er Glaube, der in Gottes Ja zu seinen Verheissungen in Jesus Christus befestigt ist», zur «Hoffnung getrieben» wird. In der Hoffnung wird gesagt, «*was uns noch nicht gegeben ist*». Der Glaube findet so in der Hoffnung «sicheren Stand».[62] Israel hat gegenüber der Kirche die Funktion, diese «auf Gottes Handeln, auf seine Verheissung, auf seine Treue» zu verweisen. Das Verhältnis der Kirche zu Israel kann deshalb «kein Mittel zur Selbstfindung oder auch Selbstbestimmung» sein.[63] Sauters Entwurf ist im Blick auf Israels Funktion in christlicher Theologie vergleichsweise einer der ergiebigsten. Israel ist hier nicht nur kritisches, sondern konstitutives Gegenüber. In der Unterschiedlichkeit der jüdischen und christlichen Reaktion auf die Verheissung Gottes liegt die Hoffnung auf eschatisches Eingreifen Gottes begründet. Diese hoffnungstheologische Denkfigur ist auch Marquardts Theologie nicht fremd.

Auch eine hoffnungstheologische Grundierung trägt den etwas älteren Entwurf von Paul van Buren. Er legt die «Hoffnung Israels» – nämlich die Hoffnung auf «Vollendung der Schöpfung», auf Erfüllung seiner Verheissungen, auf «Erlösung der Juden», d. h. auf einen neuen «Zustand in der geschichtlichen Zukunft dieses konkreten Volkes [Israel, AZ] und dieser konkreten Erde»[64] – der «Hoffnung der Kirche» zugrunde. «Die Botschaft Jesu [...] war die unmittelbar bevorstehende Erfüllung dessen, was jeder gläubige Jude ersehnte. [...] Das Zeichen, die Ahnung vom Anbruch eines neuen Zeitalters war Jesus selbst [...].»[65] Diese Hoffnung wurde aber durch das Ausbleiben der Wiederkunft Jesu zerstört bzw. transformiert: «Die zutage liegende nationale Hoffnung des Judentums wurde zu einer verinnerlichten, personalen, spirituellen Hoffnung der Kirche.»[66] Die «jüngste[...] Geschichte Israels» weist aber die Christenheit aus dieser verinnerlichten Hoffnung hinaus wieder auf die «Wichtigkeit der Geschichte». Deshalb kommt van Buren zur Frage: «Können wir nicht an dieser Stelle von neuem lernen, auf die Juden zu hören und vielleicht auch etwas von ihnen lernen?»[67] Israel hat bei van Buren die Funktion, die Christenheit in den richtigen Modus der Hoffnung zu lenken. Biblische Hoffnung ist Hoffnung auf eine erneuerte Schöpfung, Hoffnung auf das Reich Gottes, Hoffnung auf eine neue Zukunft. Nur, wenn das Christentum bei Israel dieses Hoffen lernt, ist es auf dem richtigen Weg.

---

60 Vgl. Sauter: *Rechenschaft*, 319f.
61 Vgl. ebd., 310.
62 Vgl. ebd., 320.
63 Vgl. ebd., 310.
64 Vgl. Van Buren: *Theologie*, 197–201.
65 Vgle. ebd., 201.
66 Vgl. ebd. 202.
67 Vgl. ebd., 205.

Ganz anders argumentiert Wolfhart Pannenberg. In seiner Eschatologie ist in Jesus Christus das eschatische Wirken Gottes bereits vorweggenommen.[68] In «der Gemeinschaft mit dem ewigen Gott» ist «alles enthalten [...], was Inhalt unserer eschatologischen Hoffnung sein kann.»[69] Bundestheologisch argumentiert Pannenberg:

> Die Kirche hat durch die Mahlgemeinschaft bereits jetzt «Anteil an dem Neuen Bund, der dem Volke Israel als ganzem (Röm 11,26) bei der Wiederkunft Christi als der von Israel erwarteten Ankunft des eschatologischen Erlösers gewährt werden wird. Erst von dieser eschatologischen Bestimmung her, auf der Basis des eschatologischen Neuen Bundes, lassen sich Juden und Christen als Teile in und desselben Gottesvolkes verstehen.»[70]

Dieser Neue Bund gründet auch für Israel auf Jesus Christus, «der sich bei seiner Wiederkunft seinem Volk als der von ihm erwartete Messias erweisen wird.»[71] Die «Zukunft des Gottesreiches (als Inbegriff der kollektiven Hoffnung Israels)» hat «im Wirken Jesu schon Gegenwart zu werden» begonnen.[72] Hier ist es Jesus Christus, der für Israel und für die Kirche erlösungstheologischer Bezugspunkt ist. Gerade aber dies, dass Israel bzw. die Jüdinnen und Juden Jesus Christus noch nicht als auch ihren Erlöser erkannt haben, schreibt dem Christentum bzw. der Kirche einen theologischen Vorzugsstatus gegenüber Israel bzw. den Juden und Jüdinnen zu. Kommt Israel erst eschatisch zur Einsicht, dass der Jude Jesus Christus auch sein Erlöser ist, qualifiziert das voreschatische Israel faktisch als defizitär.

Alles andere als defizitär ist die Funktion Israels in Jürgen Moltmanns Eschatologie, auf dessen Bände Marquardt mehrfach Bezug nimmt.[73] Die eschatologische Bilder- und Vorstellungswelt Israels legt dort den Grund dafür, dass christliche Eschatologie nicht zu einer «gnostischen Erlösungslehre» wird.[74] Das erreicht sie, weil sie eine ausgesprochen kosmologische Ausrichtung hat, welche in der Sabbattheologie der Schöpfungserzählung aufscheint: Die Heiligkeit des Sabbats der Schöpfung «weist [...] auf die zukünftige Herrlichkeit der Schöpfung hin. Der Sabbat ist gleichsam die in die anfängliche Schöpfung eingebaute Zukunftsverheissung ihrer Vollendung.»[75]

---

68 Vgl. Pannenberg: *Eschatologie*, 79. Das «Heil der Totenauferstehung [ist] die Verwandlung unseres irdischen Lebens in das an Jesus Christus schon erschienene Leben des eschatologisch neuen Menschen hinein» (ebd.).

69 Ebd., 73.

70 Pannenberg: *ST III*, 513. Pannenberg verweist auf Ulrich Wilkens: *Der Brief an die Römer (Röm 6–11)* (= EKK Bd. VI/2), Zürich et al. 1980, 255f.

71 Vgl. Pannenberg: *ST III*, 513.

72 Vgl. ebd., 593.

73 Siehe P, 25; C II, 280; E I, 118.

74 Vgl. Moltmann: *Kommen*, 285.

75 Vgl. ebd., 290.

> «Die Schöpfung am Anfang findet ihre ‹Vollendung› (Gen 2,2) im *Sabbat Gottes*. Gott segnet alle seine Schöpfungswerke durch seine ruhende Gegenwart in ihnen. [...] Die Schöpfung wird aber neu geschaffen, um das ‹neue Jerusalem› fassen zu können und zur Heimat der *Schechina Gottes* zu werden (Jes 65; Ez 37; Offb 21). Der Sabbat in der Zeit der ersten Schöpfung verbindet diese Welt und die zukünftige Welt.»[76]

Die «erinnerten Erwartungen des Sabbat auf die zukünftige Schechina Gottes, die Himmel und Erde füllen wird», sind der «Rahmen», in dem «auch die Inkarnationsaussagen des Neuen Testaments zu verstehen» sind.[77] Die «geschichtlichen Aufgaben und Privilegien des Bundesvolkes – des jüdischen und des christlichen – [werden] im eschatologischen Jerusalem aufgehoben [...], zur Erfüllung und zum Ende kommen.» Das «Wichtigste am neuen Jerusalem und den neuen Gottesvölkern ist die neue Gegenwart Gottes [...]. Die einwohnende Gegenwart macht Himmel und Erde neu und ist auch das eigentlich Neue im neuen Jerusalem. Gott will bei ihnen ‹wohnen›. Das ist die *kosmische Schechina*.»[78] Dieser theologische Duktus, der die Eschatologie sehr stark macht und die dogmatischen Topoi auf sie zu und von ihr her versteht, liegt sehr nahe bei Marquardts Art zu theologisieren. Moltmann formuliert zwar keine eigene Israeltheologie, wohl aber bezieht er Israel und das Christentum eschatologisch aufeinander, indem er dem Eschaton eine beide neu schaffende Kraft zuschreibt. Angesichts der eschatischen neuen Möglichkeiten Gottes werden beide, Israel und Christentum, gleichermassen neue Einsichten erhalten.

In evangelikaler Theologie hat Israel einen ausgeprägt ambivalenten Stellenwert. Es nimmt entweder eine vernachlässigte Randposition ein oder muss die problematische Aufgabe der Bestätigung traditioneller christlicher Bekenntnisinhalte übernehmen. Diese unterschiedlichen evangelikalen israeltheologischen Bezüge werden hier deshalb so breit besprochen, weil sie im Blick auf Marquardt aufschlussreich sind, denn sie argumentieren genau in die Gegenrichtung Marquardts: Israel gilt eigentlich als Negativfolie eines Christentums, dessen alles organisierendes Zentrum in einer individualistischen, biblizistischen und christozentrischen Heilstheologie besteht. Diese ist auf eine problematische christozentrische Soteriologie und Bundestheologie und eine ebensolche dualistische Eschatologie angewiesen. Israel muss traditionelle christliche Glaubensinhalte verifizieren, wird so theologisch abgewertet und dient letztlich der Stützung einer auf universelle Überbietung angewiesene christliche Theologie.

Exemplarisch für vermeintliche evangelikale Israeltheologien wird hier auf das seit Februar 2004 von der *Freien Theologischen Akademie Giessen* (seit 2008 *Freie Theologische Hochschule Giessen*) eingesetzte eigene *Institut für Israelogie* hingewie-

---

76 Moltmann: *Kommen*, 292. Moltmann verweist auf die Sabbattheologie Abraham Joshua Heschels: Ders.: *The Sabbath. Its Meaning for Modern Man*, New York 19817 und unter anderen auf Arnold Maria Goldberg: *Untersuchungen über die Vorstellung von der Schekhina in der frühen rabbinischen Literatur – Talmud und Midrasch* – (SJ V), Berlin 1969.

77 Vgl. ebd., 293f.

78 Vgl. ebd., 347f.

sen. Es führt die Publikationsreihe *Edition Israelogie*, herausgegeben von Helge Stadelmann und Berthold Schwarz und verleiht seit 2007 den *Franz-Delitzsch-Preis* für «wissenschaftliche Arbeiten, die in herausragender Weise sachkompetent und in Übereinstimmung mit den Forschungsschwerpunkten des Instituts eine heilsgeschichtliche Israel-Theologie (Israelogie) fördern.»[79] Im Vorwort des ersten Bandes der Reihe *Edition Israelogie* erwähnen die Herausgeber, dass sie «Beiträge zu einer erneuerten Israellehre» publizieren wollen, wobei die Israelogie ausdrücklich als «Teilbereich der christlichen Dogmatik» verstanden wird und als solcher «einen Aspekt des christlichen Glaubens beschreiben» und «die biblischen Lehraussagen über Israel und das Judentum identifizieren und systematisieren» will mit dem nicht unbescheidenen Ziel, eine «erneuerte christliche Dogmatik zu entwerfen, die eine christlich relevante Israellehre [...] *vor* und *ausserhalb* der Ekklesiologie definiert.»[80] In seinem dogmatischen Entwurf skizziert Berthold Schwarz eine Neubestimmung des Verhältnisses zu Israel und zum Judentum mit dem Ziel, eine «christliche Israellehre» zu entwerfen und zu begründen,[81] die die Enterbungs- und Substitutionstheologien hinter sich lässt.[82] Schwarz nimmt mehrfach Bezug auf Marquardt und kritisiert aber dessen Ansatz, weil er «traditionelle Christologie an jüdisches Denken, rabbinische Theologie oder heutiges Judentum anbinden» will.[83] Schwarz arbeitet sechs Problemanzeigen heraus, die im Rahmen der Erarbeitung einer «verantwortlichen Israellehre» dogmatisch bedacht werden müssen: 1. Das Evangelium Jesu Christi ist «eine Gotteskraft zur Rettung für Juden». Deshalb ist der Israelbund soteriologisch nicht als gleichwertig wie der Bund in Jesus Christus zu sehen. 2. Der neue Bund in Jesus Christus wird für Israel «eschatologisch noch vollumfänglich werden», während «Christen [...] bereits im Neuen Bund» leben.[84] 3. Der Kreuzestod und die Auferstehung Jesu müssen theologisch geklärt werden, weil christliche Theologie fundamental auf diesen «von Gott initiierten Heilsereignisse[n]» steht. Deshalb ist der Sinaibund «dem Christusereignis [...] in jeder erdenklichen Hinsicht untergeordnet». 4. Der im Kreuzesgeschehen liegende «Absolutheitsanspruch des ‹Heils› zur Versöhnung mit Gott» darf nicht relativiert werden, «ebenso wenig die Wirklichkeit der faktisch geschehenen Auferstehung des Gekreuzigten». 5. Die «Problematik und Brisanz» des Nahost-Konflikts müssen theologisch berücksichtigt werden. 6. Die aktuelle Landnahmepolitik des Staates Israel ist keine Erfüllung biblischer Prophetie, denn diese steht noch aus.[85]

---

79 Vgl. www.israelogie.de/delitzsch-preis, zuletzt aufgerufen am 26. Dezember 2019.
80 Vgl. Schwarz: *Vorwort*, IX.
81 Vgl. ders.: ‹*Israelogie*›, 236f.
82 Siehe ebd., 265.
83 Vgl. ebd. 294.
84 Vgl. ebd. 304f.
85 Vgl. ebd., 306–309.

Schwarz spricht sich dafür aus, dass sich eine «verantwortungsbewusste ‹Israeltheologie› innerhalb der bereits vorhandenen christlichen Lehr- und Bekenntnistradition» bewähren muss und sich «nicht verselbstständigen, monopolisieren oder gar heterodox mutieren» darf. Vor diesem Hintergrund formuliert er einen dogmatischen Entwurf, der in siebzig «Aufträgen» an die systematische Theologie skizziert, «wie die systematische Theologie [...] eine sachgerechte Israellehre integrieren kann.»[86]

> Die 13 ersten der 70 Aufträge beziehen sich auf die Bibliologie, die in erster Linie den Literalsinn aller kanonischen Texte und die Endgestalt des Kanons als offenbartes Wort Gottes zementieren. Darauf folgen drei Aufträge, die die Trinitätslehre betreffen, welche hermeneutischer Schlüssel für die Deutung alttestamentlicher Gottesvorstellungen ist. Die folgenden sieben christologischen Aufträge streichen einerseits die Wichtigkeit des Judeseins Jesu heraus, andererseits auch seine Messianität für Israel. Darauf folgen je ein deutlich eschatologisch perspektivierter pneumatologischer, angelologischer und dämonologischer Auftrag, die die endzeitliche Wirkung an Israel beschreiben, nämlich die Geistausgiessung, der Beistand, der Satan als Quelle des Antisemitismus. Die vier folgenden anthropologischen Aufträge betonen einerseits die Gleichwertigkeit aller Menschen, andererseits die Sündhaftigkeit Israels. Darauf folgen sechs lange soteriologische Aufträge, die das allein durch Christus erwirkte Heil unterstreichen, in dem auch die Auschwitzschuld gesühnt ist. Die darauf folgenden 17 israelogischen bzw. ekklesiologischen Aufträge priorisieren einmal mehr letztlich die Ekklesiologie vor der Israeltheologie, weil allein im neuen Bund «die Qualität der noch ausstehenden irdischen Königsherrschaft» sichtbar ist. Die folgenden elf Aufträge sind auch ekklesiologischer Natur, sollten aber laut Überschrift eine pneumatologische Ausrichtung haben. Diese tritt jedoch hinter erwählungstheologischen Positionierungen zurück, die einmal mehr die eschatische Erfüllung von Prophetien für Israel beschreiben. Die sechs abschliessenden Aufträge sind eschatologisch und betonen die endzeitliche Erfüllung der Bundesverheissungen an Israel und die endzeitliche Erweckung Israels.[87]

Der dogmatische Entwurf schliesst mit der Aufforderung, dass christliche Theologie im christlich-jüdischen wie auch im christlich-muslimischen Gespräch «zentrale Inhalte» nicht aufgeben darf.[88] Vor diesem Hintergrund stellt sich die Frage, wie die christliche Dogmatik Schwarz' ihrem anfangs formulierten Anspruch, eine Neubestimmung des christlich-jüdischen Verhältnisses vorzunehmen, wirklich gerecht werden kann, wenn es doch letztlich darum geht, «christliche» Propria nicht aufzugeben. Darum kann gerade mit Blick auf die 70 Aufträge gefragt werden, ob für diese Art von Theologie Israel nicht einfach zu christlicher Selbstvergewisserung herhalten muss. Einzige Kritik, die aus der Integration Israels ins christlich dogmatische System hervorgehen kann, ist die an einer Ersatztheologie. Weder aber das Schriftverständnis, die Ekklesio-

86 Vgl. Schwarz: *‹Israelogie›*, 310f.

87 Vgl. ebd., 312–332.

88 Vgl. ebd. 333.

logie noch die Eschatologie und erst recht die Gotteslehre werden durch die Beschäftigung mit Israel ernsthaft berührt.

Israel nimmt in evangelikaler Theologie zuweilen auch eine bedenkliche Randposition ein: Das *Handbuch Evangelikalismus*, das «erste deutschsprachige Handbuch zum Thema Evangelikalismus» [89] etwa führt im Kapitel über die «Evangelikale Bewegung und ihr Verhältnis zu nicht-christlichen Religionen» ein kurzes Unterkapitel mit dem Titel «Judentum: Die biblische Verheissung des Bundes mit Israel», auf den der Text aber nicht eingeht, sondern nur das Thema Judenmission positiv behandelt. Die «‹versöhnende[...] Botschaft Jesu Christi›» muss von «jedem Menschen [...], auch Juden» gehört werden können.[90]

Auch die umfangreiche *Biblische Dogmatik* von Wayne Grudem aus dem Jahr 1994 (2013 auf Deutsch erschienen) führt Israel weder im Inhalts- noch im Stichwortverzeichnis auf. Ein Blick in das Verherrlichungskapitel deutet auf die theologische Stellung Israels hin: die alttestamentlichen Schriften beinhalten zwar «eine gewisse Hoffnung auf eine zukünftige leibliche Auferstehung», doch die neutestamentlichen stellen «die voll ausgereifte [...] Lehre über die Auferstehung» dar.[91] Im Unterkapitel «Die Kirche und Israel» des Ekklesiologiekapitels nimmt Grudem Bezug auf das Verhältnis von Kirche und Israel. Er schreibt den klassischen Evangelikalismus eine Position zu, die klar zwischen Israel und der Kirche trennt: Die göttlichen Verheissungen für Israel sind auf «*irdische Segnungen*» ausgerichtet, diejenigen für die Kirche auf «*himmlische Segnungen*». Progressive Dispensationalisten sehen die Kirche als «ersten Schritt zur Errichtung des Reiches Gottes». Israel und die Kirche haben beide «Anteil» am Reich Gottes, in dem alle «zu dem einen Volk Gottes gehören». Auf dieser Erde werden aber die alttestamentlichen Prophezeiungen «*durch ein ethnisches jüdisches Volk erfüllt werden*, das an Christus glauben und im Lande Israel als eine ‹Musternation› leben werde».[92] Wayne selber sieht mit Verweis auf Hebr 8, den Jakobus- und 1. Petrusbrief «die Kirche als die Empfängerin und die Erfüllung der alttestamentlichen Verheissungen bezüglich des Volkes Israel» bzw. die Kirche «das wahre Israel Gottes geworden ist und alle Segnungen empfangen wird, die im Alten Testament Israel verheissen worden waren».[93]

Max Turner bezieht in seiner Auslegung von Apg 8 im *Handbuch pfingstliche und charismatische Theologie* gegen die Position Stellung, die an Pfingsten die «erhoffte Wiederherstellung Israels auf dramatische Weise in der Kirche» sich ereignen sieht. Vielmehr sieht er in Christus den, der durch Ausgiessung des Geistes «auf all sein Volk seine reinigende und kraftvolle Herrschaft in der Kirche

89 Elwert: *Evangelikalismus*, 12.

90 Vgl. ebd., 198. Dort Verweis auf die *Berliner Erklärung* der *Deutschen Evangelischen Allianz* aus dem Jahr 2008, die die «Evangelisation der Juden auch in Europa als spezifisch evangelikal-christliche Aufgabe zur Befolgung des biblischen Heilsplans» sieht.

91 Vgl. Grudem: *Dogmatik*, 921f.

92 Vgl. ebd., 954f.

93 Vgl. ebd., 957f.

ausgehend von der Rechten des Vaters ausübt».[94] Ausserdem hat der Heilige Geist die «soteriologische Macht der Reinigung, Transformation und Wiederherstellung Israels».[95] D. Lyle Dabney interpretiert Gen 1,1–2,3 als «Prolog [...] für das gesamte biblische Zeugnis», der deklariert, «dass der Eine, den Israel anbetet und dem es dient, der Schöpfer und Erhalter des ganzen Universums (1,1; 2,1) und daher der Herr über alles ist».[96]

In der auf dem biblischen Buch der Apokalypse basierenden Eschatologie des messianischen Juden Arnold G. Fruchtenbaum, die gerade aufgrund ihres wörtlichen Bibelverständnisses eine dezidiert evangelikale Prägung aufweist,[97] werden klare Abschnitte der Heilszeit unterschieden. Der sechste Abschnitt folgt auf die Zeit des Gesetzes. Er unterteilt sich in zwei Dispensationen, wobei der erste von Pfingsten bis zur grossen Trübsalszeit dauert. Der zweite ist die Zeit der siebenjährigen Trübsal. Darauf folgt der siebte Abschnitt, das tausendjährige Friedensreich des Messias.[98] Voraussetzung für die Errichtung dieses Friedensreichs ist die zweifache Sammlung Israels: zuerst wird das ungläubige Israel vom zornigen Gott gesammelt – es sei kein Zufall, dass der Staat Israel kurz nach dem Holocaust gegründet wurde, denn der Holocaust sei Ausdruck des Zorns Gottes wegen des Unglaubens seines Volkes. Danach folgt die Läuterung Israels im Gericht, worauf sich Israel zu Jesus als seinem Messias bekehrt.[99] Auch in diesem Entwurf führt der Weg zu Gott «nur durch den Glauben an den Messias Jesus».[100] Israel hat die Funktion, einerseits diesen Weg, andererseits den Zorn Gottes über diejenigen sichtbar zu machen, die nicht an Jesus als den Messias glauben. Auch diese theologische Position wertet letztlich Israel gegenüber der Kirche ab. Weil es Jesus nicht als seinen Messias anerkennt, muss es sich dem endzeitlichen Gericht stellen. Israel wird zwar nicht totgeschwiegen wie in anderen Eschatologien, aber es wird totgeglaubt, weil es zu Jesus als Messias nicht Ja sagen kann. Auch in Fruchtenbaums Eschatologie dient Israel lediglich dazu, ein christozentrisches, biblizistisches Heilsverständnis zu untermauern, das seinerseits auf einem wörtlichen Bibelverständnis prophetischer und apokalyptischer Texte aufbaut.[101]

Die zugegebenermassen eklektischen Forschungseinblicke zeigen, dass Marquardts israelverbindliche Eschatologie in ihrer Grundanlage, ihrer Systematik

94 Vgl. Turner: *Interpretation*, 80.
95 Vgl. ebd., 89f.
96 Vgl. Dabney: *Natur*, 236f.
97 Vgl. Fruchtenbaum: *Handbuch*, 11.
98 Vgl. ebd., 15.
99 Vgl. ebd. 93.
100 Vgl. ebd., 250.
101 Worauf hier nicht weiter eingegangen werden kann ist die Vermutung, dass es vor allem evangelikale Positionen sind, die es erlauben, dass Menschen jüdischer Geburt zur messianischen Jesusgemeinde *als Juden* gehören können. Diese Möglichkeit der Zugehörigkeit schliesst Marquardt faktisch aus.

und auch ihrer Radikalität einzigartig ist. Sie hat mit evangelikalen Entwürfen so gut wie nichts gemeinsam, obwohl sie sich auch als biblische Eschatologie versteht. Zwar steht sie in ihrer Hoffnungsorientierung nahe etwa bei Moltmann oder van Buren, grenzt sich aber deutlich von anderen dogmatischen Entwürfen wie z. B. dem Pannenbergs ab. Sie schreibt auch nicht etwa Barths mutige und revolutionäre theologischen Israelbezüge fort, sondern wagt gerade dadurch etwas ganz Eigenes, indem sie einerseits ein historisches Faktum – Auschwitz – als theologischen Ausgangspunkt nimmt und andererseits fundamental von Israel und nicht vom Christentum her denkt. Gerade die hohe und für das Christentum konstitutive Verbindlichkeit Israels, ihre Radikalität im Ernstnehmen der Fraglichkeit von Theologie selbst und ihre konsequente Eschatologisierung aller dogmatischer Topoi hebt Marquardts Dogmatik aus der dogmatischen Landschaft heraus.[102] Dass diese Einzigartigkeit und auch ihre Unabhängigkeit von anderen Entwürfen zugleich sehr berechtigte Fragen und Einwände aufwerfen, zeigt die kontroverse Rezeption von Marquardts Theologie.

1.2.3 Zur akademischen Rezeption der Theologie Marquardts

Im deutschsprachigen Raum wurde die Dogmatik Marquardts besonders von protestantischen theologischen Laiinnen und Laien aufgenommen. Es bildeten sich Lesekreise, die die Dogmatikbände systematisch durcharbeiteten.[103] Laut Barbara U. Meyer galt Marquardt «oft als einsamer Theologe und [wurde] in den theologischen Fakultäten marginalisiert». Er war aber ein Theologe, der wie Barth, Theologie «ausdrücklich in den Kontext der Kirche» stellte.[104] So erstaunt es nicht, dass Marquardt z. B. vom kirchlichen Zeithistoriker Gerhard Gronauer in einer Reihe mit den «‹Israeltheologen›» Barth und Gollwitzer genannt wird.[105]

Ganz nahe bei Marquardt ist sein Zeitgenosse Heinz Kremers, der ebenfalls als Pionier im jüdisch-christlichen Dialog nach dem Zweiten Weltkrieg in Deutschland bezeichnet wird und für sein Engagement 1986 die Buber-Rosenzweig-Medaille erhalten hat.[106] Der Religionspädagoge Kremers war wie Marquardt ehemaliger Kriegsgefangener, promovierter Theologe, späterer Dialogpartner unter anderen von Robert Raphael Geis und stand dem Sozialismus nahe. Wie Marquardt hat er von Ende der 1950er-Jahre an Studienreisen nach Israel unternommen und war Mit-

102 Siehe hierzu insbes. Kap. 2.1.2 und 2.2.1.

103 Vgl. Transkript [XVI], 17. Siehe hierzu auch die entsprechenden DEKT-Bände und die Publikationen zu den Berliner Akademie-Tagungen. Auf die Sichtung der kirchlichen Rezeption wird hier aber verzichtet. Zur kirchlichen Israel-Rezeption siehe etwa die materialreiche Arbeit von Gerhard Gronauer: Israel; insbes. 212–244.

104 Vgl. Meyer: *Umkehr*, 256.

105 Siehe Gronauer: *Israel*, 35.

106 Siehe Kremers: *Werk*, 4.

begründer der AG «Juden und Christen» auf dem DEKT in Berlin 1960.[107] Eine der zentralen Fragestellungen Kremers' ist, eine Christologie zu formulieren, «die sich nicht durch antijüdische Komponenten auszeichnet, sondern das Faktum angemessen berücksichtigt, dass Jesus ein Jude war und sein ganzes Leben lang tief im Judentum verwurzelt blieb.» Wegen seines frühen Todes 1988 konnten aber seine christologischen Arbeiten nicht weiter systematisiert werden.[108] Ein Blick in die Überschriften[109] seiner christologischen Texte zeigt, wie nahe er theologisch Marquardt gestanden hat, mit dem entscheidenden Unterschied aber, dass für ihn die Eschatologie nicht so tragend war. Obwohl Kremers schreibt, dass sich Marquardt zu ihren Projektplänen eines Sammelbandes zum 40-jährigen Bestehen des Staates Israel geäussert hat,[110] zitiert Kremers Marquardt nur sehr selten und umgekehrt wohl gar nicht.[111]

Treffend bezeichnet der Niederländer Coen Constandse Marquardts Dogmatik als einzigartig.[112] Constandse unterteilt in einer der neuesten Untersuchungen zu einem theologischen Thema Friedrich-Wilhelm Marquardts, in der 2009 erschienenen Dissertation *Het Gebod van de Hoop*, die Marquardtrezeption in zwei sich gegenüberstehende Lager. Die einen sehen in Marquardt einen ernstzunehmenden theologischen Gesprächspartner. Die anderen, laut Constandse in der Überzahl und aus dem deutschsprachigen Raum kommend, lehnen ihn als solchen ab.[113]

Das ausführliche Verzeichnis der Sekundärliteratur zu Marquardt in Coen Constandses Buch dokumentiert, dass neuere Literatur zu Marquardt zu einem wesentlichen Teil aus den Niederlanden kommt.[114] Ergänzend dazu sei noch auf zwei Publikationen verwiesen, weil sie Einzelthemen von Marquardts Theologie untersuchen. In der 2006 publizierten Dissertation Alexander Deegs *Predigt und Derascha. Homiletische Textlektüre im Dialog mit dem Judentum* wird in einem Unterkapitel auf Marquardts Interpretation von Halacha und Haggada eingegangen.[115]

---

107 Vgl. Kremers: *Werk*, 9–15.19.

108 Vgl. ebd., 22.

109 «Was hat der Talmud uns Christen zu sagen?» «Juden und Christen sind Zeugen Gottes voneinander» «Die Bedeutung von Land und Staat Israel für die Christenheit», «Der Beitrag des Neuen Testaments zu einer Christologie im Dialog zwischen Juden und Christen». (Zit. nach Kremers et al. (Hgg): *Kremers*)

110 Vgl. Kremers: *Bedeutung*, 126. Ders. verweist dort auf: *Friedrich-Wilhelm Marquardt: «Wir Christen und der Staat Israel», in: Evangelischer Arbeitskreis Kirche und Israel in Hessen und Nassau (Hg.): 40 Jahre Staat Israel 1948 / 1988. Eine Arbeitshilfe für Unterricht, Fortbildung und Gemeindearbeit, Heppenheim 1988, 107–109.*

111 Z. B. in: Kremers: *Bedeutung*, 136. Dort verweist er auf Marquardt: *Gegenwart*.

112 Vgl. Constandse: *Gebod*, 91. Dort: «enig in zijn soort».

113 Vgl. ebd., 10f. Der Autor, der Marquardt als Gesprächspartner sehr ernst nimmt, gibt auf denselben Seiten in den Anmerkungen einen Überblick über einschlägige Marquardtrezeptionen, weshalb hier darauf verzichtet wird.

114 Vgl. ebd., 355–361. Siehe hierzu auch den Sammelband Stegeman: *Marquardt*. Ferner liefern ausführliche Bibliographien von Primärwerken Marquardts Ilk Eva Jobatey: *Bibliographie*, 467–509, Martin Stöhr: *Veröffentlichungen*, 284f., Pangritz: *Gott*, 55f.

115 Siehe Deeg: *Predigt*, 449–463.

Laut Deeg kann von Marquardt homiletisch gelernt werden, in Christus die Tora zu sehen.[116] Der 2010 erschienene Tagungsband *«Biblische Radikalitäten». Judentum, Sozialismus und Recht in der Theologie Friedrich-Wilhelm Marquardts* enthält zwölf deutschsprachige Beiträge zu ausgewählten Themen der Theologie Marquardts, darunter auch drei über die Bedeutung von Marquardts Theologie in «aussereuropäischen Kontexten» – Nordamerika, Japan, Ostasien.[117]

Im Vorwort zum Sammelband *Wendung nach Jerusalem*, der kurz nach Fertigstellung der siebenbändigen Dogmatik erschienen ist, betonen die Herausgebenden zu Recht die Entschlossenheit, die der Theologie Marquardts ihre Richtung gibt, nämlich die umfassende, entschlossene «Wendung zum irdischen Jerusalem», die Theologie und Kirche nach Auschwitz vollziehen müssen. Diese Wendung ist aber nicht nur für Theologie und Kirche folgenreich, sondern «sie bedeutet auch gesellschaftlich [...] Abkehr von Gewalt im Denken und in der Praxis.» Dieser umfassende Anspruch des theologischen Denkens des sensiblen Zeitgenossen Marquardt, dem «vieles unter die Haut [geht], was ihm dann theologisch Arbeit macht», liegt darin begründet, dass jeder Gedanke «auf seinen seelischen, leiblichen, gesellschaftlichen Gehalt hin befragt wird».[118]

Diese Radikalität, die der Theologie Marquardts zu Grunde liegt, sie charakterisiert und auszeichnet und sie aber auch so sperrig, immer aufs Ganze gehend und letztlich unsystematisierbar macht,[119] hat zur Folge, dass sie in dieser Ganzheit und Radikalität schwer zu rezipieren ist. Dies zeigt sich daran, dass viele Rezeptionen und Repliken sich auf Einzelthemen oder -probleme der Marquardtschen Theologie beziehen.[120] Eine Ausnahme davon bildet der Beitrag von Wessel ten Boom: *Umkehr nach Jerusalem. Friedrich-Wilhelm Marquardt und der Ausgang der klassischen Theologie*, in dessen Titel bereits darauf hingewiesen wird, dass Marquardts Theologie als etwas radikal Anderes gegenüber bisher Gedachtem gesehen werden kann, als etwas Revolutionäres. Ten Boom unterstreicht dies, indem er seinen Artikel mit Hinweisen auf berühmte Figuren aus der (Revolution-)Geschichte beginnt: Lenin, Marx, Barth. Daran schliesst er Marquardts Theologie an, die eine «Wende vom Zentrifugalen zum Zentripetalen» bedeutet. «Bis jetzt hat die christliche Zeitrechnung sich immer als der grosse Sprung nach vorne verstanden. Bei Marquardt heisst sie: Hinwendung zum lebendigen Judentum».[121] In der radikalen Konsequenz der Theologie Marquardts bedeutet dies, wie ten Boom richtigerweise feststellt: «Marquardt unterscheidet sich vermut-

116 Vgl. Deeg: *Predigt*, 459. Hier verweist ders. auf Marquardt: *Rechtfertigungsgeschehen*, 73.

117 Darüber hinaus geben der Sammelband Lehming et al. (Hgg.): Wendung, der Aufsatzband Hennecke et al. (Hgg.): «Abirren» und die Festschrift zu seinem 60. Geburtstag Gniewoss (Hg.): Zeddelkasten Ein- und Überblicke in die Rezeption von Marquardts Theologie. Eine materialreiche Überblicksdarstellung bietet ferner Pangritz: Halacha.

118 Vgl. Lehming et al. (Hgg.): *Wendung*, 9.

119 Siehe hierzu insbes. Kap. 1.3.2.1 und 2.1.2.

120 Siehe die Beiträge in Lehming et al. (Hgg.): *Wendung*.

121 Vgl. Ten Boom: *Umkehr*, 349.

lich von der klassischen Theologie insbesondere durch seine Absage an die Messianität Jesu als sicheren Grund, auf dem wir stehen. Wir sollten das Nein der Juden dazu hören und versuchen, dieses Nein als ein Ja Gottes zu verstehen.»[122] Schon nur diese Absage bedeutet für christliche Theologie eine Provokation. Mehr aber noch Marquardts eigentliche theologische Radikalität, die sich ins Gottesbild selber einschreibt, nämlich die Frage nach «Gottes Wirklichkeit, nach Gottes Zu-sich-selbst-kommen.»[123] Nach Auschwitz verstummt «jede Sicherheit», denn Gott ist nicht denkbar ohne sein erwähltes Volk Israel. Nur, wenn Gott «eine Antwort auf Auschwitz geben wird», ist «die Wahrheit über Gott» entschieden.[124] Mit anderen Worten: Nur, wenn Gott eschatisch auf Auschwitz etwas zu sagen weiss, ist er als Gott selbst gerechtfertigt. Mit diesem theologischen Radikalismus bricht Marquardt mit der Tradition, denn er macht mit «dem Geschichtlichen» theologisch ernst. Er will «an Israel (nicht als spiritueller Idee, sondern gerade als einer geschichtlich-wirklichen Gestalt) neuen Gehalt [...] gewinnen für den Glauben.»[125]

Allein Rezeptionen, die sich auf die Radikalität von Marquardts Denken einlassen, werden diesem auch vollständig gerecht. Denn Marquardt geht es nicht um die Neuformulierung einzelner dogmatischer Topoi unter besonderer Berücksichtigung des Judentums, sondern um das Ganze: Gott nach Auschwitz, Gott in Verantwortung, letztlich Gottes Sein oder Nichtsein. In dieser Radikalität hinterfragt sie konsequenterweise auch die Theologie als Theologie, die nach Auschwitz nicht mehr davon ausgehen kann, dass Gott lebt. Vielleicht ist gerade diese fundamentale Infragestellung der Theologie der Grund dafür, weshalb sich nur wenige Rezensionen auf diese Radikalität einlassen.

Bei aller Radikalität ist Marquardts Theologie eine «zerbrechliche» Theologie, wie Coen Wessel mit Recht festhält. Denn Marquardts Theologie ist eigentlich nichts anderes als eine gross angelegte Eschatologie, die «vielleicht mehr auf Hoffnung als auf ‹die Zukunft› orientiert» ist und die der Tatsache Rechnung trägt, dass «alles, was wir in der Eschatologie sagen werden, [...] eine unsichere Sache [ist], [...] ein Gebet: Es werde wahr.»[126] Wie kann eine solche Theologie wissenschaftlich adäquat rezipiert werden? Hat die etablierte wissenschaftliche Theologie das Instrumentarium dafür? Verlangt Marquardts Theologie überhaupt nach einer akademischen Rezeption oder wird man ihr nicht viel eher dadurch gerecht, dass sie primär verbindlich gelebt wird?

Marquardts Theologie, die zwischen Radikalität und Zerbrechlichkeit hängt, wäre nicht ernst genommen, wenn sie in Theologinnen- und Theologenkreisen penibel diskutiert würde. Das breite Ausbleiben grundsätzlicher Rezeptionen

---

122 Ten Boom: *Umkehr*, 350.
123 Ebd.
124 Vgl. ebd., 351.
125 Ebd., 351f.
126 Vgl. Wessel: *Theologisieren*, 67.

der Theologie Marquardts in der dogmatischen Zunft zeigt vielmehr, dass diese Theologie auch etwas Entlarvendes hat. Sie bringt nämlich eine wissenschaftliche Theologie in Verlegenheit, die sich zu weit von den Realitäten wirklicher Geschichte und den Erzählungen biblischer Hoffnung entfernt hat und deren Diskurse sich nur um Probleme drehen, die sie sich selber gibt.

1.2.3.1 Zur Rezeption der siebenbändigen Dogmatik

Die akademische Rezeption der Dogmatikbände als Gesamtentwurf ist im deutschsprachigen Raum vergleichsweise bescheiden.[127] Eine treffende Charakterisierung von Marquardts siebenbändiger Dogmatik liefert Martin Stöhr:

> «Es sind sieben eindrucksvolle Bände einer Dogmatik, der Darstellung der biblischen und christlichen Überlieferung in der Auseinandersetzung mit ihren jeweiligen Lebenswelten und Geistesströmungen. Und, so kann mit Fug und Recht gesagt werden, es ist neben der dreibändigen Dogmatik des us-amerikanischen Anglikaners Paul van Buren *A Theology of the Jewish-Christian Reality* weltweit der erste Versuch, eine Theologie zu entwickeln, die einmal die vielen neuen Erkenntnisse zum Selbstverständnis Israels und zum Selbstverständnis der Christenheit zusammenführt und zum anderen in einer kreativen Sprache die Christenheit auf einen ‹Schulweg› im ständigen Gespräch mit Israel einlädt.»[128]

Einer der kenntnisreichsten Rezensenten ist der langjährige Assistent Marquardts, Andreas Pangritz. In seinem Aufsatz *«Wendung nach Jerusalem». Zu Friedrich-Wilhelm Marquardts Arbeit an der Dogmatik* beschreibt er die Grundlagen, auf der die Dogmatik Marquardts steht. Nebst zahlreichen Verweisen auf Texte von Marquardts Lehrern und von Marquardt selbst bietet er einen präzisen und knappen Überblick über die sieben Bände der Dogmatik und hält dabei fest, dass «Marquardts Dogmatik immer nur Momentaufnahmen seines Denkens, nicht erstarrte Dogmen» präsentiert.[129] Pangritz zieht die Linien, die er über Marquardts Arbeit an der Dogmatik skizziert, weiter und stellt die Talmudlektüren Marquardts als dessen bleibenden Lernort dar.[130] Dabei betont er einerseits die Erkenntnis Marquardts, dass gerade das protestantische Gebotsverständnis «‹absolut quer›» zum talmudischen Verständnis der «‹Lebbarkeit des Gesetzes›» steht.[131] Andererseits arbeitet er eine «doppelte Bewegung» heraus, die aus Marquardts Talmudlektüren und aus dem Hören auf seine jüdischen Lehrer und Leh-

---

127 Vgl. Transkript [XIV], 14. Dies deckt sich nur teilweise mit der Beobachtung von Coen Constandse, denn aus dessen Perspektive aus den Niederlanden ist die Rezeption Marquardts ziemlich umfangreich. (Siehe Constandse: *Gebod*, 9f.)

128 Stöhr: *Marquardt*, 2. Zu van Buren siehe Kap. 1.2.2 und ausführlich Meyer: *Christologie*, 50ff.

129 Vgl. Pangritz: *Wendung*, 15.

130 Vgl. ebd., 19–23.

131 Vgl. ebd., 21. Dort Verweis auf ein unveröffentlichtes Manuskript Marquardts: *Verwirktes Leben und Kämpfen ums Leben. Hinweise zu bJoma 82a–85b*. Vortrag auf der Talmud-Tagung *Gebotenes Geniessen*, Berlin 1999, 15f.

rerinnern hervorgegangen ist: das Staunen über die Weisheit des Talmuds, «das einen Lern- und Erkenntnisweg in Gang setzt», und die Neuinterpretation christlicher Traditionsstücke im Licht des Talmud.[132]

Eine detaillierte Einführung bietet Joachim Liß-Walther, der auf die Radikalität, die diese Dogmatik charakterisiert, Bezug nimmt.[133] Liß-Walther zeichnet die Inhalte der siebenbändigen Dogmatik nach und weist an den neuralgischen Punkten auf Besonderheiten hin. Eine besondere Auszeichnung erhält Marquardts Beschreibung des Gerichts im dritten Eschatologieband, die Liß-Walther als «[v]ielleicht eine der schönsten und bemerkenswertesten Abschnitte der Dogmatik»[134] charakterisiert, weil dort beschrieben wird, dass die Toten uns hoffen lehren.[135] Marquardt befreit den dogmatischen Topos vom Jüngsten Gericht von seinem traditionell unheimlichen und bedrohlichen Bild und entwirft ihn als ein Ereignis, das er «Lebens-Krise» nennt und das in einem «wechselseitige[n] Prozess, in dem alle Seiten zur Sprache kommen», «unsere gesamte Wirklichkeit umfassen und revolutionieren wird».[136] Liß-Walther zeichnet Marquardts-Gerichtsvorstellung nach, welche in die theologische Utopie mündet; ein dogmatisches Lehrstück, das wohl in dieser Form nur bei Marquardt vorkommt.[137] In der Utopie verhandelt Marquardt Topoi, die traditionellerweise in die Prolegomena einer Dogmatik gehören: Die Gotteslehre, als Teil davon die Trinitätslehre, die theologische Anthropologie, die Fragen zur Gotteserkenntnis. Exemplarisch dafür, wie Marquardt im Utopieband im Speziellen, in seiner gesamten Dogmatik im Allgemeinen theologische Zusammenhänge erstellt, sei hier Liß-Walthers Paraphrase der Marquardtschen Trinitätslehre wiedergegeben:

> «Trinitätslehre wäre [...] nicht misszuverstehen als ‹Gesagtes›, als Lehre allgemeiner Gottesbegrifflichkeit. Sie wird mit Leben erst erfüllt und steht darin für die Transzendenz Gottes ein, wenn sie als ein Leben dessen verstanden wird, der durch seinen Geist die Menschen aus ihren ‹natürlichen› Bindungen befreit und durch den Sohn in den geschichtlichen Wirkungsbereich der Thora Israels geführt hat: Gott.»[138]

Treffend wird hier in wenigen Sätzen das wichtigste gesamtdogmatische Anliegen Marquardts paraphrasiert. Ferner kommt auch eine eindrückliche Gabe Marquardts zum Ausdruck, die er in allen sieben Bänden seiner Dogmatik entfaltet: Das ebenso überraschende wie umsichtige und kreative Neuinterpretieren traditioneller theologischer Motive. Das weitgehend abstrakte Theologumenon Trinität wird von Marquardt beispielsweise dadurch mit Leben gefüllt, dass er es lebensverbindlich und -praktisch neu kontextualisiert. Leider ist mir

---

132 Vgl. Pangritz: *Wendung*, 22f.
133 Vgl. Liß-Walther: *Einführung*, 15f.
134 Ebd., 44.
135 Vgl. ebd. Dort Verweis auf E III, 109ff.
136 Vgl. ebd. Dort Verweis auf E III, 164ff.
137 Vgl. ebd., 50.
138 Ebd., 52.

keine Rezeption bekannt, die gerade auf dieses ästhetische Charakteristikum der Marquardtschen Dogmatik einen Schwerpunkt legt. Dies wäre aber durchaus angebracht, denn Marquardt beschreibt Eschatologie als «kategorial theologische Ästhetik» und fordert, dass «gerade für eine Eschatologie [...] die *Sinnlichkeit* der Wahrnehmung zurückgewonnen werden» muss, zumal Eschatologie «nicht Lehre von der Erkenntnis, sondern von der Wahrnehmung des Wirklichen» ist. Eschatologie lenkt den Blick auf die Hoffnungsbilder.[139]

Notger Slenczka streicht ein ebenso wichtiges wie kritikwürdiges doppeltes Charakteristikum der siebenbändigen Dogmatik hervor, nämlich einerseits die «[...] im Fortschreiten der Bände immer geringer werdende Anstrengung, das Gespräch mit neuzeitlichen philosophischen oder theologischen Positionen wieder aufzunehmen», und andererseits das Fehlen von Bezügen in exegetischen Passagen auf gegenwärtige exegetische Literatur. Dass Marquardt so konsequent darauf verzichtet, gegenwärtiges Denken in seine Dogmatik aufzunehmen, und statt dessen dazu nötigt, sich «lernend» der «rabbinischen Exegese» zu unterstellen, sei letztlich «apologetische[...] Selbstimmunisierung» und tue «der Theologie keinen guten Dienst».[140] In seinem Überblick über die Dogmatikbände charakterisiert Slenczka treffend den Prolegomena- und die Christologiebände als «Prolegomena» für die Eschatologie. Christliche Theologie muss als Theologie auf dem Weg, als «das ‹Gehen› eines ‹Weges› im Gottesverhältnis» nach Vorbild der jüdischen Halacha verstanden und deshalb als evangelische Halacha getrieben werden. Christologie «zielt» dann «auf das Grundthema» der Eschatologie, «das Leben im Zeichen der Hoffnung zu beschreiben.» Vor diesem Hintergrund kommt Slenczka zum Schluss, die Marquardtsche Eschatologie sei «nichts anderes als die Entfaltung dieser Implikationen der Christologie» und handle, «vereinfacht [...], von Gottes Kommen aus der Zukunft und von der gegenwärtigen Erfahrung seiner verändernden bzw. befreienden Macht». Diese Gegenwartsrelevanz beschreibt Slenczka als «Grundzug» des ersten Eschatologiebandes, weil Marquardt «alle klassischen Themen durchsichtig macht auf deren das Leben des Christen in der unerlösten Welt bindende ethische und sozialkritische Relevanz».[141]

Marquardt könnte auch umgekehrt gelesen werden, indem nämlich die Christologie aufgrund seines eschatologisch imprägnierten Gottesbildes eschatologisiert wird.[142] Hingegen teile ich die Beobachtung Slenczkas, dass Marquardts Dogmatik charakterisiert ist durch «Exegesen langer Passagen aus biblischen und rabbinischen Texten», die «einen frischen und von guten Einzelbeobachtungen ausgehenden Zugang zu den Texten eröffnen». Dabei kann aber eine gewisse «Beliebigkeit» in der Auslegung der Texte und ein «assoziatives

139 Vgl. E I, 125.
140 Vgl. Slenczka: *Theologie*, Sp. 1163.
141 Vgl. ebd. 1165f.
142 Siehe hierzu insbes. Kap. 2.4.

Denken» im Erstellen der theologischen Zusammenhänge nicht geleugnet werden.[143] Slenczka bezeichnet die «im Laufe der vier Bände der Eschatologie immer geringer werdende Bereitschaft zur ernsthaften Selbstvermittlung und zur Wahrnehmung fremder Positionen» als «ärgerlich».[144] Dabei könnte gerade dies positiv gewendet und Marquardts Theologie als eigenständige, ungewöhnliche, das Verstehen herausfordernde Auseinandersetzung mit der christlichen und dogmatischen Tradition gesehen werden. Gerade dadurch kann sie Anstösse geben, in neue Richtungen zu denken, ohne dass auf Schritt und Tritt die Diskurse der Tradition mitgeschleppt werden müssen. Slenczkas Kritik ist aber nicht ungerechtfertigt, gerade weil sie auch dahingehend verstanden werden kann, dass sie die Wichtigkeit von methodischer Kontrollierbarkeit des Theologietreibens zugunsten dessen Nachvollziehbarkeit betont.

Andreas Funke interpretiert Marquardts Dogmatik als «Dogmatik in Bussform», weil sie auf der Umkehr insistiert.[145] Diese Umkehr führt die christliche Theologie zu einer «Wiederanverlobung Israels», welche ihrerseits «zu einem Denken in Teilnahme führt». «Umkehr und Teilnahme sind die beiden Schlüsselworte und Kraftzentren der vorliegenden Bände.»[146] Darüber hinaus charakterisiert Funke Marquardts Dogmatik als «prophetisch», weil Auschwitz christliche Theologie radikal infrage und sie herausruft aus «dem Elend einer Ontologie des Todes».[147] Meines Erachtens singulär ist Funkes Beobachtung, dass Marquardt – ganz lutherisch – Gesetz und Evangelium trenne. Er sieht das Gebot des *Nie wieder!* des Holocaust als wohl unerfüllbar und darin als uns Menschen unserer Sünde überführend.[148] Funke zählt als Anspielungen auf die lutherische Orthodoxie noch die durch Verschuldung getrübte Gotteserkenntnis, die «neue Unterscheidung von Gesetz und Evangelium» und Auschwitz als Zeichen, unter das wir von aussen gestellt worden sind, auf.[149] Auch in «urreformatorischer» Weise betreibt Marquardt Schrifttheologie, indem er fordert, dass die Umkehr zu Israel ein «Auswandern in die neue Welt der Bibel» sein muss.[150] Kernpunkt seiner Bibeltheologie ist das Bezeugen der Schrift der «Einzigkeit des Gottes Israels».[151] Dieses reformatorische Gepräge der Dogmatik würde Marquardt wohl nicht abstreiten, gleichwohl steht für ihn nicht an erster Stelle, Theologie in der Tradition der Reformation zu treiben, sondern «neue[...], konstruktive[...] Antworten» zu geben. Entsprechend schreibt Funke der Marquardtschen Theologie dies auch

143 Vgl. Slenczka: *Theologie*, Sp. 1166f.
144 Vgl. ebd. (Slencka rechnet U auch noch zur dreibändigen Eschatologie, weshalb er auf vier Bände kommt.)
145 Vgl. Funke: *Umkehr*, 85.
146 Vgl. ebd., 75.
147 Vgl. ebd., 78.
148 Vgl. ebd., 79. Dort Verweis auf P, 147.
149 Vgl. ebd., 80.
150 Vgl. ebd. Dort Verweis auf P, 151.
151 Vgl. ebd., 81.

als «ihre grosse Stärke»[152] zu. Ebenso trefflich ist der Fokus seines Überblicks über Marquardts Dogmatik – in seinem Text verhandelt er ausschliesslich den Prolegomena- und den ersten Christologieband, die weiteren Dogmatikbände lagen zum Zeitpunkt des Erscheinens seines Textes noch gar nicht vor – der auf die grundlegenden Fragen gerichtet ist und weniger auf Strukturelles oder Handwerkliches. Dieser Fokus wird Marquardts Dogmatik gerecht; das lässt sich auch nur aus ihren ersten beiden Bänden ablesen, zumal dort die grundlegenden Fragen gestellt und in ihnen bereits, wenn auch erst in abgeschwächter Form, die ungewöhnlichen Themen sichtbar werden, die charakteristisch für die Gesamtdogmatik sind: Auschwitz als Dreh- und Ausgangspunkt für alle Theologie, die Eschatologisierung der Theologie und des Gottesbegriffs sowie das Lernen vom Judentum.

Auch Barbara U. Meyer charakterisiert in ihrem informativen aber wenig kritischen Artikel Marquardts gesamte Dogmatik als eine «Theologie der Umkehr», weil die «Umkehr im Denken» in allen sieben Dogmatikbänden «buchstabiert» werde.[153] Ein Aspekt dieser Umkehr wird in Marquardts Abkehr vom klassischen Aufbau einer Dogmatik augenscheinlich: Er kehrt unter anderem «Ort und Zeit der Gotteslehre» um und platziert die Gotteslehre an den Schluss.[154] Dies drückt eine der Provokationen seiner Dogmatik aus: «Gott selbst ist nicht mehr selbstverständlich, sondern nunmehr Utopie.»[155] Zusätzlich zu dieser Umkehr ortet Meyer weitere Themenbereiche, in denen Marquardt das Umkehrmotiv entfaltet: «Umkehr zum Text», «Umkehr von Distanz und Nähe», «Umkehr im Denken des Tuns», «Umkehr der Gotteslehre», «Umkehr zum Leben». Im Blick auf Jesus spricht sie von «Rückkehr zu Jesus, dem Juden».[156] Auch in ihrer Dissertation *Christologie im Schatten der Shoah – im Lichte Israels. Studien zu Paul van Buren und Friedrich-Wilhelm Marquardt* von 2004 liefert Meyer einen treffenden Überblick über Marquardts Dogmatik, auf den hier nur verwiesen wird.[157] Ihre Beobachtung ist aber erwähnenswert, «[e]rklärtes Ziel» Marquardts Theologie sei die «Abkehr vom Antijudaismus in seinen offenen und versteckten Äusserungen und stattdessen eine Hinwendung zu Israel und zwar sowohl zu Sprache und Denken der biblischen Tradition als auch zum lebendigen jüdischen Volk heute».[158] Dieser Wirklichkeitsbezug ist für Marquardts theologisches Denken fundamental, gerade weil er den Ausgangspunkt seiner Theologie darstellt und innerhalb seiner Dogmatik immer wichtiger wird. Dies zeigt sich auch daran,

152 Funke: *Umkehr*, 85.

153 In Meyer: *Der Andere*, 114 bezeichnet die Autorin die Umkehr als «das Besondere der Theologie Marquardts», denn in dieser Umkehr kommt zum Ausdruck, «dass der eigene Glaube von der Begegnung mit dem Anderen her sich neu verstehen lernt.»

154 Vgl. Meyer: *Umkehr*, 256.

155 Ebd.

156 Vgl. ebd. 258–264.

157 Siehe ders.: *Christologie*, 50–76.

158 Vgl. ebd., 53.

dass Marquardt im Verlauf des Arbeitens an seiner Dogmatik, die eine «Umkehr im Denken» voraussetzt,[159] immer mehr «mit Juden, bei Juden, von Juden und von jüdischen Texten» gelernt hat, da die Verweise auf «rabbinische Tradition» zunehmen.[160]

Rinse Reeling Brouwer nimmt in seinem Sammelband-Beitrag ‹*Siehe, wir ziehen hinauf nach Jerusalem*› auf Marquardts theologische Utopie Bezug. Im allerletzten Paragraphen hat sich laut Brouwer Marquardt «aus seinem Konzept bringen lassen», weil er dort die «Betonung der Verbindlichkeiten, der Wichtigkeit der Nähe» noch einmal «radikal in Frage stellt». Genau an diesem Infragestellen lässt sich die Ernsthaftigkeit Marquardts ablesen, keine eigenen Gedanken zu fassen, ohne intensiv auf jüdische Stimmen gehört zu haben. Im Utopieband sind es Emmanuel Lévinas und Jeschajahu Leibowitz, auf die Marquardt hört.[161] Brouwer kritisiert im Wesentlichen, dass Marquardt weder die biblische Einladung Jesu an seine Jünger, mit ihm nach Jerusalem zu gehen, ausführt noch auf den heutigen völkerrechtlichen Status von Jerusalem eingeht.[162]

Im Blick auf das gesamte dogmatische Projekt Marquardts hält Brouwer fest, dass die eigenwillige «Struktur, Methode, Rechenschaft» und Sprache mit anderen Dogmatiken nicht vergleichbar ist. «Der Autor bricht mit traditionsreichen Regeln der Zunft. Dies geschieht aus innerer Notwendigkeit.» Nämlich, weil christlicherseits das erwählte Volk Israel im Holocaust gezielt ausgelöscht werden sollte. Wegen dieser «Endlösungs»-Pläne kann christliche Dogmatik nicht mehr «in dem so prächtig ausgestatteten Gebäude» beheimatet sein. Vor diesem Hintergrund lässt Brouwer dreifach an einer «Verlegenheit» teilhaben: «An der Verlegenheit, die die gängige dogmatische Struktur betrifft, dann an der Verlegenheit um den dogmatischen Inhalt [...] und zuletzt an der Verlegenheit mit der Praxis, dem kirchlichen Predigen und mit dem kirchlichen Bekennen.»[163] Brouwer wirbt um Verständnis für die Position Marquardts, streicht aber die ungleiche Verteilung der dogmatischen Loci heraus. Einige Themen werden gar nicht behandelt, einige dagegen sehr umfangreich: «Der Schwerpunkt liegt hinten, bei der Lehre von der Hoffnung.»[164] Beispielhaft für die unvollständige Bearbeitung theologischer Loci erwähnt Brouwer das «Dogma der Gottheit Jesu als Sohn», das bei Marquardt kaum zur Sprache kommt. Ausserdem stellt Marquardt die Gotteslehre nicht wie in der Dogmatik üblich an den Anfang der Dogmatik, sondern

159 Vgl. Meyer: *Christologie*, 53. Diese vom Auschwitzgeschehen erforderte «Umkehr» – ein Begriff in Anlehnung an Hans Joachim Iwand (zit. nach ebd., dort Verweis auf: *Hans Joachim Iwand: Antwort. Ein Brief an J. L. Hromadka, in: Communio Viatorum. A theological Quarterliy, Band II (1959)*, 136) – kann nur erfolgen, wenn die gewohnten theologischen «Denkmöglichkeiten» aus neuen «Lebensverbindlichkeiten» erwachsen. (Vgl. Meyer: *Christologie*, 53.)

160 Vgl. Meyer: *Christologie*, 51.

161 Vgl. Brouwer: *Jerusalem*, 422f.

162 Vgl. ebd., 427.

163 Vgl. ders.: *Wort*, 39f.

164 Vgl. ebd., 41.

erst an den Schluss der Eschatologie.[165] Marquardt rechtfertigt diese Verschiebungen der Loci und die Gewichtung der Hoffnungslehre und der damit einhergehenden «Abwendung von der christologischen Konzentration»[166] mit der Situation der Christenheit im Abendland: Der Bedrohung des Lebens und der «Marginalisierung all jener, die dem Widerstand leisten.» Brouwer sieht diese «Rechtfertigung» als «nicht überzeugend», «willkürlich» und «zu sehr gebunden an eine beliebige Einschätzung unserer Situation».[167]

Magdalene L. Frettlöh geht ausführlich auf die «trinitarisch-utopische[...]» Gotteslehre Marquardts ein. Sie hält fest, dass die Gotteslehre bei Marquardt ihren «Ort erst am Ende» der Dogmatik findet, im siebten Band, «und zwar in Gestalt einer revidierten, also neu angeschauten, Lehre von der immanenten Trinität». In der Gotteslehre Marquardts wird ein Raum eröffnet, getreu dem rabbinischen Gottesnamen *ha maqom* – «Gotteslehre als topologische U-topie», weil «das Eschaton noch eine Geschichte und Gott allemal SEINE eigene Geschichtlichkeit» hat.[168] Frettlöh betont zu Recht die Radikalität der Marquardtschen Eschatologie, die unter dem «theologischen Seinsvorbehalt» steht «‹So Gott will und *er* lebt.›».[169] Die «Heimsuchung» der Marquardtschen Dogmatik wird deshalb zutreffend mit dem Begriff der «*Anfechtung*» umschrieben, weil sie eine durch das Auschwitzgeschehen angefochtene Theologie ist. «Wenn Gott es zulässt, dass sein irdischer Sohn, nämlich Israel, vernichtet wird, dann hat dies [...] Konsequenzen für die innere Lebendigkeit [...] Gottes».[170] Deshalb muss Theologie für Gott hoffen, «dass er will und lebt.» «Nur solange Theologie noch *für* Gott zu hoffen wagt, ist *sie* nicht ganz am Ende.»[171]

Bereits dieser unvollständige und schlaglichtartige Einblick in die Rezeption der Dogmatikbände Marquardts zeigt, wie unterschiedlich Marquardts Texte interpretiert werden können. Dass seine Theologie zu scharfer Kritik Anlass gibt, liegt nahe, da sie zum Teil sehr eigenwillig mit der theologischen Tradition und gefestigten Gepflogenheiten des akademischen Betriebs umgeht. Es verstehen aber diejenigen Rezipierenden Marquardt angemessen, die seine Kernanliegen aufspüren und zur Diskussion stellen: Die unbedingt notwendige Umkehr der christlichen Theologie, die Fraglichkeit Gottes, die Begründung christlicher Hoffnung nach Auschwitz, der ethische und anthropologische Wirklichkeitsbezug, die Eschatologisierung der Zukunft der Welt und Gottes, die Lebensverbindlichkeit mit Israel, die Israelgeschichtlichkeit christlicher Hoffnung.[172]

---

165 Vgl. Brouwer: *Wort*, 42f.
166 Ebd., 54.
167 Vgl. ebd., 44.
168 Vgl. Frettlöh: *Ende*, 225f. Kapitälchen im Original.
169 Vgl. ebd., 229. Dort Verweis auf C II, 439–443 und Marquardt: *Amen*, 146–159.
170 Vgl. ebd., 231.
171 Vgl. ebd. 238.
172 Auf diese Topoi wird in den Motivkapiteln eingegangen.

1.2.3.2 *Zu Rezeptionen der dreibändigen Eschatologie*

Da in der vorliegenden Arbeit die Eschatologie Marquardts im Zentrum steht, sei hier zusätzlich zu Einblicken in die Rezeption von Marquardts Gesamtdogmatik auf einige kritische Kurz-Rezeptionen der drei Eschatologiebände hingewiesen:

Dieter Hattrup weist darauf hin, dass Marquardt im ersten Eschatologieband auf die Frage, welche messianische Sendung Israel hat, eine doppelte Antwort gibt: Einerseits ist Israel christlicherseits von jeglichem zukunftsweisenden End-Gedanken her freizuhalten, andererseits hat Gott im Juden Jesus die ganze Zukunft bereits gegeben. Diese Widersprüchlichkeit wird weder explizit thematisiert noch aufzuheben versucht. Hattrup bezeichnet den ersten Eschatologieband als «narrative Eschatologie», die «die Mühe des Begriffs und die Anstrengung des Denkens» scheut.[173]

Wiel Logister, der in erster Linie in seinen Rezensionen von allen drei Eschatologiebänden deren Inhalt kurz wiedergibt, betont die Ambivalenz von Marquardts Eschatologie. Ihre Gedankengänge seien herausfordernd, anregend und überraschend, gäben aber auch zu Erstaunen Anlass.[174]

Werner Trutwin betont in seiner Rezension aller drei Eschatologiebände die Hoffnung als «zentrale eschatologische Kategorie». Trutwin bedauert, dass aber nur «ganz sporadisch Auseinandersetzungen, z. B. mit Ernst Bloch» stattfinden. Obwohl «in keiner Eschatologie [...] das *Judentum* so stark eingebunden» ist wie bei Marquardt, kommen jüdische Denker des 20. Jahrhunderts weniger zu Wort als etwa Maimonides, Spinoza oder die Denker des Talmud.[175]

> Diese Einschätzung überzeugt mich nicht, da Marquardt in allen drei Eschatologiebänden an vielen Stellen gerade auch auf Leo Baeck, Walter Benjamin, Martin Buber, Robert Raphael Geis, Herrmann Cohen und andere verweist und, wenn überhaupt, nur wenig auf Baruch Spinoza.

Hans L. Reichrath bezeichnet den ersten Eschatologieband als über die scharfsinnige und assoziativ-differenzierend breite Theologie Karl Barths weit hinausgehend. Marquardts Eschatologie sei eine «eigenwillige Ausnahmeerscheinung», die unnachgiebig «die jüd. Tora (Halacha) als auch für die Christen noch von existenzieller Bedeutung verteidigt oder reklamiert».[176]

Harald Wagner urteilt ähnlich wie Reichrath, dass Marquardts Eschatologie «weniger im strengen Sinn darstellend und argumentierend, sondern narrativ» sei. Deshalb komme es zu Wiederholungen, was aber «eine Tiefenschicht» habe: Es gehe immer und nicht nur in der Eschatologie darum, «zur Erneuerung des christlich-jüdischen Verhältnisses beizutragen». Wagner sieht als zentrale Frage eine christologische: «Ist die theologische Vorentscheidung, die das ganze Werk

---

173 Vgl. Hattrup: *Rezension*, 292f.

174 Siehe Logister: *Rezension* E I; ders.: *Rezension* E II; ders.: *Rezension* E III.

175 Vgl. Trutwin: *Rezension*, 1f.

176 Vgl. Reichrath: *Rezension*, 163f.

[Marquardts, AZ] durchwaltet, akzeptabel, in Jesus den Juden, und nur den gläubigen Juden, zu sehen?» Und: Kann «Geschichtliches» wie der Holocaust «zu einem ‹Paradigmenwechsel› in der Theologie» führen, der normativ sein will? Wagner kritisiert, dass Marquardt «die christliche Dogmenbildung (bzgl. Christologie und Trinität) ins Reich des ‹Poetischen› verweist und die Bedeutung der Auferstehung Jesu minimalisiert.»[177]

Diese Rezensionen werden Marquardts Eschatologie nicht gerecht. Dies mag wohl in erster Linie ihrem gebotenen geringen Umfang geschuldet sein, könnte aber auch darin begründet sein, dass Marquardts Eschatologie grundsätzlich schwierig zu rezensieren ist. Diese ist, aufgrund der eschatologischen Grundanlage der Gesamtdogmatik, immer nur in gesamtdogmatischen Bezügen zu sehen. Kann dieser Blick auf das Gesamte nicht erfolgen, muss sich eine Rezension auf Einzelaspekte beschränken, die bei Marquardt quasi als Miniaturen durchaus auch für sich stehen können. Gleichwohl ist gerade die Beobachtung Wagners anschlussfähig, die Marquardts Eschatologie als narrativ charakterisiert. Es stellt sich nämlich die Frage, ob eine andere als die narrative Art Theologie zu treiben für Marquardt überhaupt infrage kommt, da er ja einerseits die Bibel, andererseits den Talmud als Gesprächspartner sieht. Würde sich Marquardt nicht in seiner Grundüberzeugung widersprechen, wenn er mit diesen über weite Strecken narrativen religiösen Schriften eine reine Begriffstheologie treiben würde? Begriffe müssten definiert werden; in definieren steckt das Finis – Marquardt will aber gerade in der Eschatologie keine Endlösungen.[178]

1.2.3.3 Zu jüdischen Rezeptionen

Das erst 2014 erschienene Bändchen *Talmud lernen. Berliner Vorträge 1992–2001* dokumentiert Vorträge, die die Talmudgelehrte Chana Safrai zusammen mit Marquardt gehalten hat. Andreas Pangritz skizziert in der Einleitung das Anliegen der beiden Referierenden: Marquardt will den Talmud mit jüdischer Hilfe aus christlicher Sicht verstehen lernen, Chana Safrai, die orthodoxe Jüdin, möchte einem christlichen Publikum den Zugang zu dieser fremden Textwelt ermöglichen.[179] In den jeweiligen Vorträgen gehen die beiden zwar nicht direkt aufeinander ein, sondern behandeln je aus ihrer Perspektive die Talmudtexte. Die Marquardtrezeption besteht darin, dass sich Safrai aber auf diese Tagungsreihen, die dank Marquardts Initiative zustande gekommen sind, eingelassen hat. Dieses Zusammenspiel, das nicht die gegenseitige Rezeption, sondern die theologische Beschäftigung mit Talmudtexten zum Ziel hatte, zeugt gleichwohl auf einer Metaebene der Rezeption davon, dass Marquardts Anliegen des christlichen Lernens von Jüdinnen und Juden auch jüdischerseits auf positive

177 Vgl. Wagner: *Rezension*, Sp. 309f.
178 Siehe hierzu insbes. Kap. 1.3.1 und 1.3.2.1.
179 Vgl. Pangritz: *Lernen*, 9f.

Resonanz gestossen ist.[180] Im Tagungsband zur akademischen Gedenkfeier für Marquardt im Dezember 2003 bezeichnet Safrai Marquardts Bestreben, die «Gebote zum Zentrum des Seins» zu machen, als Wende im asymmetrischen jüdisch-christlichen Diskurs, in welchem die «jüdische Welt» nämlich die «christliche nicht für eine unabhängige Selbstdefinition» braucht,[181] wohingegen die christliche ohne die jüdische nicht denkbar ist. Indem sich nun Jüdinnen wie Christen auf die Gebote als ihr Zentrum beziehen, kann diese Asymmetrie abgewendet werden.[182]

Die Judaistin Edna Brocke, von 1988 bis 2011 Leiterin der Begegnungsstätte Alte Synagoge Essen und Lehrbeauftragte an der evangelisch-theologischen Fakultät der Ruhr-Universität Bochum, und als solche Gesprächspartnerin des Neutestamentlers Klaus Wengst, engagiert sich im christlich-jüdischen Gespräch und setzt sich kritisch mit Marquardts These auseinander, ein christlicher Antijudaismus sei erst dann überwunden, wenn mit dem jüdischen Nein zu Jesus als dem Christus christlicherseits etwas Positives angefangen werden könne.[183] Brocke bezeichnet den «moralische[n] Wunsch» Marquardts, «ein wirklich positives Verhältnis zum Judentum zu finden», als «eindrucksvoll[...]». Gleichwohl sei das Bestreben, das Verhältnis beider «ins Lot zu bekommen», so radikal, dass es weder möglich noch realistisch sei. Einziges Ziel könne sein, «Christen für die Antijudaismen in ihren Quellentexten zu sensibilisieren». Das hat weniger theologische Brisanz als politische Wirkung.[184] So kritisiert Brocke einerseits die radikale Argumentation Marquardts, die die jüdische Nichtannahme Jesu als Messias mit einem jüdischen Nein gleichsetzt – gab es doch laut Brocke «kein aktives Nein, sondern allenfalls ein Nicht-annehmen» – und andererseits die Konsequenz aus Marquardts Argumentation, die «den innerjüdischen Pluralismus der damaligen Zeit» verkenne.[185]

Der Erziehungswissenschaftler und Publizist Micha Brumlik, langjähriger Vorsitzender der AG Christen-Juden beim DEKT, drückt in seiner Abschiedsrede für Marquardt seine «Irritation» aus, die Marquardts Charakterisierung der «Juden» als «wahre Menschen» bei ihm auslöst.[186] Marquardt gehe es darum, «die Juden in ihrer [...] Volklichkeit, ihrer tiefen Bindung an das Land [...] als ein Unterpfand, am Ende sogar als das Unterpfand christlicher Hoffnung anzusehen.» Diese politischen Haltungen sind für Brumlik «mehr als verblüffend», zumal sie in Brumlik den Verdacht wecken, dass Marquardt mit dieser Haltung «die herkömmliche christliche Inkarnationstheologie noch um einiges überbieten

180 Siehe hierzu auch Chana Safrai, Dorothee C. von Tippelskirch: *Talmud-Studium*, 154f.
181 Vgl. Safrai: *Bedeutung*, 69.
182 Zu Safrais Kritik siehe Kap. 2.3.2.3.
183 Siehe Marquardt: *Feinde*, 227.
184 Vgl. Brocke: *Nein*, 194f.
185 Vgl. ebd., 192f. Zu Brockes Kritik siehe Kap. 2.4.4.
186 Vgl. Brumlik: *Freundschaft*, 185. Dort verweist Brumlik auf C I.

wollte». Deshalb fordert Brumlik, dass der Glaube «seine Grenzen in politicis zu akzeptieren» habe.[187]

Der Amsterdamer Religionsphilosoph Viktor Kal, der im Lauf seines Lebens zum orthodoxen Judentum konvertiert ist, wirft Marquardt vor, er mache die «ausschliesslich jüdische Angelegenheit» der Halacha zu einer christlichen. Die Halacha sei eine «Sammlung von Vorschriften, welche eine tägliche *Praxis* im jüdischen Sinne ermöglichen». Zu dieser Praxis haben Christinnen und Christen «keinen Zugang». Nichtjüdische Menschen erhalten dadurch Anteil an der kommenden Welt, indem sie die noachidischen[188] Gebote befolgen. Vor diesem Hintergrund weist Kal auf einen Widerspruch in der Dogmatik Marquardts hin: Die Halacha sei partikularistisch und ausschliesslich jüdisch, die noachidischen Gebote hingegen «*universal[...]*». Die «*Art universale[r] Halacha*», die bei Marquardt durch die Verknüpfung von Halacha und noachidischen Geboten zustande komme, sei aber nicht zulässig, weil Marquardt mit dieser Verknüpfung eine christliche «Selbstlegitimation» versuche.[189] Zusammengefasst: Christliche Theologie kann sich nicht an der partikularistisch charakterisierten jüdischen Halacha orientieren, auch wenn ihr Bestreben, die Jüdinnen und Juden in Zukunft nicht zu übergehen, noch so edel ist. Deshalb kann der «Stachel» aus dem «Verrat» nur dadurch entzogen werden, indem «man den Juden in seinem Partikularismus sieht, und zwar so, dass der Jude sich gerade in seiner *Verwundbarkeit* beim Zuhörer gespiegelt weiss.»[190] Dies gilt auch in christologischer Sicht: Die Geschichte, dass das Christentum auf dem «jüdischen Irrtum» aufbaut, Jesus sei nicht der Messias, dürfe nicht im Nachhinein «in Ordnung» gebracht werden, wie es Marquardt versuche.[191]

K. Hannah Holtschneider untersucht in ihrem Aufsatz *Der Holocaust und die Verhältnisbestimmung von ChristInnen und JüdInnen in Deutschland* aus explizit jüdischer und auch nicht-theologischer Sicht die Frage, wie Marquardt in seiner Dogmatik den Holocaust als hermeneutische Kategorie verwendet.[192] Marquardts Theologie, so Holtschneider, «lebt [...] im Spannungsfeld zwischen zwei Kontexten, dem der ‹biblischen Wirklichkeit› und der Gegenwart». Weil durch Jesus Christus ChristInnen und JüdInnen miteinander verbunden sind, steht und

187 Vgl. Brumlik: *Freundschaft*, 186f. Zu Brumliks Kritik siehe Kap. 1.2.3.3.

188 Noachidisch deshalb, weil sie «nach jüdisch-religiöser Auffassung» für alle «nicht-jüdischen Nachkommen Noahs, d. h. für die ganze ausserisraelitische Menschheit» gelten. (Vgl. Flusser: *Noachidische*, 582) Nach rabbinischer Auffassung sind es sieben Dinge, die gebzw. verboten sind: Die Rechtspflege, der Götzendienst, die Gotteslästerung, die Unzucht, das Blutvergiessen, der Raub, etwas von einem lebendigen Tier zu essen. (Siehe hierzu nebst E I, 200 auch Müller: *Tora*, 25, der auf den ältesten Beleg dieser Ge- und Verbotsreihe in der Tosefta *avoda zara* 8 verweist.)

189 Vgl. Kal: *Halacha*, 26–28.

190 Vgl. ebd. 30f.

191 Vgl. ebd., 35. Zur Halacha siehe insbes. auch Kap. 2.3.1.5 und 2.3.1.6.

192 Vgl. Holtschneider: *Holocaust*, 123–125.

fällt christliches Leben mit jüdischem Leben.[193] Vor diesem Hintergrund fragt Holtschneider, «ob JüdInnen damit Verantwortung für christliches (Über-)Leben tragen und so erneut eine Sonderstellung in christlicher Theologie erhalten».[194] Ebenso kritisch sieht Holtschneider die «Abhängigkeit christlichen Lebens und Glaubens von [zeitgenössischen, AZ] Jüdinnen», die bei Marquardt axiomatischen Charakter habe. Marquardt stilisiert jüdisches Leben, damit es für Christen und Christinnen verifizierbar wird.[195] Marquardts «Definition jüdischer Identität» steht im Widerspruch zur Vielfalt jüdischer Selbstverständnisse».[196] Genau so führe er den Blick eng, weil er einerseits den partiellen Begriff Auschwitz für die Beschreibung des gesamten Holocaust verwendet und andererseits prominent auf Jean Améry als Auschwitzzeugen par excellence rekurriert.[197] Holtschneider kritisiert Marquardts selektive Wiedergabe des Zeugnisses Amérys und sieht zwischen Marquardts Améry-Deutung und Marquardts theologischem Ansatz sogar eine Inkongruenz: Améry sieht sich deshalb als Jude, weil er von anderen, unter anderen auch «von national-sozialistischer Gesetzgebung» zu einem Juden gemacht wurde, nicht etwa, weil sein Glaube oder sein Judesein seine Identität bezeichneten. Dies könne aber dem, was Marquardt mit seiner Theologie erreichen will, nicht als jüdisches Zeugnis dienen.[198] «In Marquardts Überlegungen wird der Holocaust zu einem symbolischen Ereignis, das mit einer bestimmten (zweckgebundenen?) Interpretation verbunden ist.»[199] Darüber hinaus bewirkt Marquardts Theologie das Gegenteil dessen, was sie erreichen will: «Marquardts theologische Axiome unterlaufen von vornherein eine gleichberechtigte Teilnahme von JüdInnen am Gespräch mit ChristInnen», weil Marquardt aus christlicher Perspektive jüdische Identität definiert.[200]

Diese unterschiedlichen Einblicke in jüdische Marquardtrezeptionen fördern zwei der zentralen Kritikpunkte an der theologischen Grundarchitektur der Marquardtschen Dogmatik zu Tage: Einerseits die Frage, was er unter Israel, jüdisch, die Juden versteht.[201] Obwohl Marquardt explizit keine Israeltheologie treiben und deshalb auch diese Begriffe nicht definieren will,[202] pflegt er implizit einen bestimmten Umgang mit ihnen. Er muss sich deshalb berechtigterweise die Frage gefallen lassen, ob er nicht Israel dazu braucht, seine aus eigener, per-

---

193 Vgl. Holtschneider: *Holocaust*, 126. Dort Verweis auf P, 8. Gendersensible Schreibweise der Autorin.

194 Vgl. ebd., 126f.

195 Vgl. ebd., 128.

196 Vgl. ebd., 136.

197 Vgl. ebd., 129–132. Siehe auch die entsprechende Anmerkung in Kap. 2.3.1.

198 Vgl. ebd., 134f. Dort Verweis auf *Jean Améry: Jenseits von Schuld und Sühne. Bewältigungsversuche eines Überwältigten, München 1966*, 135 bzw. 136f., 132 und 27.

199 Ebd., 136.

200 Vgl. ebd., 138. Holtschneiders Kritik an Marquardt wird auch an dessen Verwendung von Auschwitz als theologischer Kategorie laut. Siehe hierzu Kap. 2.3.1.

201 Siehe hierzu insbes. Kap. 2.1.4.

202 Siehe hierzu insbes. Kap. 2.1.4.

sönlicher Betroffenheit entstandene Theologie im Innersten zusammen zu halten, obwohl er ja gerade das strukturell Umgekehrte beabsichtigt: Seine Theologie soll das Christentum existenziell ans Judentum knüpfen.[203] Andererseits weist die jüdische Rezeption auf die Art bzw. die Problematik der Knüpfung zwischen Juden- und Christentum hin: Kann eine solche Knüpfung zustande kommen, obwohl die jeweilige Einzigartigkeit des Juden- und des Christentums gewahrt bleibt? Oder bedingt eine Knüpfung eine ein- oder beidseitige, mehr oder weniger weit gehende, Egalisierungsbewegung?

1.3 Grundfragen zur Arbeit an Marquardttexten

1.3.1 Ist Marquardts Dogmatik als «irreguläre Dogmatik» für den wissenschaftlichen Diskurs tauglich?

Friedrich-Wilhelm Marquardt galt und gilt für viele in der deutschsprachigen theologischen Zunft als «irregulärer Dogmatiker».[204] Laut Karl Barth, auf den die Unterscheidung von «regulärer» und «irregulärer Dogmatik» zurückgeht, ist aber eine irreguläre Dogmatik nicht qualitativ schlechter als eine reguläre. Irreguläre Dogmatik geht «von irgendeinem konkreten Eindruck oder Erlebnis» aus und ist deshalb nachteiligerweise «in der Regel allzusehr mit der Person ihres Urhebers verbunden». Sie ist «unmethodisch, chaotisch, freischärlerhaft, in vereinzelt angesetzten Vorstössen geübt», aber in dieser Form «oft unendlich viel fruchtbarer [...] als bei den entsprechenden und scheinbar schon an sich überlegenen wissenschaftlichen, d. h. methodisch aufs Ganze gehenden Versuchen».[205]

> In der *Kirchlichen Dogmatik* konstatiert Barth, dass Theologie – und deshalb auch wissenschaftlich irregulär betriebene Theologie – wissenschaftlich sein kann, wenn sie sich bewusst ist, dass sie wissenschaftliche Prinzipien wie etwa das «Mindestpostulat der Widerspruchsfreiheit» ablehnt. Denn die Theologie macht «Sätze über das freie Handeln Gottes» geltend und behauptet nicht etwa «Widersprüche ‹aus der Welt schaffende[...]› Sätze». Die Theologietreibenden müssen stets wissen, was sie tun, wenn sie Gesetze der Wissenschaftlichkeit übertreten und dass sie als Theologie-

203 Siehe hierzu insbes. Kap. 2.1 und 2.2.

204 Siehe Pangritz: *Wendung*, 14. Ausser in den Niederlanden, wo er breiter und ernsthafter rezipiert wurde als im deutschsprachigen Raum. (Siehe hierzu Kap. 1.2.)

205 Vgl. Barth: *Dogmatik*, 113f. Barth bezeichnet Luther als «grosse[n] irreguläre[n] Dogmatiker».

> treibende nicht umhin können, «sie übertreten zu müssen».[206] Ausserdem gehen «die in der Kirche aufgerichteten Zeichen der göttlichen Verheissung» der und dem Dogmatik-Treibenden voraus – sie sind also wichtiger als «alle Weisungen, die [...] den Geisteswissenschaften» zu verdanken sind.[207]

Dieses Barthsche Verständnis irregulärer Dogmatik trifft auf Marquardts Theologie zu. Sie ist ausgesprochen biblische Theologie, ist auch im Raum der Kirche entstanden und verortet sowie von der persönlichen Betroffenheit Marquardts geprägt.[208] Marquardt lehnt es ferner ab, Begriffstheologie zu betreiben und Dinge zu definieren: «Wer einen anderen definiert, ist potentiell bereits sein Totschläger. Darum bin ich gegen jede Israel-Theologie oder etwas Ähnliches.»[209]

> Ich vermeide den Begriff Israeltheologie so weit wie möglich, da ihm Marquardt selber im Blick auf sein eigenes Theologietreiben aus dem Weg geht. Wo ich ihn verwende, bezeichnet er ganz allgemein das Umgehen mit Israel in christlicher Theologie, analog zu Schöpfungstheologie oder Trinitätstheologie.

Im Vorwort zum Prolegomenaband stellt Marquardt klar, dass er wegen des Ziels seiner Dogmatik, «die Kirchen» von ihrem Judenhass abzubringen und «eine Neuorientierung in der Wirklichkeit im ganzen» herbeizuführen, «nicht alle üblichen loci der Dogmatik» verhandeln kann. «Statt dessen erlaube ich mir Gedankengänge in einer grösseren Breite des Erzählens, als sie in Dogmatiken üblich ist. Darin drückt sich auch eine Scheu vor dem rigiden Begriff aus, der kurz sein kann und bündig.»[210] Das bedeutet konkret im Blick auf Theologie und Kirche: Nur «in Akten neuen Verstehens» können sie sich vom Bann der Vergangenheit lösen. Nur Bisheriges intellektuell verstehen wollen, reicht nicht. Das Theologietreiben muss sich am Leben bewähren, nicht am wissenschaftlichen Begriffsarbeiten.[211] Fokussiert auf das Israelthema bedeutet dies: «Nicht das Judentum nach irgend einem biblischen oder dogmatischen Begriff, sondern das Judentum in seiner Geschichte muss zum Gegenstand einer christlichen Israellehre werden.» Israel bzw. das Judentum darf nie «unter christliche Definitionsgewalt» fallen.[212]

Marquardts theologisches Anliegen formuliert er in einem späten Text so:

> «So verstehe ich also meine Aufgabe nicht darin, die Juden theologisch besser zu verstehen und zu deuten als bisher, sondern nur darin, nie zu vergessen, dass Gott uns Christen unverdienter Weise noch einmal neben Juden leben lässt und uns die Chance gibt, das nicht noch einmal zu vergessen.»[213]

---

206 Vgl. Barth: *KD* I/1, 7.
207 Vgl. ebd., 300.
208 Siehe hierzu Kap. 0.
209 Vgl. Marquardt: *So Gott will*, 5. (Siehe hierzu insbes. Kap. 2.1.4.)
210 Vgl. P, 8.
211 Vgl. ebd. 151f.
212 Vgl. ebd., 392f.
213 Marquardt: *So Gott will*, 5.

Auch in seiner Eschatologie kommt Marquardt auf dieses Thema zurück. Hier fordert er, dass für das eschatologische Denken «die Sinnlichkeit der Wahrnehmung» zurückgewonnen werde. Es geht nicht darum, biblische Aussagen auf den Begriff zu bringen auf Kosten der «Vorstellung», die sie transportieren. Begriffe sind in der wissenschaftlichen theologischen Welt noch immer höher taxiert als Vorstellungen. Eschatologie entwirft sich auf ein «Schauen», nach dem sich sogar die Engel gelüsten (1Petr 1,12).[214] «Das sinnliche Erröten ist geradezu das Existenzial des Eschatos und darum des Eschaton.»[215] Das Jüngste Gericht ist, so Marquardt mit Verweis auf 1Kor 13,12, das «Ereignis des Erkennens und des Erkanntwerdens».[216]

Ist eine Dogmatik, die von solchen Voraussetzungen lebt, wissenschaftlich diskursfähig? Oder ist sie aufgrund ihrer Irregularität, also ihrer mehr oder weniger weit gehenden Methodenfreiheit, ihrer biographischen Gebundenheit und darum ihrer Subjektivität, ihrer Unvollständigkeit und Unkontrollierbarkeit, nicht zitierfähig?

Gegenüber der Etikettierung der Dogmatik Marquardts als unwissenschaftlich geht meine Arbeit von der in der Durchführung zu begründenden Überzeugung aus, dass diese Dogmatik gerade aufgrund ihrer Irregularität bedenkenswert und ebenso wissenschaftlich methodisch kontrolliert zu analysieren ist. Mithilfe einer Hermeneutik, die auf diese Irregularität reflektiert, und einer präzisen Lektüre (close reading), kann diese Dogmatik wissenschaftlich verantwortlich ausgelegt und für den theologischen und kirchlichen Diskurs als anschlussfähig ausgewiesen werden.

Auch weil Marquardt mit Selbstkritik Theologie treibt, ist er als Theologe ernstzunehmen. Theologien, die sich ihrer Vorläufigkeit nicht bewusst sind, können nach allen Regeln der Kunst, begrifflich scharf und definitorisch klar konturiert sein – sie machen aber mit dem Theos nicht Ernst. Marquardt macht Ernst einerseits mit dem Theos als lebendigem Gott, der gerade wegen seiner Lebendigkeit nicht mit starren Begriffen gefasst werden kann und dem aufgrund seiner Göttlichkeit ein Geheimnisvolles und Unfassbares zugestanden werden muss. Andererseits macht Marquardt Ernst mit der radikalen Verbundenheit von Theologie mit der Geschichtlichkeit, dem Irdischen, dem Menschlichen. Dieser doppelte Ernst qualifiziert ihn als Theologen im Wortsinn: Theos und Logos zusammengehörig, in einem, aber nicht einsgemacht durch starre Definitionen und Systeme, sondern in gegenseitige lebendige Verbindlichkeit gebracht.

Ein besonderes Potenzial der dogmatischen Texte Marquardts liegt ferner darin, dass sie Sprachgeber für die Kirche sind. Gerade für die kirchliche Sprach-

214 Vgl. E I, 124f.

215 Ebd. 125. Dort weiter: «*Eschatologie ist kategorial theologische Ästhetik*, nicht Lehre von der Erkenntnis, sondern von der Wahrnehmung des Wirklichen. Das Sinnliche ist das Element der Eschatologie.»

216 Vgl. ebd., 127.

losigkeit hinsichtlich Israel und Eschatologie kann Marquardts radikale, aber auch kreative eschatologische und israelbezogene theologische Denkbewegung Abhilfe schaffen, indem sie eschatologisch perspektivierte und israelverbindliche Motive liefert. Beides nämlich, die Israel- und die Eschatologie-vergessenheit oder -verlegenheit, drücken eine theologische Verarmung der kirchlichen Verkündigung aus. Was der Marquardtlehrer Karl Barth im Blick auf die kirchliche Israelvergessenheit ausdrückt, gilt auch für die Eschatologievergessenheit:

> «Wenn es daran fehlt, wenn die Kirche sich aus irgend einem Grund und in irgend einer Form ihrem israelitischen Ursprung entfremdet, dann wird sich das früher oder später darin zeigen und rächen, dass das Zeugnis von des Menschen Elend und dann bestimmt auch das von Jesu Christi Kreuz und heilsamem Leiden in ihrer Mitte seine Kraft verliert und dass sie darum im selben Masse Beides auch der Welt schuldig bleibt. Aber welche Kraft wird dann überhaupt noch in ihrer Mitte sein? Was wird sie dann der Welt nicht schuldig bleiben? Ihr Charakter und Auftrag als Kirche droht ihr dann verloren zu gehen; ihr Name ‹Kirche› könnte dann im Begriff stehen, Schall und Rauch zu werden. Sie hat alles Interesse daran, dass Israels besonderer Dienst geschehe in der Gemeinde Gottes.»[217]

Vor diesem Hintergrund ist die Frage nach der theologischen Bedeutung Israels nicht ein genuin deutsches Problem, wie öfter in den Schweizer Kirchen zu hören ist. Marquardts Theologie zeigt, dass und warum beides, die Israelverbindlichkeit und die Eschatologie, ins Zentrum christlicher Theologie gehören. Für deutsche Theologinnen und Theologen und für die christlichen Kirchen Deutschlands (und auch der anderer Länder, die die Gewalt des Dritten Reiches zu spüren bekommen haben) liegt aufgrund ihrer eigenen Geschichte im Israelthema besondere Brisanz. Deshalb erstaunt es nicht, dass es ein deutscher Theologe war, «der versucht hat, protestantische Theologie angesichts der Schoa neu zu entwerfen», und den Christinnen und Christen in Erinnerung gerufen hat, Verantwortung für ihre Bindung an Israel zu übernehmen.[218]

Die vorliegende Arbeit will Marquardts Theologie würdigen, indem sie sie daraufhin befragt, welche Motive diese für christliche Theologie und Kirche (auch in der Schweiz) bereithält, damit Christinnen und Christen die Verantwortung, die aus ihrer *theo*logischen und darin buchstäblich genetischen Bindung an Israel erwächst, wahrnehmen können. Christliche Theologie verdankt sich ja nicht sich selbst, sondern sie gründet auf den Schriften, in der Geschichte, der Hoffnung und dem Gott Israels. Aus diesem Gegründetsein erwächst eine theologische Verantwortung, die genau bedacht sein will. Hierfür liefert Marquardt anspruchsvolle theologische Gedanken und Zusammenhänge, die sich auch von ihrer Form her für eine solche weiterführende Reflexion geradezu anbieten.

---

217 Barth: *KD* II/2, § 34, 229.

218 Vgl. Meyer: *Der Andere*, 110f. Kirchlicherseits war aber die Niederländisch-Protestantische Kirche Ende der 1950er Jahre die erste, die ein «neues Verhältnis zum Judentum» gesucht hat. (Vgl. Kickel, Art. *Israel*, 392. Dort Verweis auf die Studie *Israel und die Kirche* (1959) und die Handreichung *Israel. Volk, Land und Staat* von 1970.)

Marquardt hat gegen Ende seines Lebens eingeräumt, dass seine Theologie, in der er selbst wenig mit der dogmatischen Zunft kommuniziert hat, «re-sozialisiert»[219] werden müsse. Deshalb kommen in dieser Arbeit viele Stimmen zu Wort, die mit Marquardt ins Gespräch gebracht werden. Sie helfen mit, Marquardts Dogmatik zu hinterfragen und zu verstehen, zu bestätigen und zu widerlegen, Leerstellen aufzudecken und Schätze zu heben. So soll diese Arbeit, wie es das Motto dieses Kapitels sagt, Marquardts Texte von innen heraus durchdringen und auf den Leuchter heben, damit Theologie und Kirche inspiriert werden, ihre Verantwortung gegenüber Israel wahrzunehmen.

1.3.2 Inwiefern ist Marquardts Hermeneutik Hinweis für den hermeneutischen Umgang mit seinen Texten?

Marquardts Dogmatikbände sind nicht allein am Schreibtisch, sondern während vieler Jahre aus seinen Vorlesungen und deren Nachgesprächen entstanden.[220] Zusätzlich zu Marquardts explizitem thematischen Fokus auf die Frage, welche theologische Bedeutung das Volk Israel für christliche Theologie und Kirche hat, und seiner praktischen Absicht, dass sich Christentum und Judentum konstruktiv annähern mögen, erklärt diese Werkgenese, dass die siebenbändige Dogmatik zuweilen eklektisch, im Ganzen unabgeschlossen und in ihrer Methode eher unsystematisch ist.

1.3.2.1 Rabbinische Anleihen in Marquardts dogmatischer Methode

Gerade Letzteres zeigt sich auch daran, dass in den Texten hie und da relativ unvermittelt hermeneutische Passagen begegnen, wie z. B. in E I, 205f., wo sich Marquardt im Zusammenhang mit seiner Erklärung des Gebots für rabbinische Schriftauslegung ausspricht. Statt etwa ein hermeneutisches Kapitel in den Prolegomena zu verfassen, skizziert er hermeneutische Überlegungen ebenso wie sein Lehrer Karl Barth in der Kirchlichen Dogmatik unvermittelt im materialdogmatischen Kontext. Im Falle von E I, 205f. spricht er sich dafür aus, nach rabbinisch exegetischem Vorbild zu verfahren, da dort «jedes Wort, jeder Buchstabe aus dem Gesamtinhalt der Bibel erhoben» werde. Marquardt will also stets von der kleinstmöglichen Einheit auf die grösstmöglichen Zusammenhänge schliessen. Zusätzlich fordert er, dass «der Inhalt» der Worte und Buchstaben in

219 In einer brieflichen Mitteilung an Magdalene L. Frettlöh.
220 Siehe P, 9.

«uns» – damit meint er die historisch-philologisch denkenden Christinnen und Christen – lebe.[221]

> «Die Rabbinen sind uns da einen grossen Schritt voraus, denn sie vermögen umgekehrt schon, aus dem Inhalt die Worte zu verstehen. Denn sie leben aus dem Inhalt, ja: sie leben in ihm, er ist ihnen erschlossen, und sie sind ihm realpräsent. [...] Dabei bekommen wir bald zu spüren: Unser für gewöhnlich erster Eindruck kann sehr täuschen: als begegneten wir in rabbinischer Schriftauslegung einer eher phantastischen, ungezügelten Assoziationswillkür [...].»[222]

Diesen rabbinischen Umgang mit der Schrift zieht Marquardt klar einer Hermeneutik vor, die analytisch und «grammatisch-philologisch» beobachtend mit Bibeltexten umgeht, denn die Bibel selbst wurde «sprachlich aus dem Ganzen eines Inhalts – des Umgangs Israels mit Gott – geformt». Deshalb müssen wir, die wir «von ‹draussen› kommend» vor aller philologischen Exegese uns auf das lebendige Volk Israel einlassen, denn dieses wurde selbst durch die Sprache der Bibel geformt.[223]

Dieser Prozess des Geformtwerdens ist uneinheitlich und kontextabhängig, wie eben das Leben selbst auch. Gerade diesen Geist atmen Marquardts Texte auf jeder Seite, was sie einerseits so ungemein vielschichtig, instruktiv und spannend macht, andererseits aber auch schwierig zu systematisieren oder überhaupt zu interpretieren. Um eine Systematisierung kommt man aber nicht herum, sollen die Texte als Grundlage für konkretes theologisches Denken und vor allem Handeln genommen werden. Deshalb muss in der vorliegenden Arbeit Marquardts Dogmatik gegen seinen eigenen Willen systematisiert werden, was aber besonders deshalb schwierig ist, weil es zum Programm Marquardts gehört, keine Begriffstheologie zu betreiben. So verwendet er beispielsweise gerade die Begriffe Israel, Judentum, jüdisch, Volk Gottes, Volk Israel, Volk der Juden bewusst unscharf nebeneinander.[224] Oder er füllt gerne bestehende theologische Begriffe en passant und ohne grosse Erklärung neu, was sich etwa am Begriff «Negative Theologie» zeigen lässt:[225] In einem Nebensatz bezeichnet Marquardt «Israel-Theologie» als «ein Stück ‹negative Theologie›», weil die Israeltheologie «der Kirche fehl[e]». Diese Charakterisierung hat mit negativer Theologie im eigentlichen Sinne des Begriffs nichts zu tun.

> Negative Theologie bezeichnet traditionellerweise einen mystagogischen bzw. mystischen Erkenntnisweg, der das Göttliche jenseits von allem vermutet, auch jenseits von allem menschlich Sagbaren, aller Begriffe und Kategorien. Es ist «mithin unbegreiflich und unsagbar», ohne sich aber gänzlich der Beziehungshaftigkeit zu entziehen. Vielmehr kann mittels Schweigen mit dem Göttlichen in Beziehung getreten

221 Vgl. E I, 205.
222 Ebd., 205f.
223 Vgl. ebd., 206.
224 Siehe hierzu Kap. 2.1.4.
225 Siehe P, 411.

werden, weil das «Schweigen [...] gleichwohl sprachlich vermittelte Selbstaufhebung der Sprache in Ausrichtung auf Gott» ist.[226]

Negative Theologie avanciert bei Marquardt zu einer ekklesiologischen Mangelanzeige, die aufdeckt, dass der Kirche etwas fehlt, wenn sie keine Israelverbindlichkeit hat.

Marquardts Texte sind auf grosse Zusammenhänge, auf das «grosse Ganze» ausgerichtet, in dessen Dienst seine Theologie steht.[227] Deshalb wären sie falsch gedeutet, wenn sie z. B. ausschliesslich begriffsklärend oder auf Mikrogehalte hin gelesen würden. Dass Marquardts Texte immer wieder auf die grossen Zusammenhänge führen, zeigt sich daran, dass bei Marquardt die Gotteslehre nicht etwa am Anfang seiner Dogmatik steht, sondern einen zweifachen Ort hat: Sie webt sich in der Gestalt der Fraglichkeit Gottes von Anfang an durch die ganze Dogmatik, steht aber auch als Ziel von allem theologischen Denken und Handeln ganz am Schluss.[228] Auch dies ist eine grosse Stärke von Marquardts Theologie, denn sie eröffnet nirgends die Möglichkeit, vor zentralen Fragen der Gotteslehre zu fliehen und so eigentlich eine Theologie zu treiben, die diesen Namen gar nicht verdient, weil es etwa eine Religionsphilosophie oder eine Theologiegeschichte ist. Andererseits zeigt sie unübersehbar auf, dass Theologie nie am Ende ist, weil Gott selbst nie am Ende ist. Gott lässt sich nicht in Kategorien und Begriffe fassen und damit in ein abschliessendes System bringen.

Vor diesem Hintergrund stellt sich die Frage, ob Marquardts Dogmatik nicht eigentlich methodisch eine jüdische, eine talmudische Dogmatik ist. Angesichts des oben genannten hermeneutischen Standpunkts Marquardts, der explizit das Rabbinische zum Vorbild nimmt, ist diese Frage zu bejahen.[229] Wenn das Leben aus dem Inhalt charakteristisch ist für jüdische Gottesrede, so gilt das Attribut «jüdisch» auch für Marquardts Theologisieren. Denn Marquardt lebt mit und in seiner Theologie bzw. seiner Dogmatik, die ja über Jahre gewachsen ist. Die Dogmatik ist spürbar durch-lebt von Begegnungen, die Marquardt er-lebt hat. Darum leben die Texte Marquardts und verlangen von ihren Auslegern und -innen, dass sie sich selbst in Beziehung zu den Texten stellen, damit diese weiterleben.

Deshalb ist die Suche nach der *intentio operis* die erkenntnisleitende hermeneutische Fragerichtung. Es gilt also in erster Linie zu fragen, was aus den theologischen Gedanken Marquardts erschlossen werden kann. Erst in zweiter Linie ist die *intentio auctoris* wichtig, vor allem, wenn die Eigenplausibilität theologischer Gedankengänge nicht einsichtig ist oder wenn die Interpretation der Texte Marquardts Gefahr läuft, sich je gegenüber ihren Kontexten zu verselbstständigen. Dann muss immer wieder die Frage gestellt werden, woran sich Marquardts Interesse ursprünglich orientiert.

---

226 Vgl. Stolina: Art. *Negative*, Sp. 170f.
227 Siehe hierzu insbes. Kap. 2.1.
228 Siehe hierzu insbes. Kap. 2.1.
229 Vgl. E I, 205f.

Diese Orientierung ist mindestens eine doppelte: Einerseits geht es Marquardt um «die Erneuerung des jüdisch-christlichen Verhältnisses»[230]. Andererseits verfolgt er von der ersten bis zur letzten Zeile seiner Dogmatik das Ziel, christliche Theologie im Angesicht Israels neu zu vergewissern. Teil I der Prolegomena überschreibt er mit «[...] Soll und kann es überhaupt Theologie geben?» Und deren Vorwort beginnt er mit der These: «‹Alles Ding hat seine Zeit.› Auch darum ist fraglich, ob jederzeit Theologie gemacht werden soll.» Denn der christlichen Theologie gebührt es, sich nach Auschwitz einem Grundvorbehalt «gegen das ganze Werk der Theologie» zu stellen. Eine «*erste* Frage» der Theologie ist deshalb die «nach der Berufung Gottes». Gerade dadurch, dass christliche Theologie diese Frage stellt, konfrontiert sie sich selbst mit Gott.[231]

1.3.2.2 *Theologie im Hörverhältnis zu Israel*

Ein Schlüssel dafür, wie mit Marquardts Texten umgegangen werden muss, liegt darin, wie Marquardt selbst mit Texten, vor allem mit biblischen, umgeht. Dazu sei hier exemplarisch sein Vortrag vom 24. März 1990 *Johannes, aus dem Hebräischen gedacht* herangezogen. In diesem Vortrag geht Marquardt der Frage nach, inwiefern das Heil von den Juden kommt (Joh 4,22). Marquardt wagt nur «als Hermeneutiker» mitzureden, nicht als «historischer Exeget».[232] Diese Vorbemerkung ist bereits aufschlussreich, weil Marquardt die historische Exegese der Hermeneutik gegenüberstellt. Er muss sich also die Frage gefallen lassen, ob er der historischen Exegese ein hermeneutisches Potenzial abspricht.

Im Kapitel III des Vortrags wendet sich Marquardt dann dem Bibeltext zu, indem er den griechischen Text hebräisch hört. Das bringt ihn dazu, Leitworte herauszuhören, deren hebräische Bedeutungsvielfalt er aufzeigt und anhand derer er die Botschaft des Textes erkennt. Die Botschaft des Johannesprologs sieht er darin: Das hebräische Wort היה darf nicht nur mit *ist* oder *war*, die Dinge festschreiben, übersetzt werden, sondern das Dynamische, das das hebräische היה ebenfalls ausdrückt, muss mitberücksichtigt werden. Das «haja des davar» ist also ein «Sich-Ereignen» des Wortes, seine «zeitliche[...] Bewegung».[233]

Indem Marquardt den griechischen Text hebräisch hört, fällt ihm auf, dass der Anfang des Johannesprologs unüberhörbar an den Anfang der Schöpfungserzählung erinnert. Das führt ihn zur These, dass Gottes Schaffen und Gottes Reden «Ursprungsgeschehen» sind: «Der Johannesevangelist beginnt sein Evangelium damit, dass er neben das bara von elohim das haja des davar in den Anfang, be reschit, stellt.» Die Jesusgeschichte und die Schöpfung gehen also auf dasselbe «davar-Geschehen» zurück. Es werden also «Geschichten» erzählt und

---

230 P, 8.

231 Vgl. ebd., 7.

232 Vgl. Marquardt: *Johannes*, 3.

233 Vgl. ebd., 4f.

nicht «Seinsverhältnisse» definiert. Der Johannesevangelist «erzählt ein bewegtes Hin und Her einer offenen geschichtlichen Beziehung, die wir am besten als ein ewiges Geschehen von Sich-einen von Gott und Wort, des Wortes mit Gott benennen». «Keine Identität, sondern offenes haja eines Prozesses des Sich-einens.»[234]

Das Geschehen als Prozess, der in alttestamentlicher Tradition eingeschrieben ist, sieht er auch in Joh 1,14 gegeben:

> «‹Das Wort ward Fleisch› spricht vom schakhan Gottes betokhenu. Denke, sagt Johannes, ans ohel moëd, ans Zelt der Begegnung, aus dem in Israel das Errichten der Wohnung Gottes durch mosche wurde. Und denke, sagt Johannes, wenn du späteres Jüdisch auf der Zunge hast, an die schekhina, die begleitende, mitreisende Daseinsweise Gottes, die das Wort schakhan, wohnen, in sich hat und oft mit ‹Einwohnung Gottes› übersetzt wurde [...].»[235]

Marquardt liest hier Johannes «hebräisch»[236]. Er hört diesen neutestamentlichen Text mit jüdischem Ohr: «Ich versuche, meine Theologie umzudenken vom fixierten und fixen Lehren auf ein Hören und Lernen.»[237] Diesem Versuch bleibt Marquardt auch in seinen Bibelexegesen treu, die er in die Dogmatikbände einstreut. Marquardt hört auf die Texte wie Geschichten, die aus jüdischem Munde erzählt werden. Deshalb darf davon ausgegangen werden, dass sie immer jüdische Weltsicht, jüdisches Traditionsgut, jüdische Geschichten, hebräisches Sprachmaterial und dadurch hebräisches Zeit- und Raumdenken, mittransportieren. Auf diesen hebräischen bzw. jüdischen Subtext aller neutestamentlichen Texte stellt Marquardt seine Deutung ab. Er liest die Texte hörend, d. h. nimmt einerseits hebräische Wortbedeutungen und andererseits Assoziationen von Geschichten oder Konzepten als hermeneutische Schlüssel. So kann er, im Blick auf Jesus im Johannesevangelium sagen: «Der Jesus des Johannes-Evangeliums lässt sich als Gesandter Gottes hören.»[238]

1.3.2.3 *Im Hören auf Marquardts Texte fragenlernend ihn zu verstehen suchen*

Marquardt hat seine eigenen dogmatischen Texte zum Hören geschrieben. Es sind Texte, die nicht ein fertiges System vorlegen, sondern zum Assoziieren einladen. Deshalb darf von ihnen nicht erwartet werden, dass sie theologische Topoi in erster Linie systematisch und analytisch darstellen. Marquardt will «vor allem fragen, statt dozieren»[239]. Und das ist bereits theologisches Programm: «*Fragen-*

234 Vgl. Marquardt: *Johannes*, 5f.
235 Ebd., 6.
236 Vgl. ebd.
237 Ebd., 8.
238 Ebd., 13.
239 E I, 192.

lernen ist die wichtigste Gestalt jener Beteiligung», nämlich der Beteiligung am Andern, an den Juden.[240]

Bei Marquardt gehört die Form der Texte zu ihrer Botschaft. Sie wollen im Modus der Hoffnung Beziehung herstellen. Sie hüten sich davor, vollmundig zu behaupten, weil sie sich im Klaren sind, dass sie theologische Texte sind – die Souveränität Gottes lässt jegliche Vollmundigkeit verdächtig erscheinen. Gott allein ist souverän, nicht die Ansichten der Menschen über ihn.

Methodisch hat dies folgende Konsequenz: Marquardts Texte müssen gerade deshalb genau gelesen werden, weil sie einen grossen Assoziationsraum eröffnen und sich fragend an ihre Topoi herantasten. Marquardts Texte müssen hörend gelesen werden, als Narrationen,[241] die ihrerseits wieder Geschichten im Zu- oder Widerspruch evozieren. Marquardt will berechtigterweise nicht ein theologisches System präsentieren, das Gott erklärt, sondern die Geschichte Gottes mit den Menschen auf den Leuchter heben, damit die Menschen mit diesem Gott in Zukunft weiter Geschichte schreiben – und Gott mit ihnen.

Vor diesem Hintergrund schliesse ich mich der Beobachtung Coen Wessels an: Marquardts Dogmatik ist eigentlich eine «liturgische Dogmatik»[242]. Ausser in den beiden Christologiebänden steht auf der Titelseite jedes Dogmatikbandes eine Zeile aus einem Kirchenlied. Dem Utopieband gibt sie sogar den Titel: *Eia, wärn wir da.*

An dieser Stelle sei auf die elfbändige katholische *Poetische Dogmatik* von Alex Stock hingewiesen, die zwischen 1995 und 2004 erschienen und in Christologie, Gotteslehre, Anthropologie und Ekklesiologie gegliedert, Theologie «aus poetischen Quellen des Christentums – Liturgie, Dichtung, Kunst»[243] erschliesst. Stocks Werk ist, wie Marquardts Dogmatik, wenig rezensiert und als Dogmatik umstritten, gerade wegen der unkonventionellen Methode.[244]

1.4 *Exkurs: Exemplarische Befragung eines Marquardttextes*

Die Texte Marquardts bringen die Leserin bzw. den Leser auf Schritt und Tritt auf unerwartete Fragen und Themen. Gerade das aber macht eine Systematisierung schwierig. Dies, und was fragenlernendes Verstehen bedeutet, kann gut

240 Vgl. E I, 192.

241 Dieter Hattrup bezeichnet Marquardts Eschatologie als «narrativ». (Vgl. ders.: *Rezension*, 293.)

242 Wessel: *Einführung*, 20.

243 Umschlagtext Stock: *Dogmatik.*

244 Siehe etwa Wieland Schmied: *Rezension zur Poetischen Dogmatik*, in: ZÄK 2(2002). (Hier verwendete Quelle: bildtheologie.graz-seckau.at/rezensionen, zuletzt aufgerufen am 15. Januar 2020.)

an der folgenden Passage aus dem Eröffnungskapitel von § 3 des ersten Eschatologiebandes aufgezeigt werden, zumal dort auf engem Raum die drei fundamentalen Topoi Christologie, Eschatologie und Israelverbindlichkeit zusammenkommen:

> «Wir haben (in § 2) von dem uns durch die biblische Verkündigung zugemuteten, aber auch zugesprochenen gewissen Grund alles menschlichen Hoffens in Gottes Erwählung Israels inmitten der Völker gesprochen. Diese Erwählung zum Dienst der Tora (so verkündet die Bibel und bestätigt jüdisches Selbstverständnis) wirkt bis heute auch als ein in sich selbst hoffnungsvolles Geschehen: wie für das jüdische Volk, so auch für alle anderen Völker, in deren Mitte Israel lebt. Die Bezeugung der Tora durch Israel setzt Kräfte der Verheissungen frei, die auch Nichtjuden gelten, wenn sie sich auf diese oder jene Weise an dem Leben mit der Tora und aus ihr beteiligen. Denn das universal Verheissungsvolle an der Erwählungsgeschichte des jüdischen Volkes ist die lebensspendende Kraft der Weisung Gottes, aus der Israel lebt, die es allen anderen tätig bezeugt, und die es auch allen anderen (z. B. in den noachidischen Geboten) anbietet, dass sie teilnehmen an diesem verheissungsvollen Leben. Wir sprachen darum (in § 1) von einer Israel-Geschichtlichkeit des Hoffens, die keineswegs etwa nur das Hoffen der Christen, sondern das aller Menschen prägt, sofern sie *begründet* – also als Mitgeschöpfe Israels – hoffen.»[245]

In mehrfacher Hinsicht ist diese Passage, die knapp eine halbe Seite im Originalsatz einnimmt, beispielhaft für den sprachlichen und methodischen Stil der Marquardtschen Dogmatik: Eine Vielzahl zum Teil erklärungsbedürftiger Motive und deren Bezüge untereinander werden in kompaktem Sprech-Sprachduktus dargestellt, der weitgehend ohne sperrige Wissenschaftsprosa und schwer verständliche Begriffssprache auskommt, genauso, wie, abgesehen von gelegentlichen Literaturhinweisen, ohne Fussnoten. Dies erschwert die Nachvollziehbarkeit von Marquardts Aussagen, denn der Leserin und dem Leser legt er so über weite Strecken seine Aussagen einfach vor. Deshalb müssen häufig präzisierende Fragen gestellt werden, gerade danach, woher Marquardt seine Informationen hat, ob seine Aussagen wissenschaftlich fundiert, die Begriffe für seine Vorhaben tauglich, die Bezüge zwischen den Motiven plausibel und, nicht zuletzt, seine Thesen haltbar sind.

Dieser Argumentations- und Denkstil ist aber durchaus produktiv. Er lässt nämlich Texte entstehen, die auf jeder Zeile dazu anregen, ihren vielfältig herausfordernden Inhalten fragend nachzudenken. Aus oben zitierter Textpassage könnten beispielsweise folgende Spuren weiterverfolgt werden:

1) Wie kann die Erwählung Israels «zum Dienst der Tora» bis heute «als hoffnungsvolles Geschehen» nachwirken, dann noch «für alle anderen Völker, in deren Mitte Israel steht»? Wie zeigt sich Gottes Wirken in dieser Wirklichkeit? Und spricht nicht die Geschichte der Juden vor allem auch eine hoffnungslose Sprache der Gottverlassenheit, gerade im 20. Jahrhundert?

---

245 E I, 338.

2) Inwiefern lebt Israel konkret aus der «lebensspendenden Kraft der Weisung Gottes»? Inwiefern können «alle anderen» daran teilnehmen? Was heisst «*begründet*» hoffen und von welchem Modus des Hoffens grenzt sich dies ab? Ist «Mitgeschöpfe Israels» eine theologische oder eine anthropologische Kategorie? Inwiefern setzt die «Bezeugung der Tora durch Israel [...] Kräfte der Verheissung frei, die auch Nichtjuden gelten»?

3) Wer oder was ist «das jüdische Volk»? Wer sind «alle anderen Völker»? Inwiefern ist der Begriff Volk eine theologische Kategorie? Wie und wodurch wird zwischen Völkern kommuniziert – wie kann also Israel sein Leben aus der «lebensspendenden Kraft der Weisung Gottes» «tätig bezeugen»? Wer sind die «Nichtjuden»? Worin besteht der Unterschied zwischen dem «jüdischen Volk» und «Israel»?

4) Inwiefern «bezeugt» Israel «allen anderen tätig» die «lebensspendende Kraft der Weisung Gottes»? Wie ist dies angesichts der aktuellen politischen Lage im Nahen Osten zu verstehen, wo auch Nationalismus, Fanatismus, Kriegstreiberei, alltägliche Schikanen – notabene auch ausgehend von Israel – die politische und gesellschaftliche Realität mitbestimmen? Woran ist vor diesem Hintergrund «das universal Verheissungsvolle an der Erwählungsgeschichte des jüdischen Volkes» zu erkennen?

5) Was ist überhaupt menschliches Hoffen? Wie wird es biblisch-theologisch reflektiert? Gibt es eine Geschichte des Hoffens? Inwiefern ist Hoffen eine gesellschaftliche Konstruktion? Hoffen alle Menschen gleich? Gibt es ein kollektives Hoffen? Wie verhält sich das Hoffen der Menschen angesichts der Vorstellung des Gerichts? Hoffen Menschen auf und für Gott und umgekehrt? In welchen dogmatischen Bezügen steht das Hoffen?

Selbst in einer Zusammenfassung, als die der oben zitierte Abschnitt gelesen werden kann, obwohl Marquardt ihn nicht als solchen ausweist, bleiben zahlreiche wichtige Fragen offen. Mehr noch: Marquardt bewegt diese Fragenbündel durch seine ganze Dogmatik und arbeitet sie nicht etwa stetig ab. Das zeigt auch ein Blick in die Inhaltsverzeichnisse gerade der Eschatologiebände: Immer wieder tauchen Motive wie «Zukunft», «Israel» und «Hoffnung» auf. Ferner scheinen die Titel assoziativ zu sein; besonders ausgeprägt in Kapitel 3 des § 3 des ersten Eschatologiebandes: Die Unterkapitel unter dem Hauptkapitel «Jesus – der Zukunftsmensch» tragen die Überschriften «Der Blick ins Leere», «Durch verschlossene Türen», «Rufen und Entdecken der Nähe des Lebens», «Das neue Leben in den Heilandshandlungen», «Das neue Leben im Erleiden der Passion: Die Geburtswehen der Zukunft». Jesus als «Zukunftsmensch» kommt in § 3 aber schon in 1.c.γ vor, ebenso wie in 2.

Die Inhaltsverzeichnisse stellen also weniger eine systematische und thematische Orientierungshilfe dar. Vielmehr zeigen sie in erster Linie die Vielfalt der Themen, die Marquardt bearbeitet. Die Wortwahl aber, derer sich Marquardt hier bedient, erzeugt Spannung und ist – auch hier – alles andere als begriffslastig und abstrakt.

Die Ästhetik seiner Dogmatik zwingt die Leser und Leserinnen, immer wieder mit dem Anfang anzufangen. Die Themen werden nie abschliessend abgehandelt, sondern sie kommen wiederkehrend zur Sprache, manchmal anders, manchmal sogar widersprüchlich. Ich sehe dies als eine Stärke, denn so ist Theologietreiben nicht ein isoliertes Begriffewälzen, sondern ein dauerndes Neu- und Umkontextualisieren, ein kreisendes Fragen und fortwährendes Wegefinden – letztlich ein Geschichtenerzählen, das so adäquat auf den Theos der Theologie reagiert, der sich den Menschen selbst in Geschichten gezeigt hat, zeigt und zeigen wird.

1.5 Fragestellung und Struktur der Arbeit

1.5.1 Fragestellung

Die vorliegende Arbeit nähert sich in derselben Weise Marquardts Dogmatik an, wie sich Marquardt an den Juden beteiligen möchte, nämlich fragelernend.[246] So fragt sie im *Hauptteil I* nach Grundmotiven, auf denen seine von Israelverbindlichkeit durchwirkte Eschatologie aufgebaut ist, und problematisiert diese Motive dann. Da Marquardt aber seine Theologie immer als Impulsgeberin für ein Weiterdenken verstanden hat, fragt sie im *Hauptteil II* nach ihren Implikationen für Theologie und Kirche – dort insbesondere für die Verkündigung[247].

Die provokante israelverbindliche Theologie Marquardts kann schon aufgrund ihres Entstehungskontextes für Theologie und Kirche inspirierend sein. Sie ist nicht nur im akademischen Milieu entstanden, sondern hat gerade im Gespräch mit Jüdinnen und Juden und vor dem Forum kirchlich engagierter Menschen ihr Profil gewonnen. Dies verschafft ihr Legitimität, auch in kirchlichem Kontext gehört zu werden. Darüber hinaus trägt sie der komplexen theologischen und kirchlichen Realität dadurch Rechnung, dass sie weder Israel verklärt noch einfache Antworten liefert, sondern in erster Linie Fragen stellt und darin für das Hören auf Israel wirbt. Dieses Hören auf jüdische Stimmen bietet einerseits die Grundlage der Rede-Hilfe für eine Israel

246 Siehe E I, 192.

247 Es ist geplant, in einer populären Folgepublikation Marquardts Theologie auch auf andere kirchliche Handlungsfelder wie *Diakonie und Seelsorge*, *Bildung und Spiritualität*, *Gemeindeaufbau und Leitung* anzuwenden. (Diese einleuchtende, wenn auch vorläufige Kategorisierung ist entnommen aus: *Reformierte Kirche Kanton Zürich (Hg.): Kirche gestalten. Handbuch zur Kirchenpraxis für Behördenmitglieder und Mitarbeitende, Zürich 2018², 11.*)

verschweigende Theologie und Kirche, und übt darin gleichzeitig eine kritische Funktion für das kirchliche und akademische Theologietreiben aus.[248]

Diese Absicht schreibt Marquardt schon im Prolegomenaband grundlegend seiner Theologie ein, denn Theologie ist nur dann notwendig, wenn sie «nach der Situation von Glauben und Kirche heute» fragt.[249]

Gegen Ende seiner siebenbändigen Dogmatik, im Utopieband, klingt dieser Zusammenhang noch einmal an. Dort aber dann viel abstrakter und mit Bezug auf Lévinas und Leibowitz: «Das Sagen, das ich mit der Kirche als Ort des Sagens verbinde, hat einen Vorrang vor dem Gesagten, das ich mit der Theologie als Dogmatik verbinde.» Marquardts Vorrang des Sagens vor dem Gesagten begründet er mit dem jüdischen Vorrang der mündlichen Tora vor der schriftlichen: «Denn das Sagen ist Annäherung, das Gesagte Trennung, – im Sagen sind wir auf dem Weg zum Nächsten, Fernsten, Anderen – im Gesagten getrennt von ihm: bei der allenfalls uns selbst dienlichen Lehre.» Gott, «‹der ganz Andere› entspricht dem Sagen, nicht dem Gesagten [...], nicht dem Dogma: dem Dogma nur, sofern es im Kerygma aus Gesagtem zu Sagen wird.»[250]

1.5.2 Theologischer Lektürefokus und Quellentextauswahl

Die im *Einstimmungskapitel* dargestellte Knüpfung von Israelverbindlichkeit und Eschatologie ist der theologische Fokus, mit dem ich Marquardts Texte lese. Da ich in den Paragraphen des ersten Eschatologiebandes die Themen, die diese Fokussierung erkennen lassen, am meisten wiederfinde, arbeite ich die Grundmotive von Marquardts israelverbindlicher Eschatologie ausgehend vom ersten Eschatologieband aus, immer aber mit Blick auf die gesamte Dogmatik. Den ersten Eschatologieband als Ausgangstext zu nehmen, ist auch deshalb sinnvoll, weil Marquardt dort die Grundsätze seiner Eschatologie beschreibt und so quasi auf die zweite, fundamentalere Teilfrage – etwas abgeändert lautet sie: «Dürfen wir hoffen?» – des doppelgliedrigen Titels der Eschatologiebände antwortet.

Die Motivauswahl wäre eine andere, wenn der Prolegomena- oder etwa der erste Christologieband als Ausgangspunkte gewählt worden wären. Da aber Marquardts Theologie explizit eine eschatologisch perspektivierte und israelverbindliche Theologie ist, bietet sich der erste Eschatologieband – als quasi eschatologischer Prolegomenaband – als Ausgangspunkt der Lektüre an. Weil aber für Marquardts Theologie

---

248 So auch Wolfgang Huber, der Marquardt in dieselbe Reihe mit Helmut Gollwitzer und Karl Barth stellt, die alle der «Theologie die Aufgabe einer kritischen Selbstprüfung der Kirche hinsichtlich der ihr eigentümlichen Rede von Gott» zuweisen. (Vgl. Huber: *Marquardt*, 4.)

249 Vgl. P, 73.

250 Vgl. U, 538f. Gerade am Beispiel von Marquards Vorrang des Sagens vor dem Gesagten könnte untersucht werden, inwiefern Marquardts Denken postmoderne Züge aufzeigt, zumal hier eine Verwandtschaft mit linguistischen und philosophischen Debatten zum Vorrang der Semiotik vor der Semantik ausgemacht werden kann.

> auch die Christologie und die Gerichtsvorstellung tragend sind, kommen auch die beiden Christologiebände in den Blick, ebenso wie der dritte Eschatologie-band, in dem Christologie und Gerichtsmotiv umfassend bearbeitet werden. Im zweiten Eschatologieband hingegen formuliert Marquardt materialdogmatisch seinen Zukunfts- und Todesbegriff aus, was einerseits den dritten Eschatologieband vorbereitet und andererseits strukturell auf einer anderen Ebene liegt als die israel-verantwortlichen Grundlinien im ersten und dritten Eschatologieband. Der Prolegomena- und der Utopieband bilden schliesslich mehrheitlich die Klammer um die Dogmatik, wobei der Prolegomenaband Grundfragen zu einer Theologie und einem Gottesbild im Angesicht von Auschwitz stellt und der Utopieband gerade in der Gotteslehre den Blick noch weiter in die Zukunft öffnet und dabei noch einmal ein ganz neues Bildprogramm mobilisiert.

Im ersten Eschatologieband wird hinreichend klar, dass Marquardt keine Dogmatik im klassischen Sinne vorlegt, die nacheinander die dogmatischen Topoi abarbeitet.[251] Vielmehr ist Marquardts gesamte Dogmatik eine durch Israelverbindlichkeit grundierte Eschatologie – präziser gesagt eine eschatologische bzw. eschatologisierte Theologie. Weil sie von dieser israelverbindlich begründeten Eschatologieperspektive von der ersten bis zur letzten Seite getragen und auch getrieben ist, ist sie auch in sich thematisch vielfältig verschränkt. Das heisst, dass gerade Christologie, Anthropologie und Erwählungslehre, aber auch die Trinitätslehre jeweils israeltheologisch profiliert und eschatologisch perspektiviert sind.[252]

1.5.3 Motivauswahl und -bearbeitung

Gerade diese eigentümliche Struktur der Marquardtschen Dogmatik macht, nebst ihrer über weite Strecken erzählenden und häufig assoziativen sprachlichen Ausgestaltung mit einer Vielfalt ungewöhnlicher Beobachtungen und Reflexionen, eine Systematisierung schwierig. Einzelne Themen tauchen wiederholt auf, nicht selten auch unverhofft. Bei der Auswahl und Bearbeitung von Einzelmotiven muss darum sorgfältig geprüft werden, inwiefern sie für diese Dogmatik insgesamt tragend sind.

Der besseren Übersichtlichkeit wegen seien die Motive[253] hier angekündigt:

---

251 Siehe P, 8.

252 Selbst die Schöpfungslehre, die Marquardt aber nur kurz und bezeichnenderweise im materialen Teil in E II streift, sieht er im Zusammenhang mit Israel und Eschatologie: Einerseits zielt sabbattheologisch begründet «Weltschöpfung [...] auf Weltvollendung», andererseits ist «[d]ie Welt [...] Handlungsraum der Geschichte» für «Israel und uns alle». (Vgl. E II, 175.)

253 Meine Auswahl beschränkt sich darum auf Motive, die für Marquardts Eschatologie in erster Linie, dann aber auch für seine Dogmatik insgesamt substanziell sind. Schon die Erarbeitung und Auswahl der passim und disparat begegnenden Motive stellen darum eine

Motiv I: *Israel zeigt die Fraglichkeit christlicher Hoffnung.* Die Fraglichkeit Gottes ist die Klammer, die alles Dogmatiktreiben Marquardts umschliesst. Sie charakterisiert sein Gottesbild und ist aber auch deshalb Grund christlicher Hoffnung, weil die Geschichte Israels Gott selber zeigen könnte, obwohl das Schicksal Israels in Auschwitz Gott fraglich werden liess.[254] Weil Israel nach Auschwitz aber lebt, kann Marquardt seine Dogmatik mit der hoffnungsvollen Aussage abschliessen, dass Gott «*lebt*».[255]

Motiv II: *Israelgeschichtlichkeit ist hoffnungsvoller Prototyp für allgemeinmenschliche Geschichtlichkeit.* Israel selbst ist keine abstrakte theologische Grösse, sondern es besteht aus konkreten Menschen mit einer konkreten Geschichte – als Einzelne, aber vor allem auch als Volk. Ebenso ist das Land Israel konkretes Land, das als dieses auch theologische Bedeutung hat.[256] Deshalb kann Marquardt nicht anders, als Theologie insgesamt und Eschatologie im Besonderen eng gebunden an die Geschichte zu treiben. So kommt er zum Schluss, dass er Theologie als «Evangelische Halacha» sehen will, angelehnt an den jüdischen Halacha-Begriff, der das jüdische Religionsgesetz bezeichnet. Denn gerade das Gesetz nimmt auf die Geschichtlichkeit des Menschen Einfluss.[257]

Motiv III: *In Israel ist der hoffnungsvolle Zusammenhang von Verheissung und Gebot gegeben.* Marquardt versteht das Gesetz bzw. das Gebot nicht auf Erfüllung sondern auf Verheissung hin orientiert. Diesen speziellen Zusammenhang sieht er in Israel gegeben, welches nur deshalb Israel ist, weil an ihm Gott zuerst seine Verheissung für die ganze Menschheit zeigen will. Israel befolgt also Gottes Gebote nur deshalb, weil Gott selbst darauf angewiesen ist, damit seine Verheissung schon jetzt, aber auch zukünftig, eschatisch, Wirklichkeit werden kann. Das Gebot hat also grundsätzlich auch theologischen Charakter.[258]

Motiv IV: *Jesus von Nazareth begründet in seinem Befolgen der Tora christliches Hoffen.* Marquardt eschatologisiert die Christologie, indem er das Leben Jesu des Juden als beispielhaft für das verheissungsorientierte Befolgen der Tora Israels darstellt. In Jesus dem Juden können auch nichtbeschnittene Menschen am Bund Gottes mit seinem erwählten Volk Israel teilhaben, und dadurch auch an der Hoffnung und am Gott Israels selbst. Indem Jesus von Gott auferweckt wurde, hat er eine Zukunft erhalten, an der auch nichtjüdische Menschen teilhaben

---

grundlegende systematisierende Aufgabe der vorliegenden Arbeit dar und sind Voraussetzung dafür, dass Marquardts Theologie aktualisiert und weitergeführt werden kann. Die Grobgliederung folgt der Makrostruktur des ersten Eschatologiebandes: Motiv I bezieht sich auf Vorwort und Einleitung; Motiv II auf § 1; Motiv III auf § 2; Motiv IV auf § 3 und – als Ausnahme: Motiv V auf E III.

254 Im Wesentlichen P, § 3, Marquardt: *So Gott will,* U, § 9, E I, Vorwort und § 1.

255 Vgl. U, 577.

256 Siehe vor allem Marquardt: *Landnahme* und E II, § 5.

257 Im Wesentlichen P, § 5.

258 Im Wesentlichen E I, § 2.

können, indem sie ihm glaubend nachfolgen. So wird Jesus der Jude zum Christus der Christen.[259]

Motiv V: *Gott der Richter als Hoffnungsträger für alle Menschen.* Das Motiv des Gerichts, das Marquardt als «Lebens-Krise»[260] interpretiert, ist deshalb für seine Theologie wichtig, weil in ihm Gott sich selbst und den Menschen eine neue Zukunft schafft. Dies geschieht nicht etwa dadurch, dass er die Geschichte Israels und aller Menschen nihiliert und etwas ganz Neues schafft. Vielmehr wird die neue Zukunft dadurch eröffnet, dass sich Gott vor den Menschen selbst rechtfertigt. Dieser Rechtfertigungsprozess ist aber offen, weshalb auch das Gericht ein offenes Geschehen ist. Ausserdem werden sich auch die Menschen rechtfertigen müssen, weshalb Marquardts Gerichtsvorstellung als doppelseitiges Rechtfertigungsgeschehen mit offenem Ausgang charakterisiert werden kann.[261]

Diese fünf Motive arbeite ich in *Hauptteil I* in einem hermeneutischen Zweischritt aus, wobei am Anfang zur Orientierung der Lesenden eine kursiv gesetzte Zusammenfassung des jeweiligen Motivkapitels steht. In einem ersten Schritt, in den *Annäherungskapiteln*, nähere ich mich den Marquardttexten durch teilweise auch längeres Zitieren und Paraphrasieren an.

Die Annäherungskapitel werden gefolgt von *Problemstellungskapiteln*, in denen ich Probleme bearbeite, die sich in den Annäherungskapiteln gezeigt haben. Vor allem hier kommen Stimmen aus der Sekundärliteratur zu Wort. Die Auswahl dieser Stimmen mag auf den ersten Blick eklektisch oder sogar zufällig wirken. Sie trägt aber bei näherem Hinsehen der charakteristischen Irregularität der Marquardtschen Dogmatik Rechnung, die nicht in erster Linie nach Begriffsschärfung, sondern nach gezielt thematisch ausgewählten Gesprächspartnerinnen und -partnern verlangt, die die Probleme, die Marquardts Texte benennen und aufwerfen, problematisieren und verständlich machen.

Im *Hauptteil II* werden die in Hauptteil I herausgearbeiteten fünf Motive weiter entfaltet, indem nach ihren *Implikationen für Theologie und Kirche* gefragt wird. Denn die Arbeit soll, wie ihr Untertitel andeutet, nicht ausschliesslich Marquardtexegese um ihrer selbst willen betreiben, sondern – und dies ist ja ganz im Sinne Marquardts selbst – in die theologische und kirchliche Wirklichkeit führen und dort dazu inspirieren, «von Gott zu reden: als gäbe es ihn»[262].

Im diese Arbeit abschliessenden *Ausblickskapitel* wird jedes in Hauptteil I entfaltete Motiv skizzenhaft auf die Frage hin perspektiviert, was es im Blick auf eine lebensverbindliche Theologie und Kirche beitragen kann. Die Lebensverbindlichkeit verbindet alle fünf Motive untereinander und kann deshalb als impliziter *cantus firmus* von Marquardts israelverbindlicher Eschatologie gelten.

---

259 Im Wesentlichen ebd., § 3 und C II, § 6.

260 Siehe unter anderen E III, 186.

261 Im Wesentlichen ebd., § 7, C II, § 9 und U, § 8.

262 U, 572.

«Versuche, dir deinen Ort zu suchen im Zusammenhang der Geschichte der Kirche, der Theologie, der Gesellschaft, und bestimme deine Fragen innerhalb dieser Kontexte. Entwirf also von vornherein eine Theologie im Kontext, und zwar keine Theologie nur im Kontext der Theologie, sondern im Kontext von Raum und Zeit – so, wie sie dich bestimmen.»
Friedrich-Wilhelm Marquardt: *Werkstattbericht*, 79.

2 Hauptteil I: Marquardts israelverbindliche Eschatologie in ausgewählten Motiven

2.1 Motiv I: Israel zeigt die Fraglichkeit Gottes und ist gleichzeitig der Grund christlicher Hoffnung

Die Schoa hat das traditionellerweise auf das Gericht und die Überwindung des Bösen gerichtete Zukunftsdenken der Eschatologie neu mit der düsteren Radikalität der Endlösung verknüpft. Aus dieser Zukunftsverschlossenheit kann nur noch Gott selber, wenn er denn lebt, durch sein neuschaffendes Handeln retten. Das ist Grund und Ziel christlicher Hoffnung, die durch das lebenspraktische, tätige Hoffen der Christinnen und Christen die Welt verändert und deren Ausarbeitung in der Eschatologie letztlich in die Gotteslehre mündet. Die christliche Hoffnung ist deshalb der Welt zugewandt, weil sie im hoffnungsvollen Tun der Menschen Gott selber behauptet. Weil aber das eschatische Eingreifen Gottes von Gott selber abhängt, ist die Eschatologie Teil der Gotteslehre. Gott selber ist jedoch in der Schoa fraglich geworden, weil er die Ausrottung seines erwählten Volkes Israel nicht gestoppt hat.

Obwohl Marquardts radikale, wenn auch historisch unterkomplexe und pauschalisierende Auschwitzinterpretation als theologische Kategorie hinterfragt werden kann, entfaltet sie gerade dank ihrer Radikalität ein für die christliche Theologie nach 1945 notwendiges Korrektiv, denn die Schoa darf theologisch nicht ignoriert werden. Auch Marquardts durchgängig monolithische und zuweilen auch stilisierte Verwendung von Begriffen wie z. B. Israel und das Judentum kann hinterfragt werden, genau so auch seine Position, explizit weder Begriffsdefinitionen vorzunehmen noch eine Israeltheologie zu entwerfen.

2.1.1 Annäherung I: Das «so Gott will und er lebt» eröffnet einen hoffnungsvollen Weg in die Zukunft

Im Vorwort zum ersten Eschatologieband legt Marquardt die Richtung fest, in die er mit seiner Eschatologie weisen will, nämlich «dem Hoffen der Menschen das Wort [...] reden». Damit dies aber gelingt, müssen Vorfragen geklärt werden: «[...] wer oder was heisst uns hoffen? Dürfen wir überhaupt hoffen? Und was dürfen wir hoffen, wenn wir hoffen dürften?» Dabei macht es sich Marquardt aber alles andere als leicht, denn im Vergleich mit dem Prolegomenaband haben sich im Blick auf die Eschatologie sein «Bewusstsein» und seine «theologischen Denkmöglichkeiten noch ätzender zersetzt».[1] Blickt er nämlich theologisch in die Zukunft – gerade dieser Perspektive kann keine Eschatologie entkommen – so geht ihm Paul Celans Gedichtsvers «Ihr mahlt in den Mühlen des Todes das weisse Mehl der Verheissung» nicht aus dem Kopf. Denn im Blick auf die Zukunft schwebt traditionellerweise theologisch immer «das Bedenken des Endes» mit, das Marquardt aber seit der Schoa nicht mehr losgelöst von der realen «Erfahrung der ‹Endlösung›» denken kann. Die Schoa hat also den traditionellen Endgedanken der Eschatologie, «herkömmlich mit dem Gedanken des Gerichts und der Reinigung von allem Bösen» verbunden, neu verknüpft mit der Abgründigkeit der «Endlösung».[2]

Angesichts dieser Neuknüpfung fragt sich Marquardt mit Paul Celan, ob sich das «weisse Mehl der Verheissung» – Marquardt sieht in diesem Bild sein die Zukunft bedenkendes Eschatologietreiben – noch zu duftendem Brot backen lässt oder ob es höchstens noch für Mazzen tauglich ist: «Aufbruchsbrot, zu brechen als Nahrung auf dem Zug durch die Wüste unserer Zukunft.» Die Schoa hat Zukunft «verschlossen» und nur das «so Gott will und er lebt»[3] hält sie offen.[4] Das heisst: Die durch die Schoa verursachte Verstörung verneint eigentlich ein Zukunftsdenken, die Hoffnung aber, dass «Gott will und er lebt», bejaht es.[5] Marquardt bezieht diese Dialektik auch wieder auf Paul Celan: «Sprich auch du, / sprich als letzter, / sag deinen Spruch. – Sprich – / Doch scheide das Nein nicht vom Ja. / Gib deinem Spruch auch den Sinn: / gib ihm den Schatten [...].»[6]

> Marquardt hofft, dass das Ja, «weisses Mehl der Verheissung» mahlen zu können, letztlich nicht vom Nein, das Auschwitz über alles Zukunftsdenken – auch theologisches – gebracht hat, dauerhaft zunichte gemacht worden ist. Diese Hoffnung be-

---

1 Vgl. E I, 13.
2 Vgl. ebd., 13f.
3 Marquardt: *So Gott will*, 7.
4 Siehe hierzu insbes. Kap. 0.
5 Vgl. E I, 14.
6 Zit. nach ebd.

gründet er, nebst dem «so Gott will und er lebt»[7], auch christologisch: Der vom Tode erweckte Jude Jesus hat Marquardt «‹die Schriften öffnen› sehen» lassen.[8] Das heisst: Der vom Tod erweckte Jesus öffnet Vergangenheit, Zukunft und Gegenwart gerade dadurch, dass er als vom Tode erweckter Jude – als Jude in den Schriften der Vergangenheit lebend – vom Tod, der an der Schwelle zur Zukunft steht,[9] zurück in die Gegenwart gekommen ist. Diese Bewegung qualifiziert Jesus als «Zukunftsmenschen»[10] und führt die nichtjüdischen Menschen «zur noachidischen Tora», in der auch diese «das Reich Gottes ‹erben?› – jedenfalls von ferne sehen können.»[11] Deshalb ist der historische Jesus ein eschatologischer, «reiner Zukunftsmensch in allem, was er lehrte, tat und war.»[12]

2.1.2 Annäherung II: Christliche Eschatologie ist hoffnungsvolle Lehre von der Weltveränderung

Die im Vorwort des Eschatologiebandes erwähnte Zukunftszugewandtheit der Eschatologie konkretisiert Marquardt in der Einleitung zum selben Band. Mit Bezug auf Mk 13 fordert er, dass «Eschatologie [...] christliche *Lehre von der Weltrevolution*» sein muss, weil gerade in diesem biblischen Kapitel «geschichtliche, d. h. gesellschaftliche und politische Ereignisse der eschatologisch gesehenen Zeit unlösbar verflochten [sind] mit solchen der Naturgeschichte».[13] Marquardt grenzt sich ausdrücklich von einem, gerade im 20. Jahrhundert verbreiteten, Eschatologieverständnis ab, das sich von «einer äusseren, chronologisch messbaren Zeit» abwendet und sich «hin zur Zeit einer inneren, geistigen, existenziellen Zeitigung in den Entscheidungsakten eines bewusst geführten Lebens» zuwendet.[14] Marquardt geht in dieser seiner Positionierung noch einen Schritt weiter:

> «Der ethische Ermutigungszusammenhang, den Eschatologie in den biblischen Verheissungen zweifellos überall hat, ist verdrängt worden von intellektuellen Problematisierungen der Zukunft überhaupt, und statt zukunftsträchtig zu leben – das ist u. E. der praktische Sinn aller christlichen Eschatologie – lehrt Eschatologie je länger je mehr: die Zeit richtig denken.»[15]

Marquardt sieht diese seine Auffassung von Eschatologie viel stärker in der «biblisch-jüdischen»[16] Tradition abgebildet:

---

7 Marquardt: *So Gott will*, 7.
8 Vgl. E I, 15.
9 Siehe ebd., 14.
10 Ebd., 15.
11 Vgl. ebd. Zu den christologischen Zusammenhängen siehe insbes. Kap. 2.4.
12 Vgl. ebd.
13 Vgl. ebd. 19.
14 Vgl. ebd., 21.
15 Ebd., 22.
16 Ebd., 24.

> «Während sich biblisch-jüdisch die Hoffnung der Menschen auf eine erneuerte Welt richtet, sehnt sich der hellenistische Mensch nach einer Befreiung von der Welt. Biblisch-jüdische Hoffnung ergibt eine Zukunfts- und *Diesseits*-Eschatologie, hellenistische eine Transzendenz- oder Jenseitseschatologie. Jüdisch-biblisch erwarten wir *Befreiung*, hellenistisch: von körperlicher Last, vom peinlichen Erdenrest geläuterte Geistes- und Seelenfreude.»[17]

Daraus folgert Marquardt, dass christliche Hoffnung «nicht der Dialektik und Unfertigkeit der menschlichen Lebensauffassung» entspringen kann, sondern «der Verheissung und *den Verheissungen Gottes*».[18] Vor diesem Hintergrund besitzt «christliche Eschatologie» aber einen ganz besonderen «Fraglichkeitscharakter», denn christliche Eschatologie «wird geschüttelt von der *Fraglichkeit Gottes*: ob in seinem Namen umlaufende Versprechungen irgendwie begründet sein möchten oder nur grundlose Illusion». Will christliche Eschatologie eine Hoffnungslehre sein, muss sie Gott «behaupten» wollen, auf den sie gründet und hofft; sie muss fragen, «ob es also Sinn macht, auf Selbstversprechungen von so etwas wie Gott, und gar von dem biblisch bezeugten Gott zu setzen». Deshalb kann Marquardt sagen, dass Eschatologie in die Gotteslehre münden muss.[19]

Obwohl Marquardt in der Einleitung zum ersten Eschatologieband Auschwitz nicht explizit nennt, darf angenommen werden, dass auch hier, wie im Prolegomenaband erwähnt, die Morde an den Juden «die Zeichen unserer Zeit [sind], die jede Theologie in bisher unbekannter Weise radikal fraglich machen»[20]. Weil sie Theologie fraglich machen, sind sie auch Grund für die Fraglichkeit Gottes selbst, denn ein Gott, der die weitgehende Ausrottung seines erwählten Volkes zulässt, macht sich als Gott fraglich.

2.1.3 Problemanzeige I: Taugt Marquardts Auschwitzinterpretation als theologische Kategorie?

Zweifellos stellt die «Shoah [...] einen tiefen Bruch in der Geschichte und in der Welterfahrung dar, der bis heute anhält und uns angeht».[21] Marquardts Weise, wie er mit diesem Bruch theologisch umgeht, soll hier geprüft werden. Dafür stelle ich ihn in Zusammenhang mit einer jüdischen Position und frage so, ob und inwiefern Auschwitz, in Marquardts Interpretation, als theologische Kategorie im heutigen Diskurs taugt. Vorher erfolgt ein Blick auf vier ausgewählte Positionen – eine theologische, eine kulturhistorische, eine kirchenhistorische

17 E I, 24.
18 Vgl. ebd., 28.
19 Vgl. ebd.
20 Vgl. P, 74.
21 Vgl. Petersen: *Auschwitz*, 19.

und eine philosophische, die Marquardts radikale Auschwitzinterpretation infrage stellen:

Die christliche Theologin Birte Petersen hält zu Recht als Vorbemerkung zu aller Holocausttheologie fest: «Für diejenigen, die die Schoah nicht erleiden mussten, ist es unmöglich, die mit diesem Namen verbundene Erfahrung nachzuvollziehen.» Christliche Theologie, die auf Auschwitz Bezug nimmt, muss sich die doppelte Frage gefallen lassen: Einerseits, mit welchem Recht sie dies tut, und andererseits, ob ihre Worte nicht unangemessen sind.[22] Petersen fragt, ob nicht «Schweigen der bessere Weg wäre», denn «durch das Reden als Christin riskiere ich, die Toten und die Überlebenden zu ‹entstellen und zu verraten› [...] und die Opfer zu vereinnahmen».[23] Genau wie Marquardt sieht Petersen aber, dass «angesichts der Schoah [...] die Glaubwürdigkeit des Christentums auf dem Spiel» steht und deshalb ein «Denken aus der Umkehr» und eine «Praxis der Umkehr» erfolgen müssen.[24] Die Schoa darf aber nicht als Ereignis gesehen werden, dem «*absolute* Singularität zugewiesen werden kann». Vielmehr müssen Vorgeschichte und Nachwirkungen im Auge behalten werden und christliche Theologie muss «nach der allgemeinen Bedeutung der Schoah» fragen.[25]

Dass Marquardt Auschwitz als theologischen Ausgangspunkt für eine hoffnungsvolle Zukunft der Theologie nimmt und deshalb die Eschatologie als «christliche *Lehre von der Weltrevolution*» sehen kann,[26] ist auf den ersten Blick befremdlich. Scheinbar treibt er christliche Theologie, ohne auf die verstummten Schreie der Opfer zu hören, allein aus persönlicher Betroffenheit und mit der Konsequenz, seine jüdischen Gesprächspartner für seine eigenwillige Theologie zu instrumentalisieren.

Dahingehend kann auch die Kritik der Kulturhistorikerin K. Hannah Holtschneider verstanden werden, die Marquardts Verwendung des Begriffs Auschwitz hinterfragt. Marquardt drückt mit seinem Auschwitzverständnis eine ganz bestimmte Aneignung des Holocaust aus. Er verwendet nämlich in seiner gesamten Dogmatik den Begriff Auschwitz im Vergleich mit den Begriffen Holocaust und Schoa mit Abstand am häufigsten. Diese «Einengung der Perspektive» zeigt Marquardts «spezielle Opferperspektive», welche «andere Opferstimmen unhörbar» macht, denn Auschwitz stellt nicht «eine Norm jüdischer Erfahrung» dar.[27]

Auch mit Johan M. Snoeks Forschungsergebnissen kann Marquardts Interpretation von Auschwitz kritisiert werden. Snoek hält nämlich fest, dass es, trotz der Mehrheit, die den Naziverbrechen zugeschaut haben, einerseits viele Christinnen und Christen gegeben hat, die den verfolgten Juden Schutz geboten ha-

22 Vgl. Petersen: *Auschwitz*, 24.
23 Vgl. ebd., 25, mit Verweis auf Elie Wiesel: *Jude heute*, Wien 1987, 216.
24 Vgl. ebd.
25 Vgl. ebd., 27.
26 Vgl. E I, 19.
27 Vgl. Holtschneider: *Holocaust*, 129f. Zu Brockes Kritik siehe Kap. 1.2.3.3.

ben. Andererseits hat auch kirchlicherseits in vielen europäischen Ländern ein breiter Protest stattgefunden.[28] In *The Grey Book* zählt er die kirchlichen Proteste auf, die sich in ganz Europa gegen den Antisemitismus und die nationalsozialistische Judenverfolgung erhoben haben.[29] Darüber hinaus differenziert er und sagt, dass gerade mit Blick auf die historische Realität Generalisierungen fehl am Platz sind. «In the process of creation of anti-Jewish myths, there is a tendency to generalize: ‹*The* Jews have...›. [...] Let us not commit the same offence against logic as the anti-Semites have and let us remember that it is just as fallacious to talk about ‹*the* Churches› as about ‹*the* Jews›.»[30] Auch statistische Gründe sprechen gegen Generalisierungen, denn nur ein geringer Prozentsatz getaufter Christinnen und Christen bekannte sich in den Jahren der Naziherrschaft über Europa mehr als nominell zu einer Kirche. Deshalb hat wohl die grosse Mehrheit der Getauften weder von kirchlichen Protesten gegen die Nationalsozialisten noch von kirchlicher nationalistischer Kollaboration erfahren.[31] Snoek kommt zum Schluss, dass die Haltung der Kirchen hinsichtlich der Unterdrückung der Juden und Jüdinnen durch das Naziregime alles andere als einheitlich war.[32] Marquardt hingegen pauschalisiert das Verhalten der Kirche bzw. der Christenheit zu stark, indem er etwa sagt: «Die Judenmorde unseres Jahrhunderts und ihre von Theologie und Kirche zu verantwortenden Voraussetzungen und Folgen sind die Zeichen unserer Zeit, die jede Theologie in bisher unbekannter Weise radikal fraglich machen.»[33] Es ist doch gerade die Tatsache des nicht unbedeutenden kirchlichen und privaten Widerstandes gegen die Naziverbrechen, die für Theologie und Kirche sprechen – wenn auch in ihrer zahlenmässig minoritären Ausprägung.

Als Fundamentalkritik kann die Anfrage des italienischen Philosophen Giorgio Agamben gelesen werden, der fragt, welchen Sinn und welche Möglichkeiten das Zeugnis Auschwitz hat. Wie können die aus Auschwitz Geretteten für die Untergegangenen sprechen? Agamben kritisiert, dass angesichts von Auschwitz Gott gerne aus der Verantwortung entlassen wird, weil er gegenüber der destruktiven Potenz der Menschen machtlos geworden ist. «Hinter der Machtlosigkeit Gottes taucht die der Menschen auf, die ihr *plus jamais ça!* noch dann rufen, wenn längst klar ist, dass *ça* überall ist.»[34]

Agamben lehnt es ab, den Vernichtungen in den Lagern einen Sinn zuzuschreiben.[35]

---

28 Vgl. Snoek: *Israël*, 4f.
29 Vgl. ders.: *Grey Book*, insbes. 2f.
30 Vgl. ebd., 2.
31 Vgl. ebd., 20.
32 Vgl. ebd., 289.
33 P, 74.
34 Vgl. Agamben: *Auschwitz*, 17f.
35 Vgl. ebd., 24f.

> Gerade der Begriff Holocaust will den sinnlosen Tod in den Lagern «rechtfertigen», indem er die Getöteten als Opfer bezeichnet. Agamben kritisiert den Begriff Holocaust, wie er in heutigem Sprachgebrauch die Naziverbrechen an den Juden bezeichnet. Er wurde, aus der christlichen Theologie kommend und die biblische Opferlehre erhellend, in der Geschichte häufig als antijüdische Polemik verwendet. Heute will er «die Nutzlosigkeit der blutigen Opfer» der Juden verurteilen.[36]

Für Agamben ist der Begriff der Zeugen wichtig. Im Blick auf die Naziverbrechen muss aber gesagt werden, dass «‹die wirklichen› Zeugen» diejenigen sind, «die kein Zeugnis abgelegt haben und kein Zeugnis ablegen können», nämlich die Ermordeten. «Die Überlebenden [...] sprechen an ihrer Stelle, als Bevollmächtigte: sie bezeugen ein Zeugnis, das fehlt.»[37] Wenn nun Marquardt «Auschwitz», wie er es an vielen Stellen nennt, eine theologische Zentralstellung zuschreibt, tut er dies in jedem Falle als Aussenstehender. Jede Auschwitzdeutung muss sich bewusst sein, dass sie sich – mit Agamben gesprochen – auf das Zeugnis derer beruft, die Auschwitz in seiner Abgründigkeit gar nicht nicht bezeugen können. Diese Unmöglichkeit muss bei einer theologischen Auschwitzdeutung mitgedacht werden. Andernfalls läuft sie Gefahr, Auschwitz zu instrumentalisieren.

Diese vier kritischen Vorbemerkungen machen Schwierigkeiten in der Auschwitzinterpretation deutlich. Einerseits kann vor dem Hintergrund dieser Schwierigkeiten Marquardt berechtigterweise der Vorwurf gemacht werden, er reduziere das Phänomen Auschwitz in dessen historischer Komplexität und er deute es so, dass es in sein theologisches Gedankengebäude passt. Andererseits muss ihm zugute gehalten werden, dass er überhaupt eine theologische Deutung versucht. Denn gerade die Komplexität eines historischen Ereignisses und dessen schwierigen Deutungsmöglichkeiten sollten nicht vom Versuch einer theologischen Reflexion abhalten, um so weniger die Tatsache, dass gerade aufgrund der Radikalität, der teuflischen Absicht der Endlösungsstrategie und ihrer bestialischen Umsetzung wirklich kein theologischer Weg an Auschwitz vorbeiführen kann.

Gleichwohl: Marquardts Auschwitzdeutung kann zweifellos mit guten Gründen hinterfragt werden, wie gerade die folgende Position des jüdischen Theologen, Religions-, Kultur- und Gesellschaftswissenschaftlers Marc H. Ellis zeigt. Er ist selber Schüler Richard L. Rubensteins und intensiver Befürworter des Dialogs mit Palästinenserinnen und Palästinensern. Als Förderer einer palästinensischen Befreiungstheologie fordert er ein Ende der Holocausttheologie und formuliert eine jüdische Befreiungstheologie.[38]

Schon im Vorwort seines 1994 erschienenen Buches *Ending Auschwitz. The Future of Jewish and Christian Life* nennt Ellis Auschwitz im selben Kontext wie «1492»: Die mit Kolumbus begonnene Eroberung und damit einhergehende Christianisierung des amerikanischen Kontinents sieht Ellis als Beginn einer

36 Vgl. Agamben: *Auschwitz*, 25f.
37 Vgl. ebd., 30.
38 Vgl. Ellis: *Auschwitz*, 39.

christlichen Unterdrückungsbewegung, die mit der jüdischen Unterdrückung der palästinensischen Bevölkerung auf dem Gebiet des Staates Israel parallel zu sehen ist.[39] Ellis formuliert als Grundthese die Erfahrung, die er als Jude mit diesen beiden Ereignissen gemacht hat,[40] nämlich, dass jüdische Israelis und westliche Verbündete die Erinnerung an den Holocaust politisch missbrauchen, um die Palästinenserinnen und Palästinenser zu unterdrücken.[41] Ellis' soziales Engagement für afroamerikanische Familien bot ihm in seinen Studentenjahren Einblick in die von christlicher Unterdrückung geprägten Geschichten dieser Menschen. Diese Eindrücke bewogen Ellis, sich für eine Befreiungstheologie einzusetzen und gleichzeitig ein radikaler und kritischer jüdischer Denker zu werden. Zentral ist für ihn die doppelte Frage, ob einerseits die Jahrhunderte lang unterdrückten Juden und Jüdinnen jetzt – also in den Sechziger- und Siebzigerjahren – selber zu Unterdrückern und Unterdrückerinnen werden dürfen und ob andererseits die Christinnen und Christen nicht die unterdrückende Dynamik ihrer globalen Missionierungswelle, die 1492 begonnen hat, aufbrechen müssten.[42]

Für Ellis steht Auschwitz – genauer gesagt die jüdische Identität nach Auschwitz – in einen anderen Fokus als für Marquardt: Ellis stellt Auschwitz unter den Begriff der Unterdrückung und parallelisiert es so mit den in der Geschichte der christlichen Missionsbewegung begangenen Unterdrückungen nichtchristlicher Menschen. Diese Kontextualisierung einerseits sei hier als Anfrage an Marquardt gestellt, andererseits auch die von Ellis ausdrücklich geforderte Ablehnung von Auschwitz als Bezugspunkt für jüdische Identität.

> Dagegen argumentiert Richard L. Rubenstein, dass eine jüdische Theologie Auschwitz nicht ignorieren kann, sondern in einer doppelten Weise darauf Bezug nehmen muss: Entweder rechnet sie angesichts von Auschwitz damit, dass der Gott, an den die Juden und Jüdinnen über Jahrhunderte geglaubt haben, nicht existiert. Oder das jüdische Volk verlässt ihn, weil er sie als sein erwähltes Volk in Auschwitz schon verlassen hat.[43]

Ellis fordert, angesichts von Auschwitz eine Theologie der Befreiung zu formulieren, analog der Befreiungstheologie aus Südamerika, die dort angesichts von 1492 formuliert worden ist. Weil Auschwitz nicht über die Zukunft triumphieren darf, gibt es nur eins: «ending Auschwitz». Das bedeutet ein «Nie wieder!», aber nicht nur für die jüdischen Menschen, sondern «for other peoples as well».[44]

---

39 Siehe Ellis: *Auschwitz*, 10.
40 Siehe ebd., xi.
41 Siehe ebd., 2.
42 Siehe ebd., 8f.
43 Nach ebd., 18.
44 Vgl. ebd. 39.

> «‹Ending Auschwitz› would also allow us, or perhaps even compel us, to think the unthinkable – that our future is bound up in an essential solidarity with those whom we have displaced, a solidarity with the Palestinian people.»[45]

Ellis bezieht in die Auschwitzchiffre die Palästinenserinnen und Palästinenser mit ein, stellt Auschwitz also in einen grösseren Zusammenhang als Marquardt, der es als Grund für ein erneuertes jüdisch-christliches Verhältnis sieht. Gemeinsam ist beiden aber, dass Auschwitz auch für das Christentum ein Umdenken fordert. Denn die Brutalität, die in Auschwitz und in der gesamten Christentumsgeschichte begegnet, stellt christliches Agieren in ein suspektes Licht.

> «In light of 1492 and Auschwitz, in light of this continuity, it is still argued that the message of Jesus Christ transcends the bitter history that his followers created. This transcendence is challenged by Rabbi Irving Greenberg's statement in 1974 concerning the Holocaust: ‹After the Holocaust, no statement, theological or otherwise, should be made that would not be credible in the presence of the burning children.›»[46]

«Ending Auschwitz» im Sinne Ellis' bedeutet also nicht, die Tragweite von Auschwitz herunterzuspielen. Vielmehr geht es ihm darum, auf Auschwitz in einem anderen hermeneutischen Sinn zuzugreifen. Auschwitz soll in eine befreiungstheologische Grundhaltung führen. Mehr noch: Im Blick auf 1492 und Auschwitz soll eine real existierende Doppelbödigkeit christlicher Existenz entlarvt werden, die Doppelbödigkeit nämlich, die darin besteht, dass christliche Predigt und Liturgie von Liebe und Gerechtigkeit handeln, christliches Leben aber häufig Gegenteiliges zeitigt.[47]

> «The victims of 1492 and Auschwitz experienced the true face and character of Christian faith and culture in Columbus and I. G. Farben. In history, the cry of Christianity is less ‹love one another› than ‹onward Christian soldiers›.»[48]

Angesichts von 1492 und von Auschwitz muss sich das Christentum fragen, ob es nicht seine Theologie überdenken muss.[49] Dabei ist die fundamentale Frage: Hat der historische Jesus – nicht der kanonische! – ein triumphalistisches Christentum gefördert?[50] Andererseits richtet sich Ellis auch kritisch gegen die Ansicht, Juden dürften sich über andere erheben, weil ihnen im Holocaust Schlimmes angetan wurde:

> «[...] it is true that we as Jews must now jettison our sense of Jewish innocence and redemption trought Israel, dominant European and North American Christians must

45 Ellis: *Auschwitz*, 41.
46 Ebd., 72.
47 Vgl. ebd., 73.
48 Ebd.
49 Vgl. ebd.
50 Vgl. ebd. 86.

> also leave behind their sense of innocence as well as their belief that to affirm Jesus Christ as the savior of all is somehow redemptive for the world.»[51]

Ellis' und Marquardts Theologien sind darin ähnlich, dass sie Auschwitz hohe Wichtigkeit zuschreiben. Während Marquardt daraus aber ein neues jüdisch-christliches Verhältnis fordert, argumentiert Ellis durchgängig christentums- und judentumskritisch und fordert ganz fundamental ein neues Denken in diesen Religionen. Indem Ellis Auschwitz mit der Eroberung Amerikas parallelisiert, zeigt er, dass er keinen israelspezifischen Fokus hat, sondern das Christentum in seiner triumphalistischen Weltanschauung und das Judentum in seiner in Auschwitz begründeten politischen Unterdrückungsstrategie problematisiert.

Ellis stellt die These auf, dass der Holocaust die Grenzen, die das Christentum nach der Konstantinischen Wende gegenüber anderen Religionen – auch gegenüber dem Judentum – aufgerichtet hat, auflöst, und darin das traditionelle Juden- und Christentum fundamental herausfordert, weil der Holocaust «*the end result of that empire and division*» ist. Ausserdem gebiert der Holocaust im Judentum Fragen wie: Kann jüdischerseits heute noch so von einem Gott der Geschichte gesprochen werden wie damals – heute, da von jüdischer Seite Unterdrückung ausgeht? Wie können Juden und Jüdinnen Grenzen errichten, namentlich, um den Staat Israel zu schützen und zu festigen? Ellis fordert von Judentum und Christentum, nicht in die Vergangenheit zu schauen, um sich zu legitimieren – eine Vergangenheit, die sie sich notabene selbst gemacht haben.[52] Ellis schlägt deshalb vor:

> «Perhaps we can say after Auschwitz that the barriers are false and that the focus on preserving Judaism, or Christianity for that matter, itself masks emptiness and dissolution. Perhaps the opposite is the case: to cross barriers without an agenda is itself a way of preserving and expanding that which is precious and good.»[53]

Diesen ethischen Blick hat Marquardt nicht, weil er Israel als einen theologischen Topos sieht. Deshalb darf Marquardt auch nicht zu rasch der Vorwurf gemacht werden, er habe die Ethik zu wenig genau im Blick.

> Laut Barbara Meyer fehlt aber in Marquardts Dogmatik dennoch «eine eigenständige Ethik»; Ethik und Dogmatik sind «ineinander verwoben».[54] Coen Constandse weist zu Recht darauf hin, dass Marquardt im Prolegomenaband Eschatologie und Metaethik verknüpft.[55] Wenn nämlich, so Marquardt, «evangelische Theologie» «auf jüdische Weise Eschatologie» sein will, muss sie «ihre Ressentiments gegen die Dimension der Werke» loslassen und deshalb «nicht: Ethik, sondern Meta-Ethik neu denken», weil «[j]üdisch gedacht [...] Gotteserkenntnis unter Tatvorbehalt» steht.[56] Constandse

51 Ellis: *Auschwitz*, 87.
52 Vgl. ebd., 125f.
53 Ebd., 126f.
54 Vgl. Meyer: *Christologie*, 190.
55 Vgl. Constandse: *Gebod*, 278.
56 Vgl. P, 241f.

stellt sich aber gegen Meyer, die bemerkt, in der Dogmatik Marquardts fehlten konkrete ethische Handlungsanweisungen. Constandse kommt anhand Marquardts theologischer Interpretation der Landnahme zur Feststellung, Marquardt zeige darin die «Anerkennung des Rechts von selbstständigen ethischen und politischen Erwägungen» auf.[57]

Gleichwohl muss Marquardt sich die durch die eingangs skizzierten kritischen Hinweisen und Ellis' Theologie die Frage gefallen lassen, ob nicht sein Blick zu fokussiert und zu pauschalisierend auf ein letztlich deutsches Problem gerichtet ist: Auschwitz als Chiffre für ein Desaster, das in erster Linie von Deutschen und erst in zweiter Linie von Christen und Christinnen – und keinesfalls von allen! – angerichtet wurde und deshalb weder von der gesamten Christenheit zu verantworten ist noch als Diagnose für Theologie und Kirche im Gesamten angewendet werden darf.

Weiter fordert Ellis nach Auschwitz konkret einen jüdischen und christlichen Verzicht auf Vorherrschaft. Er fordert «a new Discipline, a new crossing of boundaries that joins fidelity to the dead and seeks to build a world that protects and encourages life». Judentum und Christentum sollen auf einem gemeinsamen Weg gehen und dabei auch Heiden und Atheistinnen einschliessen – zumal in jeder, auch in jüdischer und christlicher Religiosität heidnische und atheistische Elemente eingeschlossen sind.[58] Diese seine Forderungen stellt Ellis auch in eine Hoffnungsperspektive: «But what could one hope for after Auschwitz and 1492, except to end those events, thus holding out the promise of a new and unpredictable beginning.»[59] Und, im Blick auf die Definition, was jüdische Befreiungstheologie ist: «Eine jüdische Befreiungstheologie versucht, sich bei der Wiederentdeckung der Prophetie anderen anzuschliessen in der Hoffnung, dass wir das werden können, wozu wir zu sein berufen sind.»[60]

Auschwitz lässt beide, Marquardt und Ellis, hoffen. Marquardts dezidiert theologische Deutung des Auschwitzgeschehens, die ihren Grund in seinem persönlichen Erleben als Deutscher angesichts des Holocaust und des neu gegründeten Staates Israel 1948 hat, kann durch Ellis' latent religionskritischen und ausdrücklich universalisierenden Zugang herausgefordert werden. Marquardt sieht Auschwitz als Anfrage an antijüdische Tendenzen im Christentum, für Ellis hingegen ist Auschwitz Ausgangspunkt für eine befreiungstheologisch motivierte Bewegung im Christentum und Judentum, die auch auf nichtchristliche und nichtjüdische Denkwelten ausstrahlt. Ellis berücksichtigt auch jüdisches

---

57 Vgl. Constandse: *Gebod*, 352.

58 Vgl. Ellis: *Auschwitz*, 129f.

59 Vgl. ebd., 141.

60 Vgl. ders.: *Hoffnung*, 135. Unter Prophetie versteht der Autor hier die alttestamentliche, von Freiheit redende Prophetie, die heute wiederentdeckt werden müsse, damit auf Befreiung gehofft werden könne. Mit dem Terminus ‹anderen anschliessen› drückt er, soweit ich sehe, seine Forderung aus, andere Religionen, Atheismen und heidnische Anschauungen miteinzuschliessen.

Versagen wie illegalen Siedlungsbau, jüdischen Terror, Unterdrückung und Ausgrenzung, das in der Theologie Marquardts nur ungenügend mitbedacht wird. Deshalb fordert Ellis zu Recht, den theologischen Blick nicht nur darauf zu werfen, wer die Juden und Jüdinnen waren, sondern auch darauf, wer sie heute geworden sind.[61] Ein neues jüdisch-christliches Verhältnis, wie es Marquardt unermüdlich und ebenfalls zu Recht fordert, kann aber nur durch eine Neuausrichtung aller beteiligten Parteien, auch der christlichen und muslimischen Palästinenserinnen und Palästinenser, erreicht werden. Würden nur die Christinnen und Christen ihre Sicht ändern wollen, könnte dies als Anbiederung oder Vergangenheitsbewältigung (miss-)verstanden werden.

Ganz nah bei Marquardt ist Ellis in der Frage, welche Konsequenzen der Holocaust für christliche Theologie haben muss: Einerseits fordert Ellis von Christen und Christinnen gegenüber Jüdinnen und Juden – und auch dem Juden Jesus von Nazareth – die Bitte um Verzeihung. Andererseits erwartet Ellis von christlicher Theologie eine von Auschwitz ausgehende selbstkritische Haltung.[62]

> «Die Anerkennung der Realität der Todeslager und der christlichen Komplizenschaft beinhaltet die Frage nach der Echtheit von christlichem Glauben und Handeln. Nur durch Erkennen und Zugeben, wie ihr Verhalten der wahren Christlichkeit entgegenarbeitete, können Christen ihren Glauben retten und neu aufbauen.»[63]

Währenddem Ellis aber eine Enttheologisierung und Entmystifizierung des jüdischen Staates fordert,[64] sieht Marquardt gerade in einer theologischen Sicht auf Phänomene wie den Staat, das Volk und Jerusalem eine wichtige Konsequenz von Auschwitz.[65]

Ellis geht auch in der Palästinenserfrage weiter als Marquardt, der diese nur vage berührt.[66] Ellis sieht in der politischen Lösung der Frage des realen Zusammenlebens des palästinensischen und jüdischen Volkes das wohl grösste Problem:[67]

> «Denn unter der Annahme, dass in den Gesichtern der Palästinenser die Zukunft dessen liegt, was es bedeutet, Jude zu sein, so ist im Zentrum des Kampfes, als Jude heute treu zu sein, das Leiden und die Befreiung des palästinensischen Volkes.»[68]

Die eingangs gestellte Frage, ob und inwiefern Marquardts Auschwitzinterpretation als theologische Kategorie tauglich ist, beantworte ich vor dem Hintergrund eben skizzierter Kritiken und begangener Denkwege positiv. Auschwitz

---

61 Vgl. Ellis: *Hoffnung*, 144.
62 Vgl. ebd., 28f.
63 Ebd. 29.
64 Siehe unter anderen ebd., 147f. Folgerichtig fordert Ellis, den Holocaust nicht mehr auf «Probleme des modernen jüdischen Lebens anzuwenden». (Vgl. ebd., 149)
65 Siehe unter anderen E II, 273f.
66 Siehe ebd., 282–285.
67 Vgl. ebd., 142.
68 Ebd., 142.

bzw. die Naziverbrechen an den Juden und Jüdinnen können, ja müssen als historisch komplexe Wirklichkeit und als traurige Bündelung von historisch nicht einmaligen und wiederholbaren anthropologischen, politischen und theologischen Abgründen gesehen werden.

Keinesfalls soll hier das Missverständnis entstehen, der Holocaust sei in seiner historisch traurigen und antimenschlich perversen Einmaligkeit abzuschwächen oder gar der Tod der Opfer in irgend einer Weise zu rechtfertigen oder mit Sinn zu bedenken. Gegenwärtige politische Debatten zeigen aber, dass sich Geschichte durchaus wiederholen kann. Antisemitismus, völkisches und nationalistisches Überlegenheitsdenken, Überwachung, gezielte Falschinformation, politisches Schuldzuweisen und Argumentieren aus einer Opferrolle und Ähnliches sind bedrückenderweise auch in Europa wieder auf dem Vormarsch. So z. B. der Historiker Timothy Snyder aus Yale in seinem umstrittenen Buch *Black Earth*. Snyder behauptet, der Holocaust sei politisch kein einzigartiges und unvergleichliches Geschehen, sondern in Genese und Ausmass wiederholbar.[69] Inwiefern der Holocaust theologisch als bislang unvergleichlich einzustufen ist, ist eine andere Frage. Jan-Heiner Tück etwa argumentiert zu Recht, die Unvergleichlichkeit des Holocaust bestehe in der gezielten Absicht, «mit dem Judentum den Träger einer unvergleichlichen Berufung» auszulöschen.[70]

Vor diesem Hintergrund kann kritisiert werden: Marquardt reduziert Auschwitz in seiner historischen Komplexität und sieht es gleichzeitig zu eng auf das konkrete historische Geschehen fokussiert, das sich im Nationalsozialismus zugetragen hat. Deshalb formuliert er eine Theologie, die eigentlich nur vor dem Hintergrund der deutschen Geschichte nachvollziehbar ist. Christinnen und Christen, die von deutscher Vergangenheit nicht betroffen sind, können möglicherweise Auschwitz nicht im Sinne Marquardts auch als theologische Kategorie denken.[71]

2.1.4 Problemanzeige II: Das Judentum, Israel, jüdisch und die Juden als theologische Kategorien?

Für Marquardts Theologie sind Begriffe[72] wie das Judentum, jüdisch, Israel, die Juden zentral. Er will aber keine «theologische Israel-Lehre» entwickeln, son-

69 Siehe Snyder: *Earth*, insbes. 346–366.

70 Vgl. Tück: *Augapfel*, 51.

71 Diese These müsste näher geprüft werden. Es stellt sich nämlich die Frage, inwiefern singuläre Tatsachen Gegenstand theologischer Reflexion sein können, denn gerade etwa die Kreuzigung Jesu ist in theologischer Hinsicht mehr als ein partikularer Fall römischer Strafvollstreckung.

72 Zugunsten einer Vereinfachung ist hier von «Begriffen» die Rede, obwohl die Frage gestellt werden müsste, inwiefern das Judentum, jüdisch und Israel überhaupt theologische Begriffe sind, die in sich klar sind und deshalb deutlich voneinander abgegrenzt werden können. (Vgl. etwa Jürgen Stolzenberg, Art. «*Begriff*», RGG^4, Bd. 1.)

dern «das Gottesproblem, das zwischen Christen und Juden bestehen mag, als Problem ihrer konkreten geschichtlichen, ständig wechselnden und sie beide ständig gefährdenden Beziehung» sehen.[73] Wie geht aber Marquardt in seiner Eschatologie mit den Begriffen wie das Judentum, Israel, jüdisch, die Juden um? Ist das Vorgehen Marquardts überhaupt statthaft, diese Begriffe so häufig mit bestimmtem Artikel zu verwenden? Ist dieser Umgang nicht eine Idealisierung oder Stilisierung, die Marquardt braucht, um, vielleicht gerade auch aus biographischen Gründen, ein Gegenbild zum Christlichen aufzubauen? Marquardt wird ja wohl angesichts der Uneinheitlichkeit dieser Begriffe nicht verkannt haben, dass sie in keiner Weise als monolithische Grössen gesehen werden können.

Wenn Marquardt schon so grosses Gewicht auf die theologische Bedeutung des nachbiblischen Judentums legt, könnte gerade mit dem Argument wissenschaftlicher Redlichkeit und methodischer Klarheit eine adäquate Definition dessen gefordert werden, was das Judentum, jüdisch, Israel und die Juden sind. Denn wenn Marquardt etwa postuliert, dass kein Weg an Israel vorbeiführt und die nichtjüdischen Völker eine Lebensgemeinschaft mit dem jüdischen Volk eingehen müssen, so sollte klar werden, wer dieses Israel bzw. dieses jüdische Volk ist: Sind es die Menschen, die sich selber als jüdisch bezeichnen? Sind es die, die so bezeichnet werden? Sind es die, die durch Abstammung, durch Kultur, Religion oder Geschichte miteinander verbunden sind? Beim religiösen Aspekt bleibend: Wie ist mit Konvertiten und Konvertitinnen umzugehen? Wie mit Menschen, die sich zu einer pluralistischen und fluiden Religionsausübung bekennen? Wie mit solchen, die sich nicht mehr als jüdisch bezeichnen?

> Im 1983 geschriebenen Vorwort zu seiner 16 Jahre vorher verfassten Studie *Von der Gegenwart des Auferstandenen bei seinem Volk Israel* erwähnt Marquardt, dass «‹Israeltheologie› […] zu nichts anderem als der Begründung und Entfaltung eines christlichen *Verhältnisses* zum Judentum, nicht mehr zu einer normativen Lehre von dem, was das Judentum ‹von Gott her gesehen› sei und solle» dienlich sei.[74] Gerade auch der Begriff Volk müsste aber auf seine Verwendbarkeit als wissenschaftlicher Begriff und seine hermeneutische Valenz hin befragt werden. Beides unterlässt Marquardt. Er schreibt hingegen, dass er unter «Volk» ein «‹eschatologisches› Phänomen» verstehe. Das heisst, etwas, das «denkend» nicht «feststellbar» ist, sondern sich «je und je» zeitigt. Da Jesus Christus an diesem Volk hängt, muss es ekklesiologisch interpretiert werden.[75] Gleichwohl meint Marquardt mit diesem «Volk» nicht eine mystische Grösse, sondern «das real-empirische Judentum».[76] In diesem Punkt geht er über Karl Barth hinaus. Für Marquardt sind Israel und Judentum nicht nur «‹abstrakte Erinnerung›», sondern ein konkreter Erweis Gottes. «*Wie Jesus Christus die kategorial-objektive Bestimmung Israels und des Judentums ist, ebenso sind […] Israel und das*

73 Vgl. Marquardt: *Abirren*, 157.
74 Vgl. ders.: *Gegenwart*, 10.
75 Vgl. ebd., 86.
76 Vgl. ebd., 102.

Judentum die kategorial-objektive Bestimmung Jesu Christi.»[77] Am Volk Israel realisiert *«Gott die Gegenständlichkeit der Gegenwart des Auferstandenen».*[78]

Marquardt lehnt es ab, Israel, das Judentum oder jüdisch zu definieren, weil Definieren Macht Ausüben bedeutet:

> «Nirgendwo habe ich mir eine Israel-Theologie oder eine ‹christliche Theologie des Judentums› (Clemens Thoma) zur Aufgabe gestellt, keinen ‹Traktat über die Juden› geschrieben wie mein verehrter Kollege Franz Mussner das getan hat; es gibt auch auf den vielen hundert Seiten, auf die meine Dogmatik inzwischen angeschwollen ist, keinen ‹locus de Judaeis› – ich habe das Judentum nicht definiert (so wenig ich einst den Sozialismus definiert habe, als ich damit noch beschäftigt war). [...] Ich habe dies alles mit Absicht nicht getan, weil ich mich der schlimmsten Form der Gewalt entsagen wollte: der Definitionsgewalt, durch die einer definiert, was der andere in Wirklichkeit oder gar, noch schlimmer, in Wahrheit sei, gar: sein solle oder sein werde. Dass wir Christen hemmungslos solche Definitionsgewalt über andere – Heiden und Juden, Gottlose und Andersglaubende – in Anspruch genommen und ausgeübt haben, das halte ich für unseren tiefsten Beitrag zu den Todes- und Mordsystemen des Abendlandes. [...] Überspitzt gesagt: Wer einen anderen definiert, ist potentiell bereits sein Totschläger. Darum bin ich gegen jede Israel-Theologie oder etwas Ähnliches. Ich sehe meine Aufgabe darin, christliche Theologie im Horizont des jüdischen Volkes zu treiben, nicht einmal des ‹Judentums›, sondern der Menschen dieses Volkes. [...] So verstehe ich also meine Aufgabe nicht darin, die Juden theologisch besser zu verstehen und zu deuten als bisher, sondern nur darin, nie zu vergessen, dass Gott uns Christen unverdienter Weise noch einmal neben Juden leben lässt und uns die Chance gibt, das nicht noch einmal zu vergessen. Dabei verstehe ich auch die Juden weder als Adressaten noch als Richter meiner Theologie. Ich möchte diese treiben im Lebensverhältnis zum jüdischen Volk, nicht im Todesverhältnis. Und Lebensverhältnis heisst: Ich möchte von Juden ihre Treue und ihre Wahrheit lernen. Ich möchte damit überhaupt eine lernende und fragende Theologie, nicht mehr eine dozierende; wie ich, mit Albrecht Schönherr, eine Kirche als ‹Lerngemeinschaft› ersehne.»[79]

Obwohl es Marquardt ablehnt, einen Israelbegriff zu definieren,[80] ist zu fragen, ob er nicht doch implizit einen mehr oder weniger spezifischen Israelbegriff hat, wenn er schreibt:

> «Allerdings verhehle ich nicht, dass ich persönlich dies Wiederaufleben Israels [gemeint ist die Staatengründung 1948, AZ] in Umrissen seiner biblischen Form vor den Augen der Völker in tiefster Dankbarkeit gegen Gott und als ein unverdientes Geschenk an meine Generation erlebe, die die erste seit den Zeiten des Neuen Testamentes ist, der das Wort ‹Israel› nicht mehr Chiffre und Symbol zu sein braucht für alles Mögliche, sondern historische Gegenständlichkeit wie nur Gegenständliches sonst.»[81]

---

77 Vgl. Marquardt: *Gegenwart*, 104f.

78 Vgl. ebd., 116.

79 Ders.: *So Gott will*, 5f.

80 Siehe auch Kap. II *«Das Reich für Israel». Zum Israel-Begriff* in: Ders.: *Schul-Weg*, 129–201.

81 Ders.: *Abirren*, 169.

Marquardt grenzt sich hier eindeutig davon ab, Israel etwa symbolisch zu versehen. Braucht Marquardt als Grundlage für sein theologisches Denken einen gegenständlichen Israelbegriff, der sich anhand konkreter, aus der Geschichte erkennbarer Phänomene wie der Gründung des Staates Israel 1948 konturieren lässt? Wie aber wäre ein solch gegenständlicher Israelbegriff mit dem zu vereinbaren, wie jüdisches Denken selber Israel, das Judentum oder jüdisch fasst?

Zunächst fällt auf, dass Marquardt in den ersten Dogmatikbänden eine vergleichsweise überschaubare Anzahl vorwiegend religiöser jüdischer Denker zitiert – mit Abstand am häufigsten den Religionsphilosophen Martin Buber nebst etwa auch dem Reformrabbiner und Philosophen Emil Fackenheim, den Essayisten Jean Améry, den konservativen Rabbiner Abraham Joshua Heschel und den Reformrabbiner Richard L. Rubenstein. Vereinzelt verweist Marquardt auch auf Theodor W. Adorno, Leo Baeck, Schalom Ben-Chorin, Walter Benjamin, Ernst Bloch, Hermann Cohen, David Flusser, Robert Raphael Geis, Pinchas Lapide und Gershon Scholem. Erst im Utopieband weitet sich sein Blick; er lässt nun auch den Naturwissenschaftler und Religionsphilosophen Jeschajahu Leibowitz und den Religionsphilosophen Emmanuel Lévinas ausführlich zu Wort kommen.[82] Vor diesem Hintergrund kann man zur Feststellung kommen, dass sich für Marquardt erst in den späten Dogmatikbänden das Judentum als ein Universum darstellt, das in seiner ganzen Verschiedenheit und auch Disparatheit zu akzeptieren ist und deshalb auch, wenn überhaupt, nur in dieser Charakteristik als theologische Kategorie herangezogen werden darf. Zugegeben: Diese These steht auf einem schmalen Fundament, auch weil Marquardt sich nie konkret zu diesen Fragen äussert. Gleichwohl zeigt das Design seiner Gesamtdogmatik, dass er sich auch in dieser Frage in einer Suchbewegung befindet.

Fraglich ist aber von allem Anfang an, ob und inwiefern das Judentum, jüdisch, die Juden und Israel überhaupt als theologische Kategorien betrachtet werden können. Marquardt geht selbstverständlich davon aus, dass der heute existierende politische Staat Israel theologische Bedeutung hat, genauso wie das heute existierende jüdische Volk. Im Zuge seiner Forderung, Eschatologie biblisch zu verstehen und sie deshalb weder zu verinnerlichen noch zu individualisieren, sondern als Lehre dafür zu sehen, wie zukunftsträchtig gelebt und die Welt konkret verändert werden kann, nimmt Marquardt das konkret existierende Israel und Judentum in den Blick.[83]

Wie beschreiben aber jüdische Denker selbst das Judentum und wie sind diese Beschreibungen mit Marquardts gegenständlicher Auffassung vereinbar? Martin Buber z. B. charakterisiert das Judentum so: «Das Judentum ist nicht einfach und eindeutig, sondern vom Gegensatz erfüllt. Es ist ein *polares* Phänomen.»[84] Schalom Ben-Chorin bezeichnet das Judentum als «pluralistische Ge-

82 Diesen Hinweis verdanke ich Rinse Reeling Brouwer.

83 Siehe E I, 22f.

84 Buber: *Reden*, 20.

sellschaft», obwohl jüdisch-orthodoxe Strömungen nicht gesetzestreuen religiösen Überzeugungen die Legitimität, jüdisch zu sein, absprechen. Seit biblischen Zeiten bis heute ist das Judentum als vielschichtiges Phänomen historisch nachweisbar.[85]

> Konkret nennt Ben-Chorin für die biblische Zeit Propheten und Priester, dann Sadduzäer, Pharisäer und die Qumran-Gemeinschaft der Essäer. Gerade die Pharisäer lassen sich in weitere Untergruppen aufteilen. Besonders in der Zeit nach dem Zweiten Tempel und im europäischen Mittelalter divergieren die jüdischen Strömungen zusehends, obwohl die einzelnen Schulen nicht scharf voneinander getrennt werden dürfen und in weitere Unter- und Nebengruppen differenziert werden müssen: Die karäische Bewegung, die die Tradition zugunsten des reinen Bibeltextes ablehnt, der Rationalismus, der Mystizismus, der Pseudomessianismus, der Chassidismus mit seiner Verinnerlichungstendenz, dann das Reformjudentum bzw. das liberale oder progressive Judentum, die Neo-Orthodoxie, das konservative Judentum und der Zionismus.[86] Es ist davon auszugehen, dass die bestimmten Artikel auch hier fehl am Platz sind, da die einzelnen Strömungen alles andere als in sich einheitlich sind. Besser wäre deshalb, sie im Plural oder als -ismen zu bezeichnen.

Laut dem Judaisten Nicholas de Lange ist es gerade nicht die gemeinsame Religion, die die Jüdinnen und Juden miteinander verbindet. «In fact the Jewish religion divides the Jewish people today, perhaps almost as much as it divides Jews from non-Jews. [...] They practise the Jewish religion because they are Jews, not the other way around.»[87] Für die meisten jüdischen Menschen, so de Lange, ist ihr Jüdischsein darin begründet, dass sie als Jude bzw. als Jüdin geboren worden sind.[88] So sieht es auch der jüdische systematische Theologe Kaufmann Kohler: «Die Geburt, nicht der Glaube, legt ihm die Verpflichtung auf, für die ewigen Wahrheiten, zu deren Träger Israel erkoren ist, zu wirken und zu kämpfen.»[89] Ausserdem ist es ein ausgeprägter Sinn für Geschichtlichkeit, der die jüdischen Menschen miteinander verbindet, «a strong sense of a common origin, a shared past and a shared destiny.»[90] Kohler betont die historische Wandelbarkeit der Religion des Judentums, «die ihren Werdeprozess nicht vollendet zu haben vorgibt, sondern mit jeder Geschichtswende erneuert.»[91]

Nicht nur das Judentum als historische, soziologische oder religionsgeschichtliche Grösse, sondern auch jüdische Theologie als wissenschaftsgeschichtlicher Begriff ist ein vielschichtiges, uneinheitliches und umstrittenes Phänomen. Kohler vergleicht christliche und jüdische Theologie und kommt zu einem dreifachen Schluss: Jüdische Theologie kennt im Gegensatz zu christlicher keine von einer institutionellen Instanz vorgegebenen unwandelbaren und

---

85 Vgl. Ben-Chorin: *Brüder*, 195.
86 Vgl. ebd., 195–200.
87 De Lange: *Judaism*, 1.
88 Vgl. ebd.
89 Kohler: *Grundriss*, 390.
90 Vgl. de Lange: *Judaism*, 26.
91 Vgl. Kohler: *Grundriss*, 389.

überzeitlichen Glaubenssätze. Vielmehr sind die Glaubenssätze jüdischer Theologie zeitgebunden und müssen jederzeit mit gesundem Menschenverstand vereinbar sein. Darüber hinaus kennt das Judentum keine Bekenntnisformel, die die Gläubigen eint. Und: Im Judentum gibt es keine Dogmen, deren Befolgung bzw. Bejahung einen Menschen zu einem gläubigen Juden bzw. einer gläubigen Jüdin machen. Jüdisch ist auch jemand, der oder die areligiös ist.[92]

> «Das Judentum hat nicht das Heil der *Seele*, sondern das der *Menschheit* als Ziel; [...]. Die jüdische Theologie will nicht *die* vollkommene oder absolute Wahrheit *bieten*, wie das die christliche Theologie [...] von sich behauptet, sondern *zur* höchsten vollkommenen Wahrheit als Endziel der Weltgeschichte hinführen.»[93]

Schalom Ben-Chorin meint pointiert: «Das Judentum hat Dogmen, aber keine Dogmatik», denn «das Judentum [hat] Dogmen entwickelt, wenn auch sehr wenige». Er nennt: «*Es gibt nur einen Gott und dieser ist ewig und allgegenwärtig. Er ist der Schöpfer der Welt und des Menschen und der Herr der Geschichte.*» Dieser Gott schliesst Bünde mit den Menschen, welche auf den «Neuen Bund» der Endzeit hinweisen. «*Gott erweist sich als der Führergott Israels (und der anderen Völker), so dass seine Rettertat beim Auszug aus Aegypten konstituierenden Charakter erlangt.* [Hervorhebungen im Original in petit.]» Das «Reich Gottes» ist das «Ziel der Geschichte». Im Gegensatz zum Christentum, dessen Hang zu Dogmatisierung und Systematisierung im griechischen Denken begründet ist, kennt die «Basis» des Judentums, das Alte Testament, «weder Dogmatik noch Systematik». Vielmehr sind «die Elemente der hebräischen Bibel»:[94]

> «[...] Erzählung, Gesetz (wobei dieses ebenfalls nicht systematisch gefasst ist, sondern kasuistisch, von der jeweiligen Gegebenheit ausgehend. Nur in ganz wenigen Ausnahmefällen, in den Hauptpartien des Dekalogs und des Dodekalogs, ist aus Gründen der Kurzform eine scheinbare Systematik zu verzeichnen), Hymnus, Weisheitssprüche, prophetische Rede und Ansätze zur (späteren) Apokalyptik [...]. Hinzu kommen die rein kultischen Texte des Priesterkodex.»[95]

Hebräisches Denken schliesst laut Ben-Chorin vom Konkreten aufs Allgemeine, griechisches und deshalb auch lateinisches und christliches vom Allgemeinen aufs Konkrete.[96] Weder Martin Buber noch Franz Rosenzweig strebten eine systematische Theologie des Judentums an.[97] In der Einführung zu Rosenzweigs *Stern der Erlösung* schreibt Reinhold Mayer unter dem Stichwort des «neuen Denkens» Rosenzweigs, dass sich dieser für ein «flexibles» und vom Subjekt ausgehendes philosophisches System entscheidet. Nicht mehr das System als «die objektive Form» ist wichtig, sondern das «Sein»: «So bildete gerade die

---

92 Vgl. Kohler: *Grundriss*, 389f.
93 Ebd., 390.
94 Vgl. Ben-Chorin: *Glaube*, 16–18.
95 Ebd. 18f.
96 Siehe ebd. 21.
97 Siehe ders.: *Narrative Theologie*, 170.

Subjektivität den objektiven Rahmen des Systems». «Dieses System war die Einheit des Denkens eines Denkers; es blieb offen und dynamisch: neue Erfahrungen konnten hinzukommen und es immer wieder verwandeln.» Das dialogische neue Denken ist ein Denken, das «aus dem Leben» kommt.[98] Dazu Leo Baeck:

> «Schon der Gedanke des *Geheimnisses*, in der Bedeutung, welche es hier hat, war dem [christlichen Denken, AZ] entgegen. Während es in der Kirche etwas Reales ist, etwas im Sakrament Greifbares wird, ist es im Judentum ein Ideelles. Es bezeichnet hier das Unerforschliche, das, was Gottes und nicht des Menschen ist, das, was nur geahnt werden kann. Vor dem Wesen Gottes bereitet sich das Dunkel der Ferne, durch das kein Sterblicher hindurchschaut, und nur die Andacht mit ihrem Sinnen und ihrem Schweigen kann ihm nahen. In die Welt des Menschen treten hier die *Gebote*; das Gute tun, das ist auch aller Weisheit Anfang. Die Menschenpflicht steht vor dem Wissen von Gott, und dieses selbst hat weniger den Sinn des Besitzens als den des Suchens und Forschens.»[99]

Laut Schalom Ben-Chorin gehört Dialogizität «zum tiefsten Wesen des Judentums, von seinen biblischen Anfängen bis in unsere Zeit», denn der «Archetypus jüdischer Weisheit» stellt nicht ein lehrhafter und unangefochtener Prediger, sondern ein «Erzähler» dar, der narrativ auf Fragen antwortet.[100] «Nicht systematisches, sondern assoziatives Denken zeichnet die klassischen Schriftwerke des Judentums aus.»[101]

Martin Bubers Feststellung, «dass unter Judentum nicht eine Abstraktion verstanden sein kann», sondern ein «Phänomen der religiösen Wirklichkeit», führt in dieselbe Richtung. Buber betont, dass er Judentum nicht in Sphären religiöser Innerlichkeit, sittlicher oder metaphysischer Ideen oder psychosozialer Projektion verortet, sondern in einem Verhältnis mit Gott selbst: «Die religiöse Wirklichkeit heisst so, weil sie das ungeschmälerte Verhältnis zu Gott selber ist. Der Mensch hat Gott selber nicht, aber er begegnet ihm selber.»[102]

> «Im Grunde kommt es ja überhaupt nicht auf das ‹Erleben›, also auf die abgelöste Subjektivität, sondern auf das Leben an; nicht auf das religiöse Erleben, das eine Abteilung der Psychik betrifft, sondern auf das religiöse Leben, das heisst auf das *vollständige* Leben des Menschen, des Volkes, im wirklichen Umgang mit Gott und der Welt.»[103]

Buber nennt «die Urwirklichkeit des Judentums» seine Beobachtung, dass es «der Jude» wagt, «weltverhaftet, welteingebannt zu Gott in der Unmittelbarkeit des Ich und Du zu stehen – eben als Jude.»[104]

---

98 Vgl. Mayer: *Einführung*, XXI–XXIII.

99 Baeck: *Wesen*, 6.

100 Vgl. Ben-Chorin: *Jüdische Theologie*, 23.

101 Ders.: *Glaube*, 20.

102 Vgl. Buber: *Reden*, Xf.

103 Ebd., XV.

104 Vgl. ebd., XVIII.

Das drücken die narrativen Schlusszeilen der Rede *Das Judentum und die Juden* aus, in welcher Buber vom Judentum sagt, dass es sich nicht in Bekenntnissätzen äussernd charakterisiert, sondern im Leben und im Bezug des wirklichen Lebens zu Gott einen starken Ankerpunkt habend:

> «Als ich ein Kind war, las ich eine alte jüdische Sage, die ich nicht verstehen konnte. Sie erzählte nichts anderes als dies: ‹Vor den Toren Roms sitzt ein aussätziger Bettler und wartet. Es ist der Messias.› Damals kam ich zu einem alten Manne und fragte ihn: ‹Worauf wartet er?› Und der alte Mann antwortete mir etwas, was ich damals nicht verstand und erst viel später verstehen gelernt habe; er sagte: ‹Auf dich›.»[105]

In eine ähnliche Richtung geht der jüdische Religionsphilosoph André Neher, denn er warnt schon auf den ersten Seiten seines grundlegenden Buches *Jüdische Identität* vor einem dreifachen Fehler: einerseits davor, von einem rein abstrakten Judentum, einem «Judentum ohne Juden» auszugehen, dann die Juden ohne das Judentum zu sehen und drittens sie ausserhalb ihrer historischen Situation zu betrachten. Neher regt deshalb dazu an, bei der Beschäftigung mit dem Judentum nicht mit einem «*Objekt* [...] sondern mit einem *Subjekt*» zu rechnen, das wesentlich und «existenziell» mit dem Judentum verbunden ist.[106]

Die Uneinheitlichkeit und Wandelbarkeit, die das Judentum charakterisiert, sieht Leo Baeck in der Geschichte begründet, wenn er sagt, dass die jüdische «Glaubenslehre [...] im stetigen Ringen ums geistige Dasein erarbeitet werden» musste, da die Juden in der Geschichte stets in der Minderheit waren: «Dieses Suchen und Forschen, das Sinnen und Grübeln, das nie beendet sein will, hat dem Juden seinen Ausdruck, den sprechenden Zug seines geistigen Antlitzes gegeben.» Daraus folgt, dass das Judentum keine bestimmte umschriebene stetige «Glaubenslehre», keinen «sicheren Aufbau der Bekenntnisformel», sogar «keine *Dogmen*» hat. Das Judentum kennt weder «Heilstatsachen» noch «Gnadengaben», ebenso kennt es «keine wirksamen Handlungen, die den Himmel zur Erde herniederbringen sollen». Der «völlige Glaubensinhalt» musste nie «ein für allemal begrifflich umfriedet» werden, da weder «die Erleuchtung und die Erlösung» einander gleichgestellt sind noch «das ganze Wissen, die Gnosis, zum Heile führt».[107] In diesem Punkt differenziert Schalom Ben-Chorin und weist auf zwei Grundausrichtungen im Judentum hin: Im Judentum des Exils, heute vorwiegend in Nordamerika, wird der Versuch unternommen, das Judentum theologisch zu durchdringen und seine Glaubensinhalte zu systematisieren. Dem gegenüber

---

105 Buber: *Reden*, 16.

106 Vgl. Neher: *Identität*, 9f.

107 Vgl. Baeck: *Wesen*, 3–5. Unter ‹Dogmen› versteht ders. «in festen Begriffen» geprägte Sätze, die von einer «eingesetzte massgebenden Autorität für verbindlich erklärt» werden, «um den Heilsbesitz zu bezeichnen, in dessen Annahme die Rechtgläubigkeit und die Seligkeit bedingt sind». (Ebd., 5.)

steht das Judentum in Israel, das «weitgehend auf Darstellungen der Glaubensinhalte des Judentums aus heutigem Bewusstsein» verzichtet.[108]

Dass zwischen jüdischer und christlicher Theologie ein starker Gegensatz besteht bzw. eine jüdische Theologie gar nicht existiert, ist aber laut Shimon Gesundheit lediglich Mehrheitsmeinung. Er selber findet sehr wohl, dass es eine jüdische Theologie gibt – Gesundheit nennt zwar immer eine «Theologie der Bibel», wobei er damit nicht primär etwa eine innerbiblische Theologie meint, sondern theologisches Reflektieren über biblische Texte – vorausgesetzt, Theologie wird aufgefasst als «das Nachdenken über den Sinn und die Aufgabe des Menschen» oder über den «Sinn der Beziehung des Menschen zu Gott». Darüber hinaus bezeichnet er die Arbeiten der jüdischen Gelehrten Sa'adja Gaon und Maimonides als «monumentale Beispiele einer systematischen jüdischen Theologie der Bibel».[109] Die theologischen Werke jüdischer Autoren wurden «nicht immer als solche erkannt», was zum Eindruck führt, jüdische Theologie sei nicht existent. Aber auch Gesundheit kommt zum Schluss: «Dennoch scheint die jüdische Theologie eher am Menschen, an seinen Pflichten zu Gott und zu seiner Umwelt interessiert zu sein als an einer abstrakten Gotteslehre.»[110]

Im Zuge des Bemühens, Marquardts Theologie zu systematisieren, ist, ausgehend von der Frage, inwiefern das Judentum, jüdisch, die Juden und Israel als Kategorien in christlicher Theologie tauglich sind, weiter zu fragen: Wie können – gerade vor dem Hintergrund der hier nur selektiv und skizzenhaft dargestellten Uneinheitlichkeit – zwischen jüdischer und christlicher Theologie Bezüge hergestellt werden? Jürgen Ebach etwa verwendet die Begriffe Israel und Judentum unspezifisch – ähnlich, wie der Begriff Mensch in einer Menschenrechtsdebatte eingesetzt wird, nämlich als Pauschalbezeichnung; wohl aber vor dem Hintergrund der Tatsache, dass es Mensch nur in Form von konkreten Menschen gibt. Die Begriffe Israel und Judentum zu stark auszudifferenzieren, kann wenig hilfreich bis sogar kontraproduktiv sein, dies vor allem dann, wenn dadurch bestimmte Aspekte in der Debatte umgangen werden können. Ebach ist es daran gelegen, die «*Kontinuität* Israels (von ‹alttestamentlicher› Zeit bis heute)» zu betonen, denn «wenn es da nicht stets auch um das eine Israel ginge, dann hinge jeder Versuch einer Erneuerung des Verhältnisses zwischen Christen und Juden, Kirche und Israel in der Luft». Würde aber eine Differenzierung der Begriffe eingeführt, so zersplitterten sie sich in religionsgeschichtliche, historische, religionswissenschaftliche oder soziologische Unteraspekte. Diese Zersplitterung mache die Betrachtung der Frage nach der Beziehung des Christentums zum Judentum unmöglich. Ebach fordert deshalb, dass das Zusammengehören dieser

---

108 Vgl. Ben-Chorin: *Glaube*, 13.24. Dort, wo Systematisierungen vorgenommen werden, bedienen sich die Denker derjenigen philosophischen Traditionen der jeweiligen Kultur, in der sie selber leben. Sie entwickeln also keine eigene jüdische Philosophie. (Ebd., 24.)

109 Vgl. Gesundheit: *Theologie*, 76f.

110 Vgl. ebd., 86.

Einzelaspekte berücksichtigt wird.[111] Er sieht richtigerweise im Verwenden von Pauschalbegriffen eine plausible Möglichkeit, diesem nachzukommen.

Ähnlich argumentiert Peter Hirschfeld. Er lehnt eine begriffliche Definition des Verhältnisses «Israel-Völker» ab, da eine solche dazu führe, dass «Christen und Juden einander auf diese Weise – und zwar nicht nur terminologisch – im Griff hätten». Genau das sollten aber beide nicht, sondern «sich immer wieder neu gegenseitig [...] provozieren und [...] inspirieren». Vor diesem Hintergrund fokussiert Hirschfeld lediglich auf die Frage, «wozu uns Christen der jüdische Partner gegeben ist». Nämlich: Von den Juden sollen die Christen lernen, was die Juden selbst in ihrer langen Geschichte mit Gott gelernt haben. Dadurch kann einer «Paganisierung des christlichen Glaubens» entgegengewirkt werden.[112]

David Flusser kommt ebenfalls ohne Definition von Israel und Judentum aus. Er fokussiert darauf, die jüdischen Wurzeln des christlichen Glaubens aufzudecken, welche er als die «‹hebräische Wahrheit› im Neuen Testament» bezeichnet, deren Textgrundlagen das Alte Testament und die spätjüdischen und rabbinischen Schriften sind. Durch dieses Aufdecken kann «eine fördernde Kraft für eine neue Besinnung in der Dogmatik» freigesetzt werden, denn diese «hebräische Wahrheit» ist ein Korrektiv für überkommene und unbiblische christliche Überlieferungen.[113]

In eine ähnliche Richtung geht Clemens Thoma, denn er fordert für eine christliche Theologie des Judentums, dass sie einerseits nur vorläufig und verhalten urteilen dürfe und andererseits «um die nicht einzuordnende Vielfalt des Judentums» wisse. Ferner muss für christliche Theologie klar sein, dass sich «Juden- und Christentum [...] gegenseitig von innen heraus regenerieren und stimulieren».[114]

Die zahlreichen hier referierten jüdischen und christlichen Stimmen zeigen, dass christliche Theologie die Begriffe Judentum, jüdisch, die Juden oder Israel keinesfalls als monolithisch betrachten darf und deshalb auf den bestimmten Artikel verzichten sollte. Vielmehr muss sie mit der grossen Verschiedenheit rechnen, die diese Begriffe in sich tragen. Es stellt sich deshalb die Frage, ob eine scharfe Definition dieser Begriffe Sinn ergibt, oder ob sie nicht viel mehr, wie es etwa Ebach vorschlägt, unspezifisch zu verwenden sind, stets aber im Wissen, dass sie nicht auf etwas Abstraktes verweisen, sondern auf konkrete Menschen und Menschengruppen mit und in einer konkreten Geschichte. Denn, und das zeigen die oben dargestellten Positionen deutlich, gerade die Geschichtsge-bundenheit und -verbundenheit ist charakteristisch für ein jüdisches Selbstverständnis, genauso wie der Fokus auf das konkrete Leben der Menschen.

---

111 Vgl. Ebach: *Israel*, 192f.

112 Vgl. Hirschfeld: *Provokation*, 78f. Unter «Paganisierung des christlichen Glaubens» versteht Hirschfeld das Gesetz als «Zuchtmeister auf Christus hin», die Reduktion der Erlösung von der Erlösung der Schöpfung auf die Erlösung der Seele. (Vgl. ebd., 79f.)

113 Vgl. Flusser: *Christentum*, 8f.

114 Vgl. Thoma: *Theologie*, 40f.

Die übergeordnete Frage dieses Kapitels, ob die Begriffe Israel, das Judentum, die Juden und jüdisch im wissenschaftlich-theologischen Diskurs brauchbare Kategorien sind, ist angesichts der dargestellten Uneinheitlichkeit folgendermassen zu beantworten: Sie dürfen in keiner Weise in ihrer Komplexität geschmälert werden. Es muss zwingend, auch sprachlich, ihrer jeweiligen Uneinheitlichkeit Rechnung getragen werden. Deshalb ist gerade der Begriff das Judentum zu vermeiden, ebenso wie Israel in einem ebenfalls undifferenzierten Sinne. Es kann aber für christliche Theologie sehr bereichernd, – ganz im Sinne von David Flusser – «eine fördernde Kraft für eine neue Besinnung in der Dogmatik» sein,[115] wenn sie sich in ihrem redlichen Bemühen um Abstraktion und Begriffsschärfung auf eine Begriffs- und Denkwelt einlässt, die eher narrativ und diskursiv funktioniert und deren Begriffe fluide, uneinheitlich, gar als gegensätzlich interpretiert werden und historisch wandelbar sind. Gerade Marquardt lässt sein theologisches Denken gehörig von Bezügen zu jüdischen Denkansätzen bereichern und neu bestimmen, unterlässt es aber, das theoretische Gerüst, an dem die materialen Inhalte dieser Bezüge aufgehängt sind, zu bestimmen.

Marquardt selbst hat einen implizit disparaten Israelbegriff, obwohl er sehr gegenständlich mit diesem Israel und den ihm verwandten Begriffen umgeht. Wie Marquardt auf sie Bezug nimmt, ist aber theoretisch weitgehend unproblematisiert. Ist vor diesem Hintergrund gar die These angebracht, dass Marquardts Dogmatik eigentlich formal eine jüdische Dogmatik sein könnte? Sie verwehrt sich starren Begrifflichkeiten, tut sich sehr schwer mit Definitionen und Abstraktionen, ist uneinheitlich und unabgeschlossen, genauso, wie sie darauf angewiesen ist und davon lebt, dass sie mit anderen Stimmen ins Gespräch tritt. Sie sucht in der Geschichte Anknüpfungspunkte und geht auf menschliches Erleben, auf Geschichtlichkeit ein und ist letztlich nicht systematisierbar. Könnte sie auch gerade wegen Letztgenanntem als talmudisch bezeichnet werden – auch wegen ihrer grossen Suchbewegungen und ihren uneinheitlichen Text(gattung)en?

2.1.5 Problemanzeige III: «Biblisch-jüdische» vs. «hellenistische» Eschatologie?

In der Einleitung zum ersten Eschatologieband unterscheidet Marquardt klar in eine biblisch-jüdische «Zukunfts- und *Diesseits*-Eschatologie» und eine hellenistische «Transzendenz- oder Jenseitseschatologie».[116] Verwendet Marquardt hier nicht – einmal mehr – zu pauschale Kategorien? Legt er hier nicht einen Filter an, der jene Texte der Bibel und der Tradition ausblendet, die nicht in seine Theologie passen?

---

115 Vgl. Flusser: *Christentum*, 8f.

116 Vgl. E I, 24.

Marquardts Kategorisierung reduziert und vereinfacht die Wirklichkeit. Schon Paul Volz merkt in seiner nota bene nach wie vor zitierfähigen Monographie von 1934 an, dass im Spätjudentum und im Frühchristentum keine einheitliche eschatologische Dogmatik festgestellt werden kann.[117] Selbst einzelne Schriften sind in sich uneinheitlich.[118] Simcha Paull Raphael betont die Vielfalt jüdischer Vorstellungen darüber, was nach dem Tod geschieht.[119] Insbesondere im rabbinischen Judentum gibt es zahlreiche divergente und gegensätzliche Annahmen über Leben nach dem Tod.[120] Auch Antje Labahn weist darauf hin, dass eine «Auferstehungserwartung» im Alten Testament in einem «mehrstufigen Entwicklungsprozess» ausgebildet wurde.[121]

Norbert Lohfink sieht nicht eine lineare Entwicklung in alttestamentlicher Eschatologie, sondern, dass «die Erwartungen Israels [...] in verschiedenen Grundgestalten auftraten, die langsam zueinanderkamen, einander zum Teil ablösten, zum Teil sich nebeneinanderstellten oder ineinander verflochten».[122]

> Lohfink zählt folgende «Grundgestalten» alttestamentlicher Eschatologie auf: Zukunftsvorstellungen in der Bundestheologie, «heilsgeschichtlich-universale Zukunftserwartung» des jahwistischen Geschichtswerks, prophetische Gerichtsandrohung und darauf folgende Heilsversprechung, «spät- und nachexilische Naherwartung», «transzendente Eschatologie und Apokalyptik».[123]

Lohfink geht dann noch einen Schritt weiter, der für die Marquardtlektüre aufschlussreich ist. Er fragt nämlich, welche Typen alttestamentlicher «Zukunftserwartung» aus neutestamentlicher Sicht als eschatologisch bezeichnet werden können. Voraussetzung für diesen Schritt ist natürlich, dass sich neutestamentliche Eschatologie von alttestamentlicher unterscheidet. Das Neue Testament, so Lohfink, versteht «sich selbst als Zeugnis des eingetretenen Eschaton» und sucht «im Alten Testament die Verheissung und Erwartung seiner selbst».[124]

Vor dem Hintergrund der Frage, was Marquardt genau meint, wenn er von «biblisch-jüdischer Eschatologie» spricht, scheint mir der Hinweis von Philip S. Johnston wichtig: Alttestamentliche Texte sind einerseits vom geschichtlichen Erleben Israels von Gericht und Gnade, Zerstörung und Wiederherstellung, Exil

117 Gerade der Begriff «Spätjudentum» wird in der heutigen Forschung nicht mehr verwendet, da er suggeriert, das Judentum sei vom Christentum abgelöst worden. (Siehe Tiwald: *Frühjudentum*, 25f.) Der Begriff «Frühchristentum» ist weniger umstritten, kann jedoch unterschiedlich datiert werden. (Siehe Schnelle: *Entstehungsgeschichte*, 25–27.)

118 Vgl. Volz: *Eschatologie*, 1. Eine Bemerkung zur Situation der Forschungsliteratur: Über jüdische Eschatologie sind fast ausschliesslich nur ältere Texte greifbar. Dies zeigt auch ein Blick in die Literaturliste des Artikels «Eschatology» in der EJ von 2007.

119 Vgl. Raphael: *Afterlife*, 12f.

120 Vgl. ebd., 160f.

121 Vgl. Labahn: *Revivikation*, 54.

122 Vgl. Lohfink: *Eschatologie*, 256.

123 Vgl. ebd., 244–256.

124 Vgl. ebd., 256f.

und Rückführung geprägt. Anderseits, wenn auch sekundär, sind Einflüsse aus benachbarten Religionen prägend – Johnston nennt konkret kanaanitische und zoroastrische Einflüsse.[125]

Mit Blick auf die oben skizzierte Situation der Forschung alttestamentlicher bzw. jüdischer Eschatologie lässt sich sagen: Marquardts Unterscheidung in «biblisch-jüdische» und «hellenistische» Eschatologie ist in dieser Einfachheit nicht durchzuhalten. Zu uneinheitlich sind die verschiedenen biblischen Texte und zu unterschiedlich ihre theologischen Interpretationen. Wenn Marquardt von «biblisch-jüdischer Eschatologie» spricht, fokussiert er auf diejenigen alttestamentlichen Texte, die eine – um in Lohfinks Kategorisierung zu bleiben – «heilsgeschichtlich universale» Zukunftserwartung bzw. Eschatologie beschreiben. Neutestamentliche Texte fallen bei ihm unter Hellenismusverdacht, obwohl die Autoren gerade auch dieser Texte einen jüdischen Hintergrund hatten.[126]

> Dieser Sachverhalt ist Marquardt natürlich bewusst. Er führt sogar noch an, dass die «meisten Schriften des Neuen Testaments hellenistisch-jüdisch [...], aber eben doch schon jüdisch-hellenistisch» geprägt seien.[127]

Marquardt wäre nicht zu widersprechen, wenn er mit «biblisch-jüdisch» eine in sich selbst uneinheitliche, sich auch widersprechende und in chronologischer (nicht qualitativer) Hinsicht verändernde Beschreibung, Diskussion und Entwicklung eschatologischer Gedanken und Themen meinte. Er stellt sich aber unter «biblisch-jüdisch» eine mehr oder weniger monolithische Grösse vor.[128]

Marquardts Anliegen ist es, dass die biblische Hoffnung nicht «ortlos» bleibt und die «*Diesseits*hoffnung» nicht als Irrtum gilt. Deshalb kann er zum Schluss kommen, dass er in seiner Eschatologie nicht «Elemente der *Jenseits- und Individual-Eschatologie* [...] zu Leitfragen» machen will. Diese Elemente sind ausdrücklich nachrangig in dem Sinne, dass sie «Versuche» sein sollen, «die Bedeutung der verheissenen Weltbefreiung für jeden Einzelnen zu bedenken».[129] Kann aber diese Positionierung mit der Unterscheidung in «biblisch-jüdisch» und «hellenistisch» und der daraus folgenden Präferenz für die «biblisch-jüdische» begründet werden? Müsste angesichts der alt- wie neutestamentlichen Verschiedenheit eschatologischer Texte nicht eine begründete Positionierung innerhalb dieser Verschiedenheit vorgenommen werden? Ebenfalls denkbar wäre eine diskursive Beschäftigung mit diesen verschiedenen Texten. Damit meine ich: Nicht die Ablehnung derjenigen Positionen, die gegen das eigene eschatologische Denken stehen. Vielmehr würde es gelten, eine eschatologische Theologie zu formulieren, die damit rechnet, aufgrund ihres disparaten Quellenbestandes dauernd reformuliert zu werden, und deshalb davon ausgeht, nie fertig zu sein.

---

125 Vgl. Johnston: *Sheol*, 237f.
126 Vgl. E I, 23.
127 Vgl. ebd.
128 Vgl. ebd., 24.
129 Vgl. ebd., 25–27.

«Mag die jüngste Geschichte nun eine theologische Bedeutung haben oder nicht, in jedem Fall besitzt sie eine Bedeutung für die Theologie – oder konkreter – für das Christentum.»
Amos Funkenstein: *Geschichte*, 233.

2.2 *Motiv II: Israelgeschichtlichkeit ist Prototyp für allgemeinmenschliche Geschichtlichkeit*

Die Zukunft der Menschen ist trotz ihrer Fraglichkeit hoffnungsgeladen, weil Gott selbst der Grund dieser Hoffnung ist. Die Eschatologie ist diejenige theologische Lehre, die den Fragen nach dem Grund christlicher Hoffnung nachgeht. Die Verheissungen in der Geschichte, die Gott mit seinem erwählten Volk Israel geschrieben hat, bilden dabei quasi die materiale Grundlage. Deshalb ist das christliche Hoffen israelgeschichtlich, genau so wie letztlich auch die Eschatologie. Marquardt liest die Geschichte Israels konsequent hoffnungstheologisch. Marquardts Eschatologietreiben ist geschichtlich gegründet.

Unter Geschichtlichkeit versteht Marquardt nicht etwa historische Vorkommnisse. Geschichtlichkeit ist für ihn der unabgeschlossene und auf Zukunft hinlaufende Prozess, der Weg Gottes mit den Menschen und der Schöpfung. Marquardt hat also einen dezidiert theologischen Geschichtsbegriff, der die Frage aufkommen lässt, inwiefern dieser sich zu der realen Lebenswelt der Menschen und der Schöpfung verhält. Denn gerade diese, die erlebte und erlebbare Wirklichkeit, ist Marquardt sehr wichtig. Ausserdem ist zu fragen, ob und wie Gott in der Geschichte konkret wirkt. Für Marquardt sind es die Zeugungen insbesondere des Volkes Israels und Jesu von Nazareths, die Gottes Wirken in die Weltwirklichkeit vermitteln. Aber gerade im Blick auf die Zeugungen Israels stellt sich die Frage, ob Marquardt die Geschichte Israels nicht zu einseitig interpretiert bzw. diese als Hoffnungsgeschichte konstruiert und dadurch in ihrer Komplexität reduziert.

2.2.1 Annäherung I: Eschatologie ist israelgeschichtlich, gegenwartsbezogen, ziel- und zukunftsgerichtet

Ein zentrales Thema des § 1 des ersten Eschatologiebandes, überschrieben mit «Hoffnung – der Weg der Zukunft», ist die Zukunft und ihre Fraglichkeit. Fraglich ist die Zukunft deshalb, weil wir nicht wissen können, ob wir, d. h. die unterschiedlichsten Menschen, dieselbe Zukunft haben. Darüber hinaus kann niemand wissen, was ihn oder sie in Zukunft erwartet. Vor dem Hintergrund dieser Fraglichkeit diskutiert Marquardt, ob wir uns überhaupt mit der Zukunft befassen oder nicht doch lieber einfach abwarten sollen.[130] Die «eschatologische Ethik Israels»[131] besteht aber gerade darin, dass mit Zukunft gerechnet, sie aber nicht berechnet wird, sondern vertrauend auf Adonai, dem allein die Zukunft gehört,[132] das gegenwärtige Leben zu gestalten ist.[133]

Ein weiteres Thema des § 1 des ersten Eschatologiebandes ist die Hoffnung. Marquardt bezeichnet die Hoffnung als alternativen Weg zum gesunden Menschenverstand. Zukunft und Hoffnung treffen sich bei Marquardt in dem Punkt, dass Christinnen und Christen Hoffnung geboten ist, weil die Zukunft ihnen den Grund ihrer Hoffnung bereithält. Auch an diesem Punkt räumt aber Marquardt ein, dass man den Mund nicht zu voll nehmen darf, denn mehr als bezeugen kann der christliche Glaube die Zukunftshoffnung nicht.[134]

Drittes Thema ist der Glaube. Auf diesen kommt Marquardt als Folge seiner Behauptung, dass das Hoffen «das spezifisch christliche Verhalten zur Zukunft» ist. Glaube ist «Grundweise des Daseins eines Christen in der Welt».[135]

Bei der Lektüre der Vorsätze des § 1 fällt zunächst auf: Einen Israelbezug christlichen Hoffens erwähnt Marquardt erst, nachdem er Eschatologie in einem dreifachen Horizont verortet hat: Im Hoffen auf Zukünftiges – «*sich in Gedanken und Taten auf das Unabsehbare von Zukunft zu rüsten*», in einem christologischen bzw. jesulogischen Sinne – «*[d]adurch, dass er [Jesus] alle diese Verheissungen bejaht, bekommen die Glaubenden noch etwas zu hoffen*» und in einem gegenwartsbezogenen, gar ethischen Bereich – «*Hoffen reicht, wie Lieben und Glauben, bis ins Bleibende*».[136]

Dann aber kommt er zu einer israelverbindlichen Doppelaussage. Zuerst: «*Als Hoffende gehören Christen in den Umkreis der geschichtlichen Verheissungen Gottes an das jüdische Volk und der Versuche dieses Volkes, seiner Zukunft treu zu bleiben. Wir sprechen darum von einer Israel-Geschichtlichkeit des christlichen Hoffens.*» Danach: «*Juden und Christen ist das Hoffnungsziel ihrer ‹Befreiung› (σωτερία), d. h. ihres Ausbruchs aus jeder Enge, versprochen.*»[137]

Mit diesem Geflecht von Bezügen grenzt sich Marquardt gegen eschatologische Entwürfe ab, die Eschatologie losgelöst von jeglicher Zielgerichtetheit und lediglich als Appendixkapitel in der christlichen Dogmatik betrachten. Marquardt betrachtet Eschatologie als «*Frage nach dem Grund [...] christlichen Hoffens*», nicht etwa als Lehre von den letzten Dingen. Dadurch rückt er sie einerseits ins Zentrum der Theologie und andererseits in engen Bezug mit zwei Dingen der menschlichen Erfahrungswelt: Das Hoffen auf eine gute Zukunft und die Frage

130 Vgl. E I, 33–35.
131 Ebd., 37.
132 Vgl. ebd., 43.
133 Vgl. ebd., 37–39.
134 Vgl. ebd., 45f.
135 Vgl. ebd., 56.
136 Vgl. ebd., 31.
137 Vgl. ebd., 31f.

nach dem richtigen Tun in der Gegenwart. Dadurch, dass das dogmatische Lehrstück der Eschatologie mit seinem israeltheologischen Begründungszusammenhang einen solchen zentralen Ort erhält, wird auch Israel eine wichtige Stellung in der Theologie zuerkannt. Mehr noch: Israel wird zum Brennpunkt der grossen Linien christlicher Theologie. Das aber nicht nur hermeneutisch, sondern immer mit dem Anspruch, für die christliche Hoffnung materialiter etwas auszutragen: «*Christen hoffen für die Welt und haben darum schon öfter versucht, ihrer Hoffnung auch gesellschaftlich Gestalt zu verleihen und auf Gott in der Einrichtung gerechter Institutionen zu hoffen.*»[138]

Die Israelbezogenheit christlichen Hoffens kommt in diesem Kapitel zuerst unter dem Stichwort des Gehorsams gegenüber dem «Gebot Gottes an Israel» und «gegen das Gebot Jesu an seine Jünger und Jüngerinnen, *sich nicht zu ängstigen*», vor.[139] Indem sich Christinnen und Christen an Jesu Gebot orientieren, orientieren sie sich auch am Gebot Gottes an Israel. Sie hoffen also durch Jesus immer auch mit Israel, da sich im Gebot Gottes an Israel kein anderes Hoffen zeigt als im Gebot Jesu an seine Jüngerinnen und Jünger. Im Gebot dieses Jesus, «der unter den Heiden als Jude erkannt und bekannt wird, der die Grenzen zwischen Israel und den Gojim, auch die Grenzen des Todes zum Leben hin, darin erst recht die Grenzen von Gott zu den Menschen hin überschreitet.»[140]

Für Marquardt ist also Eschatologie als Frage nach dem Grund christlicher Hoffnung mehrdimensional: Sie hat eine geschichtliche und eine zukünftige, eine solidarische – Christinnen und Christen hoffen mit Israel –, eine ethische und eine befreiungstheologische bzw. soteriologische Dimension. Die Begründung dieser Mehrdimensionalität sieht er im Bezug zu Israel gegeben, der seinerseits wiederum im Wesen Gottes selber unverrückbar gegeben ist, weil der biblische Gott nicht ohne sein erwähltes Volk existieren kann. Auch deshalb kann christliche Hoffnung ihrerseits nicht ohne Israel gedacht werden und so hofft sie aufgrund der in der Geschichte offenbarten Hoffnung Israels gemeinsam mit Israel auf gegenwärtige und zukünftige Befreiung.

---

138 E I, 31. Mit «*gerechten Institutionen*» meint Marquardt wohl konkrete Institutionen in kirchlichen Strukturen wie z. B. das Witwenamt in der Alten Kirche, das kirchenleitende Kompetenzen beinhaltete und Frauen, weil sie sich vollzeitlich dem Beten und Dienen für die Gemeinde einsetzen konnten, zu «Zeuginnen des christlichen Hoffens» machte und so «christliches Hoffen [...] institutionalisiert» hat. (Vgl. ebd., 87–89.) Soweit ich sehe, führt aber Marquardt seine Idee, dass christliches Hoffen zum Versuch der Einrichtung «gerechter Institutionen» in der Gesellschaft führt, nicht weiter aus.

139 Vgl. ebd., 49.

140 Vgl. ebd., 53.

2.2.2 Annäherung II: Christliche Hoffnung ist israelgeschichtlich

Hoffnung kommt laut Marquardt «weder aus dem Glauben, noch aus Strukturen des Menschseins». Hoffen ist «ein eigenes Wirken und Werk des Gottes, an den wir glauben».[141] Gott hat uns «Glauben, Hoffen, Lieben, [...] ‹eschatologische› Beziehungsweisen, [...] eröffnet».[142]

> Dabei ist das Hoffen «die Beziehungsweise, in der wir beständig offengehalten werden für Gott und seine Verheissungen: so dass keine Vollendung zu erwarten ist, die das ewig Offene unserer Beziehung auf Gott abschliessen, zu etwas je Fertigem verwandeln könnte. Unsere Geschichte mit Gott bleibt in alle Ewigkeit eine offene Geschichte [...].»[143]

Im Begriff der Hoffnung gehören Christinnen und Christen, weil sie Hoffende sind, «in den Umkreis der Verheissungen Gottes an das jüdische Volk. Aus diesem Zusammenhang rührt der *geschichtliche* Hoffnungscharakter auch des christlichen Glaubens.» Die «Welt Israels» ist nämlich «eine durch und durch hoffnungsvolle Welt, weil in ihr das Volk des Bundes die Verheissungen durch die Geschichte trägt [...].» «Biblisches Hoffen» ist daher «geschichtliches Hoffen».[144]

Marquardt grenzt sich deutlich von einem Hoffnungsbegriff ab, der in der Weltflucht oder in der Entrückung des Menschen aus der Welt sein Ziel sieht.[145]

Weil Hoffnung allein aus Gott kommen kann, sind Glaubende auf diesen Gott angewiesen. Die «weltgeschichtliche Bewegung» Israels ist es, die «uns in der Welt mit Gott verbindet, uns Hoffnung schenken kann und die einem geborenen Heiden in dem Augenblick eröffnet wird, in dem sich der Christus Jesus ihm öffnet.»[146] «Wem Gott etwas mit Israel zu tun gibt, der hofft. So lernen wir von einer *Israel-Geschichtlichkeit des christlichen Hoffens zu sprechen.*»[147]

Einen der «schärfsten antijüdischen Texte des gesamten Neuen Testaments», Hebr 7,18f., interpretiert Marquardt konträr zu vielen christlichen Auslegungen, die in ihm den Ausdruck der «Nutzlosigkeit der Tora» sehen gegenüber «der Einführung einer grösseren Hoffnung», die mit dem Christentum gekommen sei. Vielmehr besteht laut Marquardt «die Schwäche und Nutzlosigkeit der Tora [...] darin, dass sie ihr eigenes Ziel nicht erreicht hat, womit ja ein

141 Vgl. E I, 64.
142 Vgl. ebd., 68.
143 Vgl. ebd.
144 Vgl. ebd., 78f.
145 Siehe ebd., 79.
146 Vgl. ebd., 81.
147 Ebd., 82.

zielgerichteter, also geschichtlicher Sinn der Tora zugegeben wird.»[148] Ausserdem drückt der Komparativ «κρείττονος ἐλπίδος» aus, dass das Neue, das «Christliche» nicht etwas total Neues bringt, sondern «Gemeinsames mit dem Früheren» behält, nämlich «die Hoffnung». «Das sagt: *Zur* geschichtlichen Struktur der *Tora Israels gehört Hoffnung.*»[149]

> «Der Komparativ des ‹besseren› Hoffens bindet aber den Weg der Christen an den Weg des von seiner Tora im Hoffen geübten und in Hoffnung geleiteten Israel. Die Halacha, die spezielle Glaubensweise Israels, ist für die Christen des Hebräerbriefs ‹ersetzt›, aber Ziel und Weise des Weges im Hoffen bleiben der Grundbezug des christlichen Weges auf Israels Tora.»[150]

Worin genau die Gehalte der biblischen Hoffnungen bestehen, formuliert Marquardt so:

> «Die Lebensordnungen, die Weisheit, die Gesetze und die Wege des jüdischen Volkes sind insgesamt Grund zum Hoffen und wirken auf Christen, besonders wenn es ihnen schlecht geht, eben als ein einziger Hoffnungsruf. [...] *Israel schlechthin*, so wie es in den Schriften sich bezeugt, *ist ein einziger Ruf zum Hoffen*. Der Grund dafür ist klar: Weil Israel seine Geschichte in ständiger Berührung mit Gott erfahren hat, gegen ihn sich aufbäumend und doch immer wieder sich auf ihn stützend, an ihm sich sichernd, darum können die Schriften, die davon erzählen, insgesamt als ein Hoffnungsruf gehört werden: *für alle und für immer*.»[151]

Marquardt liest die Tora und deshalb auch die Geschichte Israels konsequent hoffnungstheologisch. Er sieht in ihnen Gottes hoffnungsgeladene Absichten eingeschrieben, die für alle Menschen gelten. Besonders deutlich wird diese Hermeneutik der Hoffnung in der Interpretation von Hebr 7,18f. Darin wird Marquardts konsequent beziehungstheologische, israelverbindliche und eschatische Hoffnungstheologie augenscheinlich. Hoffnung ist also bei Marquardt nicht etwa ein ethischer Begriff, sondern ein theologischer, denn Hoffnung kommt immer aus Gott und führt eschatisch in einem offenen Prozess zu Gott hin.[152]

---

148 Marquardt bezieht sich wohl auf die Aussage in Hebr 7,19a: «οὐδὲν γὰρ ἐτελείωσεν ὁ νόμος»; übersetzt: «nichts aber hat das Gesetz vollendet/zum Ziel gebracht/zur Vollendung geführt.»

149 Vgl. E I, 83.

150 Ebd., 83f.

151 Ebd., 86.

152 Siehe ebd., 68.

2.2.3 Annäherung III: In der Israelgeschichtlichkeit liegt das Potenzial der Eschatologie

Nach einem kurzen rechtfertigungs- und bundestheologischen Verweis auf Röm 5,1 kommt Marquardt im letzten, fünften Unterpunkt des § 1 des ersten Eschatologiebandes auf die Friedensethik zu sprechen.

> «Gewiss ist reiner Weltfrieden noch nicht das, was mit dem hebräischen Schalom gemeint ist; denn dies Wort spricht von einem solchen Weltfrieden, der im Gottesfrieden lebendig ist: wozu nicht nur auch die innere, zwischen den Menschen und Gott spielende Geschichte zählt, sondern speziell die, die zwischen allen Menschen und dem Gott Israels spielt; damit ist ein *entscheidendes Kriterium für den Weltfrieden* im Gottesfrieden die Frage: ob Israel, das jüdische Volk im Frieden der Völker geborgen wird; das Verhältnis der Weltvölker zu Israel und dem jüdischen Volk ist ein weltgeschichtliches Mass für den ganzen, umfassenden Gottesfrieden, der mit Schalom gemeint ist; *ohne den Frieden der Juden kein Friede der Welt.*»[153]

Für Marquardt ist auch hier Auschwitz der Ort, an dem sichtbar wird, dass Friede für Israel ein existenzielles, konkretes Bedürfnis ist. Der Friede ist gerade vor diesem Hintergrund niemals «für die Entfaltung des eschatologischen Hoffens zu zufällig, zu zeitbedingt, aber auch zu plastisch und darum einem höheren Begriff unterzuordnen».[154]

Unmittelbar an diese friedensethische Forderung eschatologischen Theologietreibens fügt Marquardt eine ästhetische Forderung an: «[...] gerade für eine Eschatologie muss die *Sinnlichkeit* der Wahrnehmung zurückgewonnen werden.»[155] Das eschatische Schauen von Angesicht zu Angesicht zwischen Gott und Mensch lässt beide erröten. «Das sinnliche Erröten ist geradezu das Existential des Eschatos und darum des Eschaton.» Vor diesem Hintergrund kommt Marquardt zum Schluss: «*Eschatologie ist kategorial theologische Ästhetik*, nicht Lehre von der Erkenntnis, sondern von der Wahrnehmung des Wirklichen. Das Sinnliche ist das Element der Eschatologie.»[156]

In die Kategorie des Sinnlichen gehört für Marquardt auch das Gericht:

> «Die Stunde des Gerichts also ist die Stunde jener Disparatheit, die wir in den Bildern unserer Träume, in den Poesien unserer Hoffnungen, den Schrecken unseres Gewissens, den Abgründen unseres Herzens nicht gelebt, sondern verloren haben. Jetzt wird's wirklich, gegenständlich, jetzt begegnen sie uns und wir ihnen in einer Erfahrung, die vielleicht weniger eine letzte ethische, als eine erste umfassende, ganzheitlich ästhetische und sinnliche sein wird, in der wir τέλειος, ganz sein werden.

153 E I, 116.

154 Vgl. ebd., 123.

155 Vgl. ebd., 25. Dort auch der Verweis auf 1Petr 1,12; 2Kor 5,7; 1Kor 13,12.

156 Vgl. ebd.

> Und so können wir *das Gericht* die Kategorie für die eschatologische Sinnlichkeit und für die Vertretbarkeit der Bilder und Vorstellungen nennen.»[157]

An dieser Stelle knüpft Marquardt Geschichtlichkeit, Sinnlichkeit und Gericht:

> «Alle diese Praesentiae [gemeint sind die «Zeugnisse für eine ‹präsentische Eschatologie›», AZ], die unbestreitbar sind, warten nur noch darauf, vor aller Augen in ihrer letzten Bedeutung enthüllt und offenbart zu werden. Bis dahin nicht Mitgerissene werden dann hineingerissen werden in die Gottesgeschichtlichkeit und Erfahrungen machen, die für sie völlig neu sind. Die aber vorher an dieser Geschichte schon beteiligt waren, werden sie dann noch einmal erfahren ohne die Zweifel des Widerspruchs, die Narben des Misslingens, die bisher unvermeidlich zu dieser Erfahrung gehörten.»[158]

Das eschatisch Neue ist aber nicht das bereits bekannte Alte, das lediglich in einem anderen Modus wahrgenommen wird. Vielmehr muss das eschatisch Neue in anderer Qualität gesehen werden. Diese neue Qualität besteht darin, dass sie das Alte und das Neue in eins zu denken gibt. Das, was voreschatisch als «*möglich*» erhofft wird, kann eschatisch als «*wirklich*» gesehen werden.[159]

Dieses qualitativ Neue ist das Ziel des Glaubens und der Tora; beide sind «je anders» «*zielgerichtet auf neue Widerfahrnisse der Gottesgeschichte*».[160]

Nach einem längeren Exkurs über den Lohngedanken beschreibt Marquardt, an das Qualitätsargument anschliessend, «*Eschatologie [als] Lehre von einer Selbsterneuerung Gottes*»[161]:

> «Er [Gott, AZ] will nicht der alte [sic] bleiben, wenn er vorhat, alles neu zu machen. Und er könnte nichts neu schaffen, bliebe er der alte [sic]. Ein neuer Bund unter einem neuen Himmel auf einer neuen Erde, geschlossen mit neuen Menschen, ist in der *Qualität* des Neuen nur zu denken zusammen – vielleicht nicht: mit einem neuen Gott, wohl aber: mit der Reflexion seines Willens und seines Versprechens, ‹alles neu› zu machen (Offb 21,5), auch auf [sic] sich selbst.»[162]

Diese «erneuerte, [...] eschatologische Existenz Gottes selbst»[163] ist der Grund der Verheissung auf dieses qualitativ Neue:

> «Was er uns an eschatologischer Neugier zudenkt und, weil er es uns zudenkt, auch erschafft, das gründet in einer Präsenz in Gott selbst, und dies ist Präsenz eines qualitativ Neuen: Die Stadt, das Volk, an dem und um dessetwillen Gott viel gelitten hat, – die Stadt, über die auch Jesus weinte, – das Volk, dessen auch Jesus jammerte [...]. Weil der letzte Grund von Eschatologie in einem neuen Selbstverständnis Gottes gesucht werden darf, im Willen, sich selbst an seinem Volk zu entzücken, darum bedürfen wir einer teleologischen Denkmöglichkeit in der Eschatologie. Selbst wenn

157 E I, 126. Zum Gericht siehe Kap. 2.5.
158 Ebd., 127.
159 Vgl. ebd., 128f.
160 Vgl. ebd., 129f.
161 Ebd., 142.
162 Ebd.
163 Ebd., 143.

> alles in der Welt und in uns selbst heimlich schon ‹ganz neu› wäre: *Der Aktus des Entzücken Gottes steht uns bevor*, und wir wissen nicht, was Jerusalem, was dieses Volk, was die Völker, wer wir selbst sein werden, wenn dies geschieht: Gott bricht aus ins reine Entzücken.»[164]

Obwohl gegen Ende des § 1 die friedensethischen Motive gar nicht mehr vorkommen, ist das Bestreben Marquardts, Eschatologie zu erden, mit Händen zu greifen. Er legt seinem eschatologischen Denken auch hier die Geschichtlichkeit zugrunde. Gerade weil seine Eschatologie geschichtlich gegründet ist, schreibt er ihr Elemente des Ästhetischen bzw. des Sinnlichen ein: prominent das Erröten und das Entzücken. Das zielgerichtete Neuschaffen begleitet die ganze Theologie, indem es das Ziel ihrer Geschichtlichkeit ist. Die Geschichtlichkeit verfolgt dabei eindeutig das theologische Ziel des Neuwerdens Gottes selbst; eines Gottes, der selbst in den sinnlichen Kategorien des Errötens und Entzückens gedacht wird. Auch das Gericht, das bei Marquardt abstrakte Züge trägt, bedenkt er mit ästhetischen Elementen.[165]

Ohne die theologische zielgerichtete Geschichtlichkeit Israels, die der Eschatologie Marquardts zugrunde liegt, bleibt Eschatologie reine Begriffstheologie. Die Geschichtlichkeit löst die Eschatologie aus ihrer Abhängigkeit von theologischen Begriffen und stellt sie auf den Boden der geschichtlichen und dadurch auch der sinnlichen Realität. Gerade dadurch, dass die Marquardtsche Eschatologie auf dieser Doppelfunktion des Geschichtlichen, Erden und Versinnlichen, abgestellt ist, liegt ein grosses Potenzial. Es entlarvt nämlich jede theologische begriffsfixierte Rede ihrer Untauglichkeit in der lebensweltlichen Wirklichkeit. Gerade nämlich die Knüpfung von Theologie an das geschichtliche Israel lässt ein weltfremdes Theologisieren gar nicht erst zu. Sie führt aber keineswegs zu Vereinfachungen. Vielmehr macht sie unausweichlich auf wichtige theologische Motive wie das der Friedensethik und der Sinnenfälligkeit Gottes aufmerksam.

2.2.4 Problemanzeige I: «Israelgeschichtlichkeit» vs. allgemeinmenschliche Geschichtlichkeit?

Christliches Hoffen ist israelgeschichtlich.[166] Welche Auffassung von Geschichtlichkeit könnte dieser Aussage zugrunde liegen? Marquardt charakterisiert Geschichtlichkeit als unabgeschlossen. Geschichtlichkeit «zersetzt, was in Raum und Zeit sich als Absolutes, Fertiges, Vollendetes setzen will». Aufgrund dessen, dass das Geschichtliche unvollendet ist, ist es «noch nicht am Ende», ist also auf Zukünftiges hin angelegt.[167] Für Marquardt bezeichnet also der Begriff Ge-

---

164 E I, 143.
165 Siehe hierzu insbes. § 7 in E III.
166 Siehe E I, 31.
167 Vgl. E I, 53.

schichtlichkeit nicht Prozesse oder Phänomene, die sich in der Vergangenheit abgespielt haben, sondern auch das, was noch kommt. Dieser geschichtliche Prozess ist ein offener Prozess, der nicht auf einen Plan hinläuft, den Gott schon lange gefasst hat. «Damit bleibt auch der λόγος unseres Hoffens im offenen Prozess, wie Jesus von Nazareth – Gott sei Dank! – im Worte Gottes im offenen Prozess bleibt. [...] Der λόγος christlichen Hoffens ist die *unabsehbare* Geschichte zwischen Gott, Israel, Jesus und dem Rest der Menschheit.»[168]

Marquardt richtet in seiner Theologie und dort nicht nur in der Gotteslehre und in der Christologie seinen Fokus immer wieder auf die Menschen bzw. die gesamte Menschheit. Bereits in § 1 des Prolegomenabandes hält er fest, dass Theologie die Aufgabe hat, «sich an den noch offenen Lebens- und Erkenntnisprozessen des biblischen Gottes zu beteiligen», da der dreieinige Gott selbst Menschen an seinem «erkennenden Leben» beteiligt.[169] Darin, dass Gott Menschen an seinem Leben beteiligt, liegt die «Geschichtlichkeit» Gottes. Der biblische Gott lebt nicht in ferner Herrlichkeit, sondern «in den Wechselfällen der Zeit», er «mischt sich ein in die Widersprüche des irdischen Daseins». Dabei ist für Marquardt die biblische Geschichte, die diese Wechselfälle und Widersprüche erzählt, «Basis menschlicher Gotteserkenntnis und Verständigungsgrund für das ewige geistige Wesen Gottes», aber auch Basis für die «Selbsterkenntnis» Gottes. Denn Gott wird immer wieder selbst berührt durch die Begegnungen, die er mit den Menschen hat. Dem biblischen Gott «geht seine Geschichte mit den Menschen [...] zu Herzen». Marquardt spricht sich dezidiert für eine biblisch begründete ‹Menschlichkeit Gottes› aus und gegen die Ansicht, Gott sei der Unbewegliche, Unberührbare. Vielmehr sind Gott und Mensch gemeinschaftlich miteinander verbunden.[170] Das bedeutet: «Als Theologie, die am lebendigen Gott beteiligt ist, soll sie sich denkend und arbeitend vor allem durch die Widerstände hindurchfinden, die wir Menschen dem Gottsein Gottes entgegenstellen.»[171] In ihrer Situations- und Zeitbestimmtheit nimmt sie «als Erkenntnisbemühung» «an der Geschichtlichkeit Gottes teil».[172]

Wie verhält sich dieser gesamtmenschheitliche Fokus zur spezifischen Israelgeschichtlichkeit? Sind etwa alle Menschen schon nur deshalb mit Israel in eine gemeinsame Hoffnungsgeschichte gestellt, weil sie, nur mit Israel zusammen, in die offene Geschichte Gottes mit allen Menschen eingebunden sind? Schreibt Marquardt damit nicht in die allgemeine Menschheitsgeschichtlichkeit die spezielle Israelgeschichtlichkeit ein?

Marquardt würde diese Fragen wohl als «Missverständnis» bezeichnen, denn er formuliert zwei Missverständnisse, die der auf Abraham – «Vater unseres Glaubens und Formgeber der Wege unserer Erkenntnis»[173] – bezogene christliche Glauben ausschliesst: Dass einerseits der christliche Glaube «zur Geschichte

168 Vgl. E I, 54.
169 Vgl. P, 21f.
170 Vgl. ebd., 24–26.
171 Ebd., 27.
172 Vgl. ebd., 31.
173 P, 284.

Israels und des Judentums» oder andererseits zur «Geschichte der Gesamtmenschheit» zugeordnet sei.[174]

> Denn der «Entwurf des christlichen Glaubens auf Abraham verleiht ihm eine eigenartige, religionsgeschichtlich, -phänomenologisch, -philosophisch, -psychologisch unvergleichbare Geschichtlichkeit. [...] Der durch Abraham ausgelegte Glaube ist einer konkretesten, partikularsten, ‹zufälligsten› weltgeschichtlichen Beziehung zugeordnet: der zwischen dem jüdischen Volk und den nichtjüdischen Völkern [...].»[175]

Es geht Marquardt aber nicht «um den Bildgehalt, sondern um den geschichtlichen Realitätsgehalt des Abrahamglaubens»[176]. Was dies für ihn konkret bedeutet, formuliert er so:

> «Die Überzeugung, dass mit der biblischen Bezeugung Abrahams ein Ganzes an Wirklichkeitsverständnis gesetzt ist, entnehmen wir mit den Inhalten der Abrahamserzählung vor allem den Strukturen ihrer biblischen Darstellungen. Sie öffnen uns Zugang zur eigentümlichen Realitätserfahrung der Welt der Bibel, die in den Erzählungen von Abraham besondere Konturen erhält, grundsätzlich aber über ihn hinausweist. Erst die Wahrnehmung der Kategorien dieser Welt der Bibel erlaubt uns ihre systematische Rezeption.»[177]

Dies ist eine zentrale bibelhermeneutische Aussage Marquardts: Sein Wirklichkeitsverständnis ist ein theologisches, nicht etwa ein historisches, obwohl er an vielen Stellen seiner Dogmatik von Geschichtlichkeit und Geschichtsbezügen spricht. Es sind vor allem die «Strukturen ihrer biblischen Darstellungen»[178], die ihm die biblische Geschichtlichkeit deutlich machen. Vor diesem Hintergrund ist auch sein Glaubensbegriff zu verstehen:

> «Im biblischen Sinne ‹glauben› heisst, bewusst eintreten in die vom Evangelium ausgerufene Geschichte Gottes mit Israel inmitten der Menschheit, – heisst: das eigene Leben in dieser Geschichte orten und es nach den besonderen Erfahrungen, Weisheiten, Erwartungen, Weisungen, Verbindlichkeiten und Verheissungen dieser Geschichte führen.»[179]

Marquardt verfolgt also für seine Dogmatik ein Geschichtsverständnis, das sich auf «Strukturen»[180] beruft, die aus den biblischen Texten erkannt werden können. «Israelgeschichtlichkeit» ist also nicht ein historischer Begriff, sondern allein ein theologischer, da biblische Texte nicht den Anspruch haben, historisch wahr zu sein. Gleichwohl stellt sich die Frage, wie sich ein solcher theologischer

174 Vgl. P, 281.
175 Ebd., 281.
176 Ebd., 286.
177 Ebd., 287.
178 Ebd.
179 E I, 56f.
180 P, 287.

Geschichtsbegriff zur Wirklichkeit verhält, zumal Marquardt ja gerade den Anspruch erhebt, Theologie nie losgelöst vom realen Leben zu treiben.[181]

2.2.5 Problemanzeige II: Gottes Wirken in der Weltwirklichkeit?

Als eine grosse Stärke der dogmatischen Denkbewegung Marquardts sehe ich ihr Bemühen, sich Phänomenen der Wirklichkeit und der menschlichen Erfahrung wie dem Hoffen der Menschen, dem historischen Ereignis Auschwitz, dem real existierenden jüdischen Staat Israel, aber auch der Fraglichkeit theologischen Arbeitens und der Fraglichkeit Gottes selbst zu stellen.

Vor diesem Hintergrund stellt sich die grundsätzliche Frage, ob und inwiefern Gott überhaupt in der Geschichte wirkt. Marquardt bejaht dies ohne Begründung und Problematisierung, etwa, indem er als «Vorsatz» zu § 2 «Vom Grund evangelischer Theologie» des Prolegomenabandes sagt:

> *«Grund der Theologie ist die biblisch bezeugte und bis heute sich weiter ereignende Geschichte der Begegnungen des Gottes Abrahams, Isaaks, Jakobs und des Vaters Jesu Christi mit dem Volk Israel und allen Völkern um es herum. / Theologie bekennt sich zu ihrem Grund, wenn sie sich zur nachdenkenden Teilnahme an dieser Geschichte bekennt. / Dies Bekenntnis steht vor seiner dogmatischen Auslegung.»*[182]

Im auf diesen Vorsatz folgenden Kapitel entwickelt Marquardt nicht etwa, wie man erwarten könnte, geschichtstheologische Gedanken, sondern hebt auf «christliches Leben» ab, das das Ziel der «ersten Reformation», also der der Böhmischen Brüder, war. Diese ökumenische und nichtinstitutionelle Bewegung, die aus dem Laien- und Armenmilieu kam, ist für Marquardt hinsichtlich konkret gelebter Jesusnachfolge beispielhafter als die Gelehrtenbewegung der «zweiten Reformation» Luthers, Zwinglis und Calvins.[183] Gerade weil Gott in Jesus Christus ein gekommener Gott ist, ist er ein «Gott in Beziehung», Gott ist «eine den Menschen freundliche Wirklichkeit».[184]

Dieser für Marquardts Theologie konstitutive Wirklichkeitsbezug ist es, der die eingangs genannte geschichtstheologische Frage aufwirft. Denn auch im Vorwort zum ersten Eschatologieband listet Marquardt zahlreiche negative Situationen der gelebten Wirklichkeit auf, die hoffentlich so in der Welt nicht weiter Bestand haben.[185] Dies impliziert die konkrete Hoffnung darauf, dass Gott in

181 Siehe P, 151f. Marquardts westliches Konzept der Geschichte müsste eingehender analytisch geprüft werden, etwa anhand der Frage, inwiefern dieses nationalistische und rassistische Züge annehmen kann.

182 Ebd., 35.

183 Vgl. ebd., 36–42.

184 Vgl. ebd., 42.

185 Siehe E I, 13.

die real existierende Wirklichkeit der Menschen auch heute noch, oder spätestens in Zukunft, eingreift und sie ggf. zum Guten wendet. Marquardt sieht sein eschatologisches Denken nur möglich, wenn es auf eine Zukunft gerichtet ist, die im «so *Gott will und er lebt*» offen bleibt.[186]

Auch hier stellt sich die geschichtstheologische Frage, ob und wie Gott in der Geschichte wirkt und was ein geschichtliches Ereignis als eines qualifiziert, das für christliches Theologisieren grundlegend ist. Welches sind die «‹Zeichen der Zeit›», in deren Licht Theologie getrieben werden soll? Marquardt plädiert dafür, als Zeichen der Zeit die Zeichen zu sehen, «die je einer Generation und Gesellschaft von Gott *gegeben* werden», die aber von der Theologie nicht «analytisch» zu fassen seien.[187]

Möglicherweise ist ein solches «Zeichen der Zeit» die Gründung des Staates Israel. Unter anderem im zweiten Eschatologieband, in § 5 «Auf Wegen zum Ziel (de antecedentibus)», schaut er auf die Gründung des Staates Israel im Jahr 1948:

> «Wollen wir freilich bei der hier waltenden Logik bleiben, dass ‹zufällige Geschichtswahrheiten› Beweis für göttliche Wahrheit tragen *können*, dann müssen wir das – für Juden ja wahrhaft grosse und rettende – Ereignis der Staatsgründung Israels nach dem Elend der Shoah – wenn nicht gleich als Beweis, dann doch als Hinweis darauf annehmen können, dass Gott seinem Volk jetzt, heute – nach 2000 Jahren – einen neuen Bescheid geben wollte und gegeben hat [...]. Aber ob man nun ein Stück jüdischer Weltgeschichte gleich als Heilsgeschichte sprechen lassen will oder lieber nicht – vor der jüdischen Treue und ihrer geschichtlichen Bestätigung können wir uns nicht verschliessen; weder können wir sie kritisieren noch infrage stellen. Sie steht uns als ein Stück elementare Weltgeschichte gegenüber, beruft sich auf Gott und fragt uns: *nach Gott*. Und so deuten wir das Geschehen um den heutigen Staat Israel als Anstoss, der uns lehrt, nach Gott in der Weltgeschichte immerhin zu fragen und dies nicht weiterhin a limine als gottlose Frage zu behandeln oder als Gottesfrage zu verdrängen.»[188]

Wie Marquardt Weltgeschichte bzw. Weltwirklichkeit mit seinem theologischen Geschichtsverständnis verbindet, kann an seinem Begriff der «Zeugungen» klar gemacht werden. Im grossen Abrahamkapitel im Prolegomenaband «Abraham, unser Vater: Über die Berufung (De vocatione)» entfaltet Marquardt sein Verständnis der «Zeugungen». In den Erzählungen der Zeugungen, der «toledot», im Buch Genesis, «geht es rein formal immer um jemanden oder um etwas, was nach jemandem oder etwas kommt: um die Nachkommen und das Nachkommende», am Anfang um «die Geschichte des Menschen auf dem Acker». Nach-

186 Vgl. E I, 14.

187 Vgl. P, 32. Hier verweist Marquardt auf das Jesuswort in Mt 16,3 (Luther): «Und des Morgens sprecht ihr: Es wird heute ein Unwetter kommen, denn der Himmel ist rot und trübe. Über das Aussehen des Himmels könnt ihr urteilen; könnt ihr dann nicht auch über die Zeichen der Zeit urteilen?» Über die Kritierien, die diese Zeichen als von Gott gegebene charakterisieren sollen, schweigt Marquardt aber.

188 E II, 386. Das Datum 1948 bzw. die Staatsgründung als Meilenstein in der Geschichte Israels kommt noch in C I, 306; C II, 219f.; E II, 266; E II, 382–385; E III, 275 vor.

dem nämlich Gott Himmel und Erde erschaffen hat, drückt Gen 2,4 «den *Übergang* von Gottes ‹Schaffen› (*bara*) zu den ‹Zeugungen›, die nach Erschaffung der Wirklichkeit durch Gott das Mittel aller wichtigen weiteren Verwirklichungen der Wirklichkeit sind»[189] aus. Von Gen 5,1 an wird nämlich die «Geschichte des menschlichen Gesamt-Wesens als Geschichte einzelner Menschen und Völker» erzählt, weshalb Marquardt zum Schluss kommen kann, dass «biblisches Wirklichkeitsdenken [...] von Besonderung zu Besonderung» führt.[190] Marquardt verdeutlicht dies in seiner Auslegung von Gen 2,4–4,26: «Das Gattungswesen Mensch hat die ihm eigene Geschichte nicht im Himmel, nicht zwischen Himmel und Erde, sondern der ihm und seiner Geschichte einzigartig und besonders zugeordneten Ort ist die adama, der Acker.»[191] Marquardt parallelisiert diese «Geschichte des prinzipiellen Menschseins» mit den «geschichtlichen Erfahrungen Israels», weil einerseits beide Geschichten biblisch im Begriff der «Zeugungen» zusammenhängen und andererseits auch in den «Strukturen der Wirklichkeit, deren Werden und Geschehen» in den biblischen Texten erzählt wird. Deshalb kann Marquardt die Geschichte von «Landgabe und Landnahme» als «Grundthema der geschichtlichen Erfahrung Israels» sehen: «*Sie* ist in den Ablauf von der Schöpfungserzählung zu den Erzählungen von den toledot des Himmels und der Erde hineinprojiziert.»[192]

> «Ob Gott mit Israel zieht auch in die landfernen Gefangenschaften oder ob Israel mit seinem Land auch die Gottesgegenwart verliert, ist die Grundfrage seiner geschichtlichen Existenz in allen Zeiten gewesen. Auch Israels Grundfrage eines ‹Seins vor Gott› ist also in die urtypische Menschengeschichte hineinerzählt worden. Dass Gott die Menschheit weder nur von ihrem jenseitigen Wirklichkeitsursprung noch nur von ihrem jenseitigen Wirklichkeitsendpunkt anblickt, sondern inmitten der Wirklichkeit alles dessen, was von der adama ‹genommen› worden ist und wieder adama zu werden bestimmt werden musste, das ist die Grundform israelitisch-biblischer Wirklichkeitserfahrung und kann nur als solche auch eine Menschenerfahrung werden. Denn das ist der Sinn in der Abfolge der Erzählungen von der Schöpfung über die urtypische Menschheitsgeschichte zur Geschichte des Werdens Israels inmitten der Völker: Israel wird zum konkreten und exemplarischen Fall der menschheitlichen Grunderfahrung werden.»[193]

«Die Zeugungen sind Mittel des ‹Handelns› Gottes, seiner creatio continua, die als natürliches Geschehen zielgerichtet bleibt auf reines Wort-Geschehen: auf das Werden der Geschichte Israels inmitten der Völker hin.»[194] Diese Zeugungen gelten auch für Jesus: «Weltgeschichte ist Geschichte der *toledot adam* und speziell Geschichte der Nachkommenschaft Abrahams. Abrahamitische Nachkommensverhältnisse sind das Thema der Weltgeschichte. Und davon ist nichts ‹hin-

189 Vgl. P, 292.
190 Vgl. ebd., 294.
191 Ebd., 294.
192 Vgl. ebd., 297.
193 Ebd., 299.
194 Ebd., 309.

fällig› geworden, als das Wort Gottes sich in Jesus Christus ereignete.»[195] Jesus, der «aus den Lenden seiner Väter»[196] kommt, steht nämlich in der Reihe der Zeugen Israels: «Mit Jesus beginnt ein Neues. Aber es beginnt abermals unter den Geburtswehen, unter denen das Werden Israels inmitten der Menschheit schon eh und je begonnen hat.»[197]

Die Zeugungen sind also die Mittel, durch die Gott in der Welt wirkt. Deshalb sind sie für das Wirklichkeits- wie auch für das Israelverständnis Marquardts tragend. Denn wenn es in der Schoa gelungen wäre, Israel auszurotten, hätte Gott keine Möglichkeit mehr, in der Welt zu wirken, weil seine Zeugungen allein in und dank Israel in der Welt Wirklichkeit werden können.

Weil für Marquardt aber einerseits explizit historische Ereignisse wie die Schoa und die Staatengründung Israels Drehpunkte seines theologischen Denkens sind und er andererseits die Lebenswirklichkeit der Menschen und die Wirklichkeit Gottes ebenfalls als Zentralbegriffe seiner Theologie verwendet, liegt es nahe, auch den Geschichtsbegriff zu Gunsten einer besseren Anschlussfähigkeit an den Diskurs klarer zu umreissen.

Obwohl Marquardt eine so wirklichkeitsnahe Theologie treibt, kann das Wirklichkeitsverständnis nicht allein theologisch entfaltet werden. Wenn die Wirklichkeit theologisch adäquat analysiert bzw. gedeutet werden will, muss dies auch mit entsprechenden nichttheologischen Kategorien und aus nichttheologischer Perspektive geschehen – gerade, wenn wie von Marquardt der Anspruch erhoben wird, eine Theologie zu treiben, die nicht nur im Elfenbeinturm stattfindet.

Zwischen theologischem Anspruch der Wirklichkeitsverbindlichkeit und dem Bezug zu geschichtlichen Wirklichkeiten klafft bei Marquardt eine Lücke. Obwohl Marquardt mit den Toledot eine Verbindung zwischen Gottes- und Menschenwirklichkeit aufspannt, unterlässt er es, geschichtstheologisch und -theoretisch zu argumentieren.

2.2.6 Problemanzeige III: Hat Marquardt ein einseitiges Bild der Geschichte Israels?

Christinnen und Christen als Hoffende sind, so Marquardt, eng mit den Verheissungen Gottes an das jüdische Volk verknüpft, die in der Geschichte Gottes mit diesem Volk Wirklichkeit wurden und werden. Deshalb ist der christliche Glaube von einem «*geschichtliche*[n] Hoffnungscharakter» geprägt.[198] Micha Brumlik kritisiert zu Recht Marquardts Interpretation der Geschichte Israels,

195 P, 331.
196 Ebd., 324.
197 Ebd., 325.
198 Vgl. E I, 78.

indem er zugespitzt fragt, ob diese Interpretation nicht letztlich die Juden «als Unterpfand christlicher Hoffnung» ansieht.[199] Für Marquardt aber ist «[b]iblisches Hoffen [...] geschichtliches Hoffen», da es einerseits nicht in Weltverdruss gegründet ist, sondern im Weg, «den das jüdische Volk in der Weltgeschichte geht», andererseits aber alles, was es hofft, für die Welt und das Gottesvolk hofft; es hofft nicht auf Abschaffung der Nöte, sondern darauf, durch die Nöte der Welt – wenn Gott will – hindurchgeführt zu werden. Hoffnung ist geschichtsverbunden und, einmal mehr, israelverbunden.[200]

> «*Israel schlechthin*, so wie es in den Schriften sich bezeugt, *ist ein einziger Ruf zum Hoffen.* Der Grund dafür ist klar: Weil Israel seine Geschichte in ständiger Berührung mit Gott erfahren hat, gegen ihn sich aufbäumend und doch immer wieder sich auf ihn stützend, an ihm sich sichernd, darum können die Schriften, die davon erzählen, insgesamt als Hoffnungsruf gehört werden: *für alle und für immer.* Und Christen, wie Paulus sie versteht, sind solche früheren Juden und früheren Nichtjuden, die sich anhaltend dem Hoffnungsruf der Schriften, der Hoffnung, die in der Beziehung zwischen Gott und Israel lebt, aussetzen. Dies macht sie israel-geschichtlich, und diese Hoffnung Israels ist demnach ein Hauptgrund und Hauptkennzeichen des Hoffens der Christen.»[201]

Legt Marquardt diesen Überlegungen nicht ein einseitiges Israelkonzept zugrunde? Nämlich eines, das sehr stark auf eine von Gott beeinflusste Geschichte angewiesen ist und darüber hinaus diese durchwegs positiv als Hoffnungsgeschichte einfärbt? Was leistet ein solches Israelbild in einer Zeit, in der Glauben – aus guten Gründen – nicht (mehr) zwingend mit geschichtlichem oder gar zielgerichtetem Wirken Gottes in Verbindung gebracht wird? Wenn Marquardt von «Israel-Geschichtlichkeit» spricht, hat er ein bestimmtes Gottes- und Geschichtsbild vor Augen, das im theologischen und kirchlichen Diskurs nicht ohne weiteres anschlussfähig ist. Und: Könnte das, was Israel in seiner Geschichte mit Gott als seinem Erwählenden er- und durchlebt, nicht auch etwa als Zwangsstatt Hoffnungsgeschichte gelesen werden? Wenn z. B. in Hes 20,30ff. die Rede davon ist, dass sich das Haus Israel den Gedanken aus dem Kopf schlagen soll, sein zu wollen wie «die Weltstämme», so liegt wohl für dieses Haus Israel im Erwählt-, also im Anderssein als die Weltstämme, keine Hoffnungsperspektive. Ausserdem trägt die über weite Strecken leidvolle Geschichte der Jüdinnen und Juden in der Weltgeschichte nicht nur hoffnungsvolle Züge. Verklärt Marquardt also nicht die Geschichte Israels?

Marquardt argumentiert vom Ziel her: Das «*Hoffnungsziel*» von Juden und Christen ist die «*Befreiung*». Marquardt steht also auf der Seite einer «*teleologisch denkenden Eschatologie*», die ihre Hoffnung auf etwas qualitativ Neues setzt. Dem Jüngsten Gericht, «*das uns von aller Selbstgesetzlichkeit unserer Hoffnungen und Zielsetzungen befreien wird*», sehen die Christen entgegen, obwohl sich in der Welt

199 Vgl. Brumlik: *Freundschaft*, 186f. Zu Brumliks Kritik siehe Kap. 1.2.3.3.
200 Vgl. E I, 80f.
201 Ebd., 86.

Hoffnungslosigkeit – erst recht nach Auschwitz – breit macht. *«Nur wenn sich auf eine Befreiung von jedem ‹Ende› hoffen liesse, könnten wir Hoffnung auch denken.»*[202] Christliches Hoffen mit Israel und – besonders nach Auschwitz – um Israels willen, ist also auch eschatisches, zielgerichtetes Hoffen: Es hofft auf Befreiung im Jüngsten Gericht. Es ist aber, aus drei Gründen, auch «geschichtliches» Hoffen, nämlich ein Hoffen, das «aus der Berufung auf den Weg erhält, den das jüdische Volk in der Weltgeschichte geht [und nicht: gegangen ist, AZ] und [...] das alles, was es zu hoffen gibt, für die Welt hofft und nur im Verein mit ihr auch für die eigene Zukunft des Gottesvolks und der Seelen derer, die zu ihm gehören» und, drittens, das «die Hoffenden nicht über die Nöte hinwegführt, sondern in sie hinein und dann, wenn Gott will und sich dazu bekennt, auch durch sie hindurch».[203]

Christliches Hoffen ist also nicht nur aus Gründen der Gotteslehre (der Gott Israels ist auch der Gott der Christen und ist nicht ohne sein erwähltes Volk denkbar, der Gott Israels ist der Vater Jesu Christi), der Erwählungslehre und Christologie (in Israel als von Gott bleibend erwähltem Volk sind durch Jesus von Nazareth alle Menschen [hinzu-]erwählt) und der Religionsgeschichte (Christentum und Judentum sind besonders in frühchristlicher Zeit religionsgenetisch in komplexer Weise aufeinander bezogen) auf Israel verwiesen. Christliches Hoffen ist und bleibt, laut Marquardt, durch den Christus Jesus für alle Menschen konstitutiv in der zielgerichteten Hoffnungsgeschichte Israels begründet:

> «Es geht um die Teilnahme an der πολιτεία Israels, an der weltgeschichtlichen Bewegung dieses Volkes, die allein uns in der Welt mit Gott verbindet, uns Hoffnung schenken kann und die einem eingeborenen Heiden in dem Augenblick eröffnet wird, in dem sich der Christus Jesus ihm eröffnet.»[204]

Diese Zusammenhänge können nur stimmen, wenn die «weltgeschichtliche Bewegung» Israels als Hoffnung spendend interpretiert wird. Kann so aber diese Bewegung nicht nur aus gesicherter zeitlicher und auch emotionaler Distanz gesehen werden? Ist diese Interpretation nicht letztlich eine Vereinseitigung der historischen Wirklichkeit, die durchaus nicht immer von Hoffnung gezeichnet war, sondern viel eher von einer Wechselhaftigkeit aus Zerstreuung und Sammlung, Zuwendung und Abkehr, Sieg und Niederlage?

Geschichtliche Vorgänge theologisch zu interpretieren ist nicht von vornherein abwegig, zumal «in der Überzeugung der Bibel [...] Geschichte [...] von Anfang an [ist] und es ist vom Anfang her eine Geschichte Gottes und eine Geschichte mit Gott»[205]. Diese Interpretation sollte aber nicht mit einer Analyse der historischen Wirklichkeit verwechselt werden, deren Ergebnisse dann Grund- und Ausgangslage für weitere theologische Denkprozesse sind. Geht aber Mar-

202 Vgl. E I, 31f.
203 Vgl. ebd., 79f.
204 Ebd., 81.
205 Vgl. Frevel: *Bibel*, 53.

quardt nicht genau diesen Weg? Liest er nicht in die Geschichte Israels zu stark ein Hoffnungselement hinein und benutzt dann diese seine hoffnungsgeladene Interpretation von Bibeltexten als Grundlage weiterer theologischer Denkprozesse? Benutzt er so die Texte der Bibel, statt sie zu interpretieren?

> Unter «Benutzen» bzw. «Gebrauch» eines Textes versteht Umberto Eco den kreativen Vorgang, wenn von einem «Leser» einem Text eine Aussage abgerungen wird, die nicht in erster Linie aus dem Text selbst hervorgeht, die dadurch aber einen neuen Text entstehen lässt.[206] Eine «Interpretation» eines Textes hingegen verläuft methodisch kontrolliert, entnimmt einem Text «das, was dieser nicht sagt (aber voraussetzt, anspricht, beinhaltet und miteinbezieht)», dabei «Leerräume» auffüllt und «das, was sich im Text befindet, mit dem intertextuellen Gewebe» verknüpft, «aus dem der Text entstanden ist und mit dem er sich wieder verbinden wird».[207]

Der christliche Alttestamentler Christoph Levin merkt an, dass in der Welt der «orientalischen Antike» und des «östlichen Hellenismus», in welcher die Schriften des Alten Testaments entstanden sind, «keine Darstellung geschichtlicher Vorgänge [...] nicht unmittelbar interessengeleitet gewesen wäre». Darüber hinaus ist «der Geschichtsentwurf des Alten Testamentes [...] Grundlage und Ausdruck religiöser Überzeugung»[208] und «die Sicht einer Minderheit», die noch dazu «keine Einheit» war.[209] Das bedeutet aber nicht, dass ein solcher Geschichtsentwurf keine Berechtigung hätte:

> «Über das Aufdecken von Zusammenhängen und die Deutung der vergangenen Ereignisse konstituiert sich die Identität Israels. Geschichte ist Erinnerung, und Erinnerung konstituiert Identität. Es ist das Moment der Deutung, das die Geschichte vom Geschehen unterscheidet. Geschichte *macht* Sinn.»[210]

Weil das «Geschichtsverständnis der Bibel» einen Anspruch hat, der «jenseits der historischen Wahrheit liegt», nämlich den «Gedanken, dass Gott und Welt in einem Verhältnis stehen und dieses Verhältnis aus der Zeit und damit der Geschichte nicht herauszulösen ist»,[211] muss diese biblische Geschichte theologisch interpretiert werden. Der Anspruch aber, dass sie historische Quelle mit dem Ziel ist, «*eine* oder gar *die* historische Wahrheit»[212] aufzuzeigen, kann nicht erhoben werden. Tut Marquardt aber nicht genau dies, wenn er den Grund für christliches Hoffen so fundamental und existenziell in der – in seinen Augen – sich real und konkret zugetragenen Hoffnungsgeschichte Israels sieht? Was, wenn diese Hoffnungsgeschichte konstruiert ist, ebenso wie die Identität Is-

---

206 Vgl. Eco: *Lector*, 73.
207 Vgl. ebd., 5.
208 Vgl. Levin: *Entwurf*, 2f.
209 Vgl. ebd., 27.
210 Frevel: *Bibel*, 55.
211 Vgl. ebd., 53.
212 Ebd., 52.

raels?[213] Was, wenn diese Hoffnungsgeschichte gar nicht so hoffnungsgeladen ist, sondern im Nachhinein als solche erfunden wurde?

> Weiterführend stellt sich die Frage: Welche Bilder, die heutzutage über das biblische Israel existieren, sind Früchte einer erfundenen Tradition? Der den Begriff der «Invention of Tradition» prägende Universalhistoriker Eric Hobsbawm bezeichnet damit das Bedürfnis, «to establish continuity with a suitable historical past»[214], das stark ausgeprägt in den vergangenen 200 Jahren zu beobachten ist.[215] Hobsbawm hat hier aber vor allem den konkreten Prozess der «formalization and ritualization, characterized by reference to the past» im Blick, welcher «rituals and symbolic complexes» hervorbringt.[216] Sind vielleicht christliche (und auch jüdische) Vorstellungen davon, was die Identität Israels und der Juden ausmacht, auch solche «symbolic complexes», deren Historizität nicht durch eine quellengestützte belastbare Faktenbasis belegt werden kann, sondern erfunden ist? Ein solcher, wenn auch abstrakter, «complex» könnte etwa nebst dem der relativ starken ethnischen Abgeschlossenheit, der dauernden Verfolgung durch andere oder des rigorosen Monotheismus auch die Hoffnungsgeschichtlichkeit sein.

Wie sehen aber jüdische Menschen selbst die Geschichte Israels? Gibt es unter ihnen auch die Sicht, dass die Geschichte des jüdischen Volkes als Hoffnungsgeschichte gesehen werden kann?

Der jüdische Historiker Michael Brenner schreibt im Vorwort seiner *Kleinen jüdischen Geschichte*: «Die Geschichte der Juden zu erzählen ist nicht einfach, weil Menschen in fast allen Teilen der Erde nicht nur irgendetwas über die Juden gehört, sondern auch irgendeine Meinung zu ihnen haben.»[217] Gerade dieser Umstand erschwert es der Historikerin bzw. dem Historiker, die nötige Distanz zum Gegenstand der Untersuchung einzunehmen, zumal die verbreitet vorhandenen Meinungen über die Juden oder Israel nicht selten sehr polemisch und pointiert sind.[218] Brenner schreibt die dreitausendjährige Geschichte der Juden als Migrationsgeschichte. Darin kommt aber eine theologische Hoffnung als tragendes Motiv nicht vor. Vielmehr lässt sich diese Geschichte als vielschichtige und vielseitige, wechselhafte und keineswegs stringente Geschichte lesen.

Der jüdische Historiker und Philosoph Amos Funkenstein stellt fest: «Die jüdische Kultur wurde und blieb durch ein, wenn auch zu verschiedenen Zeiten unterschiedliches, akutes historisches Bewusstsein bestimmt. Anders gesagt, die

---

213 Siehe hierzu z. B. die, wenn auch umstrittenen, so doch pointierten einschlägigen Werke des israelischen Historikers Shlomo Sand, vor allem *Die Erfindung des Landes Israel. Mythos und Wahrheit*, aus dem Hebräischen von Markus Lemke, Berlin 2014; *Warum ich aufhöre, Jude zu sein. Ein israelischer Standpunkt*, aus dem Hebräischen von Gundula Schiffer, Berlin 2013; *Die Erfindung des jüdischen Volkes. Israels Gründungsmythos auf dem Prüfstand*, aus dem Hebräischen von Alice Meroz, Berlin 2010[3].

214 Hobsbawm: *Inventing*, 1.

215 Vgl. ebd., 5.

216 Vgl. ebd., 4.

217 Brenner: *Geschichte*, 10.

218 Ebd.

jüdische Kultur verstand sich niemals als selbstverständlich.»[219] Gleichwohl fehlte es ihr «von der Kanonisierung der Heiligen Schrift bis ins neunzehnte Jahrhundert hinein an einer kontinuierlichen Tradition der Geschichtsschreibung».[220] Dabei ist das «Hauptthema historischer Reflexion» der Juden «die Begründung ihrer Einzigartigkeit *durch* das Verstehen von Geschichte».[221]

Die jüdische Philosophin Ronny Miron kommt am Schluss ihrer Untersuchung zum Geschichtsbild der Historiker Yosef Haiym Yerushalmi, Amos Funkenstein, Gerschom Scholem, des Literaturkritikers Baruch Kurzweil und des Philosophen Nathan Rotenstreich zum Schluss: Jeder dieser fünf zentralen jüdischen Denkern des 20. Jahrhunderts verweist auf «the enigma of the relations between immanence and transcendence» und bezeichnet es als «fundamental pattern of Jewish history».[222]

Das Element der Hoffnung, das Marquardt als *das* Thema über die gesamte Geschichte Israels stellt, tritt bei Funkenstein nirgends prominent auf, genauso wenig wie in den Überblickstexten Mirons und Paul Mendes-Flohrs. Vielmehr beschreibt Mendes-Flohr die liturgische Erinnerung an die gnädige Gegenwart Gottes als zentral für das jüdische Geschichtsdenken: «Periodically requickened by ritual and liturgical recitations, Jewish memory is thus preeminently a mode of numinous consciousness in which the Jew experiences the eternal and gracious presence of God.» Gleichwohl ist einerseits der Gott der Tora auch der Gott der profanen Geschichte. Andererseits ist jüdisches Geschichtsdenken kein Kreisen um die Vergangenheit: «Awaiting the miraculous redemption, the prophets nevertheless also focused on the actions of man within the bounds of history, suggesting that the future is paradoxically both a divine promise and a human responsibility.»[223] Vielmehr ist die Brücke zwischen der mystischen Existenz Israels, ausgedrückt durch den Bund Gottes mit seinem Volk, und der irdischen Existenz, die Halacha: «The halakhah binds Israel's everyday, historical reality with the metahstorical vocation to be God's ‹holy people›».[224]

Deckt sich Marquardts hoffnungsgeladene Geschichtsinterpretation also nicht mit jüdischen Interpretationen? Funkenstein hält gegen Ende seiner Darstellung über die Interpretation jüdischer Geschichte durch jüdische Historikerinnen und Historiker seit der Antike fest:

> «Entgegen aller Neigungen zur Dekonstruktion in der neueren methodischen Literatur möchte ich geltend machen, dass jeder Versuch, die zentrale Stellung eines *Subjekts*, eines Ichs, zu zerstören oder sich ihrer zu entledigen, einer philosophischen Täuschung, einer Selbsttäuschung gleichkommt. Es gibt keinen Ersatz für das Ich – sei es in der Epistemologie, der Geschichtswissenschaft oder im Leben; jeder Versuch,

---

219 Funkenstein: *Geschichte*, 20.
220 Vgl. ebd., 25.
221 Vgl. ebd., 33.
222 Vgl. Miron: *History*, 428.
223 Vgl. Mendes-Flohr: History, 372–274.
224 Vgl. ebd., 379.

> dies beiseite zu schieben, weist bereits auf ein anderes, ein verborgenes Subjekt oder Ich hin. Eine kohärente Erzählung bezeugt die Identität eines Subjekts. Es *ist* sogar dieses Ich, insofern jedes Ich die Erzählung lebt, die es nicht nur mit Worten sondern auch mit Taten gestaltet; unsere Erzählung ist unser Leben.»[225]

Das Ich des Geschichtsdeuters bzw. der Geschichtsdeuterin schreibt sich in seine bzw. ihre Geschichtsdeutung ein und konstruiert so Identität. Dieser Zusammenhang muss dem Ich und der Rezipientin bzw. dem Rezipienten der Geschichtserzählungen bewusst sein, andernfalls besteht die Gefahr, dass die subjektive Geschichtsdeutung und -konstruktion für die historische Wirklichkeit gehalten wird. Diese Gefahr lauert auch in Marquardts Deutung der Geschichte Israels.

Der jüdische Historiker Yosef Hayim Yerushalmi schreibt dem «Erinnern [...] eine Schlüsselrolle» in der hebräischen Bibel zu. Gott und Mensch sind aufgefordert, zu erinnern und nicht zu vergessen.[226] Im «alten Israel» spielt die Geschichte eine «beherrschende Rolle», die «biblische Religion [...] ist von Geschichte durchdrungen und ohne sie nicht denkbar». Dies zeigt sich daran, «dass die Menschen selbst Gott nur kennen, insofern er sich ‹historisch› offenbart.»[227]

Die rabbinische Zeit hat «kaum historische Aufzeichnungen» hervorgebracht. Es war klar, dass das Ziel der Geschichte «die Errichtung des Reiches Gottes auf Erden» ist, an der «dem jüdischen Volk [...] eine Schlüsselrolle zukommt». Die Rabbinen «waren vom ewigen Bestehen des Bundes zwischen Gott und Israel überzeugt». «Vor allem aber hatten sie aus der Bibel gelernt, dass der eigentliche Pulsschlag der Geschichte oft unter der Oberfläche zu fühlen ist, dass es eine verborgene Geschichte gibt [...].»[228]

> «Ob nun die Ankunft des Messias von der Reue der Juden und ihrem Gehorsam gegenüber Gott abhängt, was Rabbi Jehoschua meinte, oder unabhängig davon nach dem unerforschlichen Willen Gottes stattfindet – es bleibt die Frage, was man bis dahin tun soll. Die einmütige Antworte der Rabbiner lautete, in dem Zeitraum zwischen Zerstörung und Erlösung sei es die wichtigste Aufgabe der Juden, dem biblischen Aufruf, ein heiliges Volk zu werden, endlich voll und ganz gerecht zu werden. Für die Rabbiner hiess das, das geschriebene und das mündlich überlieferte Gesetz zu studieren und zu erfüllen, eine ganz auf dessen Vorschriften und Idealen beruhende jüdische Gesellschaft zu errichten und – was die Zukunft betraf – Vertrauen, Geduld und Gebet.»[229]

Yerushalmi bezeichnet die «Hoffnung auf die Zukunft» als das «natürliche[...] Pendant» der «Erinnerung an die Vergangenheit». Die Geschichte der «*jüdischen Hoffnung*» kann aber nicht untersucht werden, ohne, dass «*gleichzeitig die Geschichte der jüdischen Verzweiflung*» untersucht wird: «Erst wenn uns die historischen Tiefen jüdischer *Hoffnungslosigkeit* schmerzlich bewusst werden, erst,

---

225 Funkenstein: *Geschichte*, 282f.

226 Vgl. Yerushalmi: *Zachor*, 17.

227 Vgl. ebd., 21.

228 Vgl. ebd., 35.

229 Ebd.

wenn wir sie ernst nehmen, fangen wir an zu begreifen, dass jüdische Hoffnung nicht etwas historisch ‹Gegebenes› ist, sondern ein historisches Problem.»[230]

Laut Yerushalmi können folgende Fragen an die Vergangenheit helfen, eine Geschichte der jüdischen Hoffnung zu schreiben: Die Frage nach dem Verhältnis von Messianismus und Hoffnung und die doppelte Frage, wie sich «bei den Juden das Verhältnis zwischen Gedächtnis und Hoffnung, zwischen Vergangenheitssinn und Zukunftserwartung» ausgestaltete.[231]

Yerushalmi fordert eine «Geschichte der jüdischen Hoffnung» einerseits aus historischen, andererseits aber auch aus sozialpsychologischen Gründen.[232]

> «Ich stelle fest, dass ich zu denen gehöre, die befürchten, dass seit der *Schoa* grosse Gruppen des jüdischen Volkes von einer Zeit der Vernichtung und des Todes so besessen sind, dass sie auf dieser Grundlage ihr kollektives Leben ordnen und sogar Entscheidungen über gegenwärtige und zukünftige Politik treffen. Ich verstehe das zwar, aber es beunruhigt mich darum nicht weniger. [...] Warum eine Geschichte der Hoffnung? Um unsere Einsamkeit zu mildern. Um zu begreifen, dass wir nicht die ersten sind, denen die Verzweiflung nichts Fremdes und die Hoffnung kein leeres Versprechen war; um dann auch zu begreifen, dass wir nicht notwendigerweise die letzten sind. Das könnte – vielleicht – ein kleiner und bescheidener Schritt zur Hoffnung sein.»[233]

Marquardt schreibt zwar keine Geschichte der jüdischen Hoffnung. Vielmehr schreibt er die Hoffnung in die jüdische Geschichte ein. Auch Yerushalmi vermutet Hoffnung in der jüdischen Geschichte und fordert, methodisch kontrolliert deren Charakteristika herauszuarbeiten. Beim Ziel der Hoffnung sind beide nahe beieinander: Beide hoffen, dass die Hoffnung, die aus und in der Geschichte Israels auf vielfältige Weise sichtbar wird, in die Zukunft reicht und deshalb auf die Gegenwart eine positive Wirkung hat. Bei Yerushalmi ist diese die Linderung der Einsamkeit der Jüdinnen und Juden, bei Marquardt ist es die Hoffnung auf ein eschatisch hoffnungsvolles Wirken Gottes, die das menschliche Tun im Hier und Jetzt als eine ebenso notwendige wie gute Kooperation mit diesem Gott bestimmt.

Eine grosse Stärke einer theologischen Geschichtsinterpretation liegt darin, dass sie die Geschichte in theologisches Denken einbezieht. Gerade jüdische Erinnerungskultur ist stark geschichtsbezogen und bewirkt dadurch auch, dass Theologie als kritisches Gegenüber zur Gegenwart getrieben werden kann.

> Besonders gut lässt sich das am Exodusgedenken zeigen, das bis auf den heutigen Tag an verschiedenen jüdischen Feiertagen stattfindet und so kollektives und individuelles Bewusstsein erhält und formt. «Am eindrucksvollsten ist wohl die jedes Jahr am Sederabend des Pessachfestes ausgesprochene Beteuerung, jeder Jude müsse das Ereignis der Befreiung aus der Knechtschaft so auf sein eigenes Dasein beziehen, dass

---

230 Vgl. Yerushalmi: *Zachor*, 81–84.
231 Vgl. ebd., 89–92.
232 Vgl. ebd., 93.
233 Ebd., 93f.

> er selbst das Bewusstsein habe, aus dem Land Ägypten in das Land Israel gekommen zu sein.»[234]

Vergisst Theologie die Geschichte, läuft sie Gefahr, allzu selbstbezogen und subjektiv zu werden. Sie verliert dadurch ihre Möglichkeit, sowohl Orientierungswissen[235] bereitzustellen als auch Weltdeutung zu sein. Gleichwohl muss sie sich der Gefahren bewusst sein, die in einer einseitigen Geschichtsinterpretation schlummern. Eine dieser Gefahren besteht darin, dass der hermeneutische Ansatz der Geschichtsinterpretin bzw. des -interpreten zu stark in die Geschichten hineingelesen und so die Vielschichtigkeit der Geschichten und auch die Widersprüchlichkeit der Geschichte redimensioniert und simplifiziert werden. Gerade diese Gefahr sehe ich bei Marquardt.

---

234 Brenner: *Geschichte*, 16f.

235 Siehe hierzu insbes. Mittelstrass: *Glanz*, 19: «*Orientierungswissen*» verschafft dem «*Verfügungswissen* [...], das die Verfügungsgewalt des Menschen über seine Welt vergrössert», «*regulatives* Wissen, ein Wissen um Ziele und Maximen».

«Du musst leben. Du musst Jude bleiben –
sonst hat Hitler doch gewonnen.»
Emil Fackenheim,
zit. nach: Marquardt: *Schweigen*, 50.

2.3 Motiv III: In Israel ist der hoffnungsvolle Zusammenhang von Verheissung und Gebot gegeben

2.3.1 A: Die Verheissung

Marquardt knüpft Verheissung und Gebot und nicht etwa Gebot und Erfüllung. Dabei ist die Verheissung ein Offenbarungsgeschehen Gottes und kündet von den Taten Gottes, welche einerseits in der Geschichte Israels augenscheinlich und andererseits in Christus allen Menschen mitgeteilt worden sind. Am Beispiel der Landverheissung macht Marquardt dies deutlich, zumal durch Christus alle Menschen an der Abrahamverheissung teilhaben können. Ausserdem zeigt die Landverheissung, dass Gott selber auf die Mitarbeit der Menschen angewiesen ist, denn nur, wenn die Menschen im ihnen verheissenen konkret-irdischen Land die Gebote Gottes halten, wird Gottes Verheissung Wirklichkeit. Gott bindet sich also in seinem Verheissungshandeln an Israel und an die Menschen.

Am Beispiel der Landverheissung will Marquardt deutlich machen, dass Gottes Verheissung in erster Linie konkret und geerdet ist. Dieses Bestreben ist aber infrage zu stellen, denn Marquardt führt als Konkretion der Landverheissung lediglich die Verkündigung an. Auf die politischen, gesellschaftlichen und religiösen Probleme im real existierenden Land Israel etwa geht er nicht ein. Für den Alttestamentler Frank Crüsemann hingegen ist gerade das konkrete Befolgen der Gebote der Gerechtigkeit Gottes im Land Israel Konkretion der Tora.

Weiter muss gefragt werden, welche von den an Israel ergangenen Verheissungen für nichtjüdische Menschen gelten. Im Befolgen der noachidischen Gebote sieht Marquardt die Möglichkeit der Mitteilhabe nichtjüdischer Menschen an den Verheissungen Gottes an Israel. Kornelius Heiko Miskotte hingegen fragt, inwiefern Christinnen und Christen aus dem Verheissungsüberschuss des Alten Testamentes leben können. Diese Perspektive konkretisiert Marquardt, indem er sie auf eine Lernbeziehung mit Israel auszieht: Israel macht es vor, was es heisst, mit dem im Modus der Verheissung sich offenbarenden Gott in Beziehung zu stehen.

2.3.1.1 Annäherung I: Verheissung ist konkret und irdisch – am Beispiel der Landverheissung

«Was dürfen wir hoffen...» – dieser erste Teilsatz der Titelfrage der Marquardtschen Eschatologiebände lenkt den Blick auf konkrete Inhalte christlichen Hoffens und auf die sie begründenden Zusammenhänge. Ein solcher besteht zwischen Verheissung und Gebot. In § 2 des ersten Eschatologiebandes bietet Marquardt zwei, wenn auch bezeichnenderweise sehr ungleich lange, Unterkapitel: Auf das kürzere Verheissungs- folgt das mehr als doppelt so lange Gebotskapitel.

Die Reihenfolge der Topoi Verheissung und Gebot hat eine theologische Aussage. Die Einhaltung der Gebote geschieht aus Dankbarkeit[236] für die vorher ergangene göttliche Verheissung, die notabene ein «Wesensbegriff [...] für die *Selbstvermittlung Gottes* an die Menschen oder [...] *Offenbarung* [ist]»[237]. Mit dieser Reihenfolge scheint Marquardt formal der Struktur «Evangelium – Gesetz» zu folgen, die sich prominent bei Karl Barth findet.[238] Was Marquardt aber unter Verheissung konkret versteht, führt er im ersten Eschatologieband aus: «Sie [die Verheissungen, AZ] sind immer Ankündigungen neuer grosser Werke Gottes in Israel und für die Menschheit.»[239] Deshalb ist «christliche *Eschatologie* [...] die *Lehre von Gottes Verheissungen*».[240]

Dies meint Marquardt ganz «gegenständlich», indem er darauf verweist, wie in der Friedensbewegung der 1980er Jahre Jes 2,4 zum konkreten und nicht etwa symbolischen Inhalt «gegenständlich-reale[r]» Glaubenshoffnung von Christinnen und Christen geworden ist.[241] Die göttlichen Verheissungen sind in den Augen Marquardts einerseits nicht in einem «indirekten» oder «übertragenen Sinn» zu deuten, sondern «wörtlich». Nur so können sie «heute» zu uns sprechen und «uns heute ins Morgen [...] locken».[242] Andererseits kann zur «Verheissung [...] *alles* werden, wovon die Bibel spricht»: Die Geschichte des Volkes Israel ist an sich als eine verheissungsvolle Geschichte zu deuten, genauso wie die Erzählungen über das Leben Jesu.[243] Ja, sogar noch mehr:

---

236 Siehe E I, 152, wo Marquardt die noachidischen Gebote als «*Dankbarkeitsgebote*» bezeichnet und ebd., 327, wo Marquardt auf Gen 8,20 verweist. Dort hat Noah Gott ein Dankopfer für die Rettung aus den Fluten gebracht.

237 Ebd., 155.

238 Siehe *Evangelium und Gesetz* in: Theologische Existenz heute 32(1935). Hierzu auch Busch: *Bogen*, 32f.

239 Man beachte hier die Reihenfolge und die Präpositionen: «in» Israel und «für» die Menschheit. Diese drücken aus, dass Israel für die ganze Menschheit Zeugnisfunktion im Blick auf das Handeln Gottes hat. (Siehe etwa auch E I, 169.)

240 Vgl. E I, 153. An dieser Stelle geht Marquardt über Barth hinaus, der in *Evangelium und Gesetz* die eschatologische Dimension weniger stark mit den Topoi Evangelium und Gesetz verhängt.

241 Vgl. ebd.

242 Vgl. ebd., 154.

243 Vgl. E I, 155.

> «Gott ruft Menschen *nicht nur* dazu, *Adressaten* seiner Verheissungen, sondern selbst ein Segen, selbst eine Verheissung für andere zu werden: *vielversprechende Menschen,* denen zu begegnen für andere nur etwas Verheissungsvolles bedeuten kann. Verheissung, promissio, ist also eine Sprachform, – zugleich eine Ankündigung neuen Wirkens, neuer Handlungen Gottes, – sie ist aber, weil sie dies beides ist, zugleich auch prägendes Wesen von Menschen.»[244]

Gott selber teilt sich ausserdem in Christus als Verheissung den Menschen mit. Dieser Aspekt ist aber, so Marquardt, im Lauf der Zeit aus dem Horizont und der Praxis von Kirche und Theologie verschwunden.[245]

> Marquardt nennt für dieses Verschwinden drei Gründe: 1. Den Biblizismusverdacht von Paul Althaus (biblische Verheissungen können nicht als solche unvermittelt zum Material des christlichen Hoffens gemacht werden, weil sie sich aufgrund ihrer grossen Verschiedenheit nicht auf einen Begriff bringen lassen). 2. Dass Verheissung als Genre biblischer Gottesrede quantitativ viel häufiger im Alten als im Neuen Testament vorkommt. 3. Dass im Alten Testament Gottes Wort nicht in gleicher Weise ergangen ist wie im Neuen. Deshalb ist das Genre der materialen, konkreten Verheissungsrede für Christinnen und Christen weniger bedeutsam.[246]

Marquardts Bestreben ist es, gerade die Verheissung als konkrete, geerdete Gottesoffenbarung wieder ins Gespräch zu bringen. Das kommt auch in seinem 1964 publizierten Text *Die Bedeutung der biblischen Landverheissungen für die Christen* zum Ausdruck. Wie Marquardt dort schon das biblische Landverheissungsthema deutet, ist grundlegend für sein Verständnis von Verheissung, wie er es in den Eschatologiebänden bearbeitet. Deshalb wird hier dieser relativ frühe Text Marquardts referiert und kommentiert.[247]

Marquardt will im knapp 20 Jahre nach Ende des Holocausts erschienenen Text in erster Linie zeigen, dass Israel nicht zu vernichten ist und deshalb Christinnen und Christen «mit der Geschichte Israels heute wieder etwas anfangen [...] können». Zu dieser Geschichte Israels gehören auch die biblischen Landverheissungen. Diese sind von christlicher Seite ernst zu nehmen und deshalb theologisch zu deuten.[248]

Marquardt betont, dass in den alttestamentlichen Landverheissungen mit Land geographisches, also «wirkliches Land», und deshalb nichts Metaphysi-

244 Ebd.

245 Vgl. ebd., 155.

246 Vgl. ebd., 155–159.

247 Auch im zweiten Eschtologieband geht Marquardt ausführlich auf das Thema der Landverheissung ein, dort im Wesentlichen im Kapitel über «Wege[...] zum Ziel». Dieser Text ist wesentlich eschatologischer ausgerichtet als der Landverheissungstext.

248 Vgl. Marquardt: *Landverheissungen*, 6f. Dass die gegenwärtige Geschichte Israels mit christlicher Theologie heute noch etwas zu tun hat, begründet Marquardt mit einem doppelten Überleben, nämlich: dass einerseits die Juden die NS-Verfolgungen und andererseits die Christen als ihre Verfolger das Gericht, das aufgrund dieser Verfolgung über sie verhängt ist, überlebt haben.

sches, Symbolisches, Übertragenes gemeint ist.[249] Das Neue Testament knüpft in einer «Reihe von Anspielungen und Indizien» an den Landtopos des Alten Testaments an. Im Neuen Testament erwähnte geographische Orte sind deshalb vor dem Hintergrund alttestamentlicher Landverheissungstheologie zu lesen.[250] Laut Marquardt wird im Alten Testament das konkrete, greifbare Land als Erbe weitergegeben. Gott ist der Besitzer dieses Landes und gibt es seinem Volk, das darauf Gast sein darf. Am Land werden Schuld und Gericht dadurch sichtbar, dass Israel an diesem Land schuldig geworden ist und deswegen vom Gericht Gottes getroffen wird. Ferner, und dies scheint aufgrund der typographischen Hervorhebung in Marquardts Text sein wichtigstes Anliegen zu sein, ist «*das Land der Kontinuitäts- und Traditionsbeweis* von einer Zeit zur anderen».[251]

Auch in seinem 1975 erschienenen, aber schon 1967 verfassten Text *Die Juden und ihr Land* entfaltet Marquardt seine Landverheissungstheologie ausführlicher, nun aber auch mit dem Ziel, dass Laientheologinnen und -theologen sie nachvollziehen können. Nach dem «versöhnungslosen» israelischen Sieg im Sechstagekrieg 1967 sah sich Marquardt gezwungen, seine Landtheologie zu publizieren und um einige Aspekte zu erweitern.[252] Eine bedeutende Erweiterung ist die pointierte Stellungnahme gegen universalisierende Tendenzen in Israel im Anschluss an den Sechstagekrieg: Das «jüdisch Besondere», vor allem aber der Staat Israel, soll im Namen von «gesamtmenschheitlichen Ideen» vernichtet werden, «alte[...] islamisch-christliche[...] Gegensätze» scheinen sich abschleifen zu müssen, damit im Nahen Osten Frieden einkehren kann.[253] Israel muss also seinen Sonderstatus behalten dürfen, andernfalls verliert es seine zeugnishafte Funktion und wird ein Volk unter anderen Völkern bzw. ein Staat wie andere Staaten auch.

Marquardt kritisiert aber auch in diesem, einem seiner politischsten Texte, mit keinem Wort das Verhalten Israels in seinem Land. Vielmehr stellt er letztlich das Land – und mit Blick auf den Propheten Jesaja und den Römerbrief speziell die Stadt Jerusalem – materialiter als für Juden- und Christentum sowie die Völker unbedingt wichtig dar. Jerusalem ist für Juden- und Christentum «Ausgangsort des Wortes Gottes» und «Zielort für die Völker».[254] Deshalb kann Mar-

---

249 Vgl. Marquardt: *Landverheissungen*, 13.

250 Vgl. ebd., 30. Dieser hermeneutische Zugang, das Neue Testament vor dem Hintergrund des Alten zu lesen, ist für die Sechzigerjahre, in denen Marquardt den Landverheissungstext veröffentlicht hat, neu- und einzigartig und deshalb als Pionierleistung zu würdigen. Frank Crüsemann etwa bezeichnet in seinem 2011 erschienenen Buch *Das Alte Testament als Wahrheitsraum des Neuen* die Blickrichtung vom Alten Testament auf das Neue als «neu». (Vgl. Crüsemann: *Wahrheitsraum*, 26f.) Auf die Frage, wie jüdische Exegetinnen und Exegeten das Neue Testament auslegen, kann hier aber nicht eingegangen werden. (Siehe hierzu aber z. B. die Debatte über die jüdische Jesus- oder Paulusforschung.)

251 Vgl. ebd., 13f. 22.

252 Vgl. Ders.: *Land*, 148.

253 Vgl. ebd., 150f.

254 Vgl. Marquardt: *Land*, 91f.

quardt zur Aussage kommen: «Wo immer die christliche Predigt von der Erfüllung aller Verheissungen erklingt, ist sie seither völlig unglaubwürdig, wenn sie nicht in Taten und Beziehungen zum Volk und Land Israel umgesetzt wird. Denn sie ist dann blosses Wort ohne Wahrheit.»[255]

Das Land ist laut Marquardt für Christinnen und Christen deshalb wichtig, weil es Offenbarungsqualität hat. Das Land, das er seinem erwählten Volk versprochen hat, gehört untrennbar zu Gott. Würde man dieses spezifische Versprochensein dieses konkreten Landes in einen allgemeinmenschlichen Universalismus auflösen, spräche man dem Land seine Offenbarungsqualität ab und würde dadurch den Gott Israels eines konkreten, innerweltlichen, geschichtlichen Erweises seines Seins berauben. Weil für Marquardt das Land Offenbarungscharakter hat, kann er es nicht zulassen, dass dieses Land und besonders die Stadt Jerusalem von einem anderen Volk als dem jüdischen bewohnt wird.[256]

Daran, wie Marquardt die alttestamentliche Landverheissung versteht, lässt sich zeigen, wie er theologisch Verheissung überhaupt einordnet: Sie bezieht sich auf etwas Konkretes, an dem Handeln Gottes sichtbar wird. Dieses Handeln vollzieht sich in der Geschichte, weist aber, da es göttliches Handeln ist, auf die Zukunft. Marquardt will alttestamentliche geographische und lokale «Verhältnisse» als «Ausdruck der allwirksamen Landverheissung in Israel» verstanden wissen und als solche sollen sie hermeneutischer Schlüssel für die Deutung von «geographischen Angaben» im Neuen Testament[257] sein, obwohl im Neuen Testament durchaus die Tendenz zu beobachten ist, dass geographische «Gegebenheiten» in «Symbolsprache» übertragen, also letztlich spiritualisiert werden.[258]

Neutestamentliche Theologie wird also mit alttestamentlicher Landverheissungstheologie unterlegt. Dies führt Marquardt dazu, zu sagen: «In Christus erhalten die Landverheissungen ihren Sitz im Leben.» Das heisst, dass sich an jedem Menschen, der durch die Christusverkündigung «in den Erbstand versetzt wird», die «Abrahamsverheissung» erfüllt, nämlich, dass auch er «jetzt angesiedelt [ist] im ‹Land›, freilich nicht im empirisch besessenen, wohl aber in einem Bereich der Verheissung», die auf die zukünftige Welt weist, nämlich auf den kommenden Äon, die «Gottesherrschaft», die «für das Gottesvolk vorhandene Ruhe».[259]

---

255 Marquardt: *Land*, 94.

256 Vielleicht liegt in diesem Zusammenhang auch ein Grund dafür, dass sich Marquardt mit expliziter Kritik an Israel stark zurückhält.

257 Vgl. Marquardt: *Landverheissungen*, 29f. Neutestamentliche geographische Bestimmungen sieht Marquardt v. a. in den Jesusüberlieferungen im MkEv, in den Missionsbewegungen bei Paulus, in der Apg. (Siehe ebd., 31.)

258 Z. B. dass der Tempel und die Stadt Jerusalem als Zeichen für die eschatologische Gemeinde dienen. (Vgl. ebd., 32.)

259 Diese «Ruhe» ist als «Menucha» ein zentrales Verheissungs- und Hoffnungsgut für Israel, das dem langen Unterwegssein mit all seinen Anstrengungen und Wirrnissen ein Ende setzen soll. (Vgl. ebd., 45f.) Hier kann mit Recht die Frage gestellt werden, ob Marquardts

Bei Marquardt hat also die Verheissung ihren Platz in der Gotteslehre. «Verheissungen gehören zu den *Grundformen der Gottesreden* in der Bibel» und sind deshalb «die eigentliche Materie einer Eschatologie». In den Verheissungen materialisiert sich Gott selbst, sie haben offenbarende Funktion.[260] Im zweiten Eschatologieband bezeichnet Marquardt das Verhältnis Gottes und seines Volkes zum Land sogar als «*Sakrament*»[261] der gegenseitigen «*Zuwendung*» von Israel und Gott; «der Zuspruch des Landes war das Ziel der Freiheit». Marquardt geht sogar noch weiter und sieht im Zuspruch des Landes eine «christologische Figur». Israel wird aus Aegypten in das verheissene Land geführt. Dieses Hinaufführen entspricht einem Herabkommen Gottes: «Er steigt *hinab*, damit Israel *hinaufziehen* kann in das Land (Alija) [...]: Er erniedrigt sich, damit sie erhöht würden.» Auch hier gilt: Die Landverheissung hat offenbarungstheologische Funktion, sie «entspringt seinem innersten Willen»[262], ist, dogmatisch gesprochen, Teil der Gotteslehre; sie bezeugt in der konkreten Welt den Gott Israels. Deshalb ist es wichtig, dass die Landverheissung auf das konkrete Land Israel bezogen bleibt, das Gott seinem Volk zugeschworen hat. Es kann weder durch ein «anderes Gebiet oder Land ersetzt» noch spiritualisiert werden.[263]

Marquardt geht auch auf die Anstössigkeit der biblischen Landverheissung ein, denn damals wie heute war das «*verheissene Land [...] nicht ‹leer›*». «Landverheissung» bedeutete also durch alle Zeiten hindurch «einen unvermeidlichen Zusammenstoss zwischen den Stämmen Israels und den Bewohnern des Landes».[264] Landverheissung lässt sich aber nur «*als [...] Landnahme*» verwirklichen, denn die Tora muss sich an den Widrigkeiten der Wirklichkeit bewähren. Erst dort, in diesem irdischen Unten «kommt im Detail, vor allem aber im Widerspruch und Gegensatz von der nackten Realität heraus, was die Tora wirklich *will*,

---

christologische Interpretation der Landverheissungen, entgegen seiner Intention, nicht doch spiritualisierend sind.

260 Vgl. E I, 153f.

261 Es müsste untersucht werden, inwiefern das Land ein Topos christlicher Sakramentstheologie sein könnte. Z. B. Franz-Joseph Nocke nennt im Kapitel über Sakramentstheologie den Exodus, das Pessachfest, die Tora, prophetische Zeichenhandlungen, gar «‹*die ganze Geschichte Israels*›» und «*die ganze geschaffene Welt*» als «zentrale[...] ‹Zeichen›» für Gottes Zuwendung und Gegenwart im Alten Testament. (Vgl. Nocke: *Sakramentenlehre*, 192f.) Alle diese Topoi hängen mehr oder weniger direkt mit dem Landtopos zusammen. Reinhard Hempelmann arbeitet heraus, dass die Reformatoren und insbes. Luther einen offenen Sakramentsbegriff hatten, weshalb alles, was als «göttliche[...] Zuwendung zum Menschen» bzw. als «Ort der Gegenwart des in Christus geschenkten Heils» und eingebunden in «die Relation von Wort und Glaube» gesehen wird, als sakramental gelten kann. Dies gilt auch für Zwingli und Calvin, die aber, nebst dem, dass sie die Zahl der Sakramente auf zwei beschränkten, eine so enge Bindung an irdische «Elemente» wie bei Luther nicht vorsahen. (Vgl. Hempelmann: *Sakrament*, 63–68.)

262 Vgl. E II, 187f.

263 Vgl. ebd., 191.

264 Vgl. ebd., 199.

und wie Menschen [...] ihr wirklich – in Wirklichkeit – entsprechen oder gerade auch nicht entsprechen können.»[265]

Diese Anstössigkeit sieht Marquardt im Zusammenhang mit der «jüdisch[en]» Auffassung der Erlösungsbedürftigkeit Gottes selbst, die notabene dem «*paganisierten Gottesbild*» des unbeweglichen und allmächtigen Gottes entgegensteht: Gott selbst ist berührbar, er ist entmachtet, «auf Menschenhilfe angewiesen». Darüber hinaus hebt Marquardt darauf ab, dass Israel damals die im verheissenen Land ansässigen Einwohnerinnen und Einwohner nicht vertrieben, sondern enterbt hat. D. h.: sie sind in einen anderen Rechtsstatus versetzt worden, nämlich in den der Abhängigen. Diese Landverheissung, die Israel rechtlich über die Vorbewohner des verheissenen Landes setzt, ist für Israel aber eine Verpflichtung, weil «*die Verheissung Gebot ist*».[266]

Marquardt stellt sich auch mit dieser seiner Deutung der Anstössigkeit der Landverheissung gegen ein Gottesbild, das Gott als allmächtig und unberührbar darstellt. Vielmehr sieht er Gott einmal mehr als erlösungsbedürftig und angewiesen auf menschliche Mitarbeit. Diese besteht darin, dass die Menschen im konkreten Land, das Gott ihnen verheisst und ohne das Gott selbst nicht zu haben ist, inmitten der irdischen Widrigkeiten die Gebote Gottes befolgen. Nur so, angesichts der Wirklichkeit, kann sich die Tora bewähren. Israel wird also einerseits in Pflicht genommen, im verheissenen Land toragemäss zu leben, andererseits erhält es durch dieses toragemässe Leben Zukunft, weil die Verheissung Gottes erst im Befolgen des Gebotes konkret wird. Israel wird also auch «*mit Blick auf das kommende Geschlecht*» zum Erben des Landes eingesetzt.[267] Landverheissung hat so auch eine eschatologische Dimension.

2.3.1.2 Annäherung II: Gott bindet sich an sein Volk und die Menschen

Dadurch, dass Gott seinem Volk mit dem Ziel Land verheisst, dass es dort nach seinen Geboten leben kann und er durch das Tun dieser Gebote bezeugt wird, bindet sich Gott selbst an das von ihm zu seinem Bundespartner erwählte Volk. Zwar stellt er diese Erwählung durch die Verheissungen auf Dauer, macht sich aber von diesem Volk auch abhängig. Denn: Wenn es die Gebote nicht hält, wird auch Gott in diesem Land nicht manifest. Darauf kann Gott nur noch durch Enterbung seines Volkes reagieren.[268]

Dieses göttliche Erwählungs- und Verheissungshandeln ist für Marquardt fundamental. Darin begründet er die geschichtliche Gebundenheit und die eschatische Dimension des Bundes Gottes mit seinem erwählten Volk. Verheissungen sind also in der Geschichte verwurzelt und weisen dort auf Zukunft hin. Sie

265 Vgl. E II, 228.
266 Vgl. ebd., 201–209.
267 Vgl. ebd., 209.
268 Vgl. ebd., 204.

sind geschichtsbeständig und der Bund, der ihnen zugrunde liegt, ist unkündbar, was Paulus in Röm 11 auch bestätigt. Vor diesem Hintergrund kann Marquardt folgerichtig sagen, dass Verheissungen keine «*ungebundenen Utopien*», sondern «*bundesgebunden [...]*» sind.[269] Gleichzeitig sind Verheissungen Ausdruck dafür, dass sich Gott selbst an sein Volk bindet. Verheissungen charakterisieren ihn als geerdet, als konkret auf die Menschen bezogen. Ohne Gottes Verheissungshandeln würde er sich in Allmachtshandlungen verstricken, seine Freiheit unberechenbar ausspielen und sich in sein grosses Geheimnis zurückziehen.[270] Das biblische Zeugnis spricht aber von einem Gott, der dadurch, dass er verheissungsvoll handelt, auf die Menschen zugeht und gleichzeitig die Menschen in sein Handeln mit einbezieht.

Unter dem bundestheologischen Aspekt steht auch ein weiteres Charakteristikum des Marquardtschen Verheissungsverständnisses, nämlich dass die alttestamentlichen Verheissungen nicht nur Israel gelten, sondern auch in einem Bezug mit den Gojim gesehen werden müssen.

Dies begründet Marquardt mit der Feststellung, dass die alttestamentlichen Verheissungen in einen vielfältigen Adressatenkreis innerhalb Israels hinein differenziert werden. «Und da versteht es sich schon von selbst, dass nicht nur Gäste und Fremdlinge innerhalb Israels unter den Rechtsschutz Gottes, sondern *auch die auswärtigen Völker, die Gojim*, unter Gottesverheissung gestellt worden sind, auch dies in ausserordentlicher Vielfalt.»[271] Hier zieht Marquardt die Völkertafel in Gen 10 hinzu und zeigt daran, in welchem Verhältnis Israel zu den Völkern steht: Alle Israel bekannten Völker haben mit Israel in den Noah-Söhnen ihre Herkunft und sind deshalb «durch nichts von den anderen Völkern unterschieden», zumal alle Völker ihren Ursprung im Schöpfungshandeln des Gottes Israels haben.[272] Mit Verweis auf Ex 19,5[273] bekräftigt Marquardt, dass «die ganze Erde und auf ihr *alle* Völker Gottes sind» und die «Differenz der Erwählung Israels [...] eine des Dienstes» ist, welche aber nicht aufheben kann, dass die ganze Erde Gott gehört.[274]

> «Israels besondere Indienststellung ist eine der Aktualisierungen der Wirklichkeit, dass Gott zu allen Völkern im Verhältnis lebt, und sie bestätigt in der aktuellen Wirk-

---

269 Vgl. E II., 163–165.

270 Vgl. ebd., 164.

271 Vgl. E I, 167f.

272 Vgl. ebd., 168. Frank Crüsemann etwa interpretiert einschlägige genealogische alttestamentliche Textstellen so, dass das Volk Israel «Teil des gesamten Menschheits-Zusammenhangs» sei. Die «Menschheit als Ganzes» werde auf Adam und Eva zurückgeführt und nach der grossen Flut aus den Noahsöhnen entfaltet. «Es geht um nichts Geringeres als die essenzielle Einheit alles Menschlichen.» (Vgl. Crüsemann: *Menschheit*, 21.)

273 In der Verdeutschung nach Buber: «Und jetzt, hört ihr, hört auf meine Stimme und wahrt meinen Bund, dann werdet ihr mir aus allen Völkern ein Sondergut. Denn mein ist all das Erdland.» Der letzte Halbsatz im MT: «כִּי־לִי כָּל־הָאָרֶץ׃»

274 Vgl. E I, 169.

ung das allgemeingültige Prinzip. Israel ist nur pars-pro-toto aller Völker das Eigentum Gottes ‹vor allen Völkern›.»[275]

Dass sich Gott an die Menschen bindet und auf ihre Mitarbeit am eschatischen Projekt der vollendeten Schöpfung angewiesen ist, ist eher ein jüdisches als ein christliches Gottesbild. Der jüdische Religionsphilosoph Abraham Heschel fasst «die gesamte menschliche Geschichte, wie die Bibel sie sieht», im Satz zusammen: «Gott ist auf der Suche nach dem Menschen.»[276] Die Gebote sieht Heschel als «Vereinigung» mit Gott, der Geist der Gebote ist «Miteinander-sein», Gott ist «Partner unseres Tuns».[277] Marquardts Verheissungstheologie, die die Verheissung nicht auf Erfüllung hin angelegt sieht, steht in der Konsequenz dieses Gottesbildes, denn gerade dadurch, dass Gott seinem Volk ein Land verheisst, in dem es gemäss seinen Geboten zukunftsträchtig leben soll, zeigt sich, dass Gottes Verheissung geerdet ist und sich deshalb auf der Erde zu bewähren hat. Gottes Bindung an die Menschen macht deutlich, dass er selber nicht in der Lage ist, im Alleingang dieser Erde eine gute Zukunft zu bescheren. Gerade aber an den gegenwärtigen Widrigkeiten, die sich in den Konflikten um den jüdischen Staat Israel äussern, wird offenkundig, dass diese Beteiligung auf tönernen Füssen steht. Welches aber konkrete Konsequenzen daraus für christliche Theologie und insbesondere eschatisches Hoffen sein können, erwähnt Marquardt nicht.

2.3.1.3 Problemanzeige I: Spiritualisiert Marquardt die Landverheissung?

Marquardt verklärt die alttestamentliche Landverheissung, obwohl er Verheissung als konkret und – man könnte sagen, im Blick auf die Landverheissung hier sogar wortwörtlich als geerdet – verstehen will. Was heisst es aber, dass Christinnen und Christen in Christus Miterben und Miterbinnen der Israel gegebenen Landverheissungen sind? Und was heisst es, dass nicht-jüdische Menschen durch Christus mit im Land «angesiedelt»[278] werden? Und inwiefern ist die Israel gegebene Landverheissung Material für eine christliche Eschatologie?

Marquardt fügt zunächst ein kerygmatisches Argument ein: Die in Christus den Christinnen und Christen gegebenen Landverheissungen werden dann konkret, wenn sie verkündigt werden. «Sooft aber ein Mensch durch eben diese Verkündigung in Erbstand versetzt wird, erfüllt sich an ihm die Abrahamsverheissung». Die Christusverkündigung versetzt die Menschen in den Status derer, die Teil haben an der Verheissung. So werden sie «angesiedelt im ‹Land›». Christus ist nie «‹das Erbe›», er ist also nie an die Stelle des Landes getreten.[279]

275 E I, 169.
276 Vgl. Heschel: *Gott*, 104f.
277 Vgl. ebd., 222.
278 Marquardt: *Landverheissungen*, 46.
279 Vgl. ebd.

Für Marquardt bedeutet die biblische Landverheissung in Christus für eine christliche Eschatologie, dass Verheissung ein Verkündigungsgut ist. Verkündigt wird ein Christus, der das Erbteil Land in sich trägt, weil er, der Jude Jesus von Nazareth, aufgrund seines Judeseins zum erwählten Israel gehört, das ohne das verheissene Land nicht denkbar ist. Israel ist nämlich dazu erwählt, im verheissenen Land gemäss den Geboten Gottes zu leben und so Gottes Wesen in der Welt zu bezeugen. Diese Zusammenhänge sind für eine christliche Eschatologie insofern relevant, weil sie den Christus nicht als erfüllte Realität verkündet, sondern als Verheissung. Verheissung selber ist auf Zukunft hin angelegt und der Christus, der als Verheissung verkündigt wird, erinnert so an die Landverheissung, die ihrerseits auf Zukunft hin weist, also offen ist.[280]

Marquardt bezeichnet selbst das Kerygma als «eschatologischen Sinn der Landverheissungen für die Christen», das Juden und Heiden «gemeinsam zu neuer Erfüllung ruft»[281] – eine Erfüllung, die notabene in der Zukunft liegt und deshalb Gegenstand der Eschatologie ist.

Nebst diesem abstrakten kerygmatischen Element sehe ich in der Landverheissung nichts, das Material für eine christliche Eschatologie bereitstellt. Die Landverheissung illustriert aber den Modus, in dem christliche Eschatologie von Gott reden muss. Weil Gott konkretes Land verheissen hat, muss Theologie mitbedenken, dass dieser Gott nicht ohne konkretes Land gedacht werden kann. Dieses Land hat also Offenbarungscharakter, ist aber immer auch umstrittenes Land, in dem erst in Zukunft, im Gottesreich, Ruhe und Frieden einkehren werden. Und: Dieser Gott ist immer ein geerdeter Gott, ein Gott, mit dem zu rechnen ist, ein Gott, der nicht spiritualisiert werden darf.

Marquardt ist mit seiner Forderung, die sich gegen Spiritualisierungstendenzen stellt, wie auch mit seiner Gebotstheologie,[282] sehr nahe bei Calvin: Dieser liest laut Hans-Joachim Kraus das Alte Testament als Historiker und verschliesst so einer vereinnahmenden – und auch ausschliesslich spiritualisierenden – Hermeneutik Tür und Tor.[283] Ausserdem betrachtet er, damals als einziger in der kirchlichen und theologischen Auslegungstradition, den Bund Gottes mit Israel als ewig und für das reformatorische *sola gratia* sogar als grundlegend, denn das Heil, das sich auch in der Ersterwählung Israels ausdrückt, beruht auf der freien Gnade Gottes. «Die Bundestreue Gottes ist und bleibt vielmehr für Israel geschichtlich real und konkret – bist zum Letzten.»[284] Diese Bundestreue drückt sich bei Marquardt auch darin aus, dass das Land bleibend Israel verheissen ist.

---

280 Siehe Marquardt: *Landverheissungen*, 52f.

281 Vgl. ebd., 53.

282 Siehe hierzu insbes. Kap. 2.3.2.

283 Vgl. Kraus: *«Israel»*, 191. Der Autor spricht dort aber nicht davon, dass die spiritualisierende Hermeneutik unmöglich gemacht wird.

284 Vgl. ebd., 193f.

Aufgrund eigener Lebenserfahrungen in Israel kritisiert der Neutestamentler Tobias Kriener die Landverheissungstheologie Marquardts. In Israel hat er in den 1970er und 1980er Jahren ein politisch sehr gespaltenes Land erlebt. Hinzu kommt, dass diejenigen politischen Kräfte, die dieselben Positionen forderten, wie die Auslegung der Landverheissungstheologie Marquardts sie hervorbringt, in nationalreligiöser und rechtsradikaler Ecke standen. Ausserdem ist die heutige Situation nicht mit der biblischen zu vergleichen, da sich die heutige Landnahme an der Levante im Gegensatz zum Anarchismus in biblischen Zeiten in einem völkerrechtlich geregelten Rahmen abspielen muss. Nicht mehr das Recht des Stärkeren zählt, sondern internationales Recht, mit welchem im Jahr 1947 einen Teilungsplan vorgeschlagen wurde. Ferner kritisiert Kriener Marquardts Verortung der Landverheissungsthematik in der Eschatologie, denn dadurch rückt er dieses theologische Thema dorthin, wo es auch in den Augen nationalreligiöser Kreise in Israel steht: Wenn das verheissene Land wieder von Jüdinnen und Juden besiedelt wird, ist der Anfang der Erlösung angebrochen.[285]

An der Kritik Krieners zeigt sich, welche Probleme Marquardts Landverheissungstheologie angesichts der politischen Situation im heutigen Staat Israel aufwirft. Marquardt übt kaum Kritik am heutigen politischen Israel, obwohl diese gerade auch vor dem Hintergrund von Marquardts eigenen Landverheissungstopoi angebracht wäre: Wie behandelt man Fremde im Land? Was versteht man unter einem gegebenen Land? Wie verhält man sich in einem Land, das einem selbst nicht gehört? Wie hat eine Zeugnis-Funktion für den Gott Israels konkret auszusehen, vor allem auch ethisch? Und: Wenn das Land Offenbarungscharakter haben soll, welchen Gott offenbart es, wenn es so konflikt- und gewaltbeladen ist?[286]

Es kommt hinzu, dass Marquardt selbst keine weiteren konkreten materialen Aspekte dafür liefert, inwiefern die biblische Landverheissung für Christinnen und Christen relevant ist.[287] Deshalb ziehe ich den Alttestamentler Frank Crüsemann als Gesprächspartner heran, der materialreicher argumentiert. Ausgangspunkt seiner Überlegungen über das verheissene Land ist die These, dass der «Inhalt» des Bundes zwischen Gott und Israel «vor allem in der Zusage des Landes» besteht. Wenn Christinnen und Christen Israel und das Judentum positiv werten wollen, so kommen sie nicht am Thema des Landes – und damit ist das konkrete, seit 1948 als Staat Israel existierende Land Israel gemeint – vorbei. Er geht hierin, wie Marquardt, sehr weit: «Wenn Israel ins richtig verstandene, bib-

285 Vgl. Kriener: *Landverheissung*, 222–226.

286 Siehe dazu Marquardt: *Land*, 76–82. Dort füllt er unter der Überschrift «Zwischenfragen» ein ganzes Kapitel mit Fragen, die zentrale Topoi seiner Landtheologie aufzeigen.

287 Coen Constandse hingegen sieht bei Marquardt gerade in der Landfrage eine Knüpfung von Theologie und Ethik: Theologie darf keine politischen Ansprüche legitimieren. Allein Gott darf Gewalt anwenden, tut dies aber ausschliesslich, damit Friede und Gerechtigkeit geschaffen werden. (Vgl. Constandse: *Gebod*, 251f.) Diese Feststellung müsste aber Marquardt konsequenterweise zu stärkerer Israelkritik führen.

lisch begründete christliche Dogma gehört, dann auch sein Verhältnis zum Land; dann müsste dieses Verhältnis ein Teil unseres christlichen Glaubens sein.»[288]

Frank Crüsemann formuliert fünf Bausteine «zu einer christlichen Theologie des jüdischen Landes». Alle fünf Bausteine zeigen in meinen Augen auf, dass das Land offenbarungstheologische Funktion hat: Unter «Die Schönheit des Landes als Erfahrungsraum der Schöpfung» beschreibt Crüsemann das Land als Ort, an dem die Schönheit Gottes gesehen wird. Unter «Das Land als Lernort der Gerechtigkeit» wird Gottes Auffassung von Gerechtigkeit im Land selbst gelebt, vor allem in der Anwendung der biblischen Sozialgesetze. Unter «Die Vielfalt seiner Bewohner und ihrer Beziehungen» zeigt Crüsemann, dass die Landverheissung nicht nur mit brutalen Landnahmegeschichten in Verbindung gebracht werden darf, sondern vor allem auch mit den zahlreichen biblischen Texten, die vom friedlichen Zusammenleben verschiedener Völker im verheissenen Land handeln. Unter «Das Land als Zielort aller christlichen Hoffnung» weist Crüsemann darauf hin, dass biblische, auch neutestamentliche, Heilsbilder eng mit dem konkreten Land verbunden sind und deshalb das Land die Möglichkeit bietet, den Bezug der Hoffnungsbilder mit dem konkreten Land wieder aufzunehmen. Unter «Das Land und die Kontur des biblischen Gottes» macht Crüsemann die Verbindung zwischen Jesus und dem Land stark, denn Jesus ist einerseits nicht losgelöst von diesem Land zu denken und andererseits verdichtet sich in Jesus für die Christinnen und Christen das, «was Israel von Gott wusste».[289]

Konkret hat nach Crüsemann das heutige Land Israel für Christinnen und Christen folgende Bedeutungen: Es zeigt, dass mit der bleibenden Erwählung Israels, die christlicherseits nicht mehr durchwegs in Abrede gestellt wird,[290] auch die Verbindung dieses Israel mit dem verheissenen Land anerkannt werden muss. Das «Herzstück von Gottes Zuwendung zu seinem Volk, das Land», kann deshalb theologisch nicht ausser Acht gelassen werden.[291]

Crüsemann skizziert drei Problemfelder, die sich für christliche Theologie in Bezug auf die Anerkennung des Landes Israel als Verheissungsgut für das erwählte Volk Gottes stellen. Erstens: Ist die Staatsgründung Israels ein theologisches oder profanes Ereignis? Zweitens: Wie sind die politischen Vorgänge im Land Israel biblisch-ethisch zu beurteilen? Drittens: Wie positioniert sich die Kirche in ihrer spannungsvollen doppelten Solidarität; einerseits mit den christlichen Gruppen im Land Israel, auch den palästinensischen, und andererseits mit den Jüdinnen und Juden?

---

288 Vgl. Crüsemann: *Nachkommen*, 1f.

289 Vgl. ebd., 4–8.

290 Crüsemann bezeichnet die Anerkennung der bleibenden Erwählung Israels und des nichtgekündigten Bundes Gottes mit seinem Volk sogar als «tiefer Bruch» mit einer christlichen Theologie, wie sie sich seit dem zweiten Jahrhundert entwickelt hat. (Vgl. Crüsemann: *60 Jahre*, 39.)

291 Vgl. ders.: *Nachkommen*, 1f.

Ausgehend von diesen Problemfeldern leitet er für die christliche Theologie folgendes ab: Die Anerkennung der bleibenden Erwählung Israels kann nur zusammen mit der Anerkennung des Rechts Israels auf das Land Israel einhergehen; theologische Urteile und Forderungen in Bezug auf das Land Israel müssen anhand der Geschichte des Konflikts und politischer sowie ethischer Massstäbe geprüft werden; auf die Argumente der christlichen und jüdischen Seite muss gleichermassen eingegangen werden.[292]

Denkt man diese Argumente weiter, so bedeutet für Christinnen und Christen, dass das Existenzrecht des modernen Staates Israel auf die biblische Landverheissung zurückgeführt wird: In dem Bezug vom heutigen Staat Israel zum biblischen Hoffnungsgut Land berührt die Wirklichkeit des biblischen Gottes die Weltwirklichkeit. Wird dieser Bezug aber aufgehoben, steht die konkrete Weltwirklichkeit Gottes selbst infrage. Gewisse innerweltliche Phänomene können zwar auch dann noch als Gottes Wirken gesehen werden. Offen bleibt aber, inwiefern dieses Wirken ein Wirken des *biblischen* Gottes ist; dieses Gottes, der sich in der Welt in der Weise zeigt, wie er es in den biblischen Schriften darstellt.

Die biblischen Landverheissungen und die Wirklichkeit im heutigen Staat Israel sind aber von grossen Widrigkeiten geprägt, obwohl Gott in biblischen Zeiten seinem Volk das Land verheissen hat, damit es dort nach seinem göttlichen Gebot lebe.[293] Laut Marquardt dürfen aber die widrigen Konsequenzen der Landverheissungen nicht wegdiskutiert werden, denn in den Widrigkeiten des Irdischen muss sich die Tora bewähren. Gleichzeitig ist das Tun der Tora die Voraussetzung dafür, überhaupt ins Land zu kommen. Vor diesem Hintergrund erachte ich Crüsemanns zweiten Baustein, «Das Land als Lernort der Gerechtigkeit» als wichtigsten. Wie Gottes Gerechtigkeit von den Menschen gelebt wird, kann sich im konkreten Land zeigen. Damit die Gebote der Gerechtigkeit nicht abstrakt bleiben, müssen sie geerdet werden. Dies geschieht dadurch, dass sich ihre Umsetzung im Leben auf konkretem Boden abspielt. Marquardt bezeichnet dieses dialektische Verknüpftsein von Gebot und Land als «Tora des Landes».[294]

Der Boden wird so gewissermassen theologisiert, d. h. in Bezug zu Gott selbst gebracht, gleichsam in ihn eingeschrieben: Den biblischen Gott gibt es nicht ohne das Land, das er seinem erwählten Volk verheissen hat.

Marquardt theologisiert auch den heutigen Staat Israel: Er soll die Christinnen und Christen in eine Krise führen, weil sie – durch die Jahrhunderte dauernden Judenverfolgungen und vor allem im Holocaust – die Hoffnung Israels «auf seine ‹Erlösung› und ‹Befreiung›» verneint haben. Der Staat Israel soll als «Zeichen eines Gottesgerichts an den Völkern» verstanden werden, er soll «Anstoss» sein, «nach Gott in

292 Vgl. Crüsemann: *60 Jahre*, 40.

293 Rolf Rendtorff weist mit Blick auf Dtn 6,1 sogar darauf hin, dass das Land und die Tora aufs Engste miteinander verknüpft sind: Das Volk Israel soll die Tora im Land erfüllen; mehr noch: «sie kann eigentlich nur im Land erfüllt werden.». (Vgl. Rendtorff: *Israel*, 24.)

294 Vgl. E II, 210ff.

der Weltgeschichte immerhin zu fragen».[295] Diese Theologisierung hat einmal mehr eine ästhetische Funktion: Gott soll anhand konkreter innerweltlicher Vorgänge wahrnehmbar werden als der Gott Israels, der mit seinem Volk und dem ihm verheissenen Land aufs Engste verbunden ist.

Insofern wäre man damit gar nicht so weit weg von paulinischer Theologie, die das Verheissungsgut Land keinesfalls abschafft, sondern es vielmehr auf die ganze Erde bezieht.[296]

Zwar kommt im Neuen Testament der Terminus «Land Israel» nur in Mt 2,20f. vor, was aber nicht heisst, dass der Topos Land Israel als verheissenes Land im Neuen Testament und deshalb für christliche Theologie keine Bedeutung mehr hat.

Es wäre in diesem Zusammenhang abzuklären, welche Bedeutung Jerusalem als spezifischer und konkreter Ort im Land im Neuen Testament hat, denn «Jerusalem» wird im Neuen Testament wesentlich häufiger erwähnt als «das Land».[297] Marquardt selbst fügt im Utopieband, seiner eigentlichen Gotteslehre, dem ersten der beiden Paragraphen zwei Unterkapitel zu Jerusalem bei, das er dort als *«irdisch-realistisch»* und auch als utopischen Zielort menschlichen Verlangens beschreibt. Gleichzeitig hat Jerusalem aber auch offenbarenden Charakter: «Sie [die Stadt Jerusalem, AZ] ist in eben diesem Sinne [als konkret bereisbarer, aber auch als umstrittener Ort, AZ] die historische Kampfform für die Suche Gottes nach einem Ort in der Welt, wie die Existenz des immer noch und immer wieder überlebenden jüdischen Volkes die historische Kampfform ist, in der Gott um den Gewinn der Menschheit streitet, dass sie – das Leben Israels in ihrer Mitte bejahend – zur Menschheit Gottes *werde*. Wirklich anwesend kann der biblische Gott nur gedacht werden, wenn er, wie in der *Zeit* der menschheitlichen *Geschichte*, so auch im *Raum* eines menschheitlichen *Ortes* gedacht wird. Dafür steht Jerusalem.»[298]

Gleichwohl ist die Frage zu stellen, wie mit dem Umstand theologisch umzugehen ist, dass im Neuen Testament das Land Israel über weite Strecken verklärt, universalisiert, transzendiert, durch andere Landvorstellungen ersetzt wird bzw. im Vergleich zum Alten Testament in den Hintergrund tritt.[299]

---

295 Vgl. E II, 385f.

296 Gerd Theissen und Petra von Gemünden formulieren in ihrem Römerbriefkommentar die Hauptthese, dass Paulus ein «Reformator des Judentums» war mit dem Hauptanliegen, sein Judentum für alle Menschen zu öffnen. Paulus war nicht ein Gründer einer neuen spirituellen Bewegung, der mit dem Judentum gebrochen hätte. Gleichwohl gilt festzuhalten, dass ein Universalismus nicht etwa die Erfindung des Paulus war, sondern bereits biblisch auszumachen ist. Siehe hierzu etwa Walzer: *Universalism*, wo auf eine Reihe biblischer und jüdischer Texte verwiesen wird; Küng: *Judentum*, 57f., wo insbesondere in der prophetischen Tradition universalisierende Tendenzen aufgewiesen werden, oder Holtz: *Gott*, 187, wo der paulinische «eschatologische Universalismus» als ein Phänomen beschrieben wird, das in der «jüdischen Tradition» bereits vor Paulus existiert hat.

297 Siehe hierzu etwa Rendtorff: *Israel*, 30–35.

298 Vgl. U, 160–162.

299 Siehe unter anderen Küchler: Art. *Land Israel*, RGG[4], de Vos: *Land*, 101ff.196ff. und auch Marquardt selbst in *Landverheissungen*, 24ff. Marquardt geht mit diesem Umstand so um,

Zusammenfassend gilt: Es wird offenkundig, wie sich Marquardt damit schwer tut, sein Verheissungsverständnis gegenständlich zu konturieren. Die Schwierigkeit des empirisch Bemessbaren der Verheissungserfüllung steht der Erwartung gegenüber, dass die Verheissung gleichwohl Hoffnung macht auf konkrete Erfüllung. Diese Ambivalenz liegt auch in der Warnung an die christliche Theologie, in «Israels Neusiedlung im Land» – damit meint Marquardt den 1948 gegründeten Staat Israel – «schon eine letzte Erfüllung [zu, AZ] sehen». Christliche Theologie muss «beim Wort bleiben, d. h. aber gerade in der Nüchternheit einer Unterscheidung von Verheissung und ihren jeweiligen Gegenwartsbezügen, die freilich nur im Vokabular der Erfüllung aussprechbar sind.»[300]

Damit christliche Theologie dies einhalten kann, muss sie laut Marquardt einen kerygmatischen Zugang wählen. Sie muss verkündigen, was es für nicht-jüdische Menschen bedeutet, in Christus zu «Miterben bzw. Teilhabern» der biblischen Landverheissung hinzuerwählt worden zu sein. Durch dieses Kerygma sind «Juden und Heiden gemeinsam zu neuer Erfüllung» gerufen. Dies nennt Marquardt den «eschatologischen Sinn der Landverheissung für die Christen». Auch an dieser Aussage zeigt sich, dass Marquardt zwischen seiner Forderung nach Konkretion der Erfüllung von Verheissungen und andererseits der Schwierigkeit der Deklarierbarkeit von konkreten innerweltlichen Phänomenen als Verheissungserfüllungen steht. Was er nämlich eigentlich als konkretes Verheissungs- bzw. Erfüllungsgut meint, dass «Juden und Heiden» von diesem Kerygma «gemeinsam zu neuer Erfüllung» gerufen sind,[301] bleibt unklar.

2.3.1.4 *Problemanzeige II: Wem gelten die alttestamentlichen Verheissungen?*

Bereits mit dem zweiten Satz der Vorsätze von § 2 des ersten Eschatologiebandes, der überschrieben ist mit «Das Problem der biblischen Verheissungen als Materie für eine christliche Eschatologie», schliesst Marquardt die Frage an, inwiefern das, was für Israel gilt, auch für nicht-jüdische Menschen Geltung hat. Hierbei weist Marquardt auf den «*Hoffnungsreichtum*» des Alten und Neuen Testaments, der seiner Meinung nach von der christlichen Eschatologie bislang zu wenig beachtet wurde. Christliche Theologie muss in erster Linie den Blick auf die Verheissungen richten, die Israel gegeben worden sind. Dann gilt es aber

---

dass er mit Blick auf Miskotte (insbes. ders.: *Götter*) sagt: Der Verheissungsüberschuss des Alten Testaments auf das Neue ist so gross, dass das Neue Testement nicht einen eigenen Umgang mit diesen Verheissungstopoi, zu denen auch das Land gehört, zu haben braucht. Z. B. im Blick auf den Äon-Begriff kann er deshalb sagen, dass die «Erwartung des kommenden Äon» zurückweist auf die «Landverheissung des Alten Testaments.» (Vgl. Marquardt: *Landverheissungen*, 34.)

300 Vgl. Marquardt: *Landverheissungen*, 52.

301 Vgl. ebd., 53f.

auch, die nachbiblischjüdischen noachidischen Gebote zu betrachten, denn «*[s]ie sind ein jüdisches Angebot an die Völker, sich am verheissungsvollen Leben Israels beteiligen zu können*». Marquardts These hierzu lautet, dass diese noachidischen Gebote in nachbiblischer Zeit von der paulinischen Theologie verdrängt wurden, nämlich «*der Botschaft von Gottes Rechtfertigung aller aus Glauben ‹ohne Werke des Gesetzes›*».[302]

Marquardt sieht die Einhaltung der noachidischen Gebote aber nicht als Heilsbedingung, sondern erkennt in ihnen «*Dankbarkeitsgebote für eine vor ihrem Verderben in der Sintflut schon gerettete Menschheit*». Indem die «*nicht-jüdische Menschheit*» die noachidischen Gebote hält, tut sie «*einen für alle entscheidenden Schritt in die Zukunft*»: sie ordnet sich den «*‹Bündnissen der Verheissung›*» zu und gibt ihr «*Dasein ‹ohne Hoffnung in der Welt› auf [...] (Eph 2,12)*». Deshalb sind die noachidischen Gebote eschatologisch wichtig für die «*Gojim*», da sie «*die Hoffnungslosigkeit der Welt*» zu überwinden helfen.[303]

Hier wird einmal mehr offenkundig, wie eng bei Marquardt Verheissung und Gebot aufeinander bezogen sind.[304] Was aber gilt materialiter für nichtjüdische Menschen von dem, was Israel verheissen ist?

> Marquardt erwähnt zu Recht die grundsätzliche Gefahr der christlichen Anbiederung an Israel und der Gleichmachung des Christlichen mit dem Jüdischen, denn wenn Israel selbst die christliche Freundschaftsanfrage nicht bestätigt, wäre beides, die Anbiederung und die Gleichmachung, eine «Zumutung» für Israel. Aber noch vor dieser Bestätigung jüdischerseits muss sich christliche Theologie selber die Frage stellen, ob es ihr einerseits überhaupt an der jüdischen Zustimmung gelegen ist und ob sie sich andererseits auf eine «Verständigung» und «Begegnung» mit ihren älteren Brüdern und Schwestern einlassen will.[305]

Da diese Frage für Marquardt nicht primär wichtig ist, so meine Vermutung, dreht er die Blickrichtung um und fragt, ob neutestamentliche Verheissungen nicht «noch Umfeldverheissungen aus der Strahlkraft des Israelbundes sind».[306] Diese strukturelle Bezogenheit des Neuen auf das Alte Testament ist für Marquardts Theologietreiben grundlegend. Sie definiert das System, in das materiale Verheissungsgehalte eingebunden sind. Deshalb steht es für Mar-

---

302 Vgl. E I, 151. Theissen und von Gemünden bemerken aber, dass Paulus das jüdische «Ethos von dessen Zentrum, dem Liebesgebot» her neubestimmt hat. (Vgl. Theissen: *Römerbrief*, 450.) Paulinische Theologie muss also nicht in einem so eklatanten Gegensatz zu alttestamentlicher Theologie gesehen werden, wie Marquardt dies tut, ebensowenig darf sie auf den gesetzesfreien Rechtfertigungsgedanken reduziert werden. Darauf aber, wie sich das Theologumenon der Rechtfertigung allein aus Gnade wirkungsgeschichtlich entwickelt hat, kann hier nicht eingegangen werden.

303 Vgl. E I, 152.

304 Im Gebotskapitel weiter unten wird auf die noachidischen Gebote näher eingegangen.

305 Vgl. E I, 162f.

306 Vgl. ebd., 164.

quardt ausser Frage, dass die nichtjüdischen Menschen mit den Israel gegebenen Verheissungen mitgemeint sind.[307]

Im Verheissungskapitel bleibt Marquardt aber theoretisch bzw. auf der Strukturebene: Er sagt, die «*Struktur*» der Beziehung zwischen Israel und den Völkern ist «eine *Struktur von Distanz und Beteiligung*».[308] Das heisst laut Marquardt, dass die Völker Zeugen dessen sind, wie Gott an Israel wirkt. Dieses Zeugesein, das die Andersheit Israels bewahrt,[309] ist aber keinesfalls passiv zu verstehen, denn durch das Bezeugen der Geschichte Gottes mit Israel nehmen die Völker Teil an der Gottesgeschichte mit Israel. Marquardt führt aber nirgends konkret aus, wie er diesen bezeugenden Modus des Beobachtens und die daraus hervorgehende Beteiligung versteht.

Kornelis Heiko Miskotte, für den die «Geschichte Christi» und die im Alten Testament bezeugte «Geschichte Israels» eine Einheit sind,[310] wird in dieser Frage etwas konkreter als Marquardt: Er spricht davon, dass «wir *die Sprache der ursprünglichen Verheissung im sogen. Alten Testament von neuem hören*» und so die Zeichen, in welchen uns die Verheissungen gegeben sind, enträtseln. Dadurch, dass wir «davon singen in der Kirche und in der Welt, mit Gesängen, die den Psalmen und mit Werken, die den Taten und Ordnungen der Thora nachfolgen».[311] Es geht also nicht darum, zu fragen, welche konkreten Israel gegebenen Verheissungen auch für Christinnen und Christen gelten, sondern wie diese aus dem Verheissungsüberschuss des Alten Testaments leben. Dieser Impuls aus dem Denken Miskottes kann die Marquardtsche Theorie von «Teilgabe und Distanz» konkretisieren, zumal Marquardt selbst davon spricht, dass «Verheissungen [...] Weisen des Bundeshandelns Gottes sind» und dadurch auch «Weisen seines Erzählens».[312] Nichtjüdische Menschen sind aufgefordert, «sich von Juden belehren und in den jüdischen Lernprozess bei der Tora hineinziehen zu lassen.» Verheissungen sind also «darauf aus [...], Völker und auch Christen an Gottes Geschichte mit Israel zu beteiligen». Das «Lernverhältnis» ist also dasjenige Verhältnis, «in welchem Gott und Israel wesentlich miteinander kommunizieren» und in das sich nichtjüdische Menschen «hineinzulernen» haben.[313] Marquardt folgert: «So bringen die Verheissungen uns – gut jüdisch – erst einmal auf Halacha.»[314]

Verheissung ist demnach für Marquardt kein material zu füllender Begriff, sondern, einmal mehr, ein Modus der göttlichen Beziehungsgestaltung und gehört in die Gotteslehre. Gott gestaltet Beziehung zu seinem erwählten Volk, in-

307 Vgl. E I, 165.
308 Vgl. ebd., 183.
309 Siehe ebd., 183.
310 Vgl. Miskotte: *Götter*, 464.
311 Vgl. ebd., 214.
312 Vgl. ebd., 184.
313 Vgl. ebd., 93–196.
314 Ebd., 199.

dem er in Verheissungen mit ihm kommuniziert. Nichtjüdische Menschen müssen bei Israel lernen, ebenfalls in diesen Modus hineinzukommen, quasi sich die Verheissungssprache anzueignen.

Laut Miskotte ist die Welt des Alten Testaments unserer heutigen Welt aber sehr fremd:

> «Wir können uns nie genug die Tatsache bewusst machen, dass das, was wir als Kinder des Westens [...] immer schon stillschweigend voraussetzen, alles das, was wir mit Begriffen wie Kausalität, Determination, Evolution meinen, im Alten Testament einfach keine Funktion hat. Es gibt dort kaum *Konjunktionen*, und diejenigen, die es gibt (wie z. B. ‹ki› = denn) sind von unpräziser, verschwimmender Bedeutung. Das *Verb* ist dort überall und immer der Fürst des Satzes [...].»[315]

Vor dem Hintergrund dieser Beobachtung Miskottes könnte mit Marquardt gesagt werden: Der alttestamentliche Verheissungsbestand ist nicht daraufhin zu untersuchen, welche konkreten Verheissungen davon auch für nicht-jüdische Menschen gelten. Vielmehr muss gefragt werden, wie nichtjüdische Menschen mit diesem im Modus des Verheissens kommunizierenden Gott in Beziehung stehen und leben können.

2.3.2 B: Das Gebot

Nach dem Holocaust kann nicht mehr in einer Israel überbietenden oder gar ignorierenden Weise Theologie getrieben werden, denn der Holocaust hat christliche Theologie ins Elend gestürzt, aus welchem sie nur dadurch herausgeführt werden kann, dass sie mit Israel neue Lebensverbindlichkeiten eingeht. Dadurch, dass nichtjüdische Menschen die noachidischen Gebote, eine Kurzform der Tora, befolgen, treten sie in eine Lebensverbindlichkeit mit Israel. Jesus selbst hat durch sein Leben der Tora die Geschichte, die Gegenwart und den Weg in die Zukunft geöffnet.

Das Leben der Tora bzw. der Gebote muss laut Marquardt konkret, aber nicht praktizistisch geschehen. Mit dieser Präzisierung will Marquardt den theologischen Gehalt der Gebote hervorheben, denn es geht beim Halten der Gebote darum, mit dem Gott Israels in Gemeinschaft zu leben und nicht darum, lediglich Gebote einzuhalten, damit etwa das Zusammenleben der Menschen besser organisiert wird. Die Gemeinschaft mit Gott ist ihrerseits nicht ohne Verheissung zu denken, welche, genährt aus der hoffnungsgeladenen Geschichte Israels, eschatisch auf diese Gemeinschaft hin hoffen lässt.

---

315 Miskotte: *Götter*, 180.

2.3.2.1 *Annäherung I: Die noachidischen Gebote wollen eine verheissungsvolle Beziehung mit Israel*

Schon im Prolegomenaband bemerkt Marquardt, vor allem im Kapitel über die «Evangelische Halacha», dass nichtjüdische Menschen im Gesetzesgehorsam eine «Lebensverbindlichkeit» mit dem jüdischen Volk eingehen können. Das Judentum stellt nämlich mit den noachidischen Geboten für nichtjüdische Menschen eine Möglichkeit zum Toragehorsam zur Verfügung: «Durch die sog. noachidischen Gebote wurde eine Kurzform der Tora entwickelt, der alle Menschen aller Völker sich unterwerfen können.»[316]

Diese Lebensverbindlichkeit mit dem jüdischen Volk ist für Christinnen und Christen deshalb wichtig, weil nach dem Holocaust nicht mehr in derselben, das Judentum und Israel ignorierende oder überbietende Weise Theologie getrieben werden kann. Denn Auschwitz hat die christliche Theologie ins Elend gestürzt und sie wird daraus nur dadurch wieder heimgesucht, dass sie mit dem auf totale Vernichtung hin verfolgten, aber nun doch immer noch real existierenden jüdischen Volk «neue Lebensverbindlichkeiten» eingeht.[317] Christliche Theologie kann deshalb in erster Linie nur tätige, also praktische Theologie sein und muss sich deshalb fragen: «Was sollen wir glaubend tun?»[318] Damit nimmt Marquardt den radikalen «Tatvorbehalt» ernst, den er als Vorbehalt jüdischer Gotteserkenntnis sieht:[319] Nur wenn die Menschen gottgemäss handeln, kann sich Gott in der Welt zu erkennen geben.

So erstaunt es nicht, dass Marquardt den grössten Teil seines Gebotskapitels im ersten Eschatologieband der Auslegung der sieben noachidischen Gebote widmet. Mit den noachidischen Geboten hat Israel «den Nichtjuden» eine «Tora der Beteiligung und Distanz» angeboten. Marquardt erwähnt aber auch, dass Israel selbst lernen muss, dass Gott auch den Gojim eine Tora gegeben und sie dadurch «unter besondere Verheissung gestellt» hat. Deshalb sind die noachidischen Gebote nicht nur für Nichtjuden eine Herausforderung, sondern auch für Israel selbst, zumal eine «Tora für Gojim»[320] das Selbstverständnis Israels einer exklusiven Beziehung Gottes mit Israel infrage stellt.[321] Denn durch diese Gebote werden Nichtjuden in die Verheissungsgeschichte des Gottes Israels mit hineingenommen, sie sind eine «Teilhabeverheissung an der kommenden Welt Gottes».[322] Die noachidischen Gebote sind «das klassische jüdische Gemeinschafts-

316 Vgl. P, 208.
317 Vgl. ebd., 151.
318 Vgl. ebd., 187.
319 Vgl. ebd., 241.
320 Ebd., 201.
321 Vgl. ebd., 201. Marquardt weist darauf hin, dass in der jüdischen Tradition die Frage, inwiefern und ob die Gojim an den Zukunftsverheissungen Gottes teilhaben können, höchst umstritten war. (Siehe ebd., 211f.)
322 Vgl. ebd., 273.

angebot an die Nichtjuden»[323]. «Israel lässt Nichtjuden heran an seinen Gott und in eine Gemeinschaftsbeziehung mit sich selbst.»[324]

Den christlichen systematisch-theologischen Hintergrund dieser noachidischen Gebote formuliert Marquardt folgendermassen:

> «Ist denkbar, dass Christen das Verständnis und den Sinn ihres Glaubens an Jesus (als den ‹Christus›) den Juden in der Weise erkennbar und verständlich machen, dass die sich künftig als Täter der noachidischen mizvot darstellen, – dass sie dies bewusst nicht in einem sekundär naturrechtlichen, sondern in dem primär jüdisch gedachten erwählungsgeschichtlichen Sinn tun, – dass sie damit praktisch und auch theologisch bezeugen, dass auch sie sich als Gojim unter die Tora gerufen verstehen und dass Jesus von Nazareth ihnen den Mose nicht verdrängt, sondern erschlossen hat, – dass das ‹Christusgeschehen› ihnen als Aufrichtung der Tora des Lebens bewusst geworden ist; dass ihnen also in Jesus die Tora in ihrer Verheissung und ihrem Anspruch begegnet?»[325]

Marquardt sieht die noachidischen Gebote als «Erwählungsordnung», die an «Israel binden [...], indem sie an Gott» binden.[326] Er hebt also darauf ab, dass der Sinn der noachidischen Gebote nicht darin liegt, dass diese nur deshalb eingehalten werden, weil sie an sich Sinn ergeben, sondern weil sie ihren Ursprung im erwählenden und verheissenden Handeln des Gottes Israels haben. Die Gebote müssen deshalb eingehalten werden, damit Erwählung innerweltlich und auch eschatisch Wirklichkeit werden und Gott dadurch letztlich erkannt werden kann. Dieser Zusammenhang ist bereits in der Marquardtschen These gegeben, dass Gotteserkenntnis unter Tatvorbehalt steht.[327]

2.3.2.2 *Annäherung II: Jesus ist geschichtsorientiert, gegenwartsrelevant und zukunftsträchtig*

«[A]llen mizwot der Tora Israels» schreibt Marquardt «Zukunftsbestimmtheit» zu. Deshalb ist Hoffnung nicht nur an «prophetische Perspektiven» gebunden, «sondern auch an so etwas wie einen messianischen Zukunftsgehalt am Tun des Gesetzes»:[328]

> «Zukunftsreich ist gewiss, was *Gott* tun wird. Zukunftsreich und verheissungsvoll ist aber *auch*, was Gott *uns* zu tun *gebietet*; denn darin unterscheiden sich Weisungen Gottes von sonstigen ethischen Normen: Sie regulieren nicht nur gesellschaftliche Verhältnisse unter dem Gesichtspunkt einer höheren und allgemeinen Moral – sie unterweisen auch in einem Leben, dem Zukunft versprochen ist, mehr noch: das

323 E I, 212.
324 Ebd.
325 Ebd., 220.
326 Vgl. ebd., 219.
327 Vgl. P, 241f.
328 Vgl. E I, 345.

Zukunft schon in sich hat; und zwar in einem qualifizierten, eschatologischen Sinn.»[329]

Marquardt sieht die Einhaltung des Gesetzes nicht unter soteriologischen Gesichtspunkten, also etwa als Bedingung zur Erlangung des Heils, sondern unter eschatologischen: Die Gesetze Israels dienen dazu, «den Weg der Zukunft schon jetzt zu betreten und damit schon jetzt der Menschheit und der Welt zu zeigen, dass sie – auch sie, wirklich sie – Zukunft haben: trotz allem».[330]

Vor dem Hintergrund kann Marquardt in christologischer Hinsicht sagen:

> «*Jesus ist als Täter der Tora Israels ein Mensch, an dem Gott seine ganze Zukunftsverheissung erschlossen hat*: dasjenige Leben, das er denen versprochen hat, die im Tun der Gebote Gottes *leben*, – derjenige Tod, mit dem Gott die *bedroht*, die sich der Macht der Sünde überlassen, – dasjenige Licht der Völker, zu dessen Bezeugung jeder Israelit ohne Falsch *berufen* ist, – derjenige Preis seines Volkes Israel, den ein überzeugender Jude unter Nichtjuden *erweckt*, – nicht zuletzt: dasjenige dauerhafte und bleibende Zusammensein zwischen Gott und Menschen, das im Immanuel-Namen Gottes, in der Verheissung: ‹Ich will euer Gott sein, ihr sollt mein Volk sein› *versprochen* ist, demzufolge Gott ‹mitten unter uns› wandelt und darin – in diesem ‹mitten unter uns› – unser Gott sein will. Was Jesus zukunftsträchtig macht, ist, dass er die Tora lebt. Und diejenige Zukunft, die sich uns an Jesus erschliesst, ist die, die Gott mit der Tora verbunden hat.»[331]

Auch aus dieser Passage wird der hohe Stellenwert deutlich, den Marquardt einerseits der Tora allgemein und andererseits der Tora im Blick auf die Christologie zuschreibt. Jesu toratätiges Leben beinhaltet sozusagen Geschichte, Gegenwart und Zukunft der Tora: Geschichte, weil die Tora aus Schätzen und Motiven der Geschichte Gottes mit seinem erwählten Volk besteht; Gegenwart, weil in ihr Jesus konkret die Tora lebt; Zukunft, weil dieses konkrete Leben die Verheissungen Gottes auf die Zukunft hin jetzt schon, in der Gegenwart, erkennen lässt.

In der Zusammenfassung, die im ersten Eschatologieband an das Verheissungs- und Gebotskapitel anschliesst, verdeutlicht Marquardt diesen Zusammenhang folgendermassen:

> «Wenn Christen etwas zu hoffen haben, dann nicht mehr in einem direkten Ansporn aus den an Israel gerichteten Zukunftsaussichten Gottes, bestenfalls dann nur noch über das Verheissungsvolle, das Jesus zur Wirkung gebracht hat und bis zum heutigen Tage in *seiner* verheissungsvollen Wirklichkeit wirkt. Christliche Eschatologie kann sich darum nur an die in Jesus erfüllten Verheissungen halten, die allein ihn zum Grund jedes wahrhaft christlichen Hoffens gemacht haben; sie findet ihr organisierendes Zentrum und ihre materielle Mitte im verheissungsvollen Leben Jesu.»[332]

---

329 E I, 345.
330 Vgl. ebd., 346.
331 Ebd., 346.
332 Ebd., 321f.

2.3.2.3 *Problemanzeige I: Können die noachidischen Gebote antipraktizistisch umgesetzt werden?*

An einem Beispiel wird im Folgenden gezeigt, wie Marquardt die noachidischen Gebote konkret auslegt.[333] Dabei steht die Frage im Raum, ob Marquardt in der Auslegung der noachidischen Gebote nicht eine praktische Ethik *en miniature* formuliert, obwohl sein Gebotsverständnis explizit nicht «praktizistisch»[334] sein will.

Das Gebot der Rechtspflege, auf das hier speziell eingegangen wird, steht an erster Stelle der sieben noachidischen Gebote und fordert die Schaffung eines Rechtssystems: «Rechtspflege ist der Rahmen des gesamten von Gott mit Israel und von Israel mit seinem Gott gelebten Lebens.» Das Recht verbindet Gott mit Israel, konstituiert so Gemeinschaft und ist deshalb «*in sich selbst* der Vollzug des Bundes».[335]

> «Eine Gemeinschaft, die in sich selbst Rechtspflege ist, ist eine solche, in der die Genossen der Gemeinschaft – die Menschen untereinander, aber auch Gott und Menschen, Menschen und Gott – einander *behaften* können. Sie können einander vors Recht fordern. [...] Das biblische Hauptwort ‹Rechtfertigen› heisst: ins Recht setzen.»[336]

Indem Recht gepflegt wird, entsteht Gemeinschaft und wird Beziehung gestiftet. Dies geschieht im Falle der Tora, die ja bei weitem nicht nur eine Sammlung von Rechtssätzen ist. Deshalb: «Tiefster Sinn der Rechtspflege in Israel ist die Fortsetzung der Geschichte Israels in jeweils neuer Lage und Generation durch Auslegung und Anwendung des in den Quellen der Geschichte wurzelnden Rechts.»[337]

Weil in der Rechtspflege als Bundes- und Gemeinschaftspflege die Geschichtsdimension enthalten ist, hat das Gebot der Rechtspflege eine eschatische Dimension. Die Bibel malt die Geschichte der Menschen «als Drama des Kampfes um eine Unterscheidung von Recht und Unrecht», deshalb ist «eine Gerichtsperspektive [...] eine Grundform des biblischen Wirklichkeitsverständnisses», die über die Erwartung eines Jüngsten Gerichts «bis in die weiteste Zukunft hinein reicht».[338]

---

333 Klaus Müller bietet eine «Lesehilfe» zur Marquardtschen Rezeption der noachidischen Gebote. (Siehe Müller: *Gebot.*) Er kommt zum Schluss, dass laut Marquardt die noachidische Tora «Israels Hoffnungsinhalte partizipativ der Völkerwelt» zuwende. Gleichzeitig stecke in ihr «aber auch ein Ausdruck der Hoffnung, die Israel seinerseits auf die Völker setzt», nämlich, dass diese die Gebote tun und dadurch Zukunft konstituiert werde. (Vgl. ebd.,183.)

334 E I, 334.

335 Vgl. ebd., 222.

336 Ebd., 223.

337 Vgl. ebd., 223.

338 Vgl. ebd., 226.

Das noachidische Gebot der Rechtspflege wird also dann eingehalten, wenn ein Rechtssystem geschaffen wird, das in erster Linie Gemeinschaft unter den Menschen und zwischen Menschen und Gott konstituiert, indem es die an dieser Gemeinschaft Beteiligten gegenseitig ins Recht setzt. Erst in zweiter Linie wird dieses Rechtssystem immer wieder darauf hin befragt, wie es aktuelle Fragen des Zusammenlebens konkret organisiert. Marquardt geht sogar so weit, dass er, vor allem mit Referenz auf Versen aus den Psalmen und dem Römerbrief, sagt: «‹Rechtspflege› ist in der Tiefe gerade auch dies: *unsere Pflicht und Freiheit, Gott zu seiner Anerkennung zu helfen.*»[339]

Wie Marquardt das Gebot und den notabene zentralen reformatorischen Begriff der Rechtfertigung verbindet, ist bedenkenswert, denn er grenzt sich von der paulinischen Sicht wie auch der theologischen Tradition und insbesondere von deren christologischer, soteriologischer und hamartiologischer Begründung des Rechtfertigungsbegriffs ab. Luther etwa sieht die Rechtfertigung als bedingungsloses Geschenk Gottes, das den sündigen Menschen gerecht macht und zwar allein durch den stellvertretenden Tod Jesu Christi.[340] Bei Paulus besteht ebenfalls eine Knüpfung von Rechtfertigung und Christus, denn im Glauben an Jesus Christus ist die «soteriologische Differenz zwischen Juden und Heiden aufgehoben».[341] Marquardts Auffassung von Rechtfertigung orientiert sich stattdessen an «israelitischem Rechtswesen», gemäss dem Rechtfertigung als «Lebenszusage im Rahmen einer Rechtsgemeinschaft» gesehen werden muss und dadurch «Erneuerung der Gemeinschaft mit Gott» bezeugt.[342]

Rechtfertigung setzt laut Marquardt also ins Recht und zwar ohne Gesetzeswerke. Deshalb kommt Recht vor den Gesetzen zu stehen. Marquardt kritisiert vor diesem Hintergrund die protestantische Gesetzeskritik. Diese diffamiert «biblische Hilfsbereitschaft» als Gesetzeswerk, weil sie das Tun des Gesetzes nicht «in der Verbindlichkeit von Gesetzeswerken» sehen kann.[343] Weil aber das Recht Gottesbeziehung schafft, sind die Gesetzeswerke Ausdruck dieser gelebten Gottesbeziehung. Die Tora ist eine Möglichkeit, «mit Hilfe der Gesetze ihren eigenen Horizont zu überschreiten», nämlich, ein «Gemeinschaftsgefüge» herzustellen. So kann er auch im Blick auf Jesus sagen: «Paulus hat das Wirken des auferweckten Jesus unter den Völkern als ihre Rechtfertigung beschrieben und meinte damit: ein Aufrichten der Tora in ihrer Mitte. Seine Rechtfertigungsverkündigung ist ein Vollzug des ersten noachidischen Gebotes.»[344]

Laut Chana Safrai bewirkt Marquardts Bemühung, die «Gebote zum Zentrum des Seins» zu machen, eine Wende im asymmetrischen jüdisch-christlichen Diskurs, in welchem die «jüdische Welt» die «christliche nicht für eine unabhängige Selbst-

339 Vgl. E I, 228.
340 Vgl. Tietz: Art. *Rechtfertigung*, RGG^4, 105f.
341 Vgl. Klaiber: Art. *Rechtfertigung*, RGG^4, 100.
342 Vgl. ebd., 99.
343 Vgl. E I, 240–242.
344 Vgl. ebd., 242f.

> definition» braucht,[345] wohingegen die christliche ohne die jüdische nicht denkbar ist. Indem sich nun Jüdinnen wie Christen auf die Gebote als ihr Zentrum beziehen, kann diese Asymmetrie gemildert werden.[346]

Dass ein Rechtssystem Gemeinschaft stiften soll, ist eine konkrete Forderung, die Marquardt theologisch begründet. Die noachidischen Gebote an sich sind ein solches Beziehungsangebot, das Gemeinschaft mit Israel stiften soll.[347] Dieses Israel will aber «mit der Welt nicht durch Theologie, sondern durch Welthandeln kommunizieren».[348] Und: Die noachidischen Gebote sind «ein Element *angewandter Hoffnung Israels*»[349]. Kommen sich hier Marquardts theologisch begründeter Anspruch an die Gebote, dass diese beziehungstheologisch ausgelegt werden sollen, und sein Bild, wie Israel mit der Welt kommuniziert, nicht in die Quere? Marquardt bezeichnet zwar am Ende des Abschnitts C, der Verheissung und Gebot zusammenfassen will, das Segnen Gottes (*genitivus objectivus*) als erfülltes «Tun eines Gebotes».[350] Somit hat er das Tun wieder theologisch eingeholt. Sein Antipraktizismus ist aber möglicherweise darin begründet, dass er die Ethik in keinem Fall losgelöst von Israel verstanden haben möchte, da sie dann nur allgemeinmenschlich begründet sein könnte. Eine christliche Ethik ohne Israel ist für Marquardt aber nicht denkbar, ebenso wenig wie eine christliche Theologie ohne Israel. Dass aber die noachidischen Gebote Gemeinschaft konstituieren sollen, kann bereits als Grundausrichtung einer theologischen Ethik gesehen werden.

Das Halten der Gebote kann aber laut Marquardt nicht den primären Zweck haben, das konkrete Leben der Menschen zu organisieren. Vielmehr stiftet es auch für nichtjüdische Menschen auf der Grundlage der Verheissungen Gottes an Israel Beziehung mit Israel und mit dem Gott Israels. Die sieben noachidischen Gebote sind «letztlich eben doch nicht Naturgesetz [...], sondern Erwählungsordnung».[351] Mit der noachidischen Tora ist also nichts gegeben, «was wir nicht schon hätten», sondern etwas in anderer «Beleuchtung», nämlich in einem «heilsgeschichtliche[n] Sinn*zusammenhang*».[352] Deshalb sind die noachidischen Gebote nicht ohne die Verheissungen des Gottes Israels zu sehen.

Gleichwohl kann Marquardts Auslegung der noachidischen Gebote als eine Ethik *en miniature* interpretiert werden, die theologische Grundlegung und Orientierung für eine Aus- bzw. Weiterformulierung darstellt.[353] Denn gerade das

345 Vgl. Safrai: *Bedeutung*, 69.
346 Zu Safrais Hinweis siehe Kap. 1.2.3.3.
347 Vgl. E I, 323.
348 Vgl. ebd., 326.
349 Ebd.
350 Vgl. ebd., 335.
351 Vgl. ebd., 219.
352 Vgl. ebd., 221.
353 Nach Müller ist aber Marquardts «Eingehen und Bedenken christlich-jüdischer Volk-Gottes-Gemeinschaft» der Weg, wie christliche Theologie dieses jüdische Zeugnis adäquat

Motiv der gelebten Gemeinschaft, der «Lebensgemeinschaft mit dem jüdischen Volk», müsste lebensweltlich-praktisch weitergedacht werden.

Frank Crüsemann etwa fordert, dass als nächster Schritt, nach der Anerkennung der Nichtaufgebbarkeit des Gottesbundes mit Israel, «die vagen Hoffnungen auf eine gemeinsame jüdisch-christliche Ethik genauer und präziser, verbindlicher und biblischer» gefasst werden müssen – «also den gemeinsamen Bezug auf ‹das Gute›, das uns gesagt ist, und seine Grundlage in der Tora.»[354] Crüsemann meint die ganze Tora und nicht etwa konzentrierte Kurzfassungen wie den Dekalog, die Goldene Regel, das Doppelgebot der Liebe oder auch die noachidischen Gebote, die er als «Sonderfall derartiger Kurzfassungen» bezeichnet. Die «Fülle» der Tora kann nie auf eine Kurzform gebracht werden.[355] Ausserdem knüpft Crüsemann die Befolgung der Gebote der Tora an ihre Botschaft der Freiheit, denn «der Zusammenhang von Freiheit und Recht ist in der Tat ein Herzstück biblischer Theologie». Gerade in der Exodustradition wird Gott als Freiheit erfahren. «[D]iese Freiheit konkretisiert sich in der Tora, der Weisung Gottes, zur Gestaltung und Bewahrung der von ihm geschenkten Freiheit.»[356]

Die Gebote mit der in Gott gegebenen Freiheit zu knüpfen, könnte dem abstrakten erwählungstheologischen Zugang Marquardts die nötige Konkretion verschaffen. Seine Behauptung, durch das Befolgen der noachidischen Gebote können nichtjüdische Menschen in eine «Lebensverbindlichkeit» bzw. in eine Beteiligung der Erwählung mit dem jüdischen Volk eintreten, bleibt letztlich unkonkret,[357] bildet aber eine theologische Grundlage dafür, diese «Lebensverbindlichkeiten» verbindlicher und verbindender auszuformulieren – beispielsweise dadurch, dass freiheitsethische Konkretionen formuliert werden.

2.3.2.4 *Problemanzeige II: Relativiert Marquardts Gebotsverständnis das Tun der Menschen?*

Mit seinem Gebotsverständnis grenzt sich Marquardt deutlich von der Tradition ab. Zwar hat schon die lutherische Orthodoxie das Gegenüber von Gesetz und Evangelium, das ursprünglich als «offensive Kampfformel» gedacht war, theologisch entschärft, indem sie es in ein Zugehörigkeitsverhältnis überführt hat: Das Gesetz zeigt dem Menschen seine Unvollkommenheit auf und leitet ihn zum rechten Handeln an, das Evangelium vermittelt die Kraft dafür und richtet den

---

wertschätzt, weil sie die noachidischen Gebote als Orientierungsgrösse hierfür heranzieht. (Vgl. Müller: *Tora*, 255.)

354 Vgl. Crüsemann: *Massstab*, 25.

355 Vgl. ebd., 33f.

356 Vgl. ebd., 36.

357 So auch die Diagnose von Coen Constandse. Weil Marquardt hier keine Würdigung des Tuns vornimmt, bleibt eine Spannung bestehen zum hoch gehaltenen ‹Erkenntniswert des Handelns› in den Prolegomena. (Vgl. Constandse: *Gebod*, 221.)

gefallenen Menschen wieder auf. Reformierterseits gehören Gesetz und Evangelium mit bundestheologischer Begründung zusammen, wobei Christus das Gesetz durch seinen Gehorsam erfüllt hat. Das Gesetz führt den Gläubigen zur Busse, ist also «Applikationshilfe des Evangeliums».[358] Marquardt steht hier also nicht in der Tradition Luthers, sondern erweist sich als Schüler Calvins, der laut Hans-Joachim Kraus «wie ein einsamer, herausragender Felsen» in der kirchlichen Auslegungstradition des Alten Testaments steht, weil er das Leben Israels unter der Tora nicht als Gesetzlichkeit, sondern als Vorrecht und Würde sieht.[359]

Marquardt verortet das Gebot in der Eschatologie und nicht etwa in der Offenbarungs- oder Gotteslehre, in der Hamartiologie, Ethik oder Anthropologie. Ebenso wenig stellt er es in einen Zusammenhang mit dem Evangelium oder deutet es kreuzestheologisch und soteriologisch wie etwa Hans-Joachim Iwand.[360] Marquardt ist nahe bei Karl Barth, der die traditionelle Reihenfolge der Begriffe umkehrt und von Evangelium und Gesetz spricht – auch Marquardt stellt dem Gebot die Verheissung voraus.[361] Karl Barth deutet aber das Gebot bzw. das Gesetz von der Gnade und von Christus her:

> «Wir müssen also vor allem von diesem Inhalt des Evangeliums reden. Gottes *Gnade*, die dieser Inhalt ist – in dem auch das Gesetz eingeschlossen ist, wenn es wirklich *Gottes* Wort und Gesetz ist – sie heisst und ist *Jesus Christus*. Denn das ist Gottes Gnade, dass das ewige Wort Gottes *Fleisch ward.*»[362] Barth bestimmt Verhältnis von Gesetz und Evangelium neu und betont gleichzeitig die Einheit[363] des Wortes Gottes «in dem *einen* Wort Gottes Jesus Christus»:[364] «[...] wenn wir vom Evangelium *und* wenn wir vom Gesetz reden, meinen wir Gottes Wort. [...] Das Wort Gottes ist das ‹eine Wort der Wahrheit›», welches aus Gnade aus Gott ergangen ist.[365] Beides ist Gnade: gerichtet und zugleich von Gott angenommen sein durch die Auferstehung Jesu Christi. «Gottes ewiges Wort in seiner Einheit mit dem Fleische ist nicht nur die Verheissung, sondern die Erfüllung der Verheissung: dass die Busse des Menschen seine Errettung sei, dass der Gerechte seines Glaubens *leben* wird.»[366] Inhalt des Evangeliums ist Gottes Gnade, welche ganz und allein Jesus Christus ist.[367] «[...] notwendige *Form des Evangeliums*» ist das Gesetz, wobei der Inhalt diese Form «erzwingt»,

---

358 Vgl. Barth: Art. *Gesetz*, TRE, 126f.

359 Vgl. Kraus: *Israel*, 190f. Siehe auch *Inst.* II, 9,4: «Aber das Evangelium tritt nicht in der Weise an die Stelle des Gesetzes, dass es etwa einen anderen Weg zum Heil eröffnete, sondern es sollte vielmehr die Verheissungen des Gesetzes beglaubigen und in Wirksamkeit setzen, zum Schatten des Körpers selbst fügen!»

360 Vgl. Barth: Art. *Gesetz*, TRE, 136.

361 Das bedeutet aber keineswegs, dass das Evangelium für Marquardt die Verheissung ist. Ferner müsste gefragt werden, ob Gebot für Marquardt dasselbe wie Gesetz ist.

362 Barth: *Evangelium*, 5, Kursivierung im Original gesperrt.

363 Vgl. Ebd, 4.

364 Vgl. Demut: *Evangelium*, 58.

365 Vgl. Barth: *Evangelium*, 4. Kursivierung im Original gesperrt.

366 Vgl. ebd., 6. Kursivierung im Original gesperrt.

367 Vgl. ebd., 7f.

denn «Gnade heisst, wenn sie offenbar, wenn sie bezeugt und verkündigt wird, Forderung und Anspruch an den Menschen.»[368]

Gerade darin, dass Evangelium und Gesetz dialektisch aufeinander bezogen sind, folgt Marquardt Barths Zuordnung von Evangelium und Gesetz; unter der Voraussetzung, dass die Marquardtschen Begriffe «Verheissung» und «Gebot» mit den Barthschen «Evangelium» und «Gesetz» bzw. «Gebot» analogisiert werden dürfen.

Ich verstehe sie hier aus folgenden Gründen analog:

(1) Für Marquardt kann zur «Verheissung» «*alles* werden, wovon die Bibel spricht», deshalb auch «die Fragmente eines Lebens Jesu», «die Weisungen Jesu in seinen Gleichnissen», wie sie in den Evangelien geschildert werden, oder die Erzählungen in der Apostelgeschichte über den verheissungsvollen «Anfang eines Weges der Gemeinde in der Welt».[369] Ausserdem ist für Marquardt Verheissung Offenbarung Gottes, was auch und gerade für den Barthschen Begriff von «Evangelium» gilt: In Christus zeigt sich Gott den Menschen, in Jesus wird Gottes Wort Fleisch.[370]

(2) Für Marquardt ist Gebot ein Überbegriff, der nebst dem Recht auch das Gesetz beinhaltet.[371] Zwar sind ihm auch hier genaue Terminologie und Abgrenzungen nicht wichtig. Er verwendet aber überwiegend den Begriff Gebot, weist aber nicht selten auch synonym auf die hebräischen Ausdrücke Tora oder Mizwot.

Marquardt grenzt sich klar davon ab, hier die Beziehung von Gott und Mensch christologisch zu begründen oder gar zu zentrieren. Verheissung und Gebot haben keinen primären christologischen Bezugsrahmen. Vielmehr sieht er in der Erwählung und den Bundesschlüssen den Grund dafür, dass es überhaupt zu einer Beziehung zwischen Gott und Menschen kommen kann. Bei Barth hingegen sind Evangelium und Gesetz zwar auch bundestheologisch aufeinander bezogen, weil die Gesetzestafeln in der Bundeslade aufgehoben werden. Diesen Bezug setzt er aber sofort parallel mit dem doppelten Bezug, dass einerseits «das *Gesetz im Evangelium*» und so auch in der Gnade und andererseits in Christus ist und darum immer auch ein zu verkündigendes darstellt.[372]

Die Unterscheidung von Gesetz und Evangelium «blieb immer das Stigma einer von Luther her sich verstehenden Theologie».[373] Marquardt unterscheidet zwar auch, aber ausdrücklich nicht Gesetz und Evangelium, sondern «Verheissung» und «Gebot». Dadurch bleibt er formal seiner Herkunft als reformatorischer Theologe treu, stellt aber dieser seiner Herkunft und auch der Tradition theologische Fragen.

---

368 Vgl. Barth: *Evangelium*, 11. Kursivierung im Original gesperrt.
369 Vgl. E I, 154f.
370 Vgl. Barth: *Evangelium*, unter anderen 5.
371 Siehe E I, 240f.
372 Vgl. Barth: *Evangelium*, 11f. Kursivierung im Original gesperrt.
373 Vgl. ders.: Art. *Gesetz*, TRE, 137.

Luther spricht davon, dass Gott sich durch zweimaliges öffentliches Predigen offenbart hat:

> «Die erste Predigt und Lehre ist das Gesetz Gottes, die andere das Evangelium. Diese zwei Predigten kommen nicht überein, darum muss man guten Verstand darüber haben, dass man sie wisse zu unterscheiden, und wisse, was das Gesetz sei, und was das Evangelium. [...] Also sind zweierlei Lehren und zweierlei Werke, Gottes und des Menschen. Und wie wir und Gott voneinander geschieden sind, also sind auch die zwei Lehren weit voneinander geschieden. Denn das Evangelium lehrt allein, was uns von Gott geschenkt ist, nicht, was wir Gott geben und thun sollen, wie das Gesetz pflegt zu thun.»[374]

Der Lutherschen Überbietung[375] «Moses», also der Tora, durch das Evangelium, kann Marquardt nicht folgen, ebenso wenig wie einer christologischen Lektüre des Alten Testaments. Vielmehr geht er den genau umgekehrten Weg: Er stellt die Christologie ins Licht des Alten Testaments und liest das Neue Testament vom Alten her.[376] Das gilt auch für sein Gebotsverständnis: Die alttestamentlichen Gebote sind das Licht, in dem die Gebote des Neuen Testaments erscheinen.

Ausserdem schillert Marquardts Gebotsverständnis in seiner Bezogenheit auf die Verheissung zwischen der Forderung, lebenspraktisch zu sein und einer ausschliesslich erwählungsgeschichtlichen, also rein theologischen Funktion.[377] Auf der alltagskonkreten Seite steht der jüdische Religionsphilosoph und Naturwissenschaftler Yeshayahu Leibowitz, selber intensiver Kritiker national-jüdischer Politik in Israel.[378] Er bezeichnet die Gebote, d. h. die Mizwot, als «institution», als «matrix of Judaism» im konkreten Alltagsleben, die den «spiritual content» des Judentums definieren. Leibowitz stellt im Befolgen der Gebote einen engen Zusammenhang zwischen Institutionalität und Spiritualität her. Wie eng dieser Zusammenhang ist, hängt von der «spiritual disposition» des Individuums ab.[379]

> «Indeed, halakhic religion considers the person strictly from the standpoint of his trivial, quotidian reality. *Mitzvot* are norms for this humdrum existence, the real and constant reality of man: Halakhic religion is not enthusiastic about the ecstatic, unusual episodes of one's spiritual life [...].»[380]

Spiritualität ist also hier nicht in einem weltflüchtigen Sinn zu verstehen, sondern in enger Welt- und Lebensverbundenheit: «The religion of *mizvot* is the re-

---

374 Luther: *Unterrichtung*, 4, Orthographie leicht angepasst.

375 Diese Überbietung geht aus ebd., 7–17 hervor.

376 Siehe hierzu insbes. Kapitel 2.3.1.4.

377 Siehe unter anderen P, 187 bzw. E I, 219.

378 Siehe unter anderen Art. «Yeshayahu Leibowitz», SEP, (hier in der Online-Ausgabe unter https://plato.stanford.edu/entries/leibowitz-yeshayahu, zuletzt aufgerufen am 18. April 2017.).

379 Vgl. Leibowitz: *Commandments*, 67.

380 Ebd., 68.

ligion of life itself.»[381] Darüber hinaus ist das Befolgen der Gebote «a way of life», der in die Nähe Gottes führt. Ganz zu Gott hin führt er jedoch nicht, denn Gott ist nicht erreichbar. Deshalb ist der Weg, den die Menschen durch das Befolgen der Gebote gehen, letztlich ein Weg im Kreis. Darin liegt auch das Ziel des Gebots: «[...] in the very effort one expends in reaching the paradoxically unattainable goal.»[382]

Das Befolgen der Gebote hat also in diesem Sinne ausschliesslich einen theologischen und keinen ethischen Grund. Denn: «Ethics as an intrinsic value is indubitably an atheistic category.»[383] Werden die Gebote rein ethisch ausgelegt, wird dadurch Gott überflüssig gemacht. Die Menschen dienen dann durch das Befolgen der Gebote nicht mehr Gott, sondern sich selbst – was Leibowitz als Gotteslästerung bezeichnet.[384]

«One serves God only when one takes it upon oneself to fulfill *mizvot* that are an expression of God's will and not a means to satisfy one's physical or spiritual needs.» Das Halten der Gebote hat einen Wert in sich selbst, weil sie den Willen Gottes ausdrücken. Deshalb haben einige Gebote zum Teil keine unmittelbar einleuchtende, etwa psychologische oder soziale Evidenz.[385] Vielmehr sind sie als eine Befreiung zu sehen, nämlich: Sie befreien die Menschen davon, nur von ihrer Natur geleitet zu werden. Der Weg dieser Befreiung kann einzig dadurch geöffnet werden, dass die Menschen Gottes Willen tun. Dieser Wille läuft quer zur Natur der Menschen. Deshalb gibt es keinen Grund, die Gebote im Licht der menschlichen Natur zu deuten. Ebenso wenig dürfen die Gebote rationalisiert werden.[386] Nicht der befreite Mensch steht also am Ziel dieser Befreiung, sondern das Tun des Willens Gottes. Erst dadurch, dass dieser Wille getan wird, wird der Mensch aus seiner Unfreiheit herausgeführt in die Freiheit Gottes – diese ist eben gerade keine menschliche Freiheit.

Hinzu kommt in der Argumentation Leibowitz' die Dimension des Heiligen: Das Befolgen der Gebote formt ein Leben, das Taten mit Heiligkeit ausstattet («deeds endowed with holiness»). Heiligkeit kann nur durch das Befolgen der Gebote erlangt werden. Alle anderen Bestrebungen der Menschen dienen letztlich nur den Menschen selbst. «There is no holiness except in the divine sphere – that is, the realm of human deed formed not by human values but through the *mizvot* of God, in which man acts for the sake of God alone [...].»[387]

---

381 Vgl. Leibowitz: *Commandments*, 68. Der Autor charakterisiert das Christentum dagegen als eine Religion, die die Menschen aus irdischen Banden in eine andere, bessere, spirituelle Welt transzendieren will. Der Tod Jesu befreit von den Geboten. (Vgl. ebd., 69.)

382 Vgl. ebd., 70.

383 Vgl. ebd., 71.

384 Siehe ebd., 73.

385 Leibowitz erwähnt hier das Tragen der Gebetsriemen nach den genauen Vorschriften und das Einhalten der Sabbathgebote, die zum Teil durchaus «strange» sind. (Vgl. ebd.)

386 Vgl. ebd., 75.

387 Vgl. ebd., 77.

Marquardts bundestheologisches Verständnis des Gebotes zeigt Übereinstimmungen mit dem von Leibowitz. Denn auch dieser betont, dass die noachidischen Gebote nicht «praktizistisch» ausgelegt werden wollen. Marquardt liegt es vielmehr am «*inneren theologischen Erkenntnisgehalt*» der noachidischen Gebote.[388]

> «*Das Problem des Tuns ist der Täter.* Die Ortung der jüdischen Gebote für die Gojim in der Noah-Geschichte ordnet sie bewusst dem Menschen zu, der wohl gerettet wurde aus den Fluten und doch noch hervorkam als Mensch bösen Herzens von Jugend auf. Dass diese Menschen noch etwas von Gott zu tun bekommen, verwehrt ihnen jeden Tatenstolz und Tatenruhm – und uns den Einsatz von irgend so etwas wie einer triumphalistischen ‹Kategorie Praxis›, die uns etwa der Zerrissenheit dialektischer Selbst- und Welterfahrung entheben könnte. Gerade nach Auschwitz ist uns jeder Optimismus des Tuns verwehrt.»[389]

Nach dieser Relativierung des menschlichen Tuns betont Marquardt aber sogleich, dass die «‹Praxis› der noachidischen Gebote» im «Alltäglichste[n]» des «kleinmenschlichen Alltag[s]» geschieht und nicht darin, dass im Tun dieser Gebote Grosses erwirkt werden will. Deshalb gilt: «Die *Tat* im Tun der noachidischen Gebote ist das Segnen Gottes, der nun auch uns Gojim gewährt, ihn über unseren kleinen Alltagsverrichtungen zu segnen. Dies Segnen ist das Mass des Tuns der noachidischen Gebote.»[390]

Marquardt vertritt eine Gebotstheologie, die im Halten der Gebote nicht primär einen ethischen Sinn sieht, sondern einen theologischen: Wer Gottes Gebote hält, segnet ihn und nimmt Anteil an seiner Verheissung, tritt in Beziehung zu ihm und lebt so (in der) Erwählung. Erst in einem zweiten Schritt gewinnt er oder sie darum, weil dieser Gott ein Gott des Lebens ist, durch das Gebotehalten etwas Lebensdienliches und -förderliches für das konkrete Leben hinzu.

Andreas Pangritz interpretiert Marquardts Gebotsverständnis hier eschatologisch:

> «Marquardts ‹Evangelische Halacha› wäre jedoch missverstanden, wollte man die Auslegung der ‹noachidischen Gebote› als konkrete Handlungsanweisungen für Christen lesen. Zu beachten ist der eschatologische Kontext: Es geht um ‹*Spuren von Zukunft*, die das Tun dieser Gebote zu einer verheissungsvollen, ja sogar ihrerseits zukunftsträchtigen Sache machen können› [hier Verweis auf E I, 330]. Gegenüber einem ‹praktizistischen› Missverständnis geht es Marquardt vor allem um den ‹*theologischen Erkenntnisgehalt*› des Handelns [hier Verweis auf E I, 334]. So bemüht er sich bei seiner Auslegung der noachidischen Gebote darum, ‹Grundaspekte christlicher Theologie mitzubedenken› [hier Verweis auf E I, 324].»[391]

Gerade weil Marquardts Gebots- und Gottesverständnis theologisch zu verstehen ist, gesteht er der Handlungsfähigkeit des Menschen Möglichkeiten zu, die bis in das Sein Gottes selbst reichen: Gottes Zukunft hängt vom konkreten,

388 Vgl. E I, 334.
389 Ebd.
390 Vgl. ebd., 334f.
391 Pangritz: *Halacha*, 55.

tätigen Hoffen der Menschen für diesen Gott ab; das Hoffen der Menschen *auf* Gott ist zugleich ein Hoffen *für* Gott.[392]

Weder die klassische Rechtfertigungslehre noch die klassische Anthropologie finden in diesem theologischen System einen passenden Ort. Durch das Befolgen der noachidischen Gebote kann daher nur dann Zukunft konstituiert werden, wenn dem Menschen diese Rolle als partnerschaftliches Gegenüber Gottes zugedacht wird.

Anthropologische Gedanken begegnen in Marquardts Eschatologie erst im dritten Eschatologieband. Dort schlägt Marquardt vor, dass die christliche Dogmatik ihre Anthropologie einmal nicht aus der Schöpfungslehre oder der Christologie, sondern aus der Eschatologie und dort aus der Begegnung des Menschen mit Gott im Gericht entwickelt. Im Gericht nämlich werden die Menschen erst «sich frei ihrer selbst bewusst, weil sie erst dort wirklich nach sich selbst gefragt werden».[393] Anthropologie sieht Marquardt als «Geschichte der Einzelnen mit Gott», wobei jede und jeder «Einzelne abkünftig vom Volk Gottes und Leib Christi» ist. Die Paradiesfrage Gottes, «Mensch, wo bist du?», ist für Marquardt «*Urbild aller richtenden Fragen Gottes*». Gott ruft die Menschen zu sich, «zu neuer Gemeinschaft», da die Menschen ihm «*tat*-verborgen» geworden sind; er ruft sie «als Menschen ihrer Werke», damit sie «hervortreten aus ihrer Selbst-Verbergung vor ihm».[394] Gott erkennt die Menschen «*am Tun*» der Tora, so wie die Menschen Gott an seinem Tun erkennen.[395] Dadurch, dass Marquardt die Lehre vom Menschen in der Eschatologie verortet, stellt er ihn und seine Taten unter eschatologischen Vorbehalt. Erst im Gericht kommt zutage, ob und wie der Mensch am guten Werk Gottes mitgearbeitet hat. Wenn seine Taten von Gott als für zu leicht befunden werden, geht das Gericht für diesen Menschen nicht gut aus; er wird «beiseitegestellt».[396] Welche Konsequenzen es aber für Gott hat, wenn der Mensch nicht mit ihm in Beziehung tritt, lässt Marquardt offen.

Marquardt nimmt Gott beim Wort seines Namens in der Weise des אֶהְיֶה אֲשֶׁר אֶהְיֶה als «Ich werde sein, was ihr aus mir machen werdet», das der israelisch-französische Literaturwissenschaftler Stéphane Mosès im Anschluss an rabbinische Paraphrasierungen von Ex 3,14 vorschlägt.[397] Mosès kommt auf diese Übertragung, weil die Offenbarung des Gottesnamens in seiner vollständigen Form in Ex 3,14 und in den elliptischen Wiederholungen «Ich werde sein» in Ex 3,14bβ,

392 Siehe insbes. E II, 18.
393 Vgl. E III, 305.
394 Vgl. ebd., 312–315.
395 Vgl. ebd., 319.
396 Vgl. ebd., 361f.
397 Vgl. Mosès: *Namen*, 68. Auf die Unübersetzbarkeit des Gottesnamens macht Jürgen Ebach auch in *Unübersetzbarkeit*, 13 aufmerksam und verweist dort auf eine Aussage Luthers, der die biblischen hebräischen Namen Gottes im Deutschen als nicht widergebbar bezeichnet. Ich erinnere hier an Ex 3,14, weil dort an einziger biblischer Stelle das Tetragramm «erklärt wird». (Siehe Ebach: *Unübersetzbarkeit*, 33.) Zur Widersprüchlichkeit und Vielschichtigkeit des Gottesnamens siehe unter anderen auch Ebach: *Name*. «Keine der Lektüreweisen von 2. Mose 3,14 ist *die* richtige, kaum eine ist an sich falsch. Fast jede bleibt richtig, soweit sie sich auf andere mögliche einzulassen und in einen Diskurs zu treten bereit ist.» (Ders.: *Name*, 53.)

«Ich werde mit dir sein» in Ex 3,12aα, «Ich werde mit deinem Mund sein» in Ex 4,12bα, «Ich werde mit deinem und seinem Mund sein» Ex 4,12bα auf «eine aussergewöhnliche Offenbarung des Göttlichen» verweist, die auf den «Sinn von Benennung als solcher» zielt. Dieser liegt darin, dass sie «das Wesen [...] der von ihnen bezeichneten Person ausdrücken», also einen «*semantischen* Status» haben.[398] Das doppelte Futurum von אֶהְיֶה אֲשֶׁר אֶהְיֶה drückt nach Mosès und gegen viele Interpretationen dieses Gottesnamens nicht etwa ein Erhabensein Gottes über das Zeitliche aus, sondern verdeutlicht die menschliche Erfahrung der «Unvorhersehbarkeit einer Zukunft, die unzählige, immer neue Formen annehmen kann».[399] Diese Formen hängen auch von den Taten der Menschen ab, deshalb schreibt sich das Tun der Menschen auch in den Namen Gottes ein, der selbst die Zukunft in sich trägt.

Diese rabbinische Interpretation des Eigennamens Gottes ist zugegebenermassen eigenwillig und entspricht nicht dem Mainstream.[400] Ebenso wenig ist die Theologie, die zu dieser Namensinterpretation führt, an die biblische Tradition unmittelbar anschlussfähig. Louis Jacob schreibt in seinem theologischen Überblicksartikel «God – ~אלוהי» im Zusammenhang mit biblischen Gottesvorstellungen generell: «[...] God was conceived of as the One Supreme Being, Creator and Controller of heaven and earth.»[401]

Marquardt versteht Gott als kontingent und fraglich. In dieses Gottesbild trägt Marquardt die Zukunftshaltigkeit des Gottesnamens in der Weise «Ich werde sein, was ihr aus mir machen werdet» ein. Gott, dessen Name selbst Zukunft ist und Zukunft bereithält, lädt durch das Halten seiner Gebote dazu ein, mit sich in Beziehung zu treten. Da aber diese Beziehung an sich noch nicht zukunftsträchtig ist, müssen Gebote gehalten werden. So wird der Zukunftsname Gottes von den Menschen bestätigt und bekräftigt. Zum Namen «Ich werde sein, was ihr aus mir machen werdet» tritt der Name «Amen» hinzu. Durch die Spezifik dieser Gebote setzen die Menschen bereits den Modus der zukünftigen Welt Gottes in der hiesigen Welt ansatzweise um und verhelfen so Gott dazu, dass er zukunftsträchtig wird. Gleichzeitig verhilft Gott durch seine Verheissung den Menschen zum Halten der Gebote, wodurch Zukunft konstituiert wird. Erst dadurch aber, dass den Menschen eine hohe Verantwortung zugestanden wird, können sie sich durch das Halten der gemeinschaftsstiftenden noachidischen Gebote am Zukunftswerk Gottes als Mitarbeitende beteiligen.

398 Vgl. Mosès: *Namen*, 69–71.

399 Vgl. ebd., 74.

400 Siehe hierzu die entsprechenden Überblicksartikel wie z. B. Fox: Art. *Names*, oder etwa Miskotte: *Wesen*, 495–497.

401 Jacobs: *God*, 291.

«Ein jedes Martyrium – und auch das unsagbar schreckliche neue jüdische Martyrium – ist ein Teil des Kreuzestodes Christi.»
David Flusser: *Christentum*, 24.

«Im Herzen Israels entstand einst jene Jesusbewegung, die zur Mutter der weltweiten Kirche werden sollte. Urjüdisch und nurjüdisch waren die ersten Jesuaner, die ihren Meister als Rabbi titulierten, aramäisch sprachen, in Synagogen beteten und jahrelang nichts von einer Heidenmission wissen wollten.»
Pinchas Lapide, in: Moltmann/ders.: *Israel*, 45.

2.4 Motiv IV: Jesus von Nazareth begründet in seinem Befolgen der Tora christliches Hoffen

Marquardt sieht Jesus als Grund christlichen Hoffens, weil einerseits in seinem verheissungsvollen Leben, das ganz im Geist der Tora steht, Zukunft eröffnet wird und er andererseits dank der von Gott erwirkten Auferstehung aus der Zukunft in die Zukunft ruft. Das wirklich Eigene an Marquardts Christologie zeigt sich in der Fraglichkeit Jesu als Christus, die Marquardt einerseits am jüdischen Nein zu Jesus als Christus, andererseits an der offenen Antwort Jesus auf die Frage des Johannes, ob er derjenige sei, der kommen soll, festmacht. Marquardts Christologie ist auf Beziehung hin angelegt und nicht auf feste Zuschreibungen, zumal in Jesus nichts gegeben ist, was nicht in Israel schon gegeben wäre. Dank Jesus ist das, was Israel verheissen ist, den nichtjüdischen Menschen zugänglich gemacht worden.

Es stellt sich die Frage, ob Marquardt dem Juden Jesus die Göttlichkeit abspricht. Auf diese geht er nicht direkt ein, sieht aber das Leben Jesu in eschatischer Perspektive, weil sein Leben bereits den Geist des zukünftigen, in der Auferstehungskraft stehenden Lebens atmet. Darin liegt das eigentlich Christologische an Marquardts Christologie. Weil der Jude Jesus aus Nazareth von Gott auferweckt wurde, ist er der Christus. Genau diesem Christussein steht aber das jüdische Nein entgegen, das christlicherseits ernst genommen werden muss, zumal ihm der Umstand zu verdanken ist, dass Jesus für die nichtjüdischen Menschen den Weg zum Gott Israels öffnen konnte. Beide aber, das jüdische Nein und das christliche Ja, sind nicht abschliessend, sondern warten auf die eschatische Bestätigung bzw. Widerlegung durch Gott selbst. In Israel sind aber Formen angelegt, die aus neutestamentlicher Sicht als christologisch gedeutet werden können, so. z. B., dass Gott inmitten seines Volkes lebt.

Marquardts Eschatologie ist auf Jesus angewiesen, denn nur dieser hat als Jude die Geschichte Israels als Geschichte Gottes mit allen Menschen qualifiziert. Dank dem, dass Israel Jesus als Christus abgelehnt hat, konnte Gott den Weg durch Jesus zu den Menschen gehen.

2.4.1 Annäherung I: Jesus der Zukunftsmensch lebt aus den Toraverheissungen und der Auferweckung

Marquardt stellt noch vor die Vorsätze von § 3 des ersten Eschatologiebandes ein Zitat von Margarete Susman, das «Christus» nicht als festen «Besitz» bezeichnet. Vielmehr «wartet» laut Susman Christus «auf uns als unsichtbarer Lebendiger an jeder Biegung unseres Weges, auf den Juden wie auf den Christen.»[402] Dass die Jüdin Margarete Susman hier «Christus» und nicht «Jesus» sagt, überrascht ebenso wie die Tatsache, dass Marquardt dieses Susman-Zitat aufnimmt, denn dieser spricht in seiner Dogmatik meistens von «Jesus» und nicht von «Christus».[403] Seine zweibändige «Christologie», die er so im Untertitel bezeichnet, trägt den Haupttitel «Das christliche Bekenntnis zu Jesus, dem Juden».

Marquardt bemerkt, dass in der diffusen Art und Weise, wie Menschen sich zu (ihrer) Zukunft verhalten, «christliche Theologie, [...] im Blick auf einen *gewissen* Grund des Hoffens» von Zukunft zu sprechen wagt: «in Gottes Erwählung Israels inmitten der Völker» liegt dieser gewisse «Grund alles [sic] menschlichen Hoffens».[404] Diese Erwählung Israels «zum Dienst der Tora», die die Tora bezeugt, «setzt Kräfte der Verheissung frei, die auch Nichtjuden gelten, wenn sie sich auf diese oder jene Weise an dem Leben mit der Tora und aus ihr beteiligen».[405]

Der «hoffnungsreiche Weg Israels» und «Jesus: der Weg» verhalten sich laut Marquardt folgendermassen zueinander: Wie Israel «das hoffnungsreiche Volk

---

402 Vgl. E I, 336.

403 Dies verwundert weiter nicht. Denn etwa Bertold Klappert sieht in der gesamten Dogmatik Marquardts die Messianität Jesu offen gelassen. (Siehe ders.: *Paradigmenwechsel*, 197.) Für Martin Bock hat die christologische Rede bei Marquardt die Funktion, «ein ‹Verhältnis› zwischen den Grössen ‹Israel› und den ‹Völkern› zu bewirken». (Vgl. ders.: *Christologische Fragestellungen*, 159.) Darüber hinaus steht die messianische Legitimation Jesu als «Hoffnungs-träger [sic] ‹Christus› durch Gott selbst» noch aus. (Ebd. 202.) Laut Ulrich Winkler bezieht sich bei Marquardt «das Bekenntnis der Christen [...] nicht mehr auf Jesus den Christus, sondern auf das Jude-Sein Jesu». (Vgl. ders.: *Christologie*, 33. In Anmerkung 15 findet sich eine Reihe von Darstellungen von Marquardts Theologie und Christologie.) Mehr noch: Das «ausschliessliche auf Jesus beschränkte Christusbekenntnis [hat] keine eigene Evidenz [hier verweist Winkler unter anderen auf C II, 23] mehr, sondern ist nur noch als Bekenntnis auf Hoffnung hin wahr.» (Vgl. ebd, 36f.)

404 Vgl. E I, 338.

405 Vgl. ebd.

unter den Völkern» ist, ist Jesus «der hoffnungsreiche Mensch unter den Menschen».[406]

> Marquardt bezieht sich hier auf Joh 14,6, wo Jesus einerseits sagt, er sei «der Weg, die Wahrheit und das Leben» und andererseits, dass «niemand» zum «Vater» kommt, «εἰ μὴ δι᾽ ἐμοῦ». Da Jesus dies gesagt hat, als seine Jünger stark verunsichert waren, und danach ohnehin weg gegangen ist, versteht Marquardt dieses Jesuswort nicht als Ausschliesslichkeitspostulat, sondern als Ausdruck von Selbstzurücknahme. Jesus geht weg, wodurch den Jüngern ihr Weg gebahnt und ein Ort erschlossen wird. Durch den Weggang Jesu werden die Jünger «tatkräftig» gemacht. Darüber hinaus ist der Weggang Jesu als «Zimzum» zu verstehen, als ein Zurückziehen Gottes in sich selbst, damit dadurch neben ihm ein Lebensraum entsteht: «*Ihr kommt nicht zum Vater, wenn ich nicht den Platz zwischen euch und in eurer Mitte räume* [...]». Der Weg Jesu ist also ein Weg «*seines Gehens*», der den Menschen durch sein Weggehen eschatologisch «*bei Gott Platz*» schafft.[407]

Ausserdem wird laut Marquardt im Neuen Testament Jesus vor allem als «Mensch *der Zukunft*» beschrieben, «*nicht mehr nur ein Lehrer des Weges, sondern ein Mensch aus dem Ziel*: sich uns von sich her erschliessende, d. h. uns entgegenkommende Wahrheit». Daraus folgert Marquardt: «Darum muss christliche Eschatologie sich wie israelgeschichtlich, so auch christologisch – lieber sagten wir: Jesus-geschichtlich gründen».[408] Jesus ist der alleinige «Grund jedes wahrhaft christlichen Hoffens», das «verheissungsvolle[...] Leben Jesu» ist «organisierendes Zentrum und [...] materielle Mitte» der christlichen Eschatologie.[409]

Marquardt koppelt hier Verheissung und Zukunft eng miteinander und sieht diese Koppelung im Menschen und Juden Jesus von Nazareth gegeben. Jesus, der aus seinem Volk Israel gegebenen Verheissungen gelebt und dadurch das Gebot erfüllt hat, eröffnet durch dieses Leben aus der Verheissung und im Tun des Gebots im Hier und Jetzt Zukunft.

Wie eng Marquardt Gebot und Verheissung knüpft, wird auch an dieser Stelle seiner Dogmatik deutlich: Verheissung kommt einerseits nicht in erster Linie in den prophetischen Texten vor und ist andererseits nicht auf Erfüllung hin zu sehen. Vielmehr sind in der ganzen Tora verheissungsgeladene Texte zu finden. Aufs «Letzte und Ganze gehende Gottesversprechen» sind «eher mit dem Gesetz als mit den Propheten verflochten»:[410]

> «*Leben und Tod* – die eigentlich ‹eschatologischen› Perspektiven –, *Segen und Fluch, Bestehen und Vergehen* sind die Aussichten, die der Mose des Deuteronomium den Weisungen der Tora mit auf den Weg gibt (Dtn 30,15–20); und gerade hier kulminiert die Verheissung in der unverrückbaren Gottesgegenwart inmitten seines Volkes (Lev

406 Vgl. E I, 342.
407 Vgl. ebd., 340f.
408 Vgl. ebd., 342.
409 Vgl. ebd., 321f.
410 Vgl. ebd., 344.

> 26,12), ebenso wie in der Aussicht auf einen universalen Gottespreis der ganzen Menschheit (im ‹Lied des Mose Dtn 32,43).»[411]

Gerade weil Marquardt die Verheissung so stark ans Gebot und an die Geschichte Gottes mit Israel knüpft, kann er sie in den jüdischen Menschen Jesus von Nazareth, der die Tora vollkommen befolgt hat, hineinprojizieren. Da Verheissung bei Marquardt aber immer auch eine zukünftige Dimension hat, liegt es nahe, den Juden Jesus von Nazareth als «Zukunftsmenschen»[412] zu bezeichnen.

Ist aber nicht jeder Mensch, der nach der Tora lebt, ein «Zukunftsmensch», weil das Befolgen der Tora Verheissung und deshalb Zukunft eröffnet? Worin liegt Jesu «*Bedeutung* [...] für die Eschatologie und das christliche Hoffen»?[413] Macht Marquardt nicht seine Bezüge der Tora und der Verheissung auf Jesus von Nazareth überflüssig, wenn er sagt: «Inwiefern von Jesus Ströme lebendiger Hoffnung ausgehen können (vgl. Joh 7,38), kann sich einem bibelgeleiteten Verständnis erst von daher erschliessen, dass Jesus das Gesetz tut und Gott an ihm solche Verheissung erfüllt, die er *allem* Tun der Tora mit auf den Weg gegeben hat.»[414] Wie kann Marquardt vor diesem Hintergrund dann noch zur Aussage kommen, dass das «Gebot als Verheissung» die «christologische Struktur der Eschatologie» bestimmt?[415]

Das letzte Unterkapitel des ersten Eschatologiebandes überschreibt Marquardt mit «Jesus – der Zukunftsmensch». Dort führt er aus, dass Jesus der Mensch ist, «der in der Zukunft lebt und aus ihr auf uns einwirkt», weil er von Gott aus dem Grab zu neuem Leben gerufen wurde. Das Leben, das dieser «Ostermensch» Jesus den Menschen eröffnet, kennt «die Zukunft aus der Zukunft» und nimmt es nicht von der Vergangenheit und der Gegenwart hier in den Blick.[416]

Dieses neue Leben, das uns dank dem Zukunftsmenschen Jesus eröffnet wird, soll konkrete Auswirkungen haben: Es soll nämlich «das alte [Leben], das wir noch haben, von innen her [...] verwandeln, nein, besser: es auf[...]brechen, so dass es uns die in ihm schlummernden Kräfte und Schichten des Neuen öffnet».[417] Was macht aber dieses neue Leben aus?

> «In der Hoffnung dürfen wir uns als Erben des neuen Lebens vergewissern (Tit 3,7), und indem wir auf einen neuen Himmel und eine neue Erde warten, und in lebendiger Hoffnung auf Jesus Christus, warten wir eben damit auf unser neues Leben. ‹Neu› ist es darin, das es uns in ein untrügliches Hoffen versetzt, uns hoffnungsfroh macht.»[418]

---

411 E I, 344.
412 Siehe unter anderem die Überschriften der Unterkapitel in ebd., 346.351.
413 Vgl. ebd., 346.
414 Vgl. ebd. 347.
415 Vgl. ebd., 351.
416 Vgl. ebd., 396.
417 Vgl. ebd., 406.
418 Ebd., 412.

Mit dieser Zentrierung auf Hoffnung bleibt sich Marquardt dem Grundduktus seiner Eschatologie insgesamt treu. Gleichwohl bleibt er aber auch hier abstrakt. Genauso abstrakt sind die weiteren Charakteristika des neuen Lebens: es ist «ein Begegnendes», weil den Evangelien gemäss der Auferstandene zahlreichen Menschen begegnet ist;[419] es ist befremdlich und schockierend, weil den Evangelien gemäss Menschen, die dem Auferstandenen begegnet waren, befremdend und schockiert reagiert haben.[420]

Dies ist gerade hier, in einem christologischen Kapitel, besonders anzufragen, weil ja in Jesus Gott selbst konkret geworden ist. Ist Marquardts Idee von Jesus als Zukunftsmenschen glaubwürdig, wenn sie letztlich in Abstraktionen verbleibt?

In Marquardts Deutung der «Erzählung vom eintretenden Jesus» (Joh 20,19–21) ist jedoch gleichwohl eine Konkretion auszumachen:[421]

> «Das neue Leben tritt in die Mitte von Jesus-Freunden, die durch ihren φόβος τῶν Ἰουδαίων sich verriegelt haben auch vor Jesus selbst; und mit dem Wunsch nach Schalom, der er selbst ist, indem er in ihre Mitte tritt, erweckt er ihre eschatologische χαρά und überwindet damit ihre Judenfurcht.»[422]

Für Marquardt ist

> «die christliche *Judenfeindschaft* […] Inbegriff der Weltbedrohung und -zerstörung, weil sie Angst vor dem ‹Augapfel Gottes› ist (Dtn 32,10), vor Israel also, mit dessen Augen Gott die Realität der Welt sieht und an dessen Lage unter den Völkern er das Mass nimmt seines Urteils über die Weltlage. *Ohne Israels Frieden inmitten der Völker kein Frieden der Welt.* […] an die Wurzel jenes Weltfriedens, die *Freiheit* vom φόβος τῶν Ἰουδαίων sind wir noch nicht gelangt, sind es bis heute nicht. […] *Wir haben das neue Leben, auch Jesum, nicht in unserer Mitte – wie wir es wohl gerne wähnen –, wenn wir nicht mit Juden im Frieden leben.*»[423]

Marquardt bezieht das neue Leben nicht nur friedensethisch auf Israel, sondern sieht auch in den heilenden Handlungen Jesu einen Israelbezug: Es sind «Instrumente des heilsamen Erinnerns an Gott und seine Tora».[424] Ein Ziel der Heilungen, die Jesus vollbracht hat, ist: «Er [Jesus, AZ] will Menschen in Israel wieder gottesdienstfähig, kultisch und gesetzlich rein machen, will, dass sie keinen Augenblick ihres kurzen Lebens zuviel den Gottesdiensten Israels fernbleiben müssen.»[425]

Der Zukunftsmensch Jesus ist in Marquardts theologischem Denken eine hoch abstrakte Figur, was eigentlich der Verkündigung Jesu selbst widerspricht. Gerade die Evangelien, die Marquardt selbst als «Zeugnisse von Jesus, dem Zu-

419 Vgl. E I, 417.
420 Vgl. ebd.
421 Vgl. ebd., 421.
422 Ebd., 421.
423 Ebd., 423.
424 Vgl. ebd., 445.
425 Vgl. ebd., 436.

kunftsmenschen»[426] bezeichnet, erzählen auch von einem lebensnahen, alltagsverbundenen Jesus, dessen Verkündigung auf das konkrete Leben abzielt und nicht in ein abstraktes Hoffen, einen umfassenden friedensethischen Appell oder eine kultische Reinheit und Gottesdienstfähigkeit mündet.

In David Flussers Jesusbuch kommt die Betonung des Konkreten zum Ausdruck, auch da, wo er über «the Kingdom of Heaven» spricht: «According to both Jesus and the rabbis, the kingdom of heaven emerges, indeed, out of the power of God, but is realized upon earth by men. Man, then, can and should work for the realization of the kingdom.»[427] Laut Flusser ist Jesus der einzige bekannte Jude der Antike, der jemals die Ansicht vertreten hat, dass das Königreich Gottes bereits angebrochen sei.[428] «Even the non-eschatological ethical teaching of Jesus can presumably be oriented towards his message of the kingdom.»[429]

Auch Schalom Ben-Chorin zeichnet, inspiriert durch Martin Bubers Diktum des Bruders Jesus,[430] ein konkretes Bild von Jesus: «Jesus ist für mich der ewige Bruder, nicht nur der Menschenbruder, sondern mein *jüdischer Bruder*. Ich spüre seine brüderliche Hand, die mich fasst, damit ich ihm nachfolge. Es ist *nicht* die Hand des Messias, diese mit den Wundmalen gezeichnete Hand. Es ist bestimmt *keine göttliche*, sondern eine *menschliche* Hand, in deren Linien das tiefste Leid eingegraben ist.»[431]

Marquardts abstrakter Zukunftsmensch Jesus und das von ihm ebenfalls abstrakt gepredigte neue Leben stehen in Kontrast zu Flussers und Ben-Chorins Jesusdarstellungen. Obwohl Marquardt mit seinem Zukunftsmenschen Jesus ja gerade das gegenwärtige Leben der Menschen im Sinne des Zukünftigen beeinflusst wissen will, gelingt es ihm nicht, dies konkret darzustellen. Denn gerade die Verheissung, aus der Jesus dieses Zukünftige bereits gelebt hat, kann ja ohne ihren engen Bezug auf das konkrete Gebot nicht gedacht werden.

2.4.2 Annäherung II: Marquardt rechnet mit der Fraglichkeit Jesu

Die Grundlagen und Materialien seiner Christologie beschreibt Marquardt im zweiten Christologieband, nachdem er im ersten Christologieband vor allem die Historizität Jesu und schrifthermeneutische Fragen klärt. Im ersten Eschatologieband stellt Marquardt Christus dann in eschatologische Bezüge. Um aber Marquardts ganz eigene Christologie in sein verwegenes theologisches Denken einordnen zu können, sei hier zunächst ein Blick auf den christologischen Materialband geworfen.

426 So der Titel des zweiten Unterkapitels des § 3.
427 Vgl. Flusser: *Jesus*, 108.
428 Vgl. ebd., 110.
429 Vgl. ebd., 112.
430 Darauf weist Ben-Chorin explizit hin. (Vgl. ders.: *Jesus*, 11.)
431 Ebd. Kursivierung ist im Original jeweils in Grossbuchstaben gesetzt.

An dessen Anfang erläutert Marquardt das, was er unter der «christologische[n] Frage selbst» versteht: nämlich die Frage des Johannes des Täufers: «Bist du es, der da kommen soll, oder sollen wir auf einen anderen warten?» (Mt 11,3). Im Anschluss an diese Frage legt Jesus alttestamentliche Prophetenstellen nicht auf sich selbst, sondern auf Johannes den Täufer hin aus. Johannes ist also «eine Erfüller-Erscheinung; was in ihm da ist, ist das Beste, was bisher überhaupt da sein konnte.»[432] Vor allem der zweite Teil der christologischen Frage, «oder sollen wir auf einen anderen warten?», drückt in Marquardts Augen die «Verwechselbarkeit des Christus» aus, die damals im Judentum weit verbreitet war und es zu einem gebrannten Kind «seiner eigenen Hoffnungen» gemacht hat.[433] Daraus folgert Marquardt:

> «Eben dies macht aber die Entwicklung einer Christologie zu einem prekären Unternehmen. Der Christus ist prinzipiell verwechselbar; die Festlegung auf einen einzelnen identischen Christus behauptet ein Wiedererkennen und Erkennen dessen, der da kommen soll, unter unabsehbar vielen geschichtlichen Möglich-keiten.»[434]

Weil Jesus die Frage des Täufers nicht autoritativ beantwortet hat, etwa mit «Ich bin der, der kommen soll!», sondern in einer offenen Weise, wird augenscheinlich, dass die Christusfrage «des eigenen Urteilens des Fragenden» bedarf: «Sie sollen ihre eigenen Ohren aufsperren und sollen ihren eigenen Augen trauen.» Dabei «verweist Jesus zuerst an das Hören der Schrift. Sie ist der Schlüssel zu derjenigen Realität, die für eine Beantwortung der Christusfrage allen anderen voran in Frage kommt.»[435]

> «Wir verstehen Jesu Antworten [...] als Hinweise auf eine Verleiblichung von Schriftworten in seinem Handeln, wie wir umgekehrt die Inhalte dieses Handelns als verleiblichte Worte der Schrift verstehen müssen. Schriftworte und Jesushandeln bilden hier eine [...] ‹inkarnatorische› Einheit [...], die *nicht* sui generis, also nicht biblisch alleinstehend, genannt werden darf.»[436]

In der Christologie geht es laut Marquardt nicht darum, «feste Behauptungen» aufzustellen, «sondern um ein Abwägen der Möglichkeiten, die Christusfrage als von Gott beantwortet zu verstehen.» Deshalb bezeichnet Marquardt den Gedanken, «dass man statt auf Jesus auch noch auf einen ganz anderen zu warten hätte», als «die Anfechtung und damit die Grenze der Christologie».[437]

Marquardt interpretiert ausserdem die Antworten der Menschen aus dem Volk, die von den Jesusjüngern nach ihrer Meinung über Jesus gefragt wurden, wer er sei, als offen: «Es gibt viele mögliche, aber keine eindeutige Antwort.»[438]

---

432 Vgl. C II, 21f.
433 Vgl. ebd., 21.
434 Ebd., 22f.
435 Vgl. ebd., 23.
436 Ebd., 24.
437 Vgl. ebd., 25.
438 Vgl. ebd., 27.

Jesus wollte also, so Marquardt, nicht «fixiert und gebannt» werden «in irgendeine der geläufigen Hoffnungsfiguren. Er will nicht systematisiert werden, weder durch die Hoffnungen des Volkes, noch durch Bekenntnisse seiner Anhänger.»[439]

Diese Offenheit und Fraglichkeit haben zur Folge, dass Jesus nicht einfach «Objekt» in einer Christologie werden:

> «Christologische Erkenntnis wird darum immer etwas haben von einer Teilnahme an Jesus, der nach sich selber fragt. Wir wagen den Gedanken, dass wir in [der, AZ] Christologie dem sich selbst fraglichen Jesus mit unseren Antworten beistehen wollen. Das macht ihn selbst zum Subjekt der Christologie».[440]

Marquardts Christologie ist auf Beteiligung und Beziehung hin angelegt und widersetzt sich klaren, fixierenden und fixierten Zuschreibungen. Darüber hinaus deutet sich schon in den Vorsätzen von § 3 des ersten Eschatologiebandes an, dass der Zusammenhang von Reich Gottes, Verheissung und tatkräftigem Jesuswirken nahe liegt, zumal aber auch hier Verheissung nicht losgelöst von Gesetz betrachtet werden kann: «*In der Predigt vom Einbruch des Gottesreichs, vor allem in der Art seiner aufs Leben bedachten Tora-Lehre und in seinen Gleichnissen, entdeckt und ruft Jesus die in ihm schon wirkende Nähe des neuen Lebens für alle aus.*» Die Kraft, dies zu tun, empfängt er daraus, «*dass er die Geburtswehen des Reiches Gottes in seiner Passion an eigenem Leib, seiner eigenen Seele in Widerstand und Ergebung seines Willens erlitten hat und immer wieder erleidet.*» Ferner hat Jesus in «*der Auferweckung von den Toten [...] dies verheissene Leben empfangen, und es zeigte sich, dass er aus den Kräften dieses neuen Lebens auch schon zuvor gelebt hat.*»[441]

Jesus hat also die Zukunft in seinem geschichtlichen Leben vorweggenommen, er hat gezeigt, dass das Reich Gottes durch das Tun der Tora innerweltlich anbrechen kann, sofern die Kraft für das Tun der Tora aus der Verheissung auf ein neues Leben bezogen wird. Jesus wurde «zum Zukunftsmenschen [...], als Gott ihn aus seinem Tode und Grabe zu neuem Leben rief.»[442]

Gerade dies, dass Jesus von Gott aus dem Tod zu einem neuen Leben gerufen worden sei und dadurch die verheissene Zukunft beglaubigt hat, wird jüdischerseits abgelehnt. In seiner sehr frühen Studie aus dem Winter 1966/67, dem dogmatischen Experiment *Die Gegenwart des Auferstandenen bei seinem Volk Israel,*[443]

---

439 Vgl. C II, 29.

440 Ebd., 30f.

441 Vgl. E I, 336f.

442 Vgl. ebd., 396.

443 Marquardt beschreibt im erst bei der Drucklegung 1983 verfassten Vorwort, seine Motivation für diese Studie sei auf die Israel-Lehre Barths zurückgegangen. Barth sieht das nachbiblische Judentum «als Zeugen des gekreuzigten, aber nicht als Zeugen des auferstandenen Jesus Christus». Marquardt geht das zu wenig weit, er will das nachbiblische Judentum auch als Zeugen des Auferstandenen verstanden wissen. Denn der Auferstandene, einer aus dem Volk Israel, ist nie gegen dieses sein Volk eingestanden. Darum kann

stellt sich Marquardt diesem Sachverhalt und stellt die These auf, dass der Auferstandene bei seinem Volk Israel gegenwärtig ist. Denn laut neutestamentlicher Überlieferung ist der auferstandene Jesus Christus derselbe wie der gekreuzigte.[444]

Marquardt begründet dies damit, dass ihn die Menschen, denen der Auferstandene «als Mensch, nicht als namenlose, gesichtslose, leiblose Kraft» begegnet ist, als den wiedererweckten Gekreuzigten erkannt haben.[445]

Weil das Judesein Jesu nicht mit seiner Auferstehung von ihm gelöst wurde, ist «unser Herr Jesus Christus [...] ein auferstandener Jude». Die Auferstehung Jesu vermittelt Israel Zukunft, ja, mehr noch, sie ist Zeichen dafür, dass Israel selbst «*eschatologisches Faktum [ist], weil sein Leben Auferstehung aus den Toten schon je ist und weil die Auferstehung dies Leben nicht löscht, da ja Gott in der Auferstehung auch sich selbst nicht als den Gott Israels löscht,* um auf spiritualistische Weise etwa ‹engelsgleich› zu werden.»[446]

Im Schlussparagraphen fragt Marquardt, was uns Nichtjuden und Nichtjüdinnen die Juden und Jüdinnen zu sagen haben, «das wir uns nicht selbst» sagen könnten. In der Beantwortung dieser Frage setzt er Jesus Christus an eine zentrale Stelle: Er «verkündigt sich selbst durch die Juden, und die Juden bezeugen ihn.»[447] Das heisst: Jesus hat die nichtjüdischen Menschen «der Autorität» seiner Väter unterstellt: «Durch ihn hören auch wir das Alte Testament als lebendiges und belebendes, richtendes und zurechtweisendes Wort Gottes.»[448] Daraus folgert Marquardt, dass die Kirche «durch die Existenz der Juden daran erinnert wird», dass sie «einen Sitz in der Welt hat» und sich nicht in die Verinnerlichung zurückziehen darf. Ausserdem beugt sich das Judentum der Kirche nicht und fordert «mit seiner Schriftauslegung und seinem Hüten des Buchstabens der Kirche des Wortes das Wort ab und zwingt uns zu den Buchstaben.» Das Judentum «überführt» die Kirche «ihres Elends» und «führt sie eben dadurch Jesus Christus zu.» Als dritte Funktion des Judentums nennt Marquardt, dass das Judentum den Christinnen und Christen «durch den Auferstandenen als Gesetz gegenübergestellt [wird], d. h.: der Sohn Gottes begegnet uns gerade in dem Gesetz, das die Juden sind, menschlich.»[449]

Marquardt sieht im Auferstandenen alles gegeben, was zuvor schon in und mit Israel gegeben und verheissen ist. Das einzig Neue ist, dass sich im Auferstandenen das Verheissene hochgradig konzentriert und sich in dessen Verkündigung für Israel und die Völker wieder verflüssigt. Jesus Christus ist als der

---

es keine Christologie geben, «die auch nur mit dem kleinsten linken Finger auf Antijudaismus wiese». (Vgl. ders.: *Gegenwart*, 8f)

444 Vgl. Marquardt: *Gegenwart*, 131–134.
445 Vgl. ebd., 133f.
446 Vgl. ebd., 137.
447 Vgl. ebd., 179f.
448 Vgl. ebd., 181.
449 Vgl. ebd., 185f.

geschichtliche Jesus und als der auferstandene Christus also konzentriertes und gleichzeitig orientierendes Israel. Marquardt führt die Auferstehung also nicht etwa als eine Kategorie sui generis ein, sondern braucht sie unisono synonym mit neues Leben.

2.4.3 Problemanzeige I: Spricht Marquardt Jesus von Nazareth die Göttlichkeit ab?

Die radikale Bindung Jesu an seine Zukunftshaftigkeit und die Verwechselbarkeit bzw. Fraglichkeit Jesu als Christus lassen die Frage zu, ob Marquardt letztlich dem geschichtlichen bzw. biblischen Juden Jesus von Nazareth seine christologische Dimension bzw. die Göttlichkeit abspricht. Dass Jesus von Nazareth Sohn Gottes, Gott als Mensch und selbst Gott war, gehört zum Kern des christlichen Bekenntnisses.

So kann als erstes die Frage geklärt werden, was Christus und Jesus voneinander unterscheidet. In diesem Unterscheidungsversuch, der hier nur skizzenhaft vorgenommen werden kann, ist zuerst zu fragen, was eine Jesulogie gegenüber einer Christologie ist. Walter Kasper versteht unter Jesulogie richtigerweise, wenn der «Glaube Jesus selbst [...] zum Ausgangspunkt» theologischer Überlegungen nimmt und der Glaube «an Jesus Christus» verschwindet. Das hat zur Folge, dass die «Person Jesu [...] austauschbar» wird gegen «Träger derselben oder ähnlicher Ideen» und somit «Einmaligkeit und Universalität Jesu Christi» aufgegeben werden.[450] Dies ist laut Kasper auch deshalb problematisch, weil «als blosser Mensch [...] uns Jesus nur Menschliches in all seiner menschlichen Schönheit und Grösse geben [kann]. Von Schuld und Tod erlösen kann nur Gott.»[451] Eine Jesulogie reduziert nach Kasper «das Gesamtgeschick Jesu» auf sein irdisches Leben und verliert so «sein[en] Tod und seine Auferstehung» aus dem Blick. Aufgrund dieser Reduktion ist eine Jesulogie keine Christologie.[452]

Der römisch-katholische Systematiker Friedrich Janssen sieht zwei «anthropozentrische» Gründe für ein gegenwärtig zunehmendes gesellschaftliches Interesse am «Menschen Jesus»: Einerseits die «Entdeckung der sozial- und gesellschaftspolitischen Komponente der Botschaft Jesu», andererseits die Rolle Jesu «in der Finalitätsperspektive des persönlichen, individuellen Lebens» auf der Suche nach «dem Sinn menschlicher Existenz». Diese Entwicklung hat zur Konsequenz, dass sich in der Theologie die Christologie in Richtung einer Jesulogie verschiebt. Janssen unterscheidet zwischen einer «christologischen Jesulogie» und einer «jesuanischen Christologie»: Erstere sieht er im neutestamentlichen christologischen Reflexionsprozess, der die «Menschheit Jesu» angesichts

---

450 Vgl. Kasper: *Jesus*, 119f.
451 Vgl. ebd., 16.
452 Vgl. ebd., 271.

der immer stärkeren Akzentuierung des «Kyrios-Christus und dessen Gottheit» wahren will. Zweitere sieht er in der «heutigen Trendwende», die auf eine in der Theologiegeschichte lange vorherrschende «zu ontologische Christologie» reagiert, weil sie einem «existential-anthropologischen Verständnis Jesu Christi zuwiderläuft».[453]

Janssen fordert vor diesem Hintergrund, dass die «Messiasfrage» nicht zu stark «in einer weltimmanenten Perspektive der Botschaft Jesu beantwortet» werden soll. Eine solche Perspektive erfasst «die universale, das Heil des ganzen Menschen umfassende, soteriologische Mission Christi» nicht adäquat. Denn «im Zentrum des Evangeliums» steht «der das ewige Leben verheissende und es durch Kreuzestod und Auferstehung erwirkende Christus». Deshalb weist alles, «was der Mensch Jesus für die Menschen tut [...] über die Ebene des rein Irdischen hinaus». Die Botschaft Jesu richtet sich also nicht «unter dem Teilaspekt des rein irdischen Daseins, «sondern an ihn, insofern er auf ewiges Leben projektiert ist». Christus eröffnet eine «integrale Sicht des Menschen als eines auf ewige Existenz hin geschaffenes Wesen», die «nur durch den den Tod überwindenden und dadurch den Menschen end-gültig, de-finitiv [...] erlösenden Christus möglich» ist.[454]

Ist also Marquardts Christologie eher eine Jesulogie? In den Vorsätzen zu § 3 des ersten Eschatologiebandes betont Marquardt, dass

> *«Gott an ihm [Jesus, AZ] auch die Verheissung bewährt, dass der ‹leben wird›, der die Tora tut von ganzem Herzen, ganzer Seele und mit allen seinen Kräften. In der Auferweckung von den Toten hat Jesus dies verheissene Leben empfangen, und es zeigte sich, dass er aus den Kräften dieses neuen Lebens auch schon zuvor gelebt hatte.»*[455]

Marquardt trennt also nicht zwischen vorösterlicher Jesulogie und nachösterlicher Christologie, sondern sieht beides zusammen unter dem einen Thema des verheissenen Lebens, das aus der Zukunft verheissen ist.[456] Welches ist aber der «Grund des christlichen Hoffens in Jesus», wie Marquardt selber fragt? Jesus als der Täter der Tora hat «nicht nur eine Geschichte hinter sich, sondern auch eine vor sich». Laut Marquardt ist Jesus in seinem irdischen Tun und seiner Verheissung immer schon eschatologisch zu denken: «Dass *wir* überhaupt etwas zu hoffen haben, wurzelt darin, dass *Jesus* nach dem christlichen Glaubensbekenntnis noch eine Zukunft hat.» Das ganze Leben und Werk Jesu hat also einen «eschatologischen Zusammenhang».[457] Marquardts Christologie ist also nur unter eschatologischem Vorzeichen zu verstehen.

---

453 Vgl. Janssen: *Christologie*, 296–308.
454 Vgl. ebd., 309–311.
455 E I, 336.
456 Vgl. ebd., 336.
457 Vgl. ebd., 351–354.

Marquardt stellt das irdische Leben Jesu in eschatisches Licht,[458] weil Jesus die Tora vollkommen gelebt hat, wofür er von Gott die Kraft erhalten hat. Die Evangelien, die von diesem Leben berichten, «sind die Urkunden des neuen Lebens, das uns allen verheissen ist».[459] Gerade weil Marquardt das geschichtliche Leben Jesu eschatisch deutet, verkennt er die christologische Dimension dieses Lebens nicht. Deshalb besteht auch die Einzigartigkeit Jesu von Nazareth darin, dass er dieses Leben nur dank der Kraft leben konnte, die ihm von Gott in der Auferstehung zuteil wurde. Würde das Leben Jesu weder in eschatischem Licht zu sehen noch aus der Kraft der Auferstehung überhaupt erst möglich gemacht worden sein, wäre Jesus von Nazareth durch andere Menschen ersetzbar, die nach den Weisungen der Tora gelebt haben.

Wie Marquardt das Leben Jesu eschatologisch deutet, wird in folgender Zusammenfassung am Anfang des kurzen Schlussparagraphen des zweiten Christologiebandes deutlicher:

> «Der auferweckte Jesus zieht ein in die Vergangenheit, in die Gegenwart, in die Zukunft. Er zerbricht ihre Unterwerfung unter das Nichtige, – ihre Erstarrungen in sich selbst, in denen sie sich gegeneinander verschliessen, – Menschen und Dinge so in sich einschliessen, dass die Toten nicht mehr, – die Künftigen noch nicht und die Gegenwärtigen wesenlos in jedem Augenblick ihres Verzehrs der Zukunft dahinleben müssen. Jesus öffnet die Gezeiten und nimmt ihnen dadurch die ihn und uns erniedrigende Macht der Trennung. In den Zeithandlungen seines Kommens, Gehens und Bleibens macht er Zukunft, Vergangenheit und Gegenwart zu Feldern seines Wirkens und dadurch zu offenen Wirklichkeiten. Was war, wird empfänglich für das, was ist, – was kommt, kommt zur Freude und Erhebung dessen, was ist und war. Nichts und Niemand muss jetzt mehr grundsätzlich überholt, gar ‹erledigt› sein, ins Schattendasein der Scheol gebannt – nichts ist hoffnungslos, d. h.: ort-los Utopisches, [...]. Jesus schafft Luft zum Atmen in den Zeiten, indem Gott ihn streiten lässt gegen die Barbareien des Todes, der sich die Gezeiten des Lebens unterwerfen wollte. Akten, die wir für längst geschlossen hielten, – noch nie entsiegelte Bücher werden eröffnet. Was wir längst begraben hatten – das Lebenszeugnis Israels, – der Stein, den 2000 Jahre lang christliche Bauleute verworfen hatten, wird zum Eckstein. Und was die frömmsten Christen erst für die Ferne der Zukunft für möglich hielten, geschieht jetzt: Israel und Jesus, Jesus und sein Volk haben einander im Auge. So sind uns Zeichen der neu geöffneten Zeiten geschenkt, und Jesus nimmt uns in die Schule, sie lesen zu lernen.»[460]

So dicht, abstrakt und auch schön diese Skizze ist, sie zeigt, dass sich Marquardt gerade auch in diesen christologischen Themen selber treu bleibt, weil ja seine gesamte Dogmatik eigentlich eine einzige grosse Eschatologie ist.

---

458 Darunter versteht er auch einen hermeneutischen Zugang zu den Evangelien, wie er in E I, 351ff. ausführt.

459 Vgl. ebd., 396.

460 C II, 439f.

Hier legt sich, aufgrund dieser eschatologischen Profilierung Jesu von Nazareth, die Frage des «messianischen Problemkomplexes»[461] nahe, zumal der Messias auch in wichtigen jüdischen Messiasvorstellungen personalen und eschatologischen Charakter hat.[462] Wie steht Marquardts Deutung Jesu als des Zukunftsmenschen zu jüdischen Messiasvorstellungen?

Bevor auf diese Frage eingegangen werden kann, muss ein Einblick in jüdische Messiasvorstellungen gegeben werden. Roland Deines weist darauf hin, dass die frühjüdischen Messiaserwartungen sehr vielfältig waren und keinesfalls von einer festen «‹Messiasdogmatik›» ausgegangen werden kann.[463] Auch David Flusser bemerkt dies für die Zeit des Zweiten Tempels und fügt darüber hinaus an, dass die Messiasgestalten immer «human beings» waren, «even if sometimes supernatural qualities were connected with them. [...] However, the Messiah was always an agent of God and never a saviour in the Christian meaning.»[464] Dasselbe gilt für die Messiasvorstellungen der Rabbinen, wobei dort der politische Aspekt stärker hervortritt:

> «[T]he Messiah is the king who will redeem and rule Israel at the climax of human history [...]. The Messiah was expected to attain for Israel the idyllic blessings of the prophets; he was to defeat the enemies of Israel, restore the people to the Land, reconcile them with God, and introduce a period of spiritual and physical bliss. He was to be prophet, warrior, judge, king, and teacher of Torah.»[465]

Im 19. Jahrhundert kam der Glaube an einen persönlichen Messias auf, wobei die politische Dimension wieder verschwand. Ausserdem kam Israel selbst die Rolle zu, messianische Hoffnung «for the establishment of the kingdom of truth, justice, and peace among all men» zu sein. Nach dem Aufkommen des Zionismus und dem Holocaust, welche beide diese messianische Hoffnung zunichte gemacht haben, erscheint nach der Mitte des 20. Jahrhunderts eine Tendenz unter jüdischen Denkern, die die «traditional idea of messianism as a direct, divine intervention, in which a ‹new heart› will be created for men» wieder aufleben lässt. Die Geschichte kann sich nicht selber rehabilitieren. Sie tendiert in die Katastrophe, aus welcher nur Gott retten kann.[466] Dem gegenüber steht die Position des jüdischen Theologen und Reform-Rabbiners Dan Cohn-Sherbok, der eine «messianic-centred conception of Judaism» ablehnt. «Instead of looking to

---

461 Dies eine Bezeichnung Gerschom Scholems, der in der Messiasfrage den Konfliktursprung zwischen Judentum und Christentum ausmacht und diesen in der unterschiedlichen Auffassung von Erlösung begründet sieht: jüdischerseits vollzieht sich Erlösung «entscheidend in der Welt des Sichtbaren», im Christentum hingegen ist Erlösung ein «Vorgang im geistigen Bereich und im Unsichtbaren». (Vgl. Scholem: *Judaica I*, 7f.)

462 Einen knappen Überblick über verschiedene Messiasvorstellungen bietet, nebst anderen, Grözinger: *Messiasvorstellungen*, 20–30.

463 Vgl. Deines: *Messiasanspruch*, 50. So auch Grözinger: *Messiasvorstellungen*, 18.

464 Vgl. Flusser: *Messiah*, 112.

465 Blidstein: *Messiah*, 112f.

466 Vgl. Jacobs: *Messiah*, 114f.

a heavenly form of redemption, the Jewish community must no rely on itself for its own survival and the redemption of the world.» Diese anthropozentrische Sichtweise ist weit entfernt von früheren religiösen Überzeugungen, doch sie entspricht den Sichtweisen der meisten heute lebenden Jüdinnen und Juden; «it provides a realistic basis for Jewish living in a secular and scientific age.»[467] An die Stelle traditioneller eschatologischer und messianischer Überzeugungen ist bei den meisten zeitgenössischen Jüdinnen und Juden die Position getreten «to interpret the messianic hope in naturalistic terms». Gerade die Lehre von der Auferstehung der Toten ist in der Moderne mehrheitlich der Lehre von der Unsterblichkeit der Seele gewichen.[468] Cohn-Sherbok begründet diese Position so: «Despite the significance of the messianic idea for Jewish life in the past, modern Jews have found it increasingly difficult to believe in a mireculous divine intervention which will change the course of human history.»[469] Vor diesem Hintergrund macht es keinen Sinn mehr, an einen Gott zu glauben, der rettet. «Rather than subscribe to traditional notions of divine deliverance through a messianic agent, Humanistic Judaism asserts that Jews must rely on themselves.»[470]

> «The Jewish people are thus on the verge of a new awakening as the twentieth century reaches its climax: rather than rely on the miraculous intervention of a messianic redeemer who will inaugurate a time of earthly bliss and bring about the consummation of human history, Jews are coming to accept that the burden of creating a better world rests ultimately with themselves. Out of the ashes of the past then, the vision of a human-centred Judaism has emerged: this is not a fatal tragedy for the nation, but rather a challenge to reflection and action on the threshold of a new millenium.»[471]

In eine ähnliche Richtung argumentiert der Judaist und Religionswissenschaftler Karl E. Grözinger, wenn er die verschiedenen jüdischen Messiasvorstellungen und deren Zeitbezogenheit charakterisiert: «Es sind die alltäglichen Realitäten und die persönlichen Vorlieben der Menschen, welche die Messiashoffnung gestalten [...]. Die Menschen haben ihre je eigenen und zeitbezogenen Erlösungshoffnungen und diese prägen die Bilder vom Messias und von der messianischen Zeit.»[472] Die Messiasvorstellungen im Judentum haben sich schon seit je her «ganz den individuellen oder gruppenspezifischen Erlösungs-hoffnungen angepasst.»[473] Sie sind, ganz allgemein formuliert, «theologisch-utopische Entwürfe für eine bessere Zukunft der Menschen», die von «einzelne[n] herausragende[n] menschliche[n] Lichtgestalten oder Führer-gestalten» getragen

467 Vgl. Cohn-Sherbok: *Messiah*, 196–199. Der Autor formuliert dort sogar ein «Post-Messianic Credo».
468 Vgl. ebd., 174f.
469 Vgl. ebd., 171.
470 Vgl. ebd., 189.
471 Ebd., 190.
472 Grözinger: *Messiasvorstellungen*, 18.
473 Vgl. ebd., 20.

werden. In der späten Neuzeit ist «das Kollektiv» an die Stelle einzelner Messiasgestalten getreten; «man übertrug das messianische Werk dem gesamten Volk- oder Menschheitskollektiv.» Weil die «Messiasvorstellungen [...] das getreue Spiegelbild des sich stets wandelnden Menschen- und Gesellschaftsbildes [sind], ist die Entwicklung neuer Messiasbilder noch lange nicht abgeschlossen. Sie wird weitergehen, solange es Menschen gibt, die auf eine utopische bessere Zukunft hoffen.»[474]

In einer Grundsatzerklärung aus konservativen jüdischen Kreisen aus dem Jahr 1988 wird ebenfalls auf eine vielseitige und individualisierte Messiasvorstellung Wert gelegt:

> «Since no one can say for certain what will happen in the Messianic era each of us is free to fashion personal speculation. [...] We do not know when the Messiah will come, nor whether he will be a charismatic human figure or is a symbol of the dedemption of humankind from the evils of the world. [...] every individual human being must live as if he or she, individually, has the responsibility to bring about the messianic age.»[475]

Hinsichtlich heutiger Messiasvorstellungen sagt der liberale Rabbiner und Religionsphilosoph Walter Homolka ebenfalls, dass sie «kein zentrales Deutemuster mehr» darstellt und «eine personale Messiashoffnung nicht mehr allgemein vorauszusetzen» ist. «Im Zentrum steht die Erwartung einer messianischen Zeit», wobei gerade dort, wo «Hoffnungslosigkeit und ungerechte Behandlungen» vorherrschten, «die Vorstellung von einem ‹Erlöser› nicht weit» war.[476]

Wie ist nun Marquardts christologische Charakterisierung Jesu von Nazareth mit diesen jüdischen Messiasvorstellungen ins Gespräch zu bringen? Einer der zentralen Streitpunkte zwischen jüdischer und christlicher Lehre ist ja die Frage der Messianität Jesu. Marquardt will aber mit dem «jüdischen Nein zu Jesus Christus etwas Positives an[...]fangen», wie er einleitend zu seinem Aufsatz *«Feinde um unsertwillen». Das jüdische Nein und die christliche Theologie* beschreibt. Das jüdische «Nein zu Jesus Christus», das seinen Grund in der Toratreue Israels hat,[477] darf aber für die christliche Theologie nicht bedeuten, dass Israel bedeutungslos wäre. Mit dieser Auffassung stellt sich Marquardt gemäss eigener Aussage gegen einen Mainstream christlicher Theologie.[478] Israel kann gar nicht anders, als Jesus Christus als Gott und Messias abzulehnen, weil das «jüdische Nein zu Jesus Christus» ein «Akt des Bekenntnisses» ist. Deshalb formuliert Marquardt die fundamentale Erkenntnis: «Es könnte ja sein, dass wir in der Tiefe des jüdisch-christlichen Gegensatzes vor ein ‹Gott wider Gott› gestellt werden,

474 Grözinger: *Messiasvorstellungen*, 30.
475 Zit. nach: Homolka: *Messiasvorstellung*, 31f. Dort Verweis auf: Robert Gordis (Hg.): *Emet ve-Emunah. Statement of Principles of Conservative Judaims*, New York 1988.
476 Vgl. Homolka: *Messiasvorstellung*, 38f.
477 Vgl. Marquardt: *Feinde*, 231.
478 Vgl. ebd., 228.

das wir nur als Anfechtung erleiden und bewältigen können [...].»[479] Dieser Gegensatz beruht eigentlich auf der Frage, ob Jesus von Nazareth bzw. Jesus Christus als Gott bekannt werden kann. Jüdischerseits ist hierzu ein klares Nein zu vernehmen und christlicherseits bedeutete etwas anderes als ein Ja, dass das eigene Bekenntnis aufgehoben würde. Ein Christentum ohne Jesus als der Christus ist kein Christentum mehr; ein Judentum, das neben dem einen Gott noch andere Götter verehrt, kann nicht Judentum bleiben.

Dieser unüberbrückbare Gegensatz, der tief in theologischen Grundüberzeugungen wurzelt, ist für Marquardt begreiflicherweise schwerwiegend, weil sich seine Theologie ja gerade an dieser Schnittstelle abarbeitet.

Vor diesem Hintergrund kann Marquardt als Konsequenz für Christinnen und Christen formulieren:

> «Nach Lage der Dinge wird uns zuvor aber eine schwere und gewiss bittere psychologische Leistung abverlangt: die innere Logik und Konsequenz des jüdischen Nein als gegen uns gerichtet und darin begründet anzuerkennen; und ferner: den unbestreitbaren theologischen Gehalt, d. h. den Wahrheitsgehalt dieses Nein zu erkennen, auch wenn er sich womöglich gegen den Gesamtbestand unserer theologischen Erkenntnisse richtet.»[480]

Für Marquardt ist aber dieser Gegensatz nicht folgenlos, denn wenn das jüdische Nein zu Jesus Christus Ausdruck von Toratreue ist, dann «berührte und irritierte [es] den Inhalt und den historischen Charakter des christlichen Ja zu Jesus Christus».[481] Damit meint er mit Blick auf Röm 11,15ff.: Das jüdische Nein ist «inhaltlich als Feindschaft um unsertwillen zu begreifen». Dank der jüdischen Ablehnung hat es Platz gegeben «für den Eintritt von Nichtjuden in Gottes Heilshandeln.» Das Nein der Juden hat «Gott genötigt, seine Absichten auf anderen Wegen zu erreichen». Er ist in Jesus Christus «selbst unter die Menschheit» getreten und hat so «seine Ziele auf neue Weise» vorangetrieben: «Es geschah, dass wider Willen das jüdische Nein dennoch der guten Sache Gottes gedient hat; Gott hat sein Volk durchaus nicht verstossen, sondern die neuen weltgeschichtlichen Bewegungen dem Sinnzusammenhang der Geschichte Israels zugeordnet und das Volk Israel so gerechtfertigt.»[482]

Abschliessend bezeichnet Marquardt beides, das jüdische Nein und das christliche Ja als nicht endgültig. Beides ist «ein Urteil über das Noch-nicht der erfüllten Zeit, als solches ein Urteil für ihre kommende Erfüllung durch den Messias. Der christlichen Verkündigung der in Jesus Christus erfüllten Zeit gegenüber bedeutet das jüdische Nein ein Abwarten und Zuschauen, was daraus in der Welt werden mag».[483]

---

479 Vgl. Marquardt: *Feinde*, 231.
480 Ebd., 236.
481 Vgl. ebd., 237.
482 Vgl. ebd., 240.
483 Vgl. ebd., 249f.

> Israel «repräsentiert mit seinem Nein den eschatologischen Vorbehalt Gottes selbst [und] bezeugt [...] den auch in der Sendung Jesu Christi nicht aufgehobenen eschatologischen Vorbehalt in Gott selbst, den Paulus mit dem Gedanken der eschatologischen Unterwerfung Jesu Christi verkündigt hat, ‹damit Gott sei alles in allem› (1Kor 15,28). Eben so ist Israels Nein Zeuge der Freiheit Gottes gegen sich selbst und des Vorbehaltes, den er gegen sich selbst und seine Ziele bisher noch macht.»[484]

Vor dem Hintergrund dieser These kann Marquardt dann die Aussage wagen: «Die Würde des jüdischen Nein besteht darin, beides zur *raison d'être* in der Wirklichkeit Gottes zu bringen: das christliche Ja und das nichtchristliche Nein, indem es beiden im Namen des immer noch lebendigen Gottes ihre Endgültigkeit bestreitet.»[485]

Marquardts Position ist auch hier radikal: Weder das jüdische Nein noch das christliche Ja dürfen als endgültig betrachtet werden, weil jede Endgültigkeit noch aussteht. Gott selbst bestätigt jede Endgültigkeit eschatisch, weil er ein lebendiger Gott ist. Jede dogmatische Festschreibung nimmt Gott etwas von seiner Freiheit und dadurch auch von seiner Lebendigkeit, denn es muss davon ausgegangen werden, dass Gott jederzeit Neues schaffen kann. In dieser Position kommt einmal mehr die Fraglichkeit zum Ausdruck, die an vielen zentralen Stellen von Marquardts Theologie aufscheint: Das jüdische Nein und das christliche Ja sind beide im Grunde fraglich, weil die Zeit noch nicht erfüllt ist. Jegliche Fraglichkeit wird erst in der Fülle der Zeit aufgehoben, dann nämlich, wenn Gott mit allem ans Ziel gekommen sein wird.

Das irdische Wirken Jesu hat also bei Marquardt eine Doppelfunktion: Es ist einerseits christologisch, weil er es eschatologisch deutet, andererseits ist es messianisch, weil es die Hoffnung auf eine gute Zukunft offen hält. Marquardt deutet Jesu Wirken nicht etwa rein ethisch, sondern durchgängig primär theologisch.[486] In Marquardts Christologie kann die Person Jesu von Nazareth nicht durch eine beliebige andere toratreue Person ausgetauscht werden. Denn es ist genau dieser Jesus von Nazareth, der eschatisch wieder erscheinen wird.[487] Gleichwohl muss vor diesem Hintergrund gefragt werden, ob Marquardt nicht eher eine Messianologie oder eine jüdische Christologie betreibt als eine Christologie im traditionell-dogmatischen Sinne, der Christologie nämlich als «Lehre von Jesus als Gottmensch» fasst.[488]

Der Christus knüpft christliches Hoffen an das jüdische Nein und dadurch an das noch unabgeschlossene und deshalb lebendige und zukunftsoffene Wesen Gottes selbst. Diese christologische Struktur bildet Marquardts Grundzusammenhänge seiner Gesamtdogmatik gut ab: Das Rechnen mit der Fraglichkeit von Theologie und Gott selbst, das prinzipiell Unabgeschlossene und das perspekti-

---

484 Marquardt: *Feinde*, 250f.

485 Vgl. ebd., 251f.

486 Siehe etwa E I, 340–342.

487 Siehe etwa ebd., 396.406.

488 Vgl. Mostert: *Jesus*, 34. Mehr dazu im nächsten Kapitel dieser Arbeit.

vische Ausgerichtetsein auf die eschatische Wirklichkeit Gottes, die Neues bereithält.

2.4.4 Problemanzeige II: Kommt Marquardts Eschatologie ohne Jesus als Christus aus?

In den Vorsätzen von § 3 des ersten Eschatologiebandes notiert Marquardt: Israel ist von Gott berufen *«zum Tat-Zeugen Gottes in der Mitte der Völker»*. In dieser Berufung liegt auch die Verpflichtung, Gottes *«Verheissungen an alle Völker»* zu bezeugen. Der Jude Jesus von Nazareth ist Träger dieser Verheissung, weil er die Tora vollkommen gelebt und deshalb erfüllt hat.[489] Wie verhält sich aber dieser Bezug zum Titel von § 3: «Christus: promissio omnium promissionum fons – Verheissung, Quell aller Verheissungen»? Ist nicht die Quelle der Verheissung einerseits das lebendige Zusammenspiel von Israels Einhalten der Tora und Leben in der Erwählung und andererseits die Hoffnung auf die verheissene gegenwärtige und eschatische Lebendigkeit Gottes selbst? Kommt Marquardts Verheissungsbegriff eigentlich nicht ohne Jesus als den Christus aus, weil Jesus von Nazareth letztlich lediglich der ist, der die Verheissungen der Tora vollkommen gelebt und in die Zukunft Gottes gestellt hat – eine Aufgabe, die eigentlich schon dem erwählten Volk Israel zugekommen ist? Oder liegt genau darin das spezifisch Christologische, dass dem Juden Jesus von Nazareth als dem Christus eine eschatische Rolle zukommt, welche auf die Verheissungen aus der Tora gegründet ist, nicht aber auf Verheissungen, die nur in Jesus als dem Christus gründen?

Fundamentaler gefragt: Ist Marquardts Christologie eine christliche Christologie, wenn sie unter anderem nicht damit rechnet, dass der irdische – und nicht etwa erst ein eschatischer – Jesus *wahrer Mensch und wahrer Gott* war? Ist Marquardts Christologie deshalb nicht eher eine jüdische Christologie oder eine «Messianologie»[490]?

Für Marquardt ist Jesus wahrer Mensch und wahrer Jude, weil er die Tora vollkommen einhält und so sein Handeln sogar zum Wort Gottes wird, weil die Tora Wort Gottes ist.

Trinitätstheologisch hingegen äussert sich Marquardt ausführlich im Utopieband. Dort beschreibt er das trinitarische Bekenntnis grundsätzlich als Versuch der alten Kirche, «sich selbst in Gott einzubringen und so in ihm Grund der eigenen Existenz zu suchen.» Dies geschieht strukturell parallel zum jüdischen «Sich-Einen mit Gott» durch das Motiv des Auserwähltseins als Volk Gottes – auch als «ethischer Monotheismus» bezeichnet. Jüdischerseits ist Gott nur zusammen mit seinem erwählten Volk zu denken, christlicherseits ist Gott nur

489 Vgl. E I, 336.
490 Mostert: *Jesus*, 34.

trinitarisch zu sehen, weil durch die Implementierung des Menschen Jesus in Gott die Menschen selbst in Gott eingebracht werden können. Beide Modelle, das jüdische und das christliche, sind Ausdruck «einer religiösen Selbst-Sicherung in Gott».[491]

Marquardt geht sogar noch weiter und bezeichnet das «*Trinitätsbekenntnis*» als eine «*Nachzeichnung* des dem Mose am Sinai für das jüdische Volk offenbarten Namen Gottes – JHWH», weil im Trinitätsbekenntnis – konkreter in den drei Personen, die in Gott zugleich deren Instanzen und Repräsentanzen sind – ausgedrückt wird, was in Ex 3,14 gesagt ist: «‹Ich werde mit euch sein, als der und wann immer ich mit euch sein werde.›» Dieses Schema steht aber für Christinnen und Christen nicht zur Einheit Gottes in Widerspruch. «Gott ist für sie nie *jemand anderer* gewesen als der, den Israel im Sch'ma Jißrael bekennt [...].»[492] Gleichwohl stellt Marquardt eine doppelte Frage. Einerseits: ob das Trinitätsdogma nicht doch eine «empfindliche *Missachtung der Jenseitigkeit Gottes*, womöglich eine respekt- und erfahrungslose *An-Eignung Gottes* [...] bedeutet» und andererseits, «*ob unser Trinitätsbekenntnis noch an diese [nach Auschwitz besonders empfindlich wahrgenommene, AZ] Entzogenheit Gottes heranreicht*».[493]

Indem Marquardt das Trinitarische einerseits weit vorne, am kanonischen Anfang der Gottesbeziehung Israels, bei Ex 3,14 und andererseits ganz am theologisch-dogmatischen Schluss, in seiner Gotteslehre im Utopieband, behandelt, beschreibt Marquardt das Trinitarische als eine Klammer um alles, was geschichtlich und theologisch dazwischen geschieht. Dazu gehört auch die Funktion des Christus für christliches Hoffen im Angesicht Israels. Dadurch, dass er das Trinitarische als Klammer aber erst in seiner ‹utopischen› Gotteslehre beschreibt, drückt er aus, dass er es nur von hinten her auf alles, was davor liegt, verstehen kann. Trinitätstheologie kann nicht parallel mit Israeltheologie entwickelt werden, weil ihr sonst immer das unaufgebbare jüdische Nein dazwischenfährt und so ein produktiver theologischer Austausch mit den jüdischen Glaubensverwandten nicht erreicht werden kann.

Was bedeutet nun dieser Befund im Blick auf die Frage, welche Rolle der Christus für christliches Hoffen im Angesicht Israels spielt? Ist Jesus von Nazareth als der Christus ausschliesslich ein eschatischer und kein geschichtlicher Christus und deshalb für die geschichtliche, religionspraktische Knüpfung von Verheissung und Gebot irrelevant? Kommt vielmehr etwa dem geschichtlichen Israel christologischer Charakter und dadurch verheissungstheologische Relevanz zu?

Marquardt bezeichnet in der Kapitelüberschrift des Hauptparagraphen 7 des zweiten Christologiebandes Israel als «formale Christologie». Im zweiten Christologieband nimmt dieser Paragraph das Hauptgewicht ein; über 180 Seiten um-

491 Vgl. U, 542.
492 Vgl. ebd., 544f.
493 Vgl. ebd., 544–546.

fasst er. Darin will Marquardt sich der Frage zuwenden, «*ob und wie das christliche Bekenntnis zu Jesus, dem Juden, biblisch-jüdisch gedacht werden kann*». Dies ist «*die kategorische Frage schlechthin für eine diesem Bekenntnis entsprechende Christologie*». Marquardt nimmt im Titel des Paragraphen Bezug auf Hans Urs von Balthasar,[494] der von «*Israel als ‹formaler Christologie›*» spricht, da das Alte Testament «*von der Berufung des jüdischen Volkes und seiner Propheten, Könige und Priester in theologischen Formen*» spricht.[495] In denselben Strukturen denkt auch Marquardt und kann deshalb feststellen, dass in den alttestamentlichen Schriften Christologie «kein *Thema*» ist, dort auch nicht «mit einer Konsistenz ausgeformter christologischer Gedanken» zu rechnen ist und deshalb «das Disparate [...] zur Sache [gehört]».[496]

Marquardt sieht vielmehr «in der Hebräischen Bibel und im Judentum ‹Elementarteilchen› einer Christologie». Das heisst: Es finden sich «Partikel, deren christologische Bedeutung doch nur von der Tradition des Christentums her zu sehen ist». Solche «Partikel» benennt Marquardt in den Unterüberschriften dieses Paragraphen: «‹Sohn Gottes›», «Zeugung und Geburt», «Jungfrauengeburt», «Gott inmitten», «Wort und Leib». Es ist ihm ein grosses Anliegen, das Jüdische und die Hebräische Bibel «nicht über einen christlichen Leisten zu schlagen», sondern den «Eigensinn» zu bewahren.[497] Er wehrt sich z. B. dagegen, den «Sohngedanken» dogmatisch zu biologisieren. In der Hebräischen Bibel wird das ganze Volk Israel als «Sohn Gottes» bezeichnet. Frühe dogmatische Bezeichnungen wie «ewige Zeugung des Sohnes» sind «noch ganz geschichtlich-funktional gedacht, d. h. sie bestimmen Beziehungen, nicht physische Produktionsverhältnisse».[498] Ferner ist der Begriff «Zeugen [...] in biblischer Sprache ein Terminus gesellschaftlicher Funktion».[499]

Ein Beispiel dafür, wie Marquardt exegetisch mit dem Befund umgeht, dass im Alten Testament «‹Elementarteilchen› einer Christologie»[500] vorkommen, ist, wie er die neutestamentliche Erzählung rund um die «Jungfrauengeburt» mit der Ahas-Geschichte im Jesaja-Buch (Jes 7,10ff.) parallelisiert. Dort wird dem mutlosen König Ahas als Zeichen des göttlichen Beistands die Geburt eines Kindes, das nie messianisch gedeutet wurde, verheissen, das den Namen «Gott mit uns» tragen wird. Bei der lukanischen Geburtsgeschichte wiederholt sich das, was 700 Jahre zuvor bei Ahas geschehen war. Eine Erzählung also, die «ganz in

---

494 Vgl. C II, 56. Marquardt verweist dort auf von Balthasar: *Zwiesprache*, 83. Siehe hierzu: H. H. Henrix: *«Israel ist seinem Wesen nach formale Christologie». Die Bedeutung H. U. von Balthasars für F.-W. Marquardts Christologie*, in: BThZ 10 (1993), 135–153.

495 Vgl. C II, 52.

496 Vgl. ebd., 65f.

497 Vgl. ebd., 67f.

498 Vgl. ebd., 70.78.

499 Vgl. ebd., 84.

500 Ebd., 67.

der jüdischen Gedankenwelt» beheimatet ist.[501] Weil die Maria- mit der Elisabeth-Geschichte eng verbunden ist und dort vom Wort Gottes als physische Kraft die Rede ist, kommt Marquardt dann auch zum Schluss, dass die Zeugung Jesu nicht durch mythologisches Geistsperma geschehen ist, sondern «durch Gottes Wort», Davar, das immer eine Verschränkung von Wort und Tat bedeutet.[502] «Durch den Elisabeth-Zusammenhang bekommt es nur jenen direkten biblisch-geschichtlichen Kontext, in dem es ja auch sprachlich spricht.»[503] Marquardt deutet die Erzählung der Jungfrauengeburt unter anderem als «Zeichen», nicht als «Tatsache». Nämlich als Zeichen dafür, «das uns Undenkbare zu *hören*». Weil Gott mächtiger ist als die Natur, ist Gott in einer Freiheit «auch gegenüber den Grenzen der uns bisher bekannten Natur». Also bedeutet die Erzählung von der Jungfrauengeburt existenziell: «Hoffnung – auf eine neue Wirklichkeit im ganzen, wie religiös und ethisch, so auch: natürlich.»[504]

Vor diesem Hintergrund kann Marquardt seine Christologie mit folgenden Kernsätzen beschreiben: «Eine Seinsweise Jesu als Sohn Gottes ist zu bestimmen aus ihrem Zusammenhang mit der Seinsweise des jüdischen Volkes als Gottes Sohn.» In der Bibel wird der Begriff «Sohn Gottes» parallel verwendet: Für Israel als Sohn Gottes und Jesus als Sohn Gottes.[505] Im Blick auf etwas «Eschatologisch-Einmaliges in Jesus»[506] sagt Marquardt deshalb:

> «Von allfällig Neuem können wir nur in der Treue zum Alten sprechen, darum vom Gottessohn Jesus auch nur in Treue zum Gottessohn Israel. [...] Und darum können wir, wenn wir von dem sprechen wollen, was Jesus uns bedeutet, nur sprechen, indem wir vom Sohn Gottes als einem Sohn seines Volkes Israel sprechen.»[507]

An dieser Stelle wird wieder deutlich, was Marquardt mit «Israel als ‹formale Christologie›» meint: In Israel sind «Formen», die vom Neuen Testament her als christologisch interpretierbar sind, angelegt. So z. B. auch das «Gott in-mitten»: Gott will inmitten seines Volkes wohnen, mit ihm kommunizieren. Darin äussert sich sein «Wille zur Begegnung». Marquardt will daher Jesus «bedenken innerhalb der Zeltgeschichte Gottes».[508] So kann er zum Schluss kommen:

> Die «neutestamentliche Christologie der Kirche darf (und soll) erkennen, dass der verkündigte Jesus von Nazareth in der formalen Christologie der Hebräischen Bibel und Israels die ihm eigene Wirklichkeit hat – die seines jüdischen Lebens in den ‹Schriften› und aus ihnen. *Das* eschatologische ‹Ereignis› ist Jesus von Nazareth darin, dass sein Leben und Dienst *an* allen ein Leben und Dienst *zusammen* mit all denen ist,

---

501 Vgl. C II, 85f.
502 Vgl. ebd., 87f.
503 Ebd., 89.
504 Vgl. ebd., 92f.
505 Vgl. ebd., 100.
506 Ebd., 102.
507 Ebd., 102f.
508 Vgl. ebd., 104–116.

die vor ihm, neben ihm, mit ihm zu gleichem Leben und Dienst unter den Gojim berufen waren und sind.»[509]

Aber erst dann, «wenn die Völker Antwort auf Jesus geben, indem sie mit Israel in ihrer Mitte Frieden machen», wird der Name Jesu über allen Namen genannt sein. «Der Friede Israels ist das Zentrum und die Substanz des Eschatologischen.» Das Eschatologische ist deshalb «offen», weil wir, die Völker, noch nicht mit Israel Frieden geschlossen haben.[510]

Marquardt mahnt aber an, aus der Sicht der christlichen Dogmatik Israel heute, d. h. nach 1948, nicht mehr in der Rolle eines vertriebenen und entwurzelten Volkes zu sehen. «Was folgt daraus für uns, wenn wir uns von Israel heute relativieren zu lassen bereit sein sollten, will sagen: bereit, uns in Beziehung zu und Verantwortung gegenüber Israel neu zu finden?» Für Marquardt folgt daraus, «die dogmatischen Gehalte des christlichen Bekenntnisses zu rehistorisieren». Das heisst: «Repatriierung in die ‹Welt der Bibel›» einerseits und andererseits sie «ins Gespräch [...] bringen mit dem jeweils *derzeitigen* Reflexionsstand im Judentum». Gerade dort aber, beim zweiten Punkt, tauchen Schwierigkeiten auf: Im Moment gibt es «kein Judentum», das den christlichen Dogmatikern auf dem Weg der «Selbstrevision und Besserung» des Christentums helfen will. Aus dieser Situation soll eine dialektische Beziehung mit dem Judentum führen, das aber zugegebenermassen häufig nur als «Produkt unserer Phantasie zur Verfügung» steht – denn die christlichen Theologen tragen «den Juden» viel zu wenig in sich.[511]

Marquardt weist im Gefolge dieser These auf die Barthsche «Lehre von einer vorbehaltlosen Vergleichbarkeit Jesu mit der Geschichte Israels im Ganzen»[512]. Barth geht davon aus, dass in der gesamten Geschichte Israels Jesus schon abgebildet ist, das heisst, Jesus muss nicht mit einzelnen Figuren der Hebräischen Bibel vorbehaltlos vergleichbar sein. Die Geschichte Israels ist «als Ganze, in der Abfolge von Begnadigungen und Gerichten Gottes, die Geschichte einer Gegenwart der Ehre Gottes in der Welt; in dieser Geschichte *wird* Gott nicht erst zum Herrn der Welt, er *ist* es in ihr.» Diese Geschichte ist eine «mittlerische Geschichte», die zwischen «Gott und aller irdischen Geschichte überhaupt» vermittelt. Die «Kraft ihrer Vermittlung besteht aber darin, dass sie exemplarische, d. h. stellvertretende Geschichte ist für alles, was in der Welt überhaupt Geschichte heissen kann.» Dies kann sie aber nur, weil in ihr «der Messias selbst existiert», wie Barth sagt.[513]

Marquardt kritisiert an dieser Sichtweise, dass sie nur «in der Weise der Wahrnehmung, ästhetisch» zusammenhalten kann, «was zusammen gehört».

509 CII, 134.
510 Vgl. ebd., 134f.
511 Vgl. ebd., 220f.
512 Barth: *KD* IV,3.
513 Vgl. C II, 221.

Sie hebt nur auf «strukturelle Ähnlichkeiten» ab, die zwar durchaus auch «Indizien für inhaltliche Verwandtschaft» sein können. Am meisten kritisiert Marquardt aber, dass diese Methode ein «Medium des Antijudaismus» sein kann, weil sie einen Standpunkt am Ende der Geschichte erfordert. Da Marquardt aber explizit geschichtlich denkend Dogmatik treiben will, muss er über diesen ungeschichtlichen Standpunkt hinaus gehen können.[514]

Zusammenfassend stellt Marquardt den «Begriff des Formalen in den Dienst einer christologischen Kategorienbildung; wir wollen Klageinstanzen schaffen für eine öffentliche Diskussion von Christologie». Er will Israel ein «Einklagerecht» (kat-agorein) einräumen gegen all das, was christlicherseits als christologisch an Jesus von Nazareth herangetragen wird. Und da Marquardt Christologie als «Lehre von der Stiftung der Gemeinschaft Gottes mit der Menschheit» sieht, will er die Christologie stärker vom «Wirklichkeitsdenken der Bibel» her verstanden wissen.[515]

Marquardt gibt zu bedenken, dass es inkonsequent sei, dem nachbiblischen Judentum «hinsichtlich seiner theologischen Deutbarkeit» keine Bedeutung mehr zuzumessen, der nachbiblischen Kirche hingegen schon. Mit Verweis auf Röm 9–11 setzt sich Marquardt für eine «theologische Bedeutung der Geschichte des jüdischen Volkes *nach* Jesu Tod» ein. Weil «Gott auch in nachbiblischer Zeit mit seinem Volk ist», geht die Christinnen und Christen das Judentum unbedingt an.[516] So kommt Marquardt zum Schluss: «Ohne physische Existenz des jüdischen Volkes versinkt die Geschichte Israels. Nur in seinem Überleben bleibt auch seine biblische Geschichte lebendig und nur so auch: Jesus-relevant.» Daraus folgt erstens: «‹Dass Jesus Christus geborener Jude sei›, qualifiziert die Geschichte des Volkes, aus dem er stammt.» Jesus macht «unsere Beziehung zu Gott *notwendig* zu einer Beziehung auch zum jüdischen Volk in seiner Geschichte». Zweitens: Die Beziehung zwischen «Israel, Jesus und uns» gehört zu Gottes Erwählung. Die Wirklichkeit dieser Beziehung ist aber «*abgründig gestört*». Drittens: «Allein das jüdische Volk in der Lebendigkeit seines geschichtlichen Existierens» ist relevant «als in sich selbst begründetes Zeugnis für Gott». Darum ist es «relevant für die Erkenntnis der Bedeutung Jesu». Diese Relevanz wird nicht an Strukturanalogien zu Jesus festgemacht, sondern diese Analogien sind «Verweise auf die ewige Bedeutung der nackten Existenz dieses Volkes in seiner Geschichte». Geschichte heisst hier: «das physische Überleben des jüdischen Volkes.» Mehr noch: Das Wort Gottes vernehmen wir aus dem «schweigenden Sprechen des überlebenden jüdischen Volkes.»[517]

---

514 Vgl. C II, 223–225.

515 Vgl. ebd., 226–228.

516 Vgl. ebd., 229f.

517 Vgl. ebd., 236f. Menke betont, dass Marquardt die Christologie inhaltlich durch «die Geschichte Israels» bestimmt und in der «Geschichte des Juden Jesus» die «Geschichte Israels» wiederholt und wiedergekehrt sieht. (Vgl. Menke: *Jesus*, 448.)

Marquardts Eschatologie ist also sehr wohl auf den Juden Jesus von Nazareth angewiesen, weil dieser als geborener Jude die Geschichte Israels als eine Geschichte Gottes mit den Menschen qualifiziert. Diese Geschichte steht in einer zukunftsoffenen und dadurch hoffnungsgeladenen Verheissung, weil der Jude Jesus von Nazareth selber Zukunftsmensch ist.

Wie ist aber nun, in Konsequenz dieser These, mit einem Judentum umzugehen, das einerseits Jesus gegenüber «*verschlossen*» ist und andererseits gleichwohl «theologische ‹Geltung›» beansprucht? Marquardt interpretiert das Nein des Judentums zu Jesus christologisch und kommt zur Klimax: «Zu Jesus gehören nie nur die, die Ja zu ihm sagen, sondern auch die, die ihn verneinen – wo blieben sonst *wir*?»[518]

Laut Edna Brocke ist Marquardts Argumentation an dieser Stelle zu radikal, denn einerseits ist die jüdische Nichtannahme Jesu als Messias nicht gleichzusetzen mit einem aktiven jüdischen Nein und andererseits gab es keine pauschale jüdische Nichtannahme Jesu, zumal in der damaligen Zeit der «innerjüdische Pluralismus» stark ausgeprägt war.[519]

Die Bedeutung des Christus für christliches Hoffen im Angesicht Israels liegt also darin, dass der Jude Jesus von Nazareth gar nicht ohne sein Judesein als Christus erkannt werden kann. Dadurch, dass im Sein Israels Verheissung und Gebot ohnehin eng aufeinander bezogen sind, gilt diese Bezogenheit auch für Jesus, den Juden als der Christus. Wenn der Bezug Jesu zum Volk Israel wegfällt, fällt auch die Knüpfung von Verheissung und Gebot weg, was wiederum dem Christus eine andere Charakteristik zuschreiben könnte. Ohne die theologische Rückbindung des Christus an alttestamentliche und jüdische Texte und auch an das geschichtliche und heute existierende Israel, besteht einmal mehr die Gefahr der theologischen Beliebigkeit. Der Jude Jesus von Nazareth als der Christus hat also die Aufgabe, allen Menschen gerade diese in Israel schon angelegte Knüpfung von Gebot und Verheissung zugänglich zu machen, denn nur darin, dass Verheissung und Gebot in der Weise Israels aufeinander bezogen sind, besteht überhaupt Grund zur Hoffnung; für Israel zuerst und dank Jesus dem Juden und Christus auch für alle Menschen.

518 Vgl. C II, 230. Vgl. hierzu Marquardt: *Feinde*.
519 Vgl. Brocke: *Nein*, 192f. Zu Brockes Kritik siehe Kap. 1.2.3.3.

«Seine Seele werde aufbewahrt
im Gebinde des Lebens.»
Hermann Cohen: *Religion*, Widmung auf dem Titelblatt.

2.5 Motiv V: Gott, der Richter als Hoffnungsträger für alle Menschen

In Marquardts Theologie nimmt das Gerichtsthema einen zentralen Stellenwert ein. Insbesondere deshalb, weil sich an der christlichen Theologie selbst Gottes Gericht vollzieht, weil die Christenheit in Auschwitz an Israel schuldig geworden ist. Darum kommt besonders nach Auschwitz christliche Theologie nicht mehr an Israel vorbei. Sie muss mit der Existenz Israels rechnen, sich von ihrem Antijudaismus abwenden und an die Seite Israels stellen. Dieses Israel drängt Gott zu einer Selbstrechtfertigung, mit welcher ihrerseits die christliche Theologie umgehen muss. Gott ist nach Auschwitz nicht fraglos, genau so wenig wie die christliche Theologie.

Marquardt hat ein beziehungsfundiertes Gerichtsverständnis, weil die Beziehung zwischen Gott und seinem Volk eine Rechtsbeziehung ist. Das eschatische Gericht ist deshalb ein Geschehen, in dem miteinander gerechtet wird. Gott wird nicht Menschen verurteilen, sondern muss sich auch selbst rechtfertigen, mit sich selbst eins werden. Deshalb gehört in Marquardts Theologie auch die Trinitätslehre in die Eschatologie.

Darüber hinaus bezeichnet Marquardt das Gericht als «Lebens-Krise»[520]*, denn Gott fragt im Gericht danach, inwiefern seinen Aufträgen, nämlich dem Tun der Tora, dem Streben nach Bundesverbindlichkeit und dem Bezeugen Gottes Folge geleistet wurde. In dieser durchaus individuellen Gerichtsvorstellung setzen sich Gott und Mensch einander aus. Das Gericht hat auch eine endgültige Konsequenz, denn nebst Begnadigung kann es auch zur Verdammnis und zum Beiseitegestelltwerden kommen.*

Es stellt sich die Frage, ob Marquardts Vorstellung des Gerichts als Gesprächs- und Beziehungsgeschehen nicht geschönt ist, zumal auch in jüdischen Gerichtsvorstellungen durchaus das Gericht auch Unheil, Vernichtung und Verwerfung bringen kann. Angesichts des Holocausts öffnet jedoch die friedensethische Konzeption Hermann Cohens den Horizont, weil sie das Gerichtsgeschehen auf das versöhnende und friedenstiftende Wirken des Messias lenkt. Dabei ist Friede ausdrücklich überwundener Hass. Gott wird aber die nicht aufrichten können, die ihren Hass bewusst nicht ablegen wollen.

520 Siehe insbes. § 7 in E III, 164ff.

2.5.1 Annäherung I: Im Gericht rechtfertigt sich Gott selbst

Im Vorwort des Prolegomenabandes beschreibt Marquardt als «*erste* Frage der Theologie» diejenige nach der «Berufung Gottes», weil sich an der Theologie selbst das Gericht Gottes vollzieht. Theologie muss also als «Heim-Suchung» des Denkens betrieben werden – deshalb der Titel des Prolegomenabandes: «Von Elend und Heimsuchung der Theologie».[521] Das Gerichtsmotiv steht also für Marquardt ganz am Anfang jeden theologischen Denkens, denn Auschwitz hat auch über die christliche Theologie das Gericht Gottes eröffnet. Nach Auschwitz kann nämlich nicht in gleicher Weise wie davor theologisch gedacht werden. Es muss ein «Denken aus der Umkehr heraus»[522] stattfinden.[523]

Das Gericht über die christliche Theologie besteht darin, dass nach Auschwitz das «Wirklichkeitsdenken der Theologie», das über viele Jahrhunderte auch «die Stimme Israels» verdrängte, einer «Neuorientierung» bedarf.[524] Christliche Theologie kommt nicht mehr an einem Wirklichkeitsverständnis vorbei, das ohne Israel, ohne das jüdische Volk auskommt. Sie muss sich der Existenz Israels stellen, denn sie ist nach Auschwitz radikal fraglich geworden. «Theologie und Kirche» haben nämlich für «die Judenmorde unseres Jahrhunderts» die «Voraussetzungen» geschaffen, denn Jahrhunderte lang war die Verkündigung der Kirche dezidiert antijüdisch.[525] «Die Theologie in ihrem bisherigen Stand ist verschuldet und zum Ort einer Heimsuchung Gottes geworden.»[526] Die Theologie als Ganze steht also unter dem Gericht Gottes, das aber für sie nicht hoffnungslos ausgehen muss, wenn sie, hoffend auf Gottes eschatisches Aufrichten, substanziell von ihrem Antijudaismus abkehrt und sich an die Seite Israels begibt. Das Schicksal Israels ist es nämlich auch, das Gott selbst zu einer Selbstrechtfertigung im Gericht drängt. Die christliche Theologie muss sich diesem Selbstrechfertigungsbedürfnis Gottes stellen und deshalb zu aller erst nach der erwähnten «Berufung Gottes» fragen. Das Gericht Gottes über die Theologie besteht also darin, dass die Theologie nicht mehr von der Fraglosigkeit Gottes ausgehen darf. Gottes Selbstrechtfertigungsbedürfnis ist daher das die Theologie richtende Vorzeichen vor aller Theologie, das Gott selbst, aber auch alle Theologie fraglich erscheinen lässt.

---

521 Siehe hierzu Kap. 0.2

522 P, 8.

523 Weil das Gericht für Marquardts Theologie von grundlegender Bedeutung ist, sei hier darauf eingegangen, obwohl es nicht ausführlich im ersten Eschatologieband beschrieben wird, sondern im Prolegomena- und erst im dritten Eschatologieband.

524 Vgl. ebd.

525 Vgl. ebd., 74f.

526 Ebd., 77.

Den Teil III seiner Eschatologie überschreibt Marquardt dann mit «Was dürfen wir hoffen?».[527] Beide Paragraphen dieses umfangreichsten dritten Bandes der Eschatologie stehen unter dem Titel «Die eschatologische Zeit: Jesus». § 6 «Vom Kommen Jesu und dem Entgegenkommen der Toten und Lebenden [...]» und § 7 «Lebens-Krise und Freies Dort-Sein. Vom ‹Jüngsten Gericht› und dem ‹Ewigen Leben›». Marquardt thematisiert im dritten Eschatologieband den «Einbruch» des neuen Lebens:[528]

> «[...] vom Kommen des Menschensohnes und Jesu, – von der Erweckung der Toten und Lebenden aus dem Tode, – vom Jüngsten Gericht: dem grossen Gespräch, zu dem Gott sein Volk, die Völker, jeden einzelnen Menschen einlädt: wo nicht nur er, sondern auch wir zu Worte kommen werden, – schliesslich vom ‹ewigen Leben› – also von alledem, was nach christlicher Einsicht Zukunft lohnend macht und ihr Inhalt ist.»[529]

Diese Motive sind für die Fragestellung der vorliegenden Antwort deshalb wichtig, weil sie theologisch bedeutsam sind, also die Gotteslehre betreffen. Marquardts Gottesbild wird ganz erheblich von der Gerichtsproblematik geprägt bzw. erhält im Zusammenhang mit dem Gericht eine besondere Kontur und schreibt Gott exklusive Kompetenzen zu: «*[...] Gott bestimmt die Zeit, in der er Jesus sendet [...]. Gott ist der Richter, Israel und den Völkern verbunden in der unlösbaren Gemeinschaft seines Rechts [...]. Er spricht Recht in seiner Höhe. [...] Gott [...] verbindet um seinetwillen Tote und Lebende miteinander zu seinem ewigen Gedenken.*»[530] Diese Exklusiv-Kompetenzen Gottes begründet Marquardt damit, dass Gott «*Bundesgenosse* Israels» ist und dass diese «Bundesgemeinschaft [...] eine *Rechtsgemeinschaft*» ist.[531]

Recht ist «*Form*» und «*Inhalt*» der «Beziehung zwischen Gott und Israel». «Israel und Gott haben sich *rechtlich* aneinander gebunden. Das geschriebene Recht der biblischen Tora und deren Fortpflanzung in der mündlichen Tora hält sie aneinander fest.» Die Bibel «nennt Gott einen ‹Gerechten› und sagt damit, dass er sich in seiner Gottheit an Recht gebunden hat und Recht für ihn die schönste Möglichkeit ist, mit seinem Volk zu verkehren.» Der Mensch, der mit Gott in Beziehung lebt, wird im Alten Testament der «Gerechte» genannt, weil «dies der Ausdruck dafür [ist], dass er mit Gott in Beziehung lebt, wie man mit diesem Gott allein in Beziehung leben kann: *verbunden im Recht*».[532]

Diese «Rechtsbeziehung zwischen Gott und Israel» wurde aber nicht erst christlicherseits auf alle Menschen ausgeweitet, sondern schon im Denken Isra-

---

527 E I fragt grundsätzlich «Dürfen wir hoffen?» und E II fokussiert schwerpunktmässig auf den Weg zum Ziel: «Was kommt auf uns zu?».

528 Vgl. E III, 15.

529 Ebd.

530 Ebd., 19f.

531 Vgl. ebd., 61.

532 Vgl. ebd., 61f.

els. Marquardt verweist hier vor allem auf Psalmenstellen[533] und hält fest: «Israels Lehrer haben [...] den Universalismus der Rechtsbeziehung zwischen Gott und den Geschöpfen immer festgehalten [sic].»[534]

Gott allein nur kann Richter sein, weil seine «Gerechtigkeit eine Beziehung des Heils» ist. Die Zedaka, die σωτερία, trägt «in sich Heil». Weil die Gerechtigkeit innerweltlich immer bedroht ist, kann das Gericht auch kein innerweltlicher Prozess sein. Damit das Recht aber endgültig gesprochen werden kann, «bedarf es eines immer neuen Aufstandes Gottes. Darum ist das *Kommen* die Zeitform des biblischen Richters [...]. Als Richter ist Gott immer ein Erwarteter, als Helfer immer ein Kommender.»[535]

> «Der volle Zukunftston für Gott, den Richter, hängt damit zusammen, dass Israel kaum je einmal die Erfahrung machen konnte, dass Gott nicht nur Richter *in* Israel, sondern auch *unter* den Völkern Richter und Helfer für sein Volk war. Der *inneren* Gerechtigkeit Gottes konnte Israel sich immer freuen, aber Gerechtigkeit, Gemeinschaft, Friede zwischen Israel und den Völkern ist bis heute Zukunftsmusik geblieben. Hier steht eine höchstrichterliche Entscheidung Gottes [...] noch aus. Hier hat Gott noch Zukunft und hat sie gerade als Richter.»[536]

Im Gericht wird Gott durch die Menschen gerechtfertigt, denn das Gericht hat laut Marquardt Gesprächscharakter. Gericht ist «miteinander rechten» und nicht ein einseitiges Verurteilungsgeschehen.[537] Gott begibt sich so in eine «ernsthafte *Gefährdung*», denn er muss sich «mit seinen Zeugnissen» bei den Menschen durchsetzen können.[538] Israel erwartet, dass Gott sich im Gericht selber rechtfertigen wird:

> «Es steht ein Ereignis bevor, in dem *Gott* endlich zu sich selbst, mit sich selbst ins Reine kommen, schliesslich *eins mit sich selbst werden* will. Dies ist, wie wir es verstehen, ein *tiefster Aspekt im Verständnis des Jüngsten Gerichts:* Eine *Rechtfertigung Gottes durch die Menschen in dem Ereignis einer endlichen Selbstrechtfertigung Gottes.*»[539]

Die jüdische Tradition drückt diese Hoffnung dadurch aus, dass die beiden spannungsreichen «Begegnungsweisen»[540], die Gott in sich trägt, Gerechtigkeit und Barmherzigkeit, zur Einheit werden sollen.[541] «*Die Einheit Gottes soll uns nicht etwas Abstraktes [...] sein*, sondern etwas, was wir *im Durchleben der Widersprüche* immer neu erringen sollen dadurch, dass wir uns mit Gott in seinem Richten und in seinem Lieben Tag für Tag und Nacht für Nacht ‹einen›.»[542]

---

533 Namentlich auf Ps 7,9; 94,1; 9,9.
534 Vgl. E III, 62.
535 Vgl. ebd., 69–71.
536 Ebd., 71.
537 Vgl. ebd., 194f. Marquardt verweist auf Jes 41,1–5; 21–29; 43,8–13; 44,6–8; 45,20–25.
538 Vgl. ebd., 196.
539 Ebd., 198.
540 Ebd., 199.
541 Siehe zum Verhältnis von Barmherzigkeit und Gerechtigkeit Gottes: Stümke: *Differenz.*
542 Vgl. E III, 200.

Nebst dem Aspekt der Selbstrechtfertigung Gottes im Gericht kommt im Gerichtstopos in der Theologie Marquardts ein weiterer Aspekt zum Ausdruck:

> «Er [Gott, AZ] will und wird noch einmal anders eins mit sich selbst werden, als wir es bisher erfahren, erkennen und aussprechen können, anders aber auch, als er selbst sich bisher ‹hat› und ‹weiss›; seine Barmherzigkeit und Liebe will er seine Gerechtigkeit erfüllen und so überstrahlen lassen. So sehr die Wende von ‹dieser› Welt zur ‹kommenden› auch ein Geschehen zwischen ihm und uns, aber auch zwischen uns untereinander – den Völkern und Israel, Israel und den Völkern – sein wird, so sehr wird sie auch eine in ihm selbst sein [...].»[543]

Marquardt hält fest, dass im zweiten bis vierten Jahrhundert jüdischer- und christlicherseits gleichzeitig die Erwartung wuchs, dass zukünftig «*Gott mit sich selbst eins werde*». Christlicherseits hat sich diese Erwartung in der Ausformulierung trinitarischer Dogmen niedergeschlagen. Die frühe Kirche hat so «ihre Hoffnung auf einen neuen Himmel, eine neue Erde, einen neuen Menschen *in Gott hinein*» gelegt. Zukunftshoffnung wurde so abgelöst von einer Hoffnung auf präsentisches Heil in Christo als Gott. «Den makom des künftigen Reiches Gottes auf Erden suchte sie jetzt *in* Gott», der in sich selber seine «Vollkommenheiten in lebendigstem inneren Austausch lebte». So kann Marquardt zur These kommen: «*Was im Inneren Gottes gefestigt war, widerstand jeder Anfechtung durch die Ungewissheit und Offenheit alles Zeitlichen. Was die Weltgeschichte noch nicht brachte, wurde in innerer Gottesgeschichte gesucht.*»[544]

Marquardt rückt das «Moment äussersten Beteiligtseins» der Menschen an Gott ins Jüngste Gericht und entzieht es so dem Gegenwärtigen.[545] Nicht mehr eine eschatologiefreie Trinitätslehre ist der Ort, an dem die Beziehungsmächtigkeit und der Beziehungsreichtum Gottes mit sich selbst und mit den Menschen bedacht wird, sondern, einmal mehr, die Eschatologie. Erst im Gericht wird Gott noch einmal ganz neu beziehungsreich in sich selbst und mit den Menschen.

> Marquardt sieht in den biblisch bezeugten Toledot, den Zeugungen, diesen Gedanken bestätigt. Gott wird alttestamentlich zwar nicht als ewig Zeugender vorgestellt, wie dies trinitätstheologisch der Fall ist. Hingegen sind die Zeugungen, auch menschliche, «*Inbegriff von weitergehender Geschichte*». Gott ist aber «auf einem *Weg dorthin*», nämlich zu einem ewig Zeugenden. Erst wird durch menschliche und göttliche Zeugungen die Geschichte vorangetrieben, dann wird Gott zu einem ewig Zeugenden.[546]

Der in sich selbst beziehungsreiche Gott ist zukunftsoffen und verheissungsvoll beziehungsreich, die Beziehungen zwischen Vater, Sohn und Geist sind also nicht schon festgelegt. «Trinität dürfte *nicht* schon als das in sich *erfüllte und*

---

543 E III, 212.
544 Vgl. ebd., 213–215.
545 Vgl. ebd., 216.
546 Vgl. ebd., 221f.

vollkommene Leben Gottes – noch nicht: *präsentisch*-eschatologisch – gedacht werden.»[547]

Ausserdem denkt Marquardt die Trinität bundestheologisch: «Das Leben, das er in sich lebt, ist ja das, das er – aus sich heraus – im Bunde mit seinem Volk Israel und dessen wechselvoller Geschichte lebt.» Gott lebt mit seinem «Sohn *Israel* in der Geisteskraft der sie verbindenden *Tora*». Die Schwierigkeiten in der Beziehung zwischen Gott und Israel haben «Einfluss auf das innere Leben Gottes».[548] Im Gericht soll diese Beziehung dann noch einmal ganz neu und definitiv geklärt werden. «Das Jüngste Gericht [ist, AZ] ein Noch-Nicht nicht nur für das Menschengeschlecht, sondern auch für Gott selbst [...].»[549] Die Zukunft Gottes ist selbst aber offen, so dass wir Menschen «mit Furcht und Zittern darauf [warten], wie und als wen Gott sich dann selbst behaupten und so: rechtfertigen wird.»[550]

2.5.2 Annäherung II: Das Gericht als «Lebens-Krise» beginnt an Israel

Das Gericht ist ein «*Ereignis der Nähe*, nicht eines der kalten Distanz und Überlegenheit Gottes». Darin «deklariert er es als ein Werk seiner energischsten *Verbindlichkeit*, die gleichbedeutend mit seiner tiefsten *Verbundenheit* ist mit denen, die er richtet.»[551] Gerade, weil er im Bund mit seinem Volk diesem so nahe getreten ist und es in seinen Dienst genommen hat, hat er «sich von ihrer Mithilfe abhängig gemacht»; «in Heiligkeit sind sie miteinander verbunden».[552] «In *einem so engen Bund* – des heiligen Gottes mit einem geheiligten Menschenvolk – *gibt es*, wie sich leicht vorstellen lässt, *eine äusserste Empfindlichkeit gegen alles Unheilige*, vor allem: gegen menschliches Handeln und Verhalten, das *dienstuntauglich* macht.»[553] Wo der heilige Gott Menschen begegnet, gibt es Sünde. «*Als Sünder ernstzunehmen ist nur ein mit Gott verbündeter, ihm durch sein Ja zur Tora verpflichteter Mensch [...].* [...] So wird Sünde gerichtsrelevant zuerst am Hause Gottes.»[554]

Gott fragt im Gericht «*nach Werken*», denn «*Bundesbeziehung ist Werkbeziehung*». Er fragt aber nicht nach guten oder schlechten Taten, sondern «nach dem tätigen Bewähren oder Versagen gegenüber seinen *Aufträgen*, [...] dem spezifi-

---

547 Vgl. E III, 223.
548 Vgl. ebd., 224f.
549 Vgl. ebd., 229.
550 Vgl. ebd., 231.
551 Vgl. ebd., 239.
552 Vgl. ebd.
553 Ebd., 239f.
554 Vgl. Ebd., 240. Als «Sünde» bezeichnet Marquardt «vor allem das Versagen derer, die Gott sich als Helfer erwählt hat». (Vgl. ebd.)

schen Werk der Tora, der Bundesverbindlichkeit, dem besonderen Zeugendienst. [...] Dienstverweigerung ist Zweifel an Gottes Treue, dies macht ihn im Gericht zornig gegen untreue Knechte.»[555] Dabei gilt die Tora als Massstab im Gericht:

> «Jede einzelne ihrer Weisungen ist eine Gelegenheit, sich zu heiligen vor Gott, damit aber zugleich auch Gott zu heiligen für die Menschen. Jedes Gebot des Zehnworts kann, wenn es getan wird, Gott bezeugen in der Welt; so auch die 613 mizwot, die Israel zählt. Nicht auf die Vollzahl kommt es an; ein einziges, recht getan, kann für alle nichtgetanen stehen.»[556]

Im Gericht geht es also nicht primär darum, gute und schlechte Taten gegeneinander abzuwägen und auf Punkt und Komma abzurechnen. Es geht darum, dass zum Gespräch kommt, ob die Menschen ihr Bundesziel, nämlich durch das Halten der Toragebote Gott zu bezeugen, erreicht haben.[557]

> «Und doch geht etwas ihm selbst Wesentliches verloren, wenn wir ihm unsere Mithilfe verweigern, seine *Erkennbarkeit*, wir müssen geradezu sagen: seine Identität als Dieser Gott, als ER, unverwechselbar Dieser. Denn es ist seine ewige Selbstbestimmung, gerade nicht ein Gott erhaben *über* den Menschen sein zu wollen, auch nicht einer *für* sie [...]. Dieser wollte Gott *mit* den Menschen sein, [...] in allen seinen konkretesten Lebensvollzügen.»[558]
>
> In den Werken der Menschen soll sich «*sein Wirken* [...] irdisch widerspiegeln.» «Darum wäre es für ihn ein Gesichts-Verlust, wenn wir ihm unseren Dienst kündigen, nachdem er gerade uns – die Juden und Christen vor den Augen aller anderen Menschen – zu seinen Knechten berufen hat.»[559] Mit Blick auf die Weltgerichtsperikope in Mt 25 konkretisiert Marquardt: Alle Völker fragt Gott «nach den Werken der Nähe zu Jesus und zu Gott, nach Werken der Nachfolge Gottes, die im Hause Gottes beginnt. Und wenn er schon die Völker danach fragt – um wieviel mehr seine Bundesgenossen, die er unter die Gabe und Weisung der Nachfolge Gottes gerufen hat.»[560]

Am Gericht an Israel wird einerseits die Aufgabe der «*Weltöffentlichkeit*» sein, als «Zeuge» dabei zu sein. «Gott führt auch mit den ihm Nahen *keine Geheimprozesse unter Ausschluss der Öffentlichkeit*; was zwischen ihm, seinem Volk und seiner Kirche schief liegt».[561] Andererseits sind die «Gojim [...] das Mass, an dem Gott Israel im Gericht beurteilt.» Umgekehrt ist «*Israel das Mass, an dem Gott die Völker misst.*»[562] Das heisst: Israel wird von Gott zuerst gerichtet werden und zwar danach, wie es seine Bundestreue, seine Werk-Beziehung mit seinem Gott, gegenüber den Völkern gelebt hat. Und die Völker werden einerseits danach ge-

---

555 Vgl. E III., 241.
556 Ebd., 242.
557 Vgl. ebd., 241.
558 Ebd., 241.
559 Vgl. ebd., 242.
560 Vgl. ebd., 244.
561 Vgl. ebd., 266f.
562 Vgl. ebd., 268f.

richtet, wie sie «*zu Jesus und den Seinen*»[563] stehen und andererseits, ob sie «einen *Sinn und Sensibilität für die Eigenart Israels* entwickeln: die besondere, einzigartige Beziehung Gottes zu diesem Volk und Israels daraus resultierende Aufgabe, Gotteszeuge für die Völker zu sein.»[564]

Zusätzlich zu dieser israelverbindlichen und eschatologischen hat das Gericht bei Marquardt auch eine individuelle Komponente. Im Gericht, das Marquardt auch «Lebens-Krise» nennt, erfahren die Einzelnen «*Lebens-Zuwendung*» von Gott, nicht willkürliche Verurteilung.[565]

> «*Die Lebens-Krise des Jüngsten Gerichts wird diejenige sein, in die unser gelebtes Leben durch das neue Leben Gottes gerät, zu dem er uns von eh und je bestimmt hat. In der Lebens-Krise des Jüngsten Gerichts ziehen Gott und Menschen sich gegenseitig ins Gespräch und setzen sich darin noch einmal einander aus.*»[566] Marquardt bevorzugt zur Bezeichnung des Gerichts den Begriff «Krise» – der auf κρίνειν als Richten und Unterscheiden Gottes zurückgeht – und drückt damit aus, dass dem Gericht «*alles Ängstigende*» genommen werden soll. In der christlichen Tradition wurde das Jüngste Gericht als Drohkulisse aufgebaut und so «*zur Zähmung der Menschen von Menschen missbraucht*». Marquardt sieht das Gericht als «*letzte Aufklärung*», als «*Krise der Wirklichkeit im Ganzen*».[567] Dem Gericht als «Lebens-Krise» gibt er das «Freie Dort-Sein» an die Hand, mit dem er das traditionelle ‹ewige Leben› bezeichnet. Das ‹ewige Leben› hat «*in Gott seinen Ort*», ist deshalb u-topisch und kann «*jedem Hier nur als ein Dort*» gegenübergestellt werden. Dieses Utopische «*ist die Verheissung einer Lebensnähe zwischen Gott und allen Menschen im gleichen Raum, wie wir sie nach biblischer Verkündigung in der zwischen Israel und Gott gelebten Bezugsintimität und in der zwischen Gott und Jesus gelebten Lebens-Einung schon kennenlernen können.*»[568]

Die einzelnen Menschen werden in einen Gesprächsprozess mit hineingenommen, dessen Urbild schon in der Paradieserzählung vorkommt.[569] «Die Tora setzt [...] eine *konkrete Erkennbarkeit des Menschen für Gott;* denn *am Tun* erkennt Gott den von ihm geschaffenen Menschen.»[570]

Das Gericht, das an Israel einst beginnen wird, wirft aber seine Schatten schon ins Hier und Jetzt voraus, nämlich in der «Lebenskrise der Gemeinde». «Lebenskrisen des Gottesvolks – Israel inmitten der Völker, des Jesus-Kreises inmitten der Menschheit – sind in der Bibel bereits als Gerichtserfahrungen angenommen worden».[571] Diese Krisenerfahrungen sind «Vor-Urteile der letzten Urteile Gottes».[572]

---

563 Vgl. E III, 276.
564 Vgl. ebd., 269.
565 Vgl. ebd., 186.
566 Ebd., 164f.
567 Vgl. ebd., 164–166.
568 Vgl. ebd., 373.
569 Vgl. ebd., 189. Dort verweist Marquardt auf die Paradieserzählung vom Sündenfall, welche er als «*klassische Gerichtserzählung*» sieht. (Vgl. ebd., 188.)
570 Ebd., 319.
571 Vgl. ebd., 251.
572 Vgl. ebd., 256f.

> «Sie stellen Juden und Christen darauf ein und bereiten darauf vor, dass am ersten sie von allen Menschen dem Tag ‹der Offenbarung des gerechten Gerichts Gottes› (Röm 2,5) entgegengehen und sein Gericht erwarten (Hebr 10,27), und machen sie gerichts-freudig in der Hoffnung, dass Gott sie am Ende durch das ‹Gesetz der Freiheit› richten [...] wird.»[573]

Das Gericht hat für Marquardt etwas Endgültiges: Neben «Begnadigung [kann] wirklich auch Ver-Urteilung und in Folge der Verurteilung ‹ewige Verdammnis› herauskommen». Dabei ist die Verdammnis auch ein Beziehungsgeschehen: Die Freigesprochenen bleiben immer in Beziehung mit den Verdammten – der reiche Mann hat den armen Lazarus von weitem sehen können.[574] Marquardt fragt aber, ob «‹ewige› Verdammnis *wirklich für immer* Verdammnis» sein muss. Spekulierend antwortet er: «Unsereiner gäbe *Gott* gerade dann seine Ehre, wenn er auf Gnade auch für die Bösen hoffte als letztes Urteil Gottes.»[575]

Gerade weil hier so viel spekuliert werden muss, versucht Marquardt, einen anderen Zugang zur Revision der Lehre von der ewigen Verdammnis zu nehmen, nämlich den über das Wort «*Beiseitegestellt*». Da biblischerseits die Zedaka, die Gerechtigkeit Gottes, immer zugewandte und nie strafende Gerechtigkeit ist, ist auch «im Jüngsten Gericht [...] von vornherein nicht mit einem Strafurteil zu rechnen.» Strafe hingegen ist nie «Wirkung der Gerechtigkeit Gottes, sondern ihres *Ausbleibens*.» Deshalb ist im Zusammenhang mit dem Jüngsten Gericht nicht von ewiger Verdammnis, sondern, mit den Rabbinen[576] vom Beiseitegestellt-Werden zu sprechen. Dies «beschreibt zunächst nur eine Ortszuweisung *nicht (mehr) im Zentrum des Gottesgeschehens, sondern* beiseite, allenfalls liesse sich sagen: *im Abseits, Jenseits des Raumes (oder der Zeit), in der Gott gegenwärtig wirkt und Menschen daran teilnehmen lässt.*» Beispielhaft für das Beiseite-gestellt-Werden steht Kain, den Gott nicht getötet, sondern «nur hinaus in die Wüste [...], in ein unstet-flüchtiges Leben» geschickt hat. «Das ist Urbild von Verdammnis: ausgestossen aus der Kulturgemeinschaft, – allein auf sich gestellt, – dem Angesicht [...] Gottes verborgen.»[577]

Gott ist den Beiseitegestellten «noch nicht offenbar geworden». Darin zeigt sich, dass «Gott immer noch eine letzte Erfüllung seiner selbst vor sich hat: sein Offenbarwerden in den Herzen *aller* Menschen und damit erst seine wahre Gottheit.» Denn auch die Beiseitegestellten bezeugen Gott, denn für sie, notabene die «Mehrheit der Menschen», ist «Gott nur wahr in der Negation Gottes». Die Beiseitegestellten bezeugen im Gericht, «dass Gott in seiner Erhabenheit *nicht* aufgeht in denen, denen er schon offenbar geworden ist.» Diejenigen, die nein sagen

573 E III., 257.
574 Vgl. ebd., 362f.
575 Vgl. ebd., 366.
576 Siehe ebd., 367. Dort verweist Marquardt auf den Midrash *Tanna debe Elijahu sutta* 20a.
577 Vgl. ebd., 366f.

zu Gott, bezeugen, «dass Gott erhaben und nicht zu ‹haben› ist.» Deshalb dient auch das «*Nein zu Gott*» Gott selbst.[578]

2.5.3 Problemstellung I: Ist Marquardts Gerichtsvorstellung geschönt?

Das Gericht als Beziehungs- und Gesprächsgeschehen, als Ausdruck des Bundes zwischen Gott und Mensch, als Selbstrechtfertigung Gottes und nicht zuletzt als Initiation für ein Denken der christlichen Theologie aus der Umkehr sind Charakteristika der Marquardtschen Gerichtsvorstellung. Obwohl in diesem Gerichtsmodell auch beiseitegestellt werden wird, fällt auf, dass vom biblisch durchaus vorhandenen Unheilscharakter des Gerichts in Marquardts Gerichtsvorstellung wenig bleibt.

Zu alttestamentlichen «Vorstufen» einer zwar «erst im nachalttestamentlichen Judentum» sich voll entfalteten «Vorstellung eines Jenseitsgerichts»[579] gehört nämlich auch der Motivkreis des יום יהוה, des Tag des Herrn, der kultische, politisch-militärische, tagewählerische (Omen-Deutung) Herkunft hat und dessen biblischen Belege vielschichtig sind und in komplexen Bezügen stehen.[580] Nebst den politisch-militärischen Stellen, die davon sprechen, dass Adonaj sein Volk von überlegenen Feinden, zunehmend auch von der gesamten feindlichen Völkerwelt, befreien werde, wird der Tag des Herrn auch als Unheilstag beschrieben; angefangen bei Amos über Jesaja und bis zu Zephanja. Bei Zephanja erhält der Tag des Herrn zusätzlich wieder eine positive Konnotation. Dieses doppelte Charakteristikum wird dann bei Joel weitergedacht und in ein «Weltendrama» überführt, dessen «schaurigen Bilder» aber nicht vergessen lassen sollen, dass «die Triebfeder» der Erwartung des Tages des Herrn «im sehnsüchtigen Warten auf die Gerechtigkeit» Gottes liegt. Nach dem Untergang des Königreiches Juda wurden Gerichtsverheissungen eschatologisiert und die Herstellung von Gerechtigkeit zunächst auf eine Messiasgestalt projiziert, die im Stile der alten Davids-Herrschaft gerecht herrschen sollte. Später wurde diese «Zukunftshoffnung» vom davidischen Königtum losgelöst und auf eine «betont königliche Hoffnungsfigur» übertragen, nämlich auf den Menschensohn.[581]

Sheila Jelen betont einerseits den universalen Charakter, den der Tag des Gerichts in der apokalyptischen biblischen und jüdischen Literatur erhält, andererseits aber auch die grosse Divergenz, die in pseudepigraphischer und tannaitischer Literatur betreffend des Tags des Gerichts besteht. Gott oder sein Messias werden die gesamte Welt richten. In früheren Texten ist der Tag des Gerichts die

578 Vgl. E III, 370f.

579 Vgl. Dietrich: Art. *Gericht*, Wibilex, 5.

580 Vgl. Beck: Art. *Tag*, Wibilex, 2–4.

581 Vgl. Dietrich: Art. *Gericht*, Wibilex, 7f.

Vorbereitung zur Ankunft des Messias. In späteren Texten ist hingegen die Messianische Zeit eine Zwischenperiode zwischen der Jetzt-Zeit und der zukünftigen Welt.[582]

Jacob Licht bemerkt, dass die Bedeutungsfelder des Tages des Herrn widersprüchlich und deshalb schwierig zu fassen sind. Darüber hinaus ist mit dem Tag des Herrn nicht zwingend die Erwartung auf eine Erscheinung Gottes verbunden. In den Ankündigungen der Propheten ist lediglich die Rede von einer «awful certainity of future Divine action», die plötzlich, endgültig und direkt an einem einzigen Tag «with vehemence and terror» geschehen wird.[583] Alexander A. Fischer betont, dass die alttestamentlichen Gerichtsbilder «den katastrophalen Tod, der ganze Städte, Länder und Völker zu zerstören vermag», beinhalten.[584]

David Flusser beschreibt die Figur des Menschensohns, der «manchmal» mit dem Messias oder dem biblischen Henoch gleichgesetzt wird, als in «allen Quellen» ähnlich skizziert:[585]

> «Der Menschensohn ist von einer übermenschlichen, himmlischen Erhabenheit; er ist der endzeitliche kosmische Richter; auf dem Throne Gottes sitzend, mit Hilfe der himmlischen Heerscharen wird er die ganze Menschheit richten, die Gerechten zur Seligkeit und die Frevler zum Höllenpfuhl».[586]

Laut Roger David Aus ist das «Endgericht [...] im Judentum ein zentraler Lehrgegenstand, insofern es endgültig Gottes Gerechtigkeit und seine siegreiche Herrschaft erweist.» Ausserdem hat es in den Apokryphen und Pseudepigraphen «eine paränetische und parakletische Funktion»: einerseits hindert die Furcht vor Bestrafung, die von ihm ausgeht, vor bösen Taten, andererseits tröstet es die jetzt Verfolgten, weil es Gerechtigkeit herstellt, indem es ihnen zukünftige Glückseligkeit und den Unterdrückern Unterdrückung verheisst. Allen jüdischen Interpretationen des Endgerichts ist gemein, dass im Gericht Gottes Gerechtigkeit ausgeht, die auf das gegenwärtige Leben eine disziplinierende Auswirkung hat und für die Gerechten auf zukünftige Gerechtigkeit hoffen lässt, während die Ungerechten gerichtet werden. Der Gerichtstag ist also ein Vergeltungstag, welcher nach rabbinischer Auffassung einen dreifachen Ausgang hat: Die Menschheit wird in «die vollkommen Gerechten, die vollkommen Bösen und die in der Mitte» eingeteilt werden. Einigkeit herrscht darüber, dass die erste Gruppe sofort zum ewigen Leben in Gottes Nähe bestimmt ist und die zweite sofort in die Hölle kommt. Uneinig sind sich die rabbinischen Schulen über das Schicksal der mittleren Gruppe: entweder wird sie, bevor sie zu Hölle geht, geläutert werden, oder ihr widerfährt Gnade und sie gelangt auch ins ewige Leben. Ausserdem gibt

582 Vgl. Jelen: Art. *Yom*, The Oxford Dictionary of the Jewish Religion, 801.
583 Vgl. Licht: Art. *Day*, EJ, 494.
584 Vgl. Fischer: *Tod*, 166.
585 Vgl. Flusser: *Jesus mit Selbstzeugnissen*, 97.
586 Ebd.

es in rabbinischer Tradition die Auffassung, dass nicht nur erst im Endgericht gerichtet werden wird, sondern bereits im Hier und Jetzt, an jedem Tag. Ferner ist die drastische Beschreibung eines Endgerichts in rabbinischer Tradition eher die Ausnahme. Vielmehr betont sie die Verantwortung des Einzelnen.[587]

Wie ist Marquardts Gerichtsvorstellung mit den auch jüdischen Gerichtsbildern von Vernichtung und Verwerfung zu vereinbaren? Ist seine gesprächsgemeinschaftlichfreie Gerichtsvorstellung, die negativ lediglich in den Termini «Lebens-Krise» und «beiseitegestellt» spricht, nicht geschönt bzw. einseitig? Gerade eine Theologie, die sich am Auschwitzgeschehen abarbeitet und sich am Zeugnis biblischer Texte orientiert, muss bei allen Schwierigkeiten auch die Vorstellungen von Verwerfung, Vernichtung und Verdammnis konstruktiv mit einbeziehen.

Wie kommen insbesondere die Taten der Auschwitztäterinnen und -täter im göttlichen Gericht zur Sprache? Bezeugen sie etwa auch Gott, so, wie die Beiseitegestellten Gott bezeugen – nämlich negativ – und zwar dadurch, dass Gottes Erhabenheit bezeugt wird, ein Erhabensein etwa über alles Gute und Böse? Geht Gott gerade nicht nur in den guten Taten auf?

Es ist dienlich, an dieser Stelle quasi als nichttheologischen Impulsgeber den philosophischen und ethischen Friedensbegriff des jüdischen Religionsphilosophen Hermann Cohen[588] beizuziehen. Er steht mit seiner dezidiert eschatologischen Perspektive ins messianische Friedensreich an derselben Scharnierstelle wie Marquardts Gericht und ist deshalb ein passender Gesprächspartner. «Friede ist das Wahrzeichen des messianischen Zeitalters, und zwar nicht nur als Gegensatz zum Kriege, der verschwinden wird, sondern auch positiv, insofern er den Inbegriff aller Sittlichkeit bildet.»[589] Wird also Gottes Gerechtigkeit, die gemäss der jüdischen Glaubenswelt im Endgericht vollkommen zur Geltung kommen wird, in diesem ethischen Friedensbegriff abgebildet? Bildet der Friede «den Tugendweg, der den Hass nicht nur zu umgehen, sondern auszuschliessen und zu vereiteln hat»?[590]

Cohen nennt als praktischen Aspekt dieses Tugendweges das «Verbot der Feindschaft, des Menschenhasses». Der Talmud geht in seiner Interpretation des Hasses über die Bibel hinaus, indem er den Hass als grundlos beschreibt.[591]

> «Ich kann den Hass nur dadurch aus dem Menschenherzen entfernen, dass ich überhaupt keinen Feind kenne; dass die Kunde und das Wissen davon, dass ein Mensch mein Feind sei, dass er mich hasse, mir ebenso unverständlich wird, ebenso daher

---

587 Vgl. Aus: Art. *Gericht*, TRE, 466–469.

588 Die Tatsache, dass sein monumentales Werk *Religion der Vernunft aus den Quellen des Judentums. Eine jüdische Religionsphilosophie* entstanden zwar lange vor Auschwitz, seit den 1960er Jahren drei Mal wieder aufgelegt wurde, zeigt, dass er auch nach der Auschwitzzäsur noch gehört werden muss.

589 Cohen: *Religion*, 530.

590 Ebd., 534.

591 Vgl. ebd., 535.

> aus meinem Bewusstsein ausfällt und verschwindet, wie gar dass ich selbst einen Menschen hassen könnte.»[592]

Laut Cohen kann nur dadurch «Seelenfriede» erreicht werden, indem der Hass überwunden wird. Der Hass hat aber bei Cohen nicht nur eine individuelle Komponente, sondern auch eine kollektive: «Für meinen eigenen Frieden bedarf ich der Zuversicht, dass der Völkerhass ausgetilgt werde aus dem Kulturbewusstsein der Menschheit. Die Völker hassen sich nicht.»[593]

Cohen nennt zwei «physiologische Kennzeichen» für den Frieden: «die Rührung und die Freude». Rührung deshalb, weil sie den Frieden bezeugt und dadurch eine Kraft freisetzt, die den Frieden fördert.[594] Freude deshalb, weil sie «ein Beweis für die Lebenskraft des Friedens» ist.[595] Cohen führt dies im Blick einerseits auf die jüdischen religiösen Feste und den Sabbat, andererseits auf den Messias aus:

> «Die Freude ist ein begründeter Rechtstitel für diese Feste. Und so beweist die Festesfreude, so beweisen diese Feste der Freude in dieser den Frieden als eine Grundkraft der Seele und somit als einen verheissungsvollen Tugendweg. Mit den Festen ist auch der Sabbat ein solches Friedenszeichen, als eine Stiftung der wahrhaften Lebensfreude, der sozialen Menschenfreude. Hätte das Judentum nur den Sabbat der Welt gebracht, so wäre es schon dadurch angewiesen als Freudenbringer und Friedensstifter in der Menschheit. [...] Der Friede als der Zweck des Menschen [Friede als Schalom im Sinne von ‹Vollkommenheit› als ‹Ziel des Menschen›, AZ] ist der Messias, der die Menschen und die Völker von allem Zwiespalt befreit, den Zwiespalt im Menschen selbst schlichtet und endlich die Versöhnung für den Menschen erwirkt mit seinem Gotte.»[596]

Darin, dass einst die Völker untereinander eins sein sollen, sind sich Marquardt und Cohen einig. Cohen geht aber mit seiner konkreten friedensethischen Zukunftshoffnung, dass aller Menschenhass einst durch das befriedende Wirken des Messias verschwinden wird, über Marquardt hinaus. Somit ist zu fragen, ob die «Beiseitegestellten» bei Marquardt wirklich nur die sein können, die zu Gott «Nein» sagen, oder ob es nicht die sind, die den Hass nicht aufgeben können. Gott kann als Richter doch nur die nicht aufrichten, die bewusst an ihrem Menschenhass festhalten, denn im eschatischen Friedensreich des messianischen Friedensbringers kann kein Platz für Hass sein. Der Tag des Herrn, an dem Gottes Gerechtigkeit aufstrahlen wird, steht im Zeichen des Überwindens des Hasse(n)s bzw. des Beiseitestellens der Hassenden, die ihren Hass bewusst nicht aufgeben wollen. Nur so kann das eschatische Friedensreich aufgerichtet werden, ohne, dass in ihm diejenigen, die früher gehasst haben, billige Gnade erfahren. Eine solche wäre auch angesichts von Auschwitz zynisch und würde die theologisch

592 Cohen: *Religion*, 536.
593 Vgl. ebd., 536.
594 Vgl. ebd., 538.
595 Vgl. ebd., 540.
596 Ebd., 541f.

radikalen Folgen von Auschwitz, die Marquardt zu Recht hervorhebt, auslöschen. Nur wenn Menschenhass im Gericht angesichts der Gerechtigkeit Gottes nicht bestehen kann, bleiben die Schicksale der Opfer dieses Hasses wertgeschätzt. Nur, wenn eschatisch das Friedensreich wirklich als Reich des Friedens im Sinne Cohens, also des Friedens nicht als Abwesenheit von Krieg bzw. Hass, sondern des Friedens als überwundenen Hass, der Rührung und Freude auslöst, kann von einem wirklichen göttlichen Shabbat die Rede sein, von einem messianischen Friedensreich. Die Festfreude, die in vielen jüdischen Festen alljährlich auf vielerlei Weise zelebriert wird, kann nur wirkliche Festfreude sein, wenn Friede zwischen den Menschen und Völkern eingetreten sein wird.

Vor diesem Hintergrund stellt sich die Frage, ob Marquardts Gerichtsvorstellung nicht um eine friedensethische Perspektive erweitert werden müsste, die aber durchaus durch eine genuin theologische Komponente charakterisiert werden kann: Im irdischen Leben den Frieden suchen und ihm nachjagen, heisst, die Tora Israels erfüllen. Dadurch wird auch die Hoffnung auf ein eschatisches Friedensreich ausgedrückt, welches aber eschatisch nur durch das richtende und aufrichtende Handeln Gottes herbeigeführt werden kann. Für diejenigen, die im Gesprächsprozess des Gerichts ihren Hass nicht überwinden werden wollen, kann im eschatischen Friedensreich aber kein Platz sein, sie müssen beiseitegestellt werden.

2.5.4 Problemstellung II: Ist die Selbstrechtfertigung Gottes ein universeller Hoffnungsgrund?

Im an Israel begonnenen Gericht liegt die eschatische Hoffnung für alle Menschen. Nur dadurch, dass Marquardt den Gerichtstopos so stark auf das Schicksal des Volkes Israel bezieht, kann er sagen: In der «Not der Gola» hat Israel sich «noch enger an Gott» und Gott an sich geschlossen. Israel «suchte *seine* geschichtliche Zerrissenheit auch in einer inneren *Zerrissenheit Gottes* aufzuspüren: der zwischen seiner Härte und seiner Liebe, seiner Ferne und seiner Nähe, seiner *Gerechtigkeit* und seiner *Barmherzigkeit*.» Gott leidet, so das rabbinische Judentum, mit dem vertriebenen Israel mit, so, dass Gott einer «*Selbstrechtfertigung*» bedarf, welche Israel «von der (eschatologischen) [sic] Zukunft» erwartet: «Es steht ein Ereignis bevor, in dem *Gott* endlich zu sich selbst, mit sich selbst ins Reine kommen, schliesslich *eins mit sich selbst werden* will.»[597]

Die Verbannung Israels, die nicht nur als Strafe für Israels Sünden gesehen werden darf, ist gerade dadurch eine Hoffnung für alle Menschen, weil unter der Verbannung Israels Gott selber leidet, d. h. uneins mit sich selbst ist und deshalb

597 Vgl. E III, 197. Marquardts Vorstellung von der Selbstrechtfertigung Gottes müsste gerade anhand von Luthers Lehre von der *iustificatio* eingehender problematisiert werden.

im eschatischen Gericht zu sich selber finden muss. Gott ist also nicht der über alles erhabene und unangefochtene Richter, sondern, weil er selbst der Rechtfertigung bedarf, allen Menschen, die ihrerseits Rechtfertigung bedürfen, auch im Gericht ein Gegenüber auf Augenhöhe – mit dem Unterschied, dass er sich selber rechtfertigt und die Menschen gerechtfertigt werden. «Dass Gott sich selbst rechtfertigen und in der gesamten Menschheit durchsetzen wird, ist (‹eschatologische› [sic]) Hoffnung Israels.»[598]

In diesem Punkt ist Marquardts Theologie in sich selbst konsistent: So Gott will und er lebt, wird er sich selbst rechtfertigen und dadurch als Gott erweisen, der vollkommen gerecht Gericht halten wird. Dieses Gerichtsverständnis ist nur dank einem engen Bezug auf Israel möglich, denn nur an Israel zeigt sich, dass Gott selbst rechtfertigungsbedürftig ist. Israels Geschichte ist quasi der Erweis des Rechtfertigungsbedürfnisses Gottes, denn die Geschichte Israels ist charakterisiert von Verfolgung und Heimsuchung, Herausführung und Unterdrückung, Aufstreben und Vernichtung. Dieses wechselvoll-Katastrophale in der Geschichte, das seinen grauenhaften Kulminationspunkt in Auschwitz hatte, bewirkte, dass Israel über Gott verunsichert war und diese «*Verunsicherung* über Gott [...] in einer offenen *Unausgeglichenheit in Gott* selbst gesehen» hat. Im Gericht dann wird Gott «mit sich selbst ins Reine kommen».[599]

Marquardt selber verbindet Rechtfertigungslehre mit Eschatologie, weil die Rechtfertigung ein «‹eschatologisches Ereignis›» ist, «also eine letzte, unüberbietbare, nicht mehr ergänzungsbedürftige, auch nicht mehr ergänzungsfähige göttliche Entscheidung.»[600] Dieses eschatologische Ereignis ist in der «Jesus-Geschichte» abgebildet und darin auch für Nichtjuden zugänglich. «Was Israel im Bund und der Tora hat und ist, haben und sind die Völker im Geschehen der Rechtfertigung.»[601]

Eigentlich ist für Marquardt die Rechtfertigungslehre gar nicht so zentral, wie sie in der protestantischen Theologie ist, denn nur, so Marquardts Kritik an dieser, ein «*aus dem Mutterboden der Tora und der Gemeinschaft der Tora-Treuen entwurzelte[s] Evangelium*» macht eine «beständige Rechtfertigung von Gottlosen» nötig. Tora und Evangelium reden hingegen davon, dass Mensch und Gott existenziell beziehungshaft aneinander gebunden sind. Weil in der aus dem neuzeitlichen Menschenbild hervorgegangenen protestantischen Theologie eine «*weltlich* sich auswirkende Bindung an Gott» nicht vorgesehen ist, ebenso wenig wie das «*Gesetz als einer Gottesbindung*», läuft sie Gefahr, sich von der Art, wie sich Gott an Israel gebunden hat und umgekehrt, zu entfremden.[602] Marquardt verortet also das Selbstrechtfertigungsthema klar in der Eschatologie und nicht in der

598 Vgl. E III, 204.
599 Vgl. ebd., 198.
600 Vgl. ebd., 201.
601 Vgl. ebd., 203.
602 Vgl. ebd., 204.

Anthropologie bzw. der Hamartiologie oder in der Christologie. Es ist ein «Zukunftsgeschehen», denn Gott «will und wird noch einmal anders eins mit sich selbst werden».[603]

Traditionellerweise wird die Rechtfertigung in der Anthropologie, dort insbesondere in der Hamartiologie und in der Christologie verortet, mit einer Perspektive in die Eschatologie, namentlich aufs Jüngste Gericht als Ort der definitiven Rechtfertigung des sündigen Menschen durch den Richtergott. Bei Karl Barth ist im Wesentlichen die Versöhnungslehre der Ort der Rechtfertigungslehre, weil sie die Versöhnung des sündigen Menschen mit Gott bedenkt und darin die Frage stellt, wer Gott für den sündigen Menschen und wer der sündige Mensch vor Gott ist.[604]

Gerhardt Sauter knüpft gleich zu Beginn seines Überblicksartikels über Rechtfertigung dogmatisch die Rechtfertigung mit der Hoffnung und ist so sehr nahe bei Marquardt:

> «Gott lädt das, was Menschen aus sich gemacht haben, auf sich. Sein Wirklichkeitsurteil versieht sie mit seiner Gerechtigkeit, und zwar so, dass es ihnen die Hoffnung gibt, an dem, was er selbst ist, teilzuhaben und die Überwindung all dessen, was ihm zuwider ist, in ihrem eigenen Dasein zu erfahren.»[605]

Das Gericht als Selbstrechtfertigung Gottes, wie es bei Marquardt konzeptionell angelegt ist, muss aber auch eine christologische Komponente haben. Denn Jesus der Jude als Verkörperung vollkommen gelebter Tora ist die Norm für uns Menschen, gemäss der Gott im Gericht richten wird.

> Dies ist in sich jüdisch und christlich theologisch zwar anschlussfähig. Fraglich ist aber, wie vor diesem Hintergrund mit 2Kor 5,21 umgegangen wird, wo gesagt wird, dass Gott Christus, der von keiner Sünde wusste, «für uns zur Sünde gemacht hat, damit wir in ihm Gottes Gerechtigkeit würden» («ὑπὲρ ἡμῶν ἁμαρτίαν ἐποίησεν, ἵνα ἡμεῖς γενώμεθα δικαιοσύνη θεοῦ ἐν αὐτῷ»). Stellt Marquardt Christus zu wenig radikal dar, indem er nur auf seine Toratreue abstützt und sein Für-Uns-Zur-Sünde-Gemacht-Sein ausser Acht lässt?

Ohne den materialen Bezug auf Christus bzw. den Juden Jesus von Nazareth bleibt das Gericht ein arbiträres Geschehen, dessen Hoffnungsgehalt wenig konkret ist. «Der Schöpfer, der das Sein vom Nicht-Sein trennt, spricht sein eigenes Urteil auf Leben und Tod: auf das Leben des Geschöpfes mit Gott und den Tod, der zunichte macht. Dieses Urteil hat Gott in Jesus Christus offenbar gemacht – darum bleibt es an Christus gebunden.»[606]

Marquardt bindet das Richten Gottes bzw. sein Rechtfertigen und Selbstrechtfertigen in erster Linie nicht an Christus bzw. den Juden Jesus von Nazareth, sondern an Israel. Weil Gott aufgrund der Geschichte seines erwählten Volkes

---

603 Vgl. E III, 212.

604 Vgl. Jüngel: Art. *Rechtfertigung*, RGG^4, 111.

605 Sauter: Art. *Rechtfertigung*, TRE, 352.

606 Ebd., 353.

Israel seine Glaubwürdigkeit als Gott verloren hat, muss er, um absolut gerechter Richter sein zu können, seine Glaubwürdigkeit wieder zurück erlangen. Dies geschieht dadurch, dass Gott als Gott wieder und ganz neu und anders eins mit sich selber werden wird. Die Qualität dieses Eins-Seins qualifiziert Gott als Gott.

Gleichwohl ist Jesus in Marquardts Modellierung des Jüngsten Gerichts alles andere als untätig: In den Vorsätzen von § 9 des zweiten Christologiebandes «Vom Kommen Jesu» schreibt Marquardt:

> «*Wenn Jesus kommt, dann zu richten die Lebenden und die Toten. Er wird dann einem jeden Lebenden und einem jeden Toten zu seinem Recht und so zur Durchsetzung des Gemeinschaftsrechts helfen, in dem endlich auch Gott zu seinem Recht kommen wird. Er kommt aber her von der Rechten Gottes, wo er als Fürsprecher der Menschen Gott schon für das Urteil gewonnen hat [...].*»[607]

Dadurch, dass Jesus kommen wird, verwandeln sich die «Potentionalitäten Gottes in Aktualität». Das heisst: Die biblische Rede davon, dass das Reich Gottes, das Gericht, der Menschensohn kommen werden, enthält «ein Existential der Veränderung in sich». Sie hat also «ontologischen Sinn», zumal im Gottesnamen selbst dieses Verheissungsvolle genannt wird: «‹Ich werde bei euch sein, wann immer ich bei euch sein werde› (Ex 3,24)».[608] Marquardt will «den Gedanken des Jüngsten Gerichts von seinen seelischen Schreck- und Angstmomenten» lösen, obwohl «zum Gericht auch Gerichtetwerden, zum Urteilen ein Verurteiltwerdenkönnen» dazugehören.[609]

> «Die *Bedeutung des Jüngsten Gerichts* werden wir recht erfassen, wenn wir es als die notwendige Erfüllung jener Gottesanfänge in der Geschichte Israels erkennen, die mit dem Bundesschluss vom Sinai und der grossen Gabe der Tora an das erwählte Volk gekennzeichnet ist. [...] Gottes Wille, ein mit Menschen verbündeter Gott zu sein, ist der Grund dafür, dass das biblische Gottesverhältnis viel weniger ein kultisches oder religiöses als primär ein *Rechtsverhältnis* ist.»[610]

Jesus wird kommen zu richten die Lebenden und Toten, um «Gott und Israel und den Gojim und im Gewimmel der Vielen allen Einzelnen zu je ihrem Recht zu verhelfen.»[611] Jesus kommt nicht, um «uns anzuklagen [...], sondern um sich seine Anerkennung, Geltung und Bedeutung – zwischen Israel und die Gojim gestellt – einzuklagen bei den einen wie bei den anderen.» Dabei werden nicht nur «die grossen Kollektive» sondern «jeder einzelne Mensch» «zur Rechenschaft gezogen [...]; d. h. Jesus fragt uns, ob und wie eine jede und ein jeder von uns die kollektive, die soziale, also die spezifisch biblische Gemeinschaftsgerechtigkeit erfüllt hat.» Massgeblich hierfür ist konkret die gelebte «*Tisch-*

607 C II, 309.
608 Vgl. ebd., 322.
609 Vgl. ebd., 359.
610 Ebd., 359.
611 Vgl. ebd., 361.

gemeinschaft zwischen Gojim und Juden, Reichen und Armen, Gesunden und Kranken, Gefangenen und Freien».[612]

Marquardt geht mit seiner Gerichtsvorstellung eigene Wege, obwohl er das Gericht auch christologisch verankert. Es ist aber nicht in erster Linie anthropologisch bzw. hamartiologisch fundiert, sondern theologisch: Die «Selbstrechtfertigung Gottes» ist der «Grund, aber auch [...] erste[r] Akt seines Jüngsten Gerichts»[613]. Das Gericht findet auch um Gottes willen statt, denn Gott «will und wird noch einmal anders eins mit sich selbst werden, als wir es bisher erfahren».[614] Ohne das Gerichtsgeschehen kann Gott nicht zu sich selbst kommen.

> Marquardt zieht auch diesen Aspekt in die Trinitätslehre aus, weil sie, zusammen mit der Christologie, «*Weisen [sind], alles Geschichtliche und Menschliche in Gott zu bergen*». Das heisst: Christologie und Trinitätslehre zeigen, wie in der Gott immanenten Beziehungshaftigkeit das beziehungsreiche Tun der Menschen abgebildet und aufgehoben ist. Dank Christologie und Trinitätslehre ist das Tun der Menschen soteriologisch vergewissert. In der «Begegnung mit Jesus» werden wir Menschen «*wirklicher* Hilfe» teilhaftig, weil Jesus wirklicher ‹Teil› des helfenden Gottes ist.[615]

Das Gericht ist also ein Geschehen, das Beziehungen heilt; Beziehungen als Rechtsbeziehungen bzw. als Bundesbeziehungen. Vor diesem Hintergrund ist Marquardts Gerichtstheologie durchaus auch rechtfertigungstheologisch zu deuten, denn das Gericht stellt Beziehungen wieder ins Recht, die auch deshalb entrechtet sind, weil die Menschen die Tora nicht gehalten haben. Dadurch haben sich Menschen untereinander entfernt, was in Auschwitz zum Äussersten gekommen ist, wo sich die Entfernung in Todesfeindschaft manifestiert hat. Bereits vor Auschwitz ist es aber zwischen dem erwählten Volk Israel und den nichtisraelitischen Völkern zu einer Entfremdung gekommen, welche sich theologisch im christlich-kirchlichen Überbietungsgestus der Ersatztheologie zeigt: Israel als erwähltes Gottesvolk wird zurückgestellt; an seine Stelle tritt die Christenheit. Diese Vorgänge können theologisch als Entrechtungen gesehen werden, weil sie das Bundesrecht bzw. -gesetz ausser Kraft setzen. Diese Beziehungen müssen also einst wieder ins Recht gesetzt, also gerechtfertigt werden, indem Gott den Menschen «seine eigene Gerechtigkeit mitteilt»[616].

In Marquardts Theologie ist die Rechtfertigungslehre nicht, wie etwa bei Paulus oder Luther, «die Gestalt der Theologie schlechthin». Marquardt ist aber gleichwohl nahe bei Paulus, denn in Marquardts beziehungszentrierter Theologie und in der Theologie des Paulus ist der Mensch jeweils «relational» gedacht: «Was *ich* als Individuum bin, das bin ich *immer schon*, und nicht erst durch bestimmte Aktionen, durch die Art, wie mein Verhältnis zu Gott, Welt und Mensch gestaltet ist. Ich kann mich gar nicht anders wahrnehmen und erfahren als durch

---

612 Vgl. C II, 364.
613 Vgl. E III, 212.
614 Vgl. ebd.
615 Vgl. ebd., 215f.
616 Sauter: Art. *Rechtfertigung*, TRE, 352.

meine Beziehungen.»[617] Marquardts Gerichtstheologie und insbesondere die Selbstrechtfertigung Gottes sind also sehr wohl rechtfertigungstheologisch begründet, wenn auch nicht in der Linie der traditionellen protestantischen Rechtfertigungstheologie. Vielmehr hebt er auf die bundestheologisch begründete Beziehungshaftigkeit ab, die eschatisch der Rechtfertigung bedarf, welche aber ihrerseits erst erfolgen kann, nachdem sich Gott selbst als Gott gerechtfertigt haben wird. Hierin liegt auch die Universalität von Marquardts Gerichtstheologie: Weil niemand wissen kann, wie und mit welchen Konsequenzen sich Gott einst selbst rechtfertigen wird, kann sich keine Religion exklusivistisch als die allein Wissende profilieren. Gott wird sich einst in seiner Freiheit selbst rechtfertigen, wie er damals in seiner Freiheit ein Volk erwählt hat, an das er sich dann existenziell gebunden hat.

An dieser Stelle zeigt sich ein Widerspruch, der wohl zu allem Religiösen dazugehört: Der Widerspruch zwischen *wissen müssen* und *nicht wissen können*. Einerseits hat Gott seinem Volk und in Jesus Christus allen Menschen seine Gebote verbindlich gegeben, um deren Einhaltung wir wissen müssen. Andererseits kann Gott nur Gott sein, wenn er sich im Gericht noch einmal als der ganz Andere wird offenbaren können. Als der, von dem wir nicht wissen können. Diesem Widerspruch trägt Marquardt konsequent Rechnung, indem seine Vorstellung vom Jüngsten Gericht im Motiv der Selbstrechtfertigung Gottes gipfelt.

Dass sich Gott einmal selber wird rechtfertigen müssen, dass das jüdische Nein zu Jesus dem Juden als Messias und zum Drei-Eins-Sein Gottes das christliche Ja dazu grundsätzlich herausfordert, dass Gott selber in Auschwitz fraglich geworden und sich eigentlich als Gott disqualifiziert hat, dass das Gebot auf Verheissung bezogen ist und dass letztlich alle Theologie nur als Eschatologie betrieben werden kann: Dies alles fundiert die Grundidee Marquardts, dass sich keine Kirche, keine Religion, keine Einzelperson ein fixiertes Bild von Gott machen kann.

Vor diesem Hintergrund ist die Frage, ob die Selbstrechtfertigung Gottes im Gericht ein universeller Hoffnungsgrund sei, positiv zu beantworten.

617 Vgl. Mostert: *Rechtfertigungslehre*, 303f.

«Im biblischen Sinne ‹glauben› heisst, bewusst eintreten in die vom Evangelium ausgerufene Geschichte Gottes mit Israel inmitten der Menschheit, – heisst: das eigene Leben in dieser Geschichte orten und es nach den besonderen Erfahrungen, Weisheiten, Erwartungen, Weisungen, Verbindlichkeiten und Verheissungen dieser Geschichte führen. Indem Menschen sich selbst zu Teilnehmern dieser Geschichte bestimmen, ‹glauben› sie und bestätigen darin die Grundweise jedes Menschseins: vor Gott zu sein.»
Friedrich-Wilhelm Marquardt: E I, 56f.

3 Hauptteil II: Implikationen der israelverbindlichen Eschatologie Marquardts für Theologie und Kirche

3.1 *Im Blick auf das Gottesbild*

Die historische Erkenntnis, dass anfänglich Christen- und Judentum nicht scharf voneinander abzugrenzen waren, entzieht jedem theologischen Überbietungsgestus die Legitimation. Sie stellt hingegen Jüdinnen und Christen vor die Herausforderung, sich auf Augenhöhe gemeinsam auf eine Theologie der jüdisch-christlichen Oekumene besinnen, wobei das Jüdische primum inter pares ist.

Ähnliches gilt für den Israel- und Gottesbegriff: Weil beide nicht klar zu definieren sind, können sie in ein offenes, bewegliches und deshalb insbesondere für Theologie und Kirche produktives Israel- und Gottesbild ausgezogen werden.

3.1.1 Eine neue jüdisch-christliche Oekumene auf Augenhöhe?

Marquardt geht davon aus, dass das Christentum nur israelverbindlich Christentum sein kann.[1] Dieser Bezug setzt voraus, dass beide «Glaubensweisen» (Martin Buber) mehr oder weniger gut voneinander abgrenzbar sind. Der jüdische Religionsphilosoph Daniel Boyarin stellt aber historisch begründet genau diese Ab-

1 Zu diesem Zusammenhang siehe insbes. Kap. 0 und 1.

grenzbarkeit infrage.[2] Bis zu den Nicänischen bzw. Konstantinopolitanischen Konzilien im 4. Jahrhundert waren «Juden und Christen sehr viel mehr miteinander verquickt [...] als heute». Viele Juden glaubten damals an «so etwas wie den Vater und den Sohn und sogar an so etwas wie die Inkarnation des Sohnes im Messias», wo hingegen auch Jesusanhänger die jüdischen Speisevorschriften einhielten. «Jesus kam bei seinem Kommen in einer Gestalt, die viele, viele Juden erwarteten: eine zweite göttliche, in einem Menschen inkarnierte Person.» Damals war die Unterscheidung in diejenigen, die Jesus als den gekommenen Messias akzeptierten und in diejenigen, die ihn als diesen ablehnten, nicht so klar zu treffen wie heute.[3]

Eine zentrale Frage Boyarins ist also: In welchem Ausmass sind christologische Fragen «Teil der jüdischen Vielgestaltigkeit jener Zeit»?[4] Ferner kommt Boyarin zur These, das Neue Testament als «durch und durch jüdischen Text» zu bezeichnen; ein Text, der vom Christentum «gekidnappt» und von seinen «kulturellen Ursprüngen inmitten der jüdischen Gemeinden Palästinas im ersten Jahrhundert» weggeführt wurde.[5]

> Boyarin begründet diese These damit, dass die duale «Vater/Sohn-Gottheit» und die Vorstellung eines zugleich göttlichen und menschlichen Erlösers in der hebräischen Bibel tief verwurzelt sind und mitunter zu den «ältesten Vorstellungen über Gott und die Welt» gehören, «die das israelitische Volk jemals vertrat».[6] Die Evangelien beschreiben Jesus mit midraschischen Methoden und wenden die alte jüdische Vorstellung des stellvertretend leidenden Messias so auf Jesus an. Ausserdem ist diese Vorstellung beim rabbinischen Judentum der Talmud-Zeit weit verbreitet.[7] Boyarin baut seine Argumentation vor allem auf der Betrachtung des Markusevangeliums sowie des Daniel- und Jesajabuchs auf.

Auch der Judaist Peter Schäfer geht davon aus, dass sich das, was sich Jahrhunderte später als die zwei Religionen Judentum und Christentum etabliert hat, aus einem «Prozess», einem «komplizierten Ablauf» von «Anziehung und Abstossung» herausgebildet hat.[8] Schäfer rekurriert einerseits auf den in einigen nicht kanonischen und rabbinischen Schriften[9] erwähnten Henoch, um die Vielschichtigkeit des Verhältnisses von Juden und Christen zu begründen. Von Henoch wird nämlich in gleicher Terminologie und Semantik gesprochen, wie das

---

2 Siehe Boyarin: *Evangelien*, 34.
3 Vgl. ebd., 27.
4 Vgl. ebd., 39.
5 Vgl. ebd., 147.
6 Vgl. ebd.
7 Vgl. ebd., 128.
8 Vgl. Schäfer: *Anziehung*, 13f. Demnach dauerten diese Prozesse bis ins 6. oder 7. Jh. n. Chr., da dann erst die bedeutende innerjüdische Bewegung der «Thronwagen-Mystik», die Henoch-Metatron als zweite Gottheit betrachtete, verschwand. (Vgl. ebd., 65–67.)
9 Vor allem in Äthiopischer Henoch, Jesus Sirach, Weisheit Salomos, aber auch im Midrash Genesis Rabbah. (Siehe ebd., 17–37.) Die biblischen Belege für Henoch sind im Vergleich zu den ausserbiblischen spärlich. (Vgl. ebd., 17f.)

Neue Testament von Jesus spricht, nämlich von einem Menschensohn: «Dieser Menschensohn-Messias ist ein vom Himmel herabgestiegener Gott, der in einen Menschen verwandelt wurde, um seine messianische Aufgabe zu erfüllen, und der anschliessend wieder in den Himmel zurückkehrt.»[10] Andererseits nimmt Schäfer auf die Erwähnung Henochs im babylonischen Talmud – dort wird gegen die jüdische Vorstellung andiskutiert, dass der aus Henoch verwandelte Engel Metatron eine zweite göttliche Gestalt neben JHWH ist – und in der Hekhalot-Literatur Bezug.[11]

Schäfer stellt die These auf, dass das entstehende Christentum einen Einfluss auf die Entwicklung des rabbinischen Judentums hatte, das sich in den ersten nachchristlichen Jahrhunderten erst langsam ausbildete.[12] Das «Judentum [hat] sich *zusammen mit dem sich entfaltenden Christentum* entwickelt und verändert»[13]. Das rabbinische Judentum musste sich gegen das Christentum abgrenzen, das auf dem Neuen Testament, einer «jüdische Quelle», steht.[14]

> Das rabbinische Judentum hat als Abgrenzungsstrategie gegenüber dem trinitarischen Charakter des Christentums dem Judentum einen explizit monotheistischen Charakter gegeben, obwohl dies schon für die biblische Zeit und erst recht für die Zeit nach Abschluss der hebräischen Bibel «problematisch» ist.[15] Ausserdem musste sich das rabbinische Judentum namentlich in der Frage des «jüdischen Messias» gegenüber dem christlichen «Messias Jesus» vom Christentum abgrenzen.[16] Ferner implementiert es als Erlöserfigur den in das göttliche Wesen Metatron verwandelten Menschen Henoch als «*Antwort* auf Jesu Funktion im Christentum».[17]

Schäfer lehnt auch Bezeichnungen wie «Tochterreligion» für das Christentum und «Mutterreligion» für das Judentum ab. Er plädiert statt dessen für die Bezeichnung «Schwesterreligion» für das Christentum, weil «das Judentum in dem Augenblick, in dem die Idee des christlichen Messias freigesetzt war [...], nicht mehr dasselbe bleiben konnte.»[18]

Wenn Marquardt also einen Gegensatz zwischen «biblisch-jüdisch» und «hellenistisch» sieht,[19] so ist vor dem Hintergrund von Thesen wie denen Boyarins und Schäfers zu fragen, ob solche Gegensätze in dieser expliziten Gegenüberstellung für die biblische und auch die nachbiblische, rabbinische und frühchristliche Epochen gelten können. Muss für diese Zeit nicht viel eher angenommen werden, dass Judentum und Christentum nicht klar voneinander abge-

---

10 Vgl. Schäfer: *Anziehung*, 27.
11 Vgl. ebd., 49–55.
12 Vgl. ders.: *Geburt*, VIII.
13 Ebd., 178.
14 Vgl. ebd., 22.
15 Vgl. ebd., 33.
16 Vgl. ebd., 94.
17 Vgl. ebd., 132.
18 Vgl. ebd., 30.
19 Vgl. vor allem E I, 24.

grenzt werden können und sich in vielem ähnlich sind? Ist Marquardts Bezug von Christentum auf Judentum nur aufrecht zu erhalten, wenn mit Judentum die sich etablierte und als Gegenüber zum Christentum sich konstituierte Religion gemeint ist, die sich erst vom frühen Mittelalter an als vom Christentum abgrenzbar betrachtet werden kann?[20]

> Laut Boyarin sind die Begriffe «Judaism» und «Christianity» als Bezeichnungen für Religionen gemeinsam aufgekommen, nachdem das «paradigm: ‹religions›» entstanden ist: «*Ioudaismos*» konnte erst entstehen, nachdem «*Christianismos*» erschienen ist und «*Christianismos*» ist als Gegenbegriff zu «*Ioudaismos*» entstanden. Erst das Christentum hat «our modern concept of religion» als Identitätsmerkmal erfunden.[21]

Da Marquardt vor allem in Auschwitz und den Jahren danach den Ort sieht, an dem einerseits die Fraglichkeit Gottes selbst sichtbar wird und andererseits der Grund christlichen Hoffens liegt, könnte eingewendet werden, dass er die Entwicklungen in der Antike und dem frühen Mittelalter theologisch ignoriert. Weil für ihn aber die Geschichte, die Gott mit seinem erwählten Volk gegangen ist, als Begründung für Gottes Wirken in der Welt selbst gilt, muss diese Geschichte genau betrachtet werden. Dabei fällt aber auf, dass diese Geschichte mit Christentum und Judentum anfangs gar nicht in so stark getrennten Wegen verlief. Um in Marquardts Terminologie zu bleiben: Gott hat also in der Antike und im frühen Mittelalter sein erwähltes Volk Israel und die Christinnen und Christen nicht nur getrennte Wege geführt. Vielmehr sind die Wege ineinander verschlungen und zum Teil gar nicht als verschiedene Wege zu erkennen.

Die «*biblisch bezeugte [...] Geschichte der Begegnungen des Gottes Abrahams, Isaaks, Jakobs und des Vaters Jesu Christi mit dem Volk Israel und allen Völkern um es herum*»[22], die Marquardt in den Vorsätzen der Prolegomena als «*Grund der Theologie*»[23] bezeichnet, muss vor dem Hintergrund aktueller historischer Forschungsergebnisse als prozess- und wechselhaft betrachtet werden. Darüber hinaus ist aber auch für theologische Erwägungen nicht allein das biblische Zeugnis dieser historischen Vorgänge massgebend, sondern auch das der historischen, d. h. ausserbiblischen Quellen und deren historischer und religionshistorischer Interpretation. Für eine Kontextualisierung des theologischen Verhältnisses von Christentum und Judentum könnte das folgende Fragen aufwerfen: Welche Unterschiede zwischen Christentum und Judentum sind historisch gewachsen oder wurden in gegenseitigem Abgrenzungsprozess gar absichtlich erfunden? Welche sind allein religionsgenetisch bedingt und rücken dadurch bei der theologischen Interpretation in ein neues Licht? Auf welche ursprünglichen Gemeinsamkeiten müsste aufgebaut werden, weil sie theologisch konstitutiv waren? Welche As-

---

20 Vgl. Boyarin: *Differences*, 71.
21 Vgl. ebd.
22 P, 35.
23 Ebd.

pekte, die Marquardt als Wege Gottes mit seinem Volk interpretiert,[24] sind eigentlich profanhistorisch zu begründen?

Geht man davon aus, dass die Ergebnisse von Boyarin und Schäfer richtig sind, d. h. Judentum und Christentum in den ersten Jahrhunderten nicht als voneinander getrennte Religionen zu unterscheiden waren, hat dies folgende Konsequenzen: Ein christlicher Israelbezug könnte nicht mehr nur in Abgrenzung – auch nicht in wohlwollender – stattfinden, sondern müsste im Bewusstsein der historischen Erkenntnis geschehen, dass die Differenzen zwischen Judentum und Christentum früher deshalb entstanden sind, weil man sich voneinander abgrenzen musste. Es sind primär religionsgenetische und -politische und nicht religionsimmanente bzw. theologische Differenzen. Dies bedeutet: Das, was heute Christentum und Judentum ist, baut nur auf einem Teil der ursprünglichen Substanz auf. Vieles, was auch noch zum textlichen Grundbestand dieser Religionen gehören würde, wurde damals aus religionsgenetischen Gründen weggeräumt.

Dies bedeutet für einen christlichen Bezug zum Judentum heute, dass die Diskussion darum, wer von beiden eine Vorreiterrolle zu spielen hat, obsolet ist. Das Christentum ist ja, laut Boyarin, historisch nichts anderes als eine Ausprägung des Judentums. Es muss daher heute eine Diskussion wie unter Zwillings-Geschwistern stattfinden. Das Judentum ist in dieser Diskussion aber primus inter pares, weil es als Israel eine lange Geschichte hat, bevor ein Judentum in Abgrenzung zu einem Christentum entstanden ist.

Vor diesem Hintergrund könnte eine Neukontextualisierung von Marquardts Theologie folgendermassen aussehen: Christinnen und Christen gehen nicht mehr nur bei Jüdinnen und Juden in die Schule, sondern sie begründen mit ihnen zusammen eine neue alte Schule. Man würde sich also neuerdings wieder in die alte Situation versetzen, als sich Christentum und Judentum noch nicht aus religionspolitischen Gründen explizit voneinander abgrenzen mussten, sondern das, woraus später das Christentum erwuchs, eine Spielart des Judentums war. Alte Abgrenzungs- und Abstossungstheologien würden so überwunden, ebenfalls eine christliche Theologie, die – latent oder akut – aus einer schuldbedingten Unterlegenheitsposition argumentiert. Es könnte so eine ganz neue, umfassende Theologie einer jüdisch-christlichen Oekumene entstehen, weil der Begriff Oekumene dann nicht mehr nur das innerchristlich-konfessionell gemeinsame Haus bezeichnet, sondern das Miteinander der jüdischen und christlichen Glaubensgeschwister meint.

Keinesfalls dürfte aber der Bindestrich zwischen jüdisch und christlich wegfallen, weil er die Nichtgleichmachung beider Glaubensgeschwister ausdrückt.[25]

---

24 Siehe hierzu etwa die Wegbereitungskapitel in § 5 von E II und dort insbes. 187–285, wo Marquardt gerade die Landverheissung als real-politisches Kommunizieren Gottes mit seinem Volk darstellt.

25 Siehe hierzu etwa das Dialogbändchen von Jean-François Lyotard und Eberhard Gruber: *Ein Bindestrich. Zwischen ‹Jüdischem› und ‹Christlichem›*, Düsseldorf et al. 1995.

Genauso zwingend muss bedacht bleiben, dass die theologische Abhängigkeit zwischen dem Judentum und dem Christentum einseitig ist und bleibt: Das Judentum ist theologisch nicht auf das Christentum angewiesen; umgekehrt aber sehr wohl. Darüber hinaus ist die Gewaltgeschichte zwischen beiden äusserst asymmetrisch: niemals haben die jüdischen Brüder und Schwestern ihren christlichen Geschwistern auch nur annähernd so Schlimmes angetan, wie in den Pogromen des Mittelalters und des 19. Jahrhunderts und in der Schoa. Diese Asymmetrie ist nicht zu überwinden und darf deshalb nicht verkannt werden.

Diese Asymmetrie darf gerade in der kirchlichen Verkündigung nicht etwa dadurch fortbestehen, dass das Alte Testament «als Steinbruch missbraucht» wird, indem aus ihm nur die Texte verwendet werden, die zu einer christlichen Verkündigung passen. Einer sensiblen Auswahl und Interpretation der biblischen Texte kommt daher grosse Bedeutung zu. Auch das antijüdische Stereotyp, der Gott des Alten Testaments sei ein liebloser und strenger Gott des Gesetzes, der Gott des Neuen Testaments hingegen ein vergebender und lebenschaffender Gott der Liebe, darf in der Verkündigung keinen Platz eingeräumt werden, auch nicht implizit. Ebenso ist bei christlicher Auslegung alttestamentlicher Texte Vorsicht geboten. Gerne wird etwa gerade in Karfreitags-Predigten das Lied vom leidenden Gottesknecht aus Jes 52f. direkt auf Jesus bezogen, obwohl «die jüdische Textauslegung gar keine einheitliche Aussage zur Identität dieses Gottesknechtes kennt». Darüber hinaus erfordern antijüdische neutestamentliche Texte wie etwa Joh 8,44 ein besonderes Mass an sensibler Auslegung und historischer Kontextualisierung.[26]

3.1.2 Ein offener Israel- und Gottesbegriff?

Marquardt will Israel, das Judentum, jüdisch und die Juden ausdrücklich nicht definieren.[27] Müssten zugunsten ihrer besseren Operationalisierbarkeit in der wissenschaftlichen Arbeit diese Begriffe nicht materialiter doch schärfer konturiert werden? Ein solches Definieren müsste nicht zwingend ein Vereinnahmen oder gar Vergewaltigen bedeuten, wie Marquardt befürchtet.[28]

Ein offener Israelbegriff könnte, mit Blick auf die oben[29] genannten jüdischen Beschreibungen dessen, was jüdisch bzw. Judentum sei, folgende drei Elemente beinhalten: Zu Israel gehört bzw. Jüdin oder Jude ist, wer als Jüdin oder Jude geboren worden und so mit dem Stammbaum, den Geschichten und Traditionen Israels verbunden ist. Zugehörigkeit qua Geburt und nicht qua Bekenntnis – hierin liegt ein Unterschied zum Christentum, das eine Bekenntnisreligion

26 Vgl. Schwemer: *Glaubensweisen*, 137f.
27 Siehe hierzu insbes. Kap. 2.1.4.
28 Siehe Marquardt: *So Gott will*, 5f.
29 Siehe hierzu Kap. 2.1.4.

ist. Darüber hinaus ist als jüdisch zu bezeichnen, wer sich aus der vielgestaltigen jüdischen Tradition in irgend einer Intensität oder Weise nährt, sich auf die entsprechenden Texte und Erzählungen bezieht und definiert und die Riten und Bräuche praktiziert. «Suchen und Forschen, Sinnen und Grübeln»[30], Lernen und Fragen zeichnen dieses Bezogensein aus, wobei Glaubensgemeinschaft und Synagoge wichtig sind – wichtiger aber noch die Zeitgebundenheit der Sätze jüdischer Theologie und die daraus erfolgende Wichtigkeit, diese immer wieder neu mit dem gesunden Menschenverstand in einen Dialog zu bringen. Und: Zu Israel und zu den Jüdinnen und Juden gehört genau so auch, wer trotz jüdischer Geburt ein areligiöses bzw. kein religiöses oder kulturelles Bekenntnis ablegt, sich gar ganz vom Jüdisch-Sein lossagt oder zu einer anderen Religion konvertiert wie jemand, der oder die, trotz jüdischen Ressentiments gegen Konversion, zum Judentum konvertiert ist.

Im Blick auf die Theologie Marquardts macht eine klarer konturierte Vorstellung dessen, was Israel, Judentum, jüdisch und die Juden sein könnten, nur Sinn, wenn ihr eine theologische Funktion zugesprochen wird. Da Marquardt seine Eschatologie als Gotteslehre anlegt,[31] muss auch die Frage, was Israel, Judentum, jüdisch und die Juden charakterisiert, hinsichtlich der Gotteslehre beantwortet werden.

Das Element, dass Jüdin bzw. Jude ist, wer als solche bzw. solcher geboren wurde, zeigt, dass sich Gott vom Lebens- bzw. Überlebenswillen der Menschen abhängig macht. Wird nämlich die genetische Reihe Israels abgebrochen – dieses Abbrechen gehörte ja notabene zum Ziel der Nationalsozialisten – ist Gott selber tot, weil er nur leben kann, wenn die Zeuginnen und Zeugen aus seinem erwählten Volk auch leben. Eine abgebrochene Kette kann nicht repariert werden, auch nicht durch Konvertiten bzw. Konvertitinnen, denn ihre Konversion kann sich auf keine lebende jüdische Gemeinschaft mehr berufen.

Das Element der Zeitgebundenheit zeigt, dass Gott sich immer wieder Gegebenheiten stellen muss, die ausserhalb von ihm selbst stehen. Gerade an der Schoa ist das auf abgründige Weise sichtbar geworden, denn sie kann nicht – wie dies etwa christlicherseits getan wurde – als im Willen Gottes geschehenes Strafgeschehen über die Juden verstanden werden, sondern kann nur als das gesehen werden, was es wirklich war: als von Menschen verursachtes perverses Böses mit einem unverständlich hohen Anteil von Banalem (Hannah Arendt). Gott kann sich dieser Wirklichkeit nicht entziehen, sondern er muss sich von ihr radikal infrage stellen lassen.

Das Element des Suchens und Fragens, Diskutierens und nie endenden Lernens zeigt, dass Gott selbst in keine fertigen Bekenntnissätze gegossen werden kann. Wer, was oder wie Gott ist, muss letztlich offen bleiben, obwohl sich die Fragen, die gestellt werden, aus dem Boden der menschlichen Erfahrung und

30 Baeck: *Wesen*, 3.

31 Siehe E I, 28f.

Wirklichkeit nähren. Konkretion und Geheimnis modellieren ein dialektisches und bewegliches Gottesbild, das nie still stehen kann. In letzter, grausamer Konsequenz hiesse dies: Wenn das Fragen und Diskutieren über Gott aufhört, ist Gott genau so tot, wie wenn die Endlösung an ihr Ziel gekommen wäre.

Mit Marquardts israelverbindlichem Theologie- und Gottesbegriff kann also durchaus produktiv über Marquardt hinausgedacht werden. Die Fraglichkeit, in der Gott spätestens seit Auschwitz steht, und mit ihm auch christliche Theologie, stellt aber beide, Gott und die Theologie, weder ins Museum noch aufs Abstellgleis, sondern hat eine auch für die Kirche produktive Möglichkeit: Wenn die Fraglichkeit die Fragenden nicht zum Schweigen bringt sondern auf die Wirklichkeit verweist, die ihre Fragen nährt – bei Marquardt prominent die Wirklichkeit von Auschwitz – werden dadurch nicht in erster Linie Antworten gefunden, sondern – gut jüdisch – Anschlussfragen gestellt, die den theologischen und kirchlichen Diskurs am Leben erhalten und ihm dadurch Zukunft eröffnen. Dieselbe Fraglichkeit wirkt auf Theologie und Kirche aber auch disziplinierend, denn einerseits verhindert sie ein vollmundiges Sprechen über Dinge, über die man letztlich gar nicht sprechen kann. Andererseits hält sie Zukunft theologisch offen, indem sie radikal von sich weg auf Gott weist, weil nur «so Gott will und er lebt», haben Theologie und Kirche Zukunft.[32]

Dies ist folgenreich für die kirchliche Verkündigung, denn es verbietet in letzter Konsequenz einen homiletischen und liturgischen Sprachduktus, der allzu selbstsicher etwa darüber spricht, wie Gott ist, wie er denkt, was er fordert, was er ablehnt. Ein offener Gottesbegriff erfordert vielmehr eine offene liturgische Sprache und erlaubt, dass gerade auch im Gottesdienst eine Spiritualität des Fragens, der Uneindeutigkeit und der Vielschichtigkeit Unterstützung und Heimat findet.

3.2 Im Blick auf die Geschichtsverbundenheit

Jürgen Moltmanns partnerschaftlich begründete christliche Israelbeziehung ist für Marquardts geschichtlich begründete Israelbeziehung ein produktives Korrektiv, da es die geschichtstheologischen Schwierigkeiten zu umgehen sucht und gleichwohl auf innerweltliche Konkretisierung abhebt. Moltmann streicht die Juden und Christinnen gemeinsame Messiashoffnung und die darin liegenden weltverändernden Potentiale heraus.

Mithilfe der Diskursanalyse kann eine Brücke zwischen der Bestätigungsbedürftigkeit Gottes und der menschlichen Lebenswirklichkeit geschlagen werden, denn sie stellt ganz allgemein die Frage danach, was wir eigentlich wissen können. Dies tut sie, indem sie Diskurse analysiert und konstatiert, dass Wirklichkeit stets durch Diskurse vermittelt

32 Vgl. P, 14.

wird. Diese diskursiv generierte Wirklichkeit menschlicher Geschichte kann dann Michel Foucaults Konzept des heterotopen Raum zur Seite werden, in welchem sich theologische Diskurse performativ abspielen. Theoretisch wird so der Raum der theologischen Glaubensaussagen mit dem Raum der erfahrbaren, analytisch-diskursiv erschliessbaren Wirklichkeit in Verbindung gebracht.

3.2.1 Judentum und Christentum partnerschaftlich auf einem Weg der Hoffnung?

Weil Marquardt die Israelgeschichtlichkeit der christlichen Hoffnung auf einer einseitig hoffnungsbetonten Interpretation der Geschichte Israels aufbaut, legt sich ein Blick über Marquardt hinaus mit der Frage nahe, ob die israelgeschichtliche Begründung der christlichen Hoffnung in jeden Fall auf eine einseitige Interpretation der Geschichte Israels angewiesen ist.

Zur Beantwortung dieser Frage ziehe ich Jürgen Moltmann und Pinchas Lapide als Gesprächspartner heran: In seinem Bändchen *Israel und Kirche: ein gemeinsamer Weg?*, das ein Gespräch zwischen Moltmann und Lapide enthält, bekräftigt Moltmann, dass Juden und Christen eine gemeinsame Messiashoffnung haben. Moltmann fordert von der Kirche, ihre «geschichtliche Vorläufigkeit im Blick auf die erlösende Zukunft Gottes» einzusehen. Die Kirche habe sich einzugestehen, dass sie nicht das Reich Gottes ist, sondern eine Hoffnungsgemeinschaft, die darauf setzt, dass erst «der *kommende Christus*» die Hoffnungen auf Erlösung erfüllen wird.[33] In einer «gemeinsamen Erklärung» am Schluss des Büchleins formulieren Moltmann und Lapide:

> «Juden und Christen sind Zeugen des Herrn auf je ihre Weise. Wenn sie auch auf getrennten Wegen durch die Geschichte pilgern, vereint sie die Hoffnung auf das eine messianische Reich, in welchem sich ihre Zuversicht bewahrheiten wird. Der Stern der Erlösung weist auf eine gemeinsame Zukunft hin, deren strahlendes Licht bereits unsere Gegenwart erhellt. Wer gemeinsam hofft, der hofft auch für den anderen. Die christliche Hoffnung schliesst die Juden ein, so wie die Hoffnung Israels das Heil aller Völker umfasst.»[34]

Auch Marquardt fordert in den Vorsätzen des ersten Eschatologiebandes ein gemeinsames Ziel der Hoffnungen: «*Als Hoffende gehören Christen in den Umkreis [...] der Versuche dieses Volkes, seiner Zukunft treu zu bleiben.*»[35] Christenmenschen hoffen also zusammen mit Israel auf ein Ziel hin, nämlich mit Israel in diese seine ihm verheissene Zukunft einzugehen. Israel hat bei Moltmann und bei Marquardt also nicht nur eine theologische Funktion, die historisch begründet ist, sondern es steht der Kirche bzw. den Gläubigen gegenwärtig mit Blick auf die

33 Vgl. Moltmann/Lapide: *Israel*, 24–26.

34 Ebd., 104.

35 Vgl. E I, 31.

Zukunft zur Seite. Christliches Hoffen ist nur an der Seite des hoffenden Israels möglich.

In *Kirche in der Kraft des Geistes* betont Moltmann, dass «das wartende und hoffende Israel als Partner» der Kirche gesehen werden muss, denn beide gehen der Erfüllung biblischer Verheissungen entgegen. «Erst die Parusie Christi wird die Erfüllung der christlichen und der jüdischen Hoffnung bringen, und zwar der einen nicht ohne die andere und darum nur in der Gemeinschaft von Christen und Juden.»[36] Die Kirche findet also bleibend ihren «Ursprung» in Israel und ist beständig an «der Hoffnung Israels» orientiert. Daraus resultiert eine «besondere Berufung der Christenheit zur Wegbereitung des kommenden Reiches in der Geschichte».[37]

> «Das Judentum schärft dem Christentum die Erfahrung der Unerlöstheit der Welt ein. Die Kirche bleibt, wo sie ihrer Berufung treu bleibt, aber auch ein Stachel an der Seite Israels. Sie bezeugt die Gegenwart der Versöhnung der Welt mit Gott, ohne die es keine begründete Hoffnung auf ihre Erlösung gibt. So ‹reizt› die Kirche Israel ‹zum Glauben›, wie Paulus sagte (Röm. 11,11.14). Und so reizt Israel die Kirche zur Hoffnung.»[38]

Der Israelbezug der Systematischen Theologie Moltmanns ist partnerschaftlicher angelegt als bei Marquardt. Marquardt richtet seinen Blick nahezu ausschliesslich auf die notwendige Israelverbindlichkeit der Christinnen und Christen, während Moltmann auch Israels Seite in den Blick nimmt und deshalb formulieren kann, was Israels Aufgabe in seinem Bezug zur christlichen Kirche ist.

Über Moltmann hinaus könnte auch das Dokument *To Do the Will of Our Father in Heaven: Toward a Partnership between Jews and Christians. Orthodox Rabbinic Statement on Christianity*[39] vom Dezember 2015 und dessen Rezeption Marquardts Theologie zu mehr Partnerschaftlichkeit inspirieren: «Jews and Christians must work together as partners to address the moral challenges of our era.» Auch hier wird ein gemeinsames Ziel ins Auge gefasst – wohl ein viel irdischeres als bei Marquardt und Moltmann, nämlich das Begegnen der «moral challenges»[40] der Gegenwart. Die Trennung, die von Gott zwischen Judentum und Christentum erwirkt wurde, soll aber nicht eine Trennung zwischen Feinden sein, sondern eine zwischen «partners», wenn auch von solchen «with significant theological differences».[41] Der Rabbiner David Bollag bezeichnet dieses Dokument als «bahnbre-

36 Vgl. Moltmann: *Kirche*, 158f.

37 Vgl. ebd., 171. Die «besondere Berufung der Christenheit gegenüber Israel» besteht darin, dass sie die Heiden mit Gott versöhnt, weil sie «auf dem Boden des Evangeliums Christi» zu den Heiden gesandt ist. In dieser Versöhnung kündigt sich «die Erlösung der Welt» an. (Vgl. ebd., 169.)

38 Ebd., 170.

39 Hier zitiert aus Jud. 72 (2016) als Orthodox: *Partnership*.

40 Orthodox: *Partnership*, 356.

41 Vgl. Orthodox: *Partnership*, 358.

chend» und nennt das, was in ihm ausgedrückt wird, «eine neue jüdische Theologie», beides in erster Linie deshalb, weil darin das Christentum als göttlich gewolltes Geschenk an die Völker und nicht als Unfall oder Irrtum bezeichnet wird.[42]

Marquardts Theologie bzw. sein Design des christlichen Israelbezugs könnte durchaus von diesem neuen Dokument dahingehend bereichert bzw. sogar ggf. korrigiert werden, indem sie auf Partnerschaftlichkeit zwischen Christentum und Judentum bzw. Israel hin gelesen wird.[43] So würde sie anschlussfähiger an zeitgenössische interreligiöse Diskurse und es könnte besser sichergestellt werden, dass sich das Judentum selber in dieser Theologie noch als solches erkennen kann.[44]

3.2.2 Marquardts Theologie als Grundlage für ein diskursives Geschichtsbild?

Theologische Erkenntnisgewinnung im Sinne Marquardts findet angesichts der Geschichte des lebendigen Gottes mit Menschen statt, denn Marquardt bezieht sich auf den «biblischen Erkenntnisgedanken», der, anders als der griechisch-wissenschaftliche, sich nicht auf «Reflexion» abstützt, sondern sich «an Lebenspraxis orientiert».[45] Es geht also darum, gerade nicht, etwa durch Deutungen oder Analysen, Abstand zu Gott als dem Objekt des Erkennens zu gewinnen, sondern sich diesem ganz lebenspraktisch auszusetzen und anzuvertrauen. Gott soll «Grund lebendigster Teilnahme» sein.[46] Gott ist aber auch selbst eine «theologisch aktive Kraft», die sich «in ein und demselben Atemzug in seinen grossen Taten und in menschlicher Erkenntnis dieser Taten und ihres Täters» realisiert. Das Erkennen hat keine Eigengesetzlichkeit gegenüber dem Gegenstand, der erkannt werden soll.[47]

Ganz am Anfang seiner Dogmatik, im «Vorsatz» des § 1 des Prolegomenabandes, taucht eine theologische Doppelkonstruktion auf, die geschichtstheologisch gelesen werden kann: Die Geschichtlichkeit kann einerseits im «*nicht beendeten*

---

42 Vgl. Bollag: *Theologie*, 362.

43 Der Begriff der Partnerschaftlichkeit findet sich nirgends in der Marquardtschen Dogmatik. Es müsste aber herausgearbeitet werden, ob er in der theologischen Debatte betreffend Israel und Kirche eine gängige Kategorie ist. Dies auch vor dem Hintergrund der in Kap. 3.1.1 vorgeschlagenen neuen Ökumene von Juden und Christen, die ihre Begründung in der historischen grossen Nähe von Judentum und Christentum hat.

44 Siehe hierzu die christliche Replik von Thomas Willi auf das Orthodox Rabbinic Statement on Christianity in Willi: *Wege*, 365.

45 Marquardt verweist im Zusammenhang dieser Ausführungen auf mittelalterliche und nachreformatorische Theologen, ohne aber diese genauer zu benennen. (Vgl. P, 13.)

46 Vgl. P, 17.

47 Vgl. ebd., 19.

Prozess», andererseits im Wesen Gottes selbst verortet werden. Er ist der Gott von «geschichtlichen» Figuren (Abraham, Isaak, Jakob) und der «Vater» einer «geschichtlichen» Figur (Jesus). Marquardts Theologie führt aber noch einen Schritt weiter. Gleich im ersten Satz des Haupttextes des § 1 des Prolegomenabandes reichert er die Bezeichnung «Gott Abrahams, Isaaks und Jakobs und der Vater Jesu Christi», der Gott, «der unserer Wissenschaft den Namen gibt», mit dem Attribut «lebendig» an. Weil der Gegenstand der Theologie der lebendige Gott ist, «steht in der Theologie vor der Seinsfrage allemal die Lebensfrage».[48]

Dass aus der Analyse der Geschichte und dem Postulat der Lebendigkeit theologische Erkenntnisse zu gewinnen seien, ist vor allem deshalb problematisch, weil davon ausgegangen werden muss, dass gerade die Geschichte und deren Deutungen, keine gefestigten Elemente bereitstellen können, die zur theologischen Erkenntnis taugen. Denn es ist umstritten, was einerseits aus der Geschichte überhaupt faktisch erkannt und wie dies andererseits theologisch gedeutet werden kann.

Mit dieser Unsicherheit muss man Marquardts Theologie konfrontieren, wenn er etwa von der «Geschichtlichkeit Gottes»[49], der «Israelgeschichtlichkeit»[50], der «Geschichtlichkeit der Kirche»[51] oder der Geschichtlichkeit des Menschen[52] spricht.

Es ist die Diskursanalyse, die dem Historiker Achim Landwehr zufolge auf die epistemologischen Grundfragen, «wie wir überhaupt etwas wissen können und wie sich Sicherheit über die eigene Wirklichkeit gewinnen lässt» antwortet.[53] Sie bildet eine theoretische Grundlage dafür, die Begriffe zu ordnen. Landwehr stellt «bisher umfassendsten und überzeugendsten, weil handhabbarsten» methodologischen Gesamtentwurf vor.[54] Dieser bezeichnet die historische Diskursanalyse als ein «*Modus* geschichtswissenschaftlicher Forschung»,[55] welche sich

> «immer auf Untersuchungen des Sprach- und Zeichengebrauchs [richtet], ob es sich dabei nun um mündliche oder schriftliche Aussagen, konkrete Kommunikationsprozesse, die Analyse grösserer Textkorpora oder die Untersuchung bildlicher und akustischer Medien handelt. Dabei ist üblicherweise das Ziel, formale oder inhaltliche Strukturierungen aufzudecken [...].»[56]

---

48 Vgl. P, 11.
49 Z. B. in ebd., 24–26 und 31.
50 Z. B. in E I, 31.
51 Z. B. in E II, 159.
52 Z. B. in P, 299.
53 Vgl. Landwehr: *Diskursanalyse*, 18.
54 Haslinger bezieht sich in ders: *Diskurs*, 28 auf *Landwehr: Geschichte des Sagbaren. Einführung in die historische Diskursanalyse*, Tübingen, 2001. Ich verwende hier die neuere Fassung aus dem Jahr 2008: Landwehr: *Diskursanalyse.*
55 Vgl. Landwehr: *Diskursanalyse*, 11.
56 Ebd., 15f.

Gerade in der zweiten Hälfte des 20. Jahrhunderts sind die Möglichkeiten des Menschen, «zu gesicherter Erkenntnis zu gelangen», stark in Zweifel gezogen worden. «*Das* unbezweifelbare Wissen von *der* objektiven Wirklichkeit gibt es schlicht nicht – und hat es nie gegeben. [...] Vielmehr sind Wissen und Wirklichkeit Ergebnisse sozialer Konstruktionsprozesse [...].»[57] Der Diskursbegriff als Analyseinstrument soll dazu dienen, «bestimmte Phänomene zu fassen, die mit zuvor vorhandenen begrifflichen Möglichkeiten nicht ausreichend zu fassen waren.»[58]

Marquardts Theologie braucht ein solches Analyseinstrument, damit sie konkretisiert und plausibilisiert werden kann. «Diskurse regeln das Sagbare, Denkbare, Machbare. Sie organisieren Wirklichkeit. [...] Diskursive Produktion von Wirklichkeit [...] unterliegt gewissen Regeln.»[59] Die Diskursanalyse fragt nun: Welches sind diese Regeln? Wie bringen sie Wirklichkeit hervor? «Was wird in einer bestimmten historischen Situation als gegebene Wirklichkeit hingenommen? Wie ist diese Wirklichkeit organisiert und mit welchen Kategorien ist sie ausgestattet? Wie ist das Wissen beschaffen, das diese Wirklichkeit handhabbar machen soll?»[60]

Die Diskursanalyse geht also davon aus, dass es keine Möglichkeit gibt, «*hinter* die Diskurse zu gelangen» und die Wirklichkeit, wie sie ist, zu erfahren, denn Wirklichkeit wird immer diskursiv vermittelt.[61]

> «Sie [die Diskursanalyse, AZ] will nicht mehr im Sinne einer traditionellen Hermeneutik hinter die Erscheinungen gelangen, um deren ‹eigentlichen› Kern freizulegen, sondern nutzt vielmehr hermeneutische Verfahren, um dem Problem nachzugehen, welche Umstände dazu geführt haben, solche Entscheidungen als Wirklichkeit hervorzubringen.»[62]

Werden diskursanalytische Grundsätze auf Marquardts Theologie angewandt, könnte dies folgendes bedeuten: Es geht nicht darum, die historische Wirklichkeit faktisch zu rekonstruieren, sondern hermeneutisch kontrolliert Diskurse über die Geschichte zu analysieren. Nicht, was wirklich geschah, steht im Zentrum, sondern wie und warum darüber berichtet wird.

Diese Berichte, die Diskurse also, befinden sich in den biblischen und rabbinischen Texten. Diese müssen darauf hin befragt werden, wie sie Wirklichkeit erzeugen wollen. Was erzählen sie wie? Welche Pragmatik wird in den Texten sichtbar? Wie wird mit ihnen in der Tradition umgegangen? Wie werden sie rezipiert?

---

57 Vgl. Landwehr: *Diskursanalyse*, 18.
58 Vgl. ebd., 20.
59 Ebd., 21.
60 Vgl. ebd., 22.
61 Vgl. ebd., 91.
62 Ebd., 92.

Im Blick auf Marquardts Theologie muss noch ein Schritt weitergegangen und gefragt werden: Wie kann es nun gelingen, Einsichten aus der historischen Diskursanalyse auf die Theologie anzuwenden? Ist ein solches Vorhaben überhaupt statthaft oder schon von Vornherein zum Scheitern verurteilt, weil es zwei Diskursebenen[63] – die des «Glaubens» und die der «Geschichte» – miteinander in Verbindung bringen will, die gar nicht miteinander in Verbindung gebracht werden können?

Der Theologe Marcus Döbert sieht im «‹heterotopen› Raum» Michel Foucaults den Ort, «in dem diskursives Weltwissen und transzendentaler Weltsinn [...] zueinander finden können. Dieser heterotope Raum ist dabei vollständig performativer Natur: Er erschafft sich im Ereignis der Aussage und kann nur durch diese hindurch betreten werden.» Das heisst: Dieser heterotope Raum der Glaubensaussagen ist also nicht durch theoretische, d. h. verallgemeinerbare, deduzierbare Aussagen zu betreten, auch nicht durch wissenschaftlich bewährte und anwendbare methodische Mittel. Ebenso wenig bildet der heterotope Raum zum Raum der wissenschaftlichen Erkenntnisse einen Gegenraum. Vielmehr findet er in diesem Raum seinen eigenen Raum – seinen eigenen anderen Raum. Das geschieht dadurch, dass Grössen miteinander in Verbindung gebracht werden, obwohl sie logisch nicht miteinander in Verbindung gebracht werden können.[64] Michel Foucault drückt es so aus:

> «In aller Regel bringen Heterotopien an ein und demselben Ort mehrere Räume zusammen, die eigentlich unvereinbar sind. So bringt das Theater auf dem Rechteck der Bühne nacheinander eine ganze Reihe von Orten zur Darstellung, die sich gänzlich fremd sind.»[65]

Diese Verknüpfung kann nur, wie erwähnt, performativ zustande kommen. Für Döbert bedeutet «performativ» hier mystisch.[66] Und zwar im Sinne des Theologen Daniel Bogners, dass «religiöse *Erfahrung* mittels bestimmter *Praktiken*»[67] einen Raum in der Welt eröffnen. Es soll also zu einem performativen Inein-

---

63 Vgl. Döbert: *Posthermeneutische*, 251f.: Dort verweist er unter anderen auf Johannes Hoff (*Spiritualität und Sprachverlust. Theologie nach Foucault und Derrida*, Paderborn/München/Wien et al. 1999, 286), der eine Vermischung von Theologie als kritischer Wissenschaft und affirmativer kirchlicher Verkündigung ablehnt.

64 Vgl. Döbert: *Posthermeneutische*, 253. Hier Verweis auf Michel Foucault: *Andere Räume, in: Peter Gente et al. (Hgg.): Michel Foucault. Short Cuts 3*, Frankfurt a.M. 2001, 27.

65 Foucault: *Heterotopien*, 14.

66 Ohne den Mystikbegriff genauer auszuführen, nimmt Döbert Bezug auf Reiner Keller (*Diskursanalyse*, in: Ronald Hitzler, Anne Honer (Hgg.): *Sozialwissenschaftliche Hermeneutik. Eine Einführung*, Opladen 1997, 309–333, vor allem 311 und 315), der unter «performativ» ein «performatives Sprachgeschehen» versteht. Weil einerseits der Mystikbegriff vielschichtig und auch leicht missverständlich ist und er andererseits zu Marquardt nicht so recht zu passen scheint, verzichte ich hier auf diesen und sehe das «Performative» im Sinne Kellers als ein «performatives Sprachgeschehen». (Siehe Döbert: *Posthermeneutische*, 258f.)

67 Daniel Bogner: *Gebrochene Gegenwart. Mystik und Politik bei Michel de Certeau*, Mainz 2002, 131, zit. nach Döbert: *Posthermeneutische*, 253f.

anderkommen von einem Raum des diskursiven Weltwissens und einem Raum der Glaubensaussagen kommen.

In der Frage, wie in Marquardts Theologie die Zusammenhänge zwischen Geschichte und Theologie gedeutet werden können, könnte ein Blick auf diesen heterotopen Raum aufschlussreich sein. Der rein geschichtswissenschaftliche Diskurs geschieht im Raum des analytisch-diskursiv und klassisch-hermeneutisch umschreibbaren Weltwissens. Die Frage aber, wie konkret in diesem Raum Wirken Gottes stattfindet, wird im heterotopen Raum der performativ gewonnenen Glaubensaussagen gestellt. Dieser Raum eröffnet sich nur durch performativ getätigte Aussagen des Glaubens, die aber gleichzeitig von Erkenntnissen geprägt sind, die im analytisch-diskursiven Raum des Weltwissens gewonnen wurden.

Der theologische Diskurs findet, wie der historische auch, innerhalb des real erfahrbaren und eben diskursiv erschliessbaren Erfahrungsraumes statt. Die Frage aber, wo und wie Gott konkret in der Geschichte wirkt, kann in diesem Raum weder eindeutig noch abschliessend beantwortet werden.

Hingegen im heterotopen Raum der performativ getätigten Glaubensaussagen wird dieselbe Frage in anderer Weise angegangen, nämlich im Modus derjenigen Sprechakte, die der Glaube zur Verfügung stellt, nämlich: Im Gebet und Gesang, in Predigt und Liturgie, in der Meditation und auch im – den Glauben bezeugenden und bewährenden – praktischen Tun.

Gerade für die kirchliche Verkündigung bedeutet dies, dass sie einen performativen Sprachduktus verfolgt und so leistet, dass der Raum des diskursiven Weltwissens mit dem Raum der Glaubensaussagen ineinanderkommen. So wird verhindert, dass Predigten nicht den Stil von Theologievorträgen annehmen, die ihre Berechtigung im Raum des diskursiven Weltwissens haben. Vielmehr leistet kirchliche Verkündigung, dass die Lebenswelt der Menschen bzw. der Gemeinde im Licht der Glaubensaussagen erscheint. Dies hat Auswirkungen darauf, wie Bibeltexte für die Predigt ausgelegt werden: Sie können etwa daraufhin befragt werden, welche menschlichen Erfahrungen sie wiedergeben, wie sie diese aufnehmen, damit umgehen und welche Hoffnungsperspektiven sie vor deren Hintergrund eröffnen.

3.3 Im Blick auf Gottes Verheissungen

Marquardt fordert, lernend am praktischen Leben Israels teilzunehmen, weil Israel im Gott offenbarenden Geist der Verheissungen Gottes lebt. Dies hat zur Folge, dass das Alte Testament einerseits lebenspraktisch ausgelegt und andererseits konsequent auf das Neue hin gelesen wird. Dadurch lernen Christinnen und Christen Jesus neu kennen als Jesus den Juden, der aus dem Geist der Tora lebt.

Darüber hinaus sieht Marquardt in der Halacha einen Lernort für Christen und Christinnen, denn im jüdischen Modus des Halachischen, des Wege Findens des Glaubens in dieser Welt, liegen Möglichkeiten, mit Israel in eine verbindliche Lebensgemeinschaft zu treten, hoffnungsvoll auf dem Weg in die Zukunft zu sein und so im Sinne der Verheissungen Gottes zu leben.

3.3.1 Von und mit Israel lernen als konkretes Leben aus der Verheissung?

Marquardt fordert von der Christenheit, dass sie von Israel lernt. Denn gerade die Verheissung führt die Menschen nicht in erster Linie in Erfüllungserwartung, sondern ins Tun, konkret ins Tun der Tora. Dieses kann für nichtjüdische Menschen nur von Israel selbst gelernt werden. Dieses Lernen bewirkt und bedingt konkrete Beteiligung an Israel.[68]

Lernen heisst, so Marquardt, sich zuerst, also vor dem «Verhalten», für einen Gegenstand oder jemand anderes zu interessieren, gar mit ihm oder ihr – hier in der konsequentesten Ausformung im Blick auf Israel – zusammen leben zu wollen. Marquardt ist sich im Klaren, dass diese Forderung nach praktischer «Lebensteilnahme» mit Israel viele Christinnen und Christen überfordert. Deshalb gesteht er ein, dass zumindest ein Sich-informieren-Wollen, ein Zuhören, ein erster Schritt zu echter Solidarität bzw. echtem Interesse sein kann. «Einfach hinhören [...]. So kommen wir ins Lernen, alltäglich in der Form und unangestrengt, und bei aller Wahrung von Abstand.»[69] Es soll nicht ein «theologisches Lernen» sein, sondern ein «christliche[s] Lernen im Leben».[70]

> «Unsere ganzen Überlegungen über das Problem der Verheissungen als Stoff des Hoffens dienen ja dazu, das Gegenwort von der ‹Erfüllung› noch etwas hinauszuschieben und zu bedenken, ob es uns nicht auch so ansprechen möchte. Ehe es uns zum christlichen Gegenwort ‹Erfüllung› führt, führt es uns zum jüdischen Geleitwort: Tora: durchaus nicht gegen die Absicht des Paulus, sondern in seinem Sinne. Mit Israel zusammen leben lernen heisst, überhaupt bei Israel lernen. Und bei Israel lernen heisst, Tora lernen.»[71]

Marquardt betont die Prozesshaftigkeit des Lernens. Entsprechend heisst auch der Titel einer Aufsatzsammlung: *Auf einem Schul-Weg*. Es ist aber kein selbstreferenzieller Prozess, sondern ein Weg mit einem notabene abstrakten Ziel,

---

68 Vgl. E I, 199.

69 Vgl. ebd., 196f.

70 Vgl. ebd., 198. Darauf baut er seine evangelische Halacha auf, auf die weiter unten eingegangen wird. Deshalb meint er hier mit «christlich» ein Lernen, das nicht das Jüdischwerden zum Ziel hat, sondern das Lernen von Christinnen und Christen bei Jüdinnen und Juden.

71 Ebd., 199.

nämlich dem der Lebensgemeinschaft mit dem jüdischen Volk. Dieses abstrakte Ziel wird erreicht, indem es möglichst konkret dadurch angegangen wird, dass die Hebräische Bibel durch den Lernprozess in das konkrete Leben hinein aktualisiert wird. Darüber hinaus bezieht sich Marquardt in seiner Forderung, von Israel zu lernen, auf ein Gebot Jesu: «Auf dem Stuhl des Mose sitzen die Schriftgelehrten und Pharisäer. Alles nun, was sie euch sagen, das tut und haltet; aber nach ihren Werken sollt ihr nicht handeln; denn sie sagen's zwar, tun's aber nicht.» (Mt 23,1–3) Die Pharisäer und Schriftgelehrten, von denen die Christinnen und Christen lernen sollen, sind die, «die die mündliche Lehre des Mose hüten, weitergeben und – entwickeln, so dass sie in jeder Generation frisch und neu mit den Fragen der Gegenwart verbunden und so lebendig gehalten werden kann.»[72]

Von Israel können aber Christinnen und Christen nur unter der Voraussetzung lernen, dass die christliche Religion sich nicht von ihrer israelitischen Herkunft fundamental emanzipiert hat. Im Blick auf Paulus stellen Gerd Theissen und Petra von Gemünden in ihrem grossen Römerbriefkommentar die These auf, dass im Römerbrief ein «Reformprogramm für das antike Judentum» aufgestellt wird: «Paulus wollte keine neue Religion etablieren, sondern das Judentum erneuern.» Weil er mit seiner liberalisierenden und christozentrischen Reform aber gescheitert ist, wurde er «zum Architekten des Christentums.»[73] Ausserdem sehen Theissen und von Gemünden in der Theologie des Römerbriefes auch eine ethische Dimension:

> «Das Anliegen des Paulus ist es, dass alle Menschen den einen und einzigen Gott verehren. Er will die Ziele Gottes mit seinem Volk für die ganze Welt zum Ziel führen: Der eine und einzige Gott will von *allen* Menschen und von ihnen mit ihrem *ganzen* Leben verehrt werden. Er weiss, dass sich die Menschen verändern müssen, um ihre Feindseligkeit und Abneigung gegeneinander zu überwinden.»[74]

Implizit ist eine ethische Dimension auch bei Marquardt mitgegeben, denn er fordert eine bestimmte Art von Lernen. Nicht eine, die das Auswendiglernen von Glaubenssätzen zum Ziel hat, sondern eine, die sich vor dem Hintergrund der Verheissung etwas Konkretes aneignet, verarbeitet, neuformuliert. Es ist ein Lernen, das Wissen in Bezug setzt zu dem, was das konkrete Leben bietet und fordert. Darüber hinaus ist es ein Lernen, das die biblischen Schriften – in diesem

---

72 Vgl. Marquardt: *Talmud*, 36.

73 Vgl. Theissen: *Römerbrief*, 489. Der Grund des Scheiterns liegt darin, dass Paulus ein Reformprogramm («die Reduktion des Gesetzes auf das Liebesgebot, die utopische Hoffnung auf eine Öffnung des Tempels durch den zur Parusie wiederkommenden Christus, die Öffnung der Geschichte des Gottesvolkes für alle Völker» (Ebd., 496.) vertrat, das das Judentum als eine Religion ohne «gemeinschaftsgründende Kraft» vorgesehen hätte, die aber ihre neue Offenheit durch eine stärkere «Beziehung zum Messias Jesus Christus» kompensiert hätte. (Ebd., 496.)

74 Theissen: *Römerbrief*, 497.

Zusammenhang hier die alttestamentlichen – ins Leben übersetzt und als gelebtes Wort Gottes Wirklichkeit wird.

Was genau aber kann von Jüdinnen und Juden gelernt werden? Besonders in seinem Aufsatz *Warum mich als Christen der Talmud interessiert* von 1992 geht Marquardt konkret auf diese Frage ein. Er erwähnt als erstes ein «besseres Bibelverständnis»: Das Alte Testament darf nicht vom Neuen her gelesen werden, denn «Existenz und Geschichte des ganzen jüdischen Volkes» ist der Kontext, aus dem für Christinnen und Christen die Bibel gelesen werden soll. Das bedeutet, dass von jüdischen Quellen her auf das Neue Testament geschaut werden soll und der «Existenz und Geschichte des jüdischen Volkes» ein theologischer Sinn zugedacht wird, der heute nach wie vor Gültigkeit hat.[75]

Ein Weiteres, das Christinnen und Christen lernen können, wenn sie bei Jüdinnen und Juden in die Schule gehen: Sie «*lernen Jesus anders kennen*», nämlich Jesus als «*Jesus den Juden*». Das heisst: Jesus als einer aus dem Volk der Juden, Jesus «von Gott her für uns» als das, «was sein ganzes Volk von Gott her für uns ist». Jesus wurde als Jude geboren, «also: in der Tora unterrichtet» und hat als Verkündiger im Geist der Tora und der beginnenden Mischna gepredigt. «Mit vom Talmud geschärften Auge sehen wir Jesus sein Leben ganz nach den Weisungen der in seinem Volk lebendigen Tora leben.» «Jesu Einheit mit Gott ist die ewige Geschichte Israels in ihm: wie Gott und sein Volk, sein Volk und Gott immer wieder neu versuchen, miteinander praktisch eins zu werden.» Dieser Ansatz, so Marquardt, liegt ihm viel näher als das christologische Dogma der Einheit von zwei Naturen.[76]

Ein Drittes: Wenn Christinnen und Christen bei Israel in die Schule gehen, lernen sie sich selbst als Menschen «*anders kennen*». Statt, wie nach weit verbreiteter christlicher Auffassung, der Mensch vor Gott erst einmal Sünder ist und sich danach von Jesus helfen lässt, «lehrt rabbinisches Judentum die Menschen, nach Gottes Willen in ihren menschlichen Verhältnissen zu leben. Sie brauchen nicht nach oben zu schauen, weil Gott in ihre Verhältnisse hinein nach unten schaut.»[77] Es geht darum, dass wir Menschen «als Menschen Gottes leben».[78]

Ein Viertes: «*Wir lernen Gott näher, menschlicher kennen*», weil er in den jüdischen Schriften «viel vielfältiger ist als im Neuen Testament», menschlichere Züge trägt und sogar selbst erlösungsbedürftig ist.[79]

---

75 Vgl. Marquardt: *Talmud*, 39–41. Hier kann gefragt werden, ob sich Marquardt an seine eigene hermeneutische Vorgabe hält oder ob er nicht doch gelegentlich das Alte Testament vom Neuen her liest. Dies könnte gut anhand seiner Predigten untersucht werden.

76 Vgl. ebd., 45–50.

77 Hier geht Marquardt die sechs Ordnungen des Talmud durch: Der Mensch ist Mensch des Landes, Mensch in seinen Zeiten, Mensch als Frau und Mann, Mensch als Bürger, Mensch des Gottesdienstes und Mensch als sich Reinigender. (Vgl. Marquardt: *Talmud*, 50–53.)

78 Vgl. ebd., 54.

79 Vgl. ebd., 54f. So auch Miskotte: *Götter*, 179, dort bezogen auf das Alte Testament, das «‹menschenförmig› von Gott sprach».

Das Lernen von den Juden hat also einen bibelhermeneutischen, christologischen, anthropologischen und theologischen (im wörtlichen Sinne der Gottes-Lehre) Aspekt. Jeder dieser theologisch sehr inspirativen, instruktiven und auch kritischen Aspekte müsste theologisch entfaltet und näher befragt werden, vor allem darauf hin, ob diese Aspekte so, wie sie von Marquardt dargestellt sind, wirklich in den jüdischen Schriften vorzufinden sind.

Wenn das Lernen ein Kennenlernen der jüdischen Schriften, in erster Linie des Talmud ist, und Marquardt gleichzeitig die Anforderung an dieses Lernen stellt, dass es die Christinnen und Christen in eine Lebensgemeinschaft mit Jüdinnen und Juden stellt, fragt es sich, ob hier nicht eine konzeptionelle Lücke besteht: Zwischen Lesen und Kennenlernen von Schriften einerseits und einem konkreten, lebenspraktischen Miteinander andererseits ist ja nicht naturgemäss eine Verbindung gegeben. Umgekehrt: Lebenspraktisches Miteinander kann nicht vollständig dadurch erreicht werden, dass die eine Partei, die an diesem Miteinander interessiert ist, die hermeneutische und anthropologische Tradition der anderen Partei kennenlernt. Es müsste ein auf dieses Gemeinsame gründender Kodex geschaffen werden, an den sich alle an dieser Lebensgemeinschaft Beteiligten halten. Vielleicht ist auch an diesem Ort der Bruch erkennbar: Marquardt fordert eine Theologie, die ins konkrete Leben hineinspricht, führt aber nicht aus, wie dies im Licht seines theologischen Gesamtsystems auch umgesetzt werden kann.

Eine konkrete Möglichkeit des Lernens, das Marquardt fordert, bietet etwa das *Scriptural Reasoning*, eine in den Neunzigerjahren im akademischen Umfeld der Modernen Jüdischen Philosophie in Nordamerika entstandene Textdiskussionspraxis, die heute weltweit vor allem im interreligiösen Umfeld angewendet wird. «SR [Scriptural Reasoning, AZ] is not about seeking agreement but rather exploring the texts and their possible interpretations across faith boundaries, and learning to ‹disagree better›. The result is often a deeper understanding of others' and one's own scriptures, as well as the development of strong bonds across faith communities. SR is now practised globally, including in places affected by religion-related tensions and conflict.»[80] *Scriptural Reasoning* ist eine konkrete Vorgehensweise, heilige Texte in interreligiös zusammengesetzten Gruppen zu diskutieren und zu den konkreten Ergebnissen «Learning and understanding», «Exploring differences» und «Friendship» zu kommen.[81]

In oben beschriebenen vier theoretischen und theologischen Aspekten christlichen Lernens von Israel sehe ich Ansätze dazu, wie dieses von Marquardt geforderte Lernen auf die kirchliche Verkündigung angewendet werden könnte:[82]

80 www.scripturalreasoning.org/what-is-scriptural-reasoning.html, zuletzt aufgerufen am 26. Dezember 2019.

81 Vgl. ebd.

82 Wie Marquardt selbst konkret von Israel lernt, könnte anhand seiner Israelpredigten untersucht werden.

1) Das Neue Testament im Licht des Alten sehen, heisst grundsätzlich, der gesamten Bibel als Wort Gottes zutrauen, dass sie Substantielles und Orientierendes auf dem Glaubensweg von Christinnen und Christen zu sagen hat. Nicht (nur) einzelne neutestamentliche Bibelverse sollen in erster Linie den christlichen Glauben fundieren, sondern vor allem die grossen innerbiblischen Zusammenhänge und Narrative. So kann von jüdischen Menschen gelernt werden, welchen konkreten Umgang sie mit ihren biblischen Texten haben: Wie werden Bibel und Tradition mit konkreter Alltagsgläubigkeit in Verbindung gebracht? Wie werden alttestamentliche Topoi in gegenwärtiges christliches Leben hinein interpretiert? Gibt es eine spezifisch alttestamentliche bzw. jüdische Hermeneutik, die bei der Auslegung des Neuen Testaments angewendet werden könnte? *2) Jesus als Jude* heisst, Jesus im Licht des Alten Testaments zu sehen und nicht umgekehrt. Jesus ist nicht der Gründer der christlichen Kirche, sondern in erster Linie der Jude Jesus von Nazareth, der als solcher der Christus der Kirche ist und zu dem diese sich bekennt. Jesus der Jude als Christus der Christen kann deshalb nicht losgelöst von seinem Verwurzeltsein in der Tora gesehen werden. Dass Jesus Jude ist, stellt ein Korrektiv zu Jesusvorstellungen dar, die ohne alttestamentliche Bezüge auskommen und verschont christliche Glaubensentwürfe vor Überheblichkeit über die jüdischen Glaubensgeschwister. *3) Menschen leben in menschlichen Verhältnissen* heisst, dass die Menschen nicht grundsätzlich in einem defizitären Status gesehen werden, sondern ihnen menschliches, d. h. ihnen sowohl ihr positiv-schöpferisches als auch ihr fehlerbehaftetes, destruktives Potenzial zugestanden wird. Nicht ein Heiligungs- oder gar Vergottungsauftrag ist den Menschen auferlegt, sondern ein Akzeptieren ihres Mensch-Seins, dessen positiven Möglichkeiten aber voll ausgeschöpft werden sollen. Dieser Menschlichkeitsgestus bewahrt vor unterdrückenden Machtstrukturen, die Menschen klein machen, da Mensch-Sein in keinem Fall defizitär sein kann. *4) Gott trägt menschliche Züge* heisst: glaubend auf dem Weg sein, ist nur partnerschaftlich zu denken. Der Gott des Alten Testaments, der ganz vielfältige menschliche Züge trägt, ist der Gott, der sich den Christinnen und Christen in Jesus von Nazareth als dem Christus zeigt. Das stellt in keiner Weise seine Autorität infrage, es gesteht ihr aber ein menschliches Antlitz zu. Christlicher Glaube erhält so einen menschlicheren Charakter und verliert von seiner Unmenschlichkeit, die sich gerade auch in einer Verkündigung niederschlägt, die von einem defizitären Menschenbild und einem allwissenden und allmächtigen Gottesbild geprägt ist.

Diese Skizze müsste erweitert werden. Sie steht hier nur beispielhaft dafür, wie Marquardts Anliegen, vom Judentum zu lernen, konkretisiert werden könnte. Ein anderer, sehr konkreter Zugang des Lernens vom Judentum, ist in Lohrbächler: *Lernen*, zu finden. Das sich in sechs Kapitel gliedernde Werk stellt *Anstösse, Materialien* und *Entwürfe* insbesondere für den Religionsunterricht bereit. Das grosse Schlusskapitel steht unter der Maxime, dass im christlichen Religionsunterricht implizit über das

Judentum gesprochen werden soll.[83] Dieser Ansatz ist deshalb erwähnenswert, weil er verhindert, dass das Judentum lediglich als Objekt des Unterrichts betrachtet wird. Vielmehr soll ja, und das ist auch Marquardts Anliegen, aus dem Geist des Judentums heraus gesprochen bzw. gelernt werden. Es geht auch hier nicht um Faktenlernen, sondern darum, dass vom Judentum Konkretes für das christliche Leben gelernt wird wie z. B.: Welches Gottesbild haben die Juden und was für Auswirkungen hat dieses auf das konkrete Leben der Christen? Wie kann mit heiligen Schriften umgegangen werden, damit keine extremistischen Ansichten entstehen?

3.3.2 Von der Evangelischen Halacha zur Kirche als Halacha des Hoffens?

Marquardts Aufruf, den Glauben tätig zu leben, und die Bezogenheit zur Welt, zum Leben, zur Leiblichkeit und Gemeinschaftlichkeit als ersten Bezug des Glaubens zu sehen,[84] ist – bei all seinen Schwierigkeiten – besonders auch in ekklesiologischer Hinsicht nachdenkenswert. Denn es ist gerade die Kirche, die, in welcher institutionellen Ausprägung auch immer, den Christinnen und Christen den Raum dafür eröffnet, ihren Glauben gemeinschaftlich zu leben.

Diese Kirche leidet aber sowohl an der Fraglichkeit Gottes selbst als auch an der Fraglichkeit des Glaubens an diesen Gott. Gerade deshalb ist Marquardts theologisches Denken hier anschlussfähig, weil es grundsätzlich mit der Fraglichkeit Gottes rechnet. Diese Fraglichkeit ist das Vorzeichen, unter dem alles Theologietreiben stattfindet. Deshalb bewahrt sie Theologie und Kirche davor, zu vollmundig über Dinge zu reden, die kein Mensch mit der nötigen Sicherheit wissen kann. Darüber hinaus führt sie die Theologietreibenden und Glaubenden in eine demütige Haltung gegenüber theologisch Andersdenkenden, der verzweigten und historisch bedingten Tradition und Gott selbst.

Gerade auch deshalb sollten der Ausdruck *Gott* und alle seine grammatikalischen Abwandlungen auch in christlichen Dogmatiken dem jüdischen Beispiel gemäss in einer vermeidenden Schreibweise wie etwa *G'tt* geschrieben werden. So wird verdeutlicht, dass *Gott* als Ausdruck menschlicher Sprache in jedem Fall unzureichend ist. Im Mündlichen ersetzen viele Jüdinnen und Juden den göttlichen Eigennamen *JHWH* durch Rufnamen wie *Adonai* (wörtlich übersetzt: *meine Herren*, so aber ausschliesslich für Gott reserviert) oder *Ha Shem* (*der Name*). Diese vermeidende Ausdrucksweise verhindert natürlich nicht, dass theologisch leidenschaftlich gestritten werden kann. Sie ruft aber immer wieder in Erinnerung, dass jedes Theologietreiben gar nicht anders als fraglich, vorläufig und unabgeschlossen sein kann.

Die Fraglichkeit kann aber gerade kirchlicherseits nicht etwa dadurch umgangen werden, dass die Tätigkeitsfelder einfach dahin verlagert werden, wo z. B. staatliche und nichtstaatliche Wohlfahrtsorgane wie Beratungsstellen oder Versorg-

---

83 Siehe Lohrbächler: *Lernen*, 107.

84 Siehe etwa P, 166.

ungseinrichtungen bereits tätig sind. Ebenso wenig ist Kirche christliche Kirche, wenn sie ihre ethischen Appelle auf allgemeinethische Grundsätze ausrichtet, so, wie es eine liberale Gesellschaftsordnung bereits in ihren Menschenrechtstexten oder staatlichen Verfassungen festschreibt. Wenn sich hingegen eine Kirche, die christliche Kirche sein will, theologisch an den gemeinschaftsgerechten Verheissungen des Gottes Israels und Vaters Jesu Christi orientiert, kann sie im tätigen Handeln ein zukunftsgestaltendes und weltveränderndes Potential entfalten. Der Unterschied zu Handlungsanweisungen, die auf allgemeinmenschlichen ethischen Prinzipien fussen, besteht darin, dass die gemeinschaftsgerechten Verheissungen mit der Fraglichkeit Gottes und auch der Fraglichkeit der Menschen rechnen und gerade deshalb nicht ohne einen hoffenden Glauben genau an und auf diesen Gott auskommen.

Wie können aber heutige Christinnen und Christen, wie kann die Kirche ihre Hoffnung «vor der Weltöffentlichkeit» bezeugen? Welches sind die «hoffnungsvolle[n] Institutionen», in denen sie diese ihre Hoffnung «gesellschaftlich bezeugen und wirksam zu machen versuchen»? In einem Unterkapitel von § 1 des ersten Eschatologiebandes, das er mit «‹Wiedergeboren zu einer lebendigen Hoffnung› (1 Petr 1,1)» überschreibt, geht Marquardt dieser Frage nach, und zwar auf dem Fundament seiner These, Hoffnung sei darin begründet, «dass der Gott Israels begegnet, indem er sich dem jüdischen Volk mit einer nicht abreissenden Kette von Verheissungen verbündet und durch seine besonders enge Gemeinschaft mit Jesus von Nazareth die gesamte Völkerwelt auf seinen verheissungsvollen Weg mit Israel mitreisst». Deshalb ist christlicher Glaube «Teilnahme an der Geschichte Israels», was sich darin ausdrückt, dass «christliches Hoffen sich in Anknüpfung und Widerspruch an die jüdisch ausgelegte Tora rein als eine Halacha des Hoffens zu begreifen versucht».[85] Darin, dass sich die Kirche also auf Hoffnung hin am Tun des Juden Jesu von Nazareth orientiert, geht sie den partnerschaftlichen Weg Gottes und der Menschen. Marquardts Motiv einer Evangelischen Halacha ist also auch christologisch grundiert und deshalb ekklesiologisch anschlussfähig.

Marquardt geht aber noch weiter: «Zur Hoffnung-Kommen ist ein exzentrisches Ereignis.» Das heisst: Der Grund für christliche Hoffnung liegt nicht im hoffenden Menschen selber, sondern «im Leben Jesu», konkreter in der Auferstehung Jesu. Denn «hier geschieht die Neusetzung von hoffnungslosen Menschen zu lebendig Hoffenden, hier bestätigt Gott seine Israel geschworene chesed, Gnade, Barmherzigkeit, Bundestreue.»[86]

Ohne Glauben an den Auferstandenen kommt die christliche Kirche nicht aus. Bei aller Israelbezogenheit der Theologie Marquardts ist gerade dieses christozentrische und österliche Moment nicht aus der Kirche wegzudenken, denn es verweist darauf, dass der Grund christlicher Hoffnung ausserhalb der hoffenden

85 Vgl. E I, 94.
86 Vgl. ebd., 99.

Menschen liegt: «In Hoffnung versetzt, nehmen wir jetzt schon teil am Leben des auferweckten Jesus, und Hoffen ist die diesem Leben angemessene Lebensweise.» Marquardt versteht also auch christliches Hoffen im Modus dieser Teilnahme und zwar konkret als «Lebensweise, in der wir mit der je erfahrenen Welt zugleich immer uns selber zu transzendieren versuchen»[87]. Diese Lebensweise, also christliches Hoffen im Modus der Teilnahme am Auferstandenen, bedeutet, sich als Halacha des Hoffens zu verstehen.

Christlicher Glaube ist also «Teilnehmen am ganzen Weg Jesu», der zwar in vielen Paradoxien verläuft wie etwa der, dass ein Gottmensch und ein Toter auferstanden sind, der aber durch die Hoffnung gangbar gemacht ist[88] – eben: «Halacha des Hoffens» ist. So spricht sich Marquardt dafür aus, Hoffnungsinhalte gegenständlich zu machen, ohne sie aber zu einer Hoffnungslehre zu systematisieren. Er fordert daher, dass die zahlreichen und disparaten Hoffnungsbilder nicht in ein abstraktes System gebracht, sondern als «Weisen der Realität» betrachtet werden. Ebenso wenig sollen sie abstrakt und theoretisch exegetisch als «Vorstellungen» umschrieben und dadurch gleich auch noch «wegen ihrer Sinnlichkeit» als untauglich für den wissenschaftlichen Diskurs disqualifiziert werden.[89]

Es sind diese hoffnungsperspektivierte Gebundenheit an Konkretes, Irdisches, Körperliches, ferner die christologische Zentrierung und die prozessuale Grundbewegung, das Auf-einem-Weg-Sein, die sich in Marquardts Konzept einer Evangelischen Halacha als Impulsgeber für hoffnungsbasierte ekklesiologische Gedanken anbieten.

In Zeiten, in denen die Kirche sich existenziell mit Anfragen an ihre Identität und Daseinsberechtigung konfrontiert sieht, könnte die Beschäftigung mit der Idee von Kirche als «Halacha des Hoffens» Erhellendes bewirken.[90] Gerade die Fokussierung auf eine theologisch begründete Hoffnung in der Hoffnung Israels, das Bild des gemeinsamen, partnerschaftlichen Unterwegsseins, das Motiv des Beteiligtseins an Gott selbst, die Priorisierung des Erzählens vor dem Erklären, damit ein Wortwechsel zwischen Mensch und Gott entstehen kann, die Hochachtung der Treue zum irdischen Dasein und nicht zuletzt das Ziel der Halacha, das eschatische Entzücken Gottes, bergen Potenziale dafür, angesichts der gegenwärtig vielbeschworenen Identitätskrise(n) der Kirchen konstruktiv nachzudenken.

> Es geht gerade beim Befolgen der Gebote Gottes nicht um ein stures Einhalten dieser Gebote um ihrer selbst oder um der religiösen Besserstellung der Observierenden willen. Es geht darum, dass diese Gebote ins Leben kommen und dadurch eine Zu-

---

87 Vgl. E I, 102.

88 Vgl. ebd., 117–119.

89 Vgl. ebd., 123–125.

90 Konkreteres dazu im Kapitel 3.3.2 dieser Arbeit und in meinem Artikel *Kirche als Halacha des Hoffens?* (Siehe Magdalene L. Frettlöh et al. (Hgg.): *Kirche als Passion. FS für Matthias Zeindler, Zürich 2018,* 44–55.)

> kunft eröffnende hoffnungsvolle Wirkung in der Gegenwart haben. Diese Eröffnung geschieht durch Verwirklichung im Wort, d. h. im erzählenden Umsetzen im Leben. Das Leben der Christinnen und Christen soll durch die Gebote Gottes von einem hoffnungsvollen Gott erzählen, so, wie in Ps 19,2 die Himmel die Ehre Gottes erzählen und das Himmelsgewölbe «die Tat seiner Hände».[91]

Nicht zuletzt bedingt eine «Halacha des Hoffens», die dieser Bezeichnung gerecht werden will, einen existenziellen Bezug zu Israel: Die Art und Weise, wie Israel im Alten Testament überliefert ist, bestimmt die theologische Interpretation von Leben und Wirken Jesu, auf den sich die christlichen Kirchen fundamental beziehen. In Jesus hat sich nicht Alttestamentliches abschliessend erfüllt, sondern es wird in ihm und durch ihn so fortgelebt, dass es für alle Menschen zugänglich, oder, vor dem Hintergrund des Halacha-Begriffs treffender gesagt: gangbar wird.

3.4 *Im Blick auf Gottes Gebote*

Marquardt grenzt sich durch sein Gebotsverständnis von dem Traditionsstrom ab, der etwa Gesetz und Evangelium einander gegenüberstellt oder das alttestamentliche Gesetz in Jesus erfüllt sieht. Marquardt verortet das Gebot in der Eschatologie, weil ohne das menschliche Tun des Gebots weder Gottes Verheissung noch Gott selbst eschatisch zum Ziel kommen können. Darüber hinaus wird durch das Tun der Gebote Gott selbst gesegnet – Gott segnen bedeutet auch, am Bund mit Gott festzuhalten und an Gottes Werk mitzuarbeiten. Das Halten der Gebote konstituiert bei Marquardt Beziehung und steht gleichzeitig unter dem Anspruch, lebenspraktisch zu sein. Gerade dieses Lebenspraktische ist es, das die Beziehung mit Gott konkret und dadurch zukunftsträchtig werden lässt.

Dieses Zukunftsträchtige bei Marquardt muss aber konkretisiert werden. Dabei kann sich insbesondere die Kirche fragen, ob konkret lebensverbindliche noachidische Gebotstreue nicht in gelebter Gemeinschaftlichkeit, Partnerschaftlichkeit und im Frieden geschieht.

3.4.1 Das Befolgen der noachidischen Gebote als Ausdruck des Segnens Gottes?

Marquardt will die Gebote nicht «praktizistisch» auslegen.[92] Und doch macht seine Auslegung der noachidischen Gebote deutlich, dass er nicht um eine praktische Anwendung der Gebote herumkommt, weil er den Geboten Relevanz

91 Vgl. E I, 63.
92 Vgl. ebd., 334.

für das konkrete Leben zuspricht. Nimmt man aber Marquardts Vorsatz, die Gebote nicht praktizistisch zu interpretieren und seine konkrete, sehr wohl praktische Auslegung der noachidischen Gebote ernst, kann mit Marquardt selbst die Frage gestellt werden, ob nicht im menschlichen Segnen Gottes das praktische Ziel des Tuns der Gebote liegt.

> «Als *gebotenes* Tun gewinnt es nur das Lob Gottes hinzu, der uns dies und das zu tun geboten, erlaubt, angeboten hat und der darum gesegnet wird. Es ist im Judentum die Beracha, das Segnen Gottes, das irgend ein alltägliches Tun zum erfüllenden Tun eines Gebots macht. [...] Die *Tat* im Tun der noachidischen Gebote ist das Segnen Gottes, der nun auch uns Gojim gewährt, ihn über unseren kleinen Alltagsverrichtungen zu segnen. Dies Segnen ist das Mass des Tuns der noachidischen Gebote.»[93]

Magdalene L. Frettlöh bezeichnet «biblische Segenstraditionen» als «Schlüsselmotive[...]» des gesamten dogmatischen Projekt Marquardts, welcher den Segen als «dogmatisch relevante[...] biblische[...] Kategorie» wiederentdeckt hat. Das «Segnen Gottes», das von Gott auf die Menschen und von Menschen auf Gott gerichtet ist, ist für Marquardt ferner «praktizierte Bundesbeziehung».[94] Weil das Segensmotiv in seiner Theologie insgesamt so tragend ist, liegt die Frage nahe, welche Bedeutung das Segensmotiv in seiner Gebotstheologie hat.

Da der Topos Gebot aufgrund seiner Knüpfung mit dem Topos Verheissung in der Eschatologie verortet ist und die Eschatologie als solche von der Hoffnung auf Gottes Wirken in der Zukunft getragen wird, kann das Gebot gar nicht ohne diese theologische Komponente des Hoffens auf Wirkungen Gottes auskommen. Darüber hinaus ist das Hoffen, auf das das Gebot bezogen ist, auf dem zuerst Israel geltenden Abrahams-Segen begründet, in welchem durch Christus alle Menschen mitgesegnet sind. Deshalb werden die Christen dazu berufen, sich «an jüdische Rockzipfel zu hängen (vgl. Sach 8,23) und Lehrlinge der Tora zu werden» mit dem Ziel, «Volk im Segen» zu sein.[95]

Wie können also vor dem Hintergrund dieser Zusammenhänge die noachidischen Gebote so befolgt werden, dass durch dieses Tun Gott gesegnet wird? Auf diese Frage soll wiederum am Beispiel des Gebots der Rechtspflege, wie Marquardt es auslegt, eingegangen werden. Die Position dieses Gebots als *primum inter pares* der sieben Gebote begründet Marquardt mit dem «Grundzug des jüdischen Selbstverständnisses», wonach das Verhältnis zu Gott als ein «Verhältnis innerhalb des Bundes» gesehen werde. Gott und Menschen werden innerhalb dieses Bundes durch Rechtspflege zusammengehalten: «Recht ist ihr gemeinsames Lebenselixier, die Gottesbeziehung der Menschen und die Menschenbeziehung Gottes sind Rechtsbeziehungen». Dieses Recht ist kein Katalog von Pflichten, Rechten und Strafen. Vielmehr besteht darin, dass man dieses Recht,

---

93 E I, 335.

94 Vgl. Frettlöh: *Theologie des Segens*, 84.87f.

95 Vgl. P, 368.

die Tora, befolgt, «die Gemeinschaft».[96] Dieser Bund ist, wenn er als gemeinschaftlicher Bund verstanden werden will, auf Gegenseitigkeit hin angelegt. Deshalb betont Marquardt hier konsequent, dass es «auch zur Sache der Menschen wird, Gott in sein Recht einzusetzen, ihn zu rechtfertigen, so dass er nicht nur verbal Gott *heissen*, sondern real und wahrhaftig Gott *sein*: als Gott wirken und darin zu seiner Ehre kommen kann.»[97]

Dieses «Gott die Ehre geben» liegt sehr nahe bei den Eingangsworten vieler hebräischer Segenssprüchen, die mit den Worten beginnen: « ברוך אתה אלהינו מלך העולם»: («Gepriesen seist du, Herr, unser Gott, König der Welt»)[98]. Frettlöh bezeichnet das menschliche Segnen Gottes auch daher als «doxologisches Geschehen»[99]. Wenn Menschen Gott segnen, ehren sie ihn und drücken dadurch aus, dass sie sich zu einer Lebenspraxis ermächtigen lassen, die mit Gott an der Bewahrung und der Vollendung der Schöpfung mitwirkt: «In der Gestalt des Gottsegnens geschieht diese *Mit*wirkung als doxologisches *Ein*wirken auf Gott»[100].

Wenn also Menschen die Gebote Gottes halten, seien es entweder die in der Tora kodifizierten oder die im Kanon der noachidischen Gebote, segnen sie dadurch Gott selbst und qualifizieren sich gleichzeitig zu Mitarbeiterinnen und Mitarbeitern am eschatischen Werk Gottes: der Vollendung der Schöpfung. Dies ist in der Tat in erster Linie ein theologisches Ziel, denn diese Vollendung kann nur unter der Bedingung geschehen, dass Gott selbst auch mitwirkt. Indem aber menschlicherseits durch das Halten der Gebote dieses theologische eschatische Ziel verfolgt wird, kommt auch zum Ausdruck, dass wir Menschen im Hier und Jetzt bereits mit Gott im Bunde stehen und deshalb auch auf seine Mitarbeit an der Aufrechterhaltung dieses Bundes angewiesen sind.

Das Befolgen des ersten noachidischen Gebots ist deshalb Ausdruck des menschlichen Willens, am Bund Gottes mit den Menschen festzuhalten und am Werk Gottes mitzuarbeiten. «Gott zu segnen, ist demnach menschliche Mitarbeit an der universalen Offenbarung der Herrschaft des Gottes Israels, der Herrschaft eines Gottes, dessen Gerechtigkeit nicht länger im Widerspruch zu seiner Barmherzigkeit steht, sondern sich *als* Barmherzigkeit vollzieht.»[101]

Dass dies auch für die restlichen sechs Gebote gilt, soll im Folgenden überblicksartig und anhand der Marquardtschen Auslegung dieser Gebote gezeigt werden:[102] Im Befolgen des *Verbots des Götzendienstes* findet ebenfalls ein Segnen Gottes statt, denn Gott wird so weder in Konkurrenz mit «Ereignissen, Mächten, Gestalten und Wahrheiten» gebracht noch wird ihm «gleiche Vertrauenswürdig-

96 Vgl. E I, 221–223.
97 Vgl. ebd., 227.
98 Siehe hierzu etwa Schwartz: Art. *Blessings*, EJ, 145f.
99 Frettlöh: *Theologie des Segens*, 392.
100 Vgl. ebd., 395.
101 Ebd., 396.
102 An dieser Stelle kann nicht auf die Diskussion eingegangen werden, wie die sieben noachidischen Gebote ausgelegt werden sollen. (Siehe hierzu insbes. Müller: *Tora*.)

keit» mit diesen zugeschrieben.[103] Ausserdem wird Gott selbst nicht vergötzt, d. h. «übermässig erniedrigt, [...] übermässig erhöht, [...] in seiner lebendigen Freiheit uns gegenüber neutralisiert».[104] Im Befolgen des Verbots des Götzendienstes wird also der biblische Gott geehrt, wie er ist: «*Beziehungswesen* schlechthin, [er] lebt teilnehmend und beteiligt – oder gar nicht».[105]

Im Befolgen des *Verbots der Gotteslästerung*, das im hebräischen Wortlaut ein Verbot der Lästerung des Namens Gottes ist, wird erreicht, dass Gott in seiner Beziehungshaftigkeit nicht verachtet wird. Denn: «Der Name Gottes ist Gott in seiner Zuwendung zu Menschen, in all jenen Akten, in denen er sich herabneigt aus seiner göttlichen Überlegenheit und zu dem für Menschen ansprechbaren Wesen macht». Die Namen Gottes machen Gott benennbar. Wer diese Namen lästert, baut kein «Sprachverhältnis» zu ihm auf, er oder sie «lässt Gott ungesprochen», lebt «an der ausgesprochenen Wirklichkeit im ganzen» vorbei. «Wer den Namen Gottes lästert, hört auch nicht, was in der Realität für Gott spricht, und ihm bleibt mit dem Namen Gottes die ausgesprochene Menschennähe des Wirklichen fremd und fern – abstrakt: die Mitseins-Struktur des ganzen Daseins.»[106] Im Befolgen des Verbots der Gotteslästerung wird also, ähnlich wie durch das Befolgen des Verbots des Götzendienstes, sichergestellt, dass Gott in seiner ihm wesenseigenen Beziehungshaftigkeit, die auch durch seine Namen ausgedrückt wird, geehrt wird. Er soll als Gott gesegnet werden, der von sich selber gesagt hat: *Ich bin der, als der ich mit euch sein werde.*

Im Befolgen des *Verbots der Unzucht* wird erreicht, dass der Bund zwischen Gott und den Menschen vollzogen und «die Eigenart Israels» erhalten werden kann. Mit Unzucht ist nicht in erster Linie ausserehelicher Geschlechtsverkehr gemeint, sondern vor allem ein «Abhuren» vom Bund und eine «Vermischung von Wirklichkeiten, die nicht zusammengehören».[107] Dieses Verbot ist also «aus den erwählungstheologischen Zusammenhängen» zu deuten und ehrt Gott darin, dass er ein «unterscheidender Gott ist, dem Vermischungen, Synkretismen [...] ein Greuel sind.» Gerade Marquardts Auslegung dieses Verbots ist meiner Ansicht nach problematisch – vor allem weil es auf ein heute weitgehend fremd gewordenes Gender- und Eheverständnis aufbaut – möchte ich es als Verbot von Vermischung sehen und es nicht im Zusammenhang mit sexualethischen Aspekten verstanden wissen. Durch seine Einhaltung wird Gott gesegnet, denn es gesteht ihm zu, dass er Unterscheidungen vornimmt, damit ein Gegenüber entsteht und so erst Beziehung möglich wird: «Das Andere des Anderen ist die Voraussetzung der Kommunikation.»[108] Die Einhaltung dieses Verbots segnet Gott, weil es ihn als einen auf Kommunikation und Beziehung angewiesenen Gott äs-

103 Vgl. E I, 246.
104 Vgl. ebd., 255.
105 Vgl. ebd., 264.
106 Vgl. ebd., 274f.
107 Vgl. ebd., 295–298.
108 Vgl. ebd., 304.

timiert. Nur ein Gott, der Unterscheidungen vornimmt, ist als Gegenüber wahrnehmbar, auch wenn diese Unterscheidungen nicht starr, sondern verschieb- und diskutierbar sind.

Im Befolgen des *Verbots des Blutvergiessens*, das kein spezifisch jüdisches Verbot ist, wird erreicht, dass das menschliche Leben geschützt wird. Es drückt aus, dass sich Gott selbst dazu überwunden hat, «am Menschenmord *keinen* Stoff für die Glaubensbewährung» mehr haben zu wollen – das kommt in der Geschichte der Bindung Isaaks zum Ausdruck.[109] «Gott leidet an der ungebrochenen Wirklichkeit des Todes»[110], deshalb muss immer wieder gegen sie angekämpft werden, zumal das Herz der Menschen nach wie vor «eine Mördergrube» ist.[111] Die Einhaltung dieses Gebots segnet Gott in diesem Bestreben, gegen den Tod anzukämpfen.

Im Befolgen des *Verbots, zu rauben* wird erreicht, dass gegenüber dem Nächsten Treue ausgedrückt wird und dadurch auch Treue gegenüber Gott. Denn die «Verfehlung am Nächsten, Elenden, Armen ist identisch mit einem Betrug an Gott». Es geht im Raub-Verbot nicht in erster Linie um den Schutz des Eigentums, sondern darum, dass auf Gott als dem Geber alles zum Leben Nötigen vertraut wird und dass eine «Gesellschaftsordnung zwischenmenschlicher Verlässlichkeit, Ehrlichkeit und zwischenmenschlichen Vertrauens» geschaffen wird.[112] Beim Befolgen des Raub-Verbots wird also Gott gesegnet als der, der der Geber der Lebensgrundlage ist und dadurch zwischenmenschliche Beziehungen ermöglicht, die frei von Neid und Habgier sein können.

Im Befolgen des *Verbots, von einem lebendigen Tier zu essen*, wird erreicht, dass das Leben geehrt wird. Das Verbot «stellt noch einmal das Leben unter Tabu» und drückt aus, dass sich kein Mensch am Leben anderer Lebewesen «vergreifen» darf. Auch bei Schlachtungen, seien sie rituell oder profan, ist darauf zu achten, dass das Tier nicht unnötig leidet und das Blut vor der Verwertung vollkommen ausgeflossen ist, denn das fliessende Blut gilt als der Sitz des Lebens.[113] Beim Befolgen des Verbots, vom lebendigen Tier zu essen, wird also Gott gesegnet als der, der das Leben schafft, der aber auch allein das Recht hat, es heimzurufen.

Das Tun der noachidischen Gebote in der Auslegung Marquardts segnet Gott. Es wird offenkundig, dass im Tun der Gebote und des damit einhergehenden Segnens Gottes ein Hoffen gerade auf diesen Gott ausgedrückt wird. Nicht das Gebotetun als solches ist das Ziel des Tuns, sondern das Segnen Gottes und die darin sich aussprechende Hoffnung, dass dieser Gott trotz seiner Fraglichkeit, einmal mit den hoffenden Menschen und seiner gesamten Schöpfung zu seinem Ziel

109 Vgl. E I, 307.
110 Ebd., 314.
111 Vgl. ebd., 307.
112 Vgl. ebd., 316f.
113 Vgl. ebd., 320.

kommen wird: Dieses Ziel ist kein abstraktes, sondern das in den Verheissungen eschatisch schon vorgezeichnete Reich Gottes. Neben diesen eschatologischen Gehalt des Gebotetuns tritt auch ein beziehungstheologischer: Durch das Tun der Gebote wird der Gott gesegnet, der ein beziehungs- und kommunikationsreicher Gott ist. Dadurch, dass Menschen Gottes Gebote tun, werden sie in dieses Beziehungs- und Kommunikationsfeld Gottes gestellt.

Durch das Tun der Gebote und den dadurch entstehenden Segen Gottes werden Menschen selbst zu einem Segen, sie werden selbst «Verheissung für andere [...], denen zu begegnen für andere nur etwas Verheissungsvolles bedeuten kann».[114] Dieser Zusammenhang kann auch in der kirchlichen Verkündigung und insbesondere in der Liturgie vor Augen geführt werden, denn das Gebotetun kommt in ein lebens- und glaubensförderndes Licht: Es unterdrückt nicht, sondern befreit zu verheissungsvollem sich Engagieren für die Welt. Es führt nicht in stures Befolgen weltfremder Gebote, sondern setzt gerade durch seinen verheissungstheologischen und eschatologischen Hintergrund Hoffnung frei für die Schöpfung selbst und auf Gott, der vollenden wird.

3.4.2 Das Befolgen der noachidischen Gebote als Konstitution von Zukunft?

Das Gebot gehört laut Marquardt deshalb in die Eschatologie, weil die noachidischen Gebote einerseits den Menschen «Teilhabe an der neuen Welt Gottes in Aussicht stellen», andererseits «ein Element *angewandter Hoffnung Israels*» sind. Gottes geschichtlich bereits erfahrenes Handeln ist es, das das Hoffen der Menschen speist: «Die vollzogene Rettung der Menschheit aus den Fluten ist der Grund, von dem aus Israel seine Hoffnung auf die Völker setzt.» Genau dieses Hoffen ist es dann auch, dank dem «wirkliche *Zukunft*» ins Auge gefasst werden kann.[115]

Christinnen und Christen haben etwas zu hoffen «in einem direkten Ansporn aus den an Israel gerichteten Zukunftsaussichten Gottes»[116]. Auf diese kommende Welt Gottes, die in Aussicht gestellt wird, «können und sollen» wir uns jetzt schon «mit unseren Verhaltensweisen einstellen». Unsere Aufgabe ist es, so Marquardt auch in Bezug auf Paulus, Förderer und Fördererinnen des Reiches Gottes zu sein, denn «es gibt einen für die neue Welt hinderlichen und einen eher förderlichen Zustand der noch nicht erlösten Welt.»[117] Förderlich ist, wenn tätig darauf gehofft wird, dass Gott einst seine kommende Welt aufrichten wird

114 Vgl. E I, 155.
115 Vgl. ebd., 328.
116 Vgl. ebd., 321. Dort im Zusammenhang mit christlichen Einwänden gegen die Position Marquardts formuliert.
117 Vgl. ebd., 329.

und wir Menschen, motiviert durch diese Hoffnung, deshalb schon jetzt konkret darauf hinarbeiten.

Die noachidischen Gebote «bilden [...] ein Ethos des Hoffens auf Zukunft aus».[118] Das heisst: Wer die noachidischen Gebote befolgt, die ja ihrerseits «*Spuren von Zukunft*»[119] enthalten, ist bereits auf diesem hoffnungsvollen Weg in die Zukunft, der in Richtung der kommenden Welt Gottes führt. Wie konkret die sieben noachidischen Gebote auf diesen Zukunftsweg führen, zeigt Marquardt an jedem dieser Gebote:

Im Befolgen des Gebotes der Rechtspflege wird diese Art von Rechtsbeziehung, diese «Gemeinschaft», gelebt, in der im Reich Gottes dann jeder Mensch zu seinem Recht kommen wird. Im Gebot gegen den Götzendienst wird die paulinische Hoffnung, «dass Gott alles in allem sein wird», gelebt, weil die Distanz zwischen Mensch und Gott, «aus der heraus wir [...] ihn vergötzen könnten», überwunden wird. Es gibt die «Kraft der Endperspektive», in der es weder «Verwechslung noch Vergötzung Gottes» geben kann. In dieselbe Richtung trägt das Gebot gegen die Lästerung des Gottesnamens, weil im zukünftigen Reich Gottes der Name Gottes über alle Namen erhaben sein wird. Wird dieses Gebot gehalten, wird schon jetzt der Name Gottes gepriesen. Das Unzuchtverbot bereitet auf das Ende jeglicher synkretistischer Vermischung vor und verweist so darauf, dass im zukünftigen Reich Gottes eine friedliche Atmosphäre herrschen wird: Ein friedliches Neben- und Miteinander, im biblischen Bild: jede und jeder unter dem eigenen Feigenbaum. Die Befolgung des Gebots gegen das Blutvergiessen weist auf den «Primat des Lebendigen» hin. Das Gebot gegen Raub schafft Treue, an ihm «übt sich eine Verlässlichkeit bis ins Letzte». Das Gebot gegen Verzehr von einem lebendigen Tier bereitet darauf vor, dass das Einverleiben von etwas Lebendigem zum Erhalt des eigenen Lebens ein Ende haben wird.[120]

Auch hier wehrt sich Marquardt gegen eine «praktizistisch[e]» Deutung der noachidischen Gebote. Ihm liegt es an ihrem «*inneren theologischen Erkenntnisgehalt*» und deshalb sucht er eine drohende Alternative von Tun und Glauben zu vermeiden. Denn: «Gerade nach Auschwitz ist uns jeder Optimismus des Tuns verwehrt.»[121] Diese oben bereits erwähnte Denkfigur Marquardts soll hier vor die Frage der Zukunftsträchtigkeit des Gebotehaltens gestellt werden: Inwiefern eröffnet das Halten der noachidischen Gebote Zukunft – auch für die Kirche?

In der Einleitung des zweiten Eschatologiebandes benennt Marquardt als «Inhalt aller Inhalte» von Eschatologie den fundamentalen Vorbehalt seines Theologietreibens: «*So Gott will und er lebt.*»[122] Hinter diesen Vorbehalt will und

118 Vgl. E I, 330. Diese Spuren enthalten sie deshalb, weil sie aus der von Hoffnung getragenen Bindung Gottes an die Menschen geboren sind.

119 Ebd., 330.

120 Vgl. ebd., 330–333.

121 Vgl. ebd., 334.

122 E II, 17. Anderswo nennt Marquardt diesen Passus eine «Ohnmachtsformel». (Marquardt: *So Gott will*, 6.)

kann Marquardt aus guten Gründen nicht zurück. So kann er schreiben: «Ging es in Eschatologie bisher meist um unsere Zukunft, so jetzt um die seine; und war Hoffen bisher vor allem Hoffen *auf* Gott – nun ist es zu einem Hoffen auch *für* ihn geworden.»[123] Marquardt kommt zu dieser radikalen Auffassung, weil nach Auschwitz Gott «so weit aus dem Verhältnis zu uns entrückt [ist], dass sich von ihm wohl nur noch im Verhältnis zu sich selber sprechen lässt», ein Verhältnis, über das nichts gesagt werden kann. Weil aber nach Auschwitz noch Jüdinnen und Juden existieren, sieht sich Marquardt dazu gezwungen, doch von Gott zu reden, wenn auch nur unter dem Vorbehalt von Gottes Existenz selbst.[124]

In Marquardts Hoffen für Gott,[125] eine Auffassung, die sich deutlich von vielen traditionellen und gängigen christlichen Anthropologien und Gotteslehren abgrenzt,[126] liegt das Zukunft eröffnende Potential des Hoffens der Menschen, der Kirche. Denn es weist dem Menschen eine hohe theologische Wichtigkeit zu, zumal in allerletzter Konsequenz dieses Ansatzes das Schicksal Gottes selbst vom Hoffen der Menschen für Gott abhängig ist: Hoffen die Menschen, indem sie die Gebote der noachidischen Tora befolgen, hoffen sie für diesen Gott. Sie hoffen, dass er lebt und deshalb eine hoffnungsvolle Zukunft eröffnen kann. Wenn sie aber nicht (mehr) hoffen, gibt es für diesen Gott selbst keine Zukunft und darum auch keine Existenzgrundlage mehr. Gott kann nicht alles, was er selbst zum Leben braucht, aus sich selbst schaffen. Gott ist selbst existenziell auf den Menschen angewiesen; darauf, dass sie für ihn hoffen und ihn segnen.

Diese Gedankenfigur, in der durchaus hybride oder sogar blasphemische Züge ausgemacht werden können, ist daraufhin zu prüfen, wieweit sie in biblischen Texten verankert ist.

> Ausserdem wäre zu fragen, ob sie in ihrer Radikalität nebst dem Auschwitzgeschehen noch andere Existenzberechtigungen haben kann. Meiner Ansicht nach hat sie das durchaus, vor allem angesichts des vielgestaltigen Bösen in der Welt, das nicht nur gegen Israel und die Juden gerichtet ist. Die alte aber immer noch virulente Theodizeefrage stellt die Existenz eines guten, allmächtigen und verstehbaren Gottes angesichts des weit verbreiteten Übels in der Welt berechtigterweise infrage.

Tatsächlich richtet sich alttestamentliche Hoffnungsrede von den Menschen auf Gott: Der Mensch hofft darauf, dass ihm Gottes Wohltaten widerfahren. Der Grund für die Hoffnung liegt in den Möglichkeiten Gottes, welche diejenigen der Menschen weit übersteigen. Das Tun der Menschen ist höchstens Bedingung dafür, dass ihm diese Möglichkeiten zuteil werden.[127] Auch neutestamentlich ist

---

123 E II, 18.
124 Vgl. Marquardt: *So Gott will,* 6f.
125 Siehe E II, 18.
126 Marquardt sagt selber in einem für eine Tagung vorgesehenen Manuskript, er stehe «ganz allein» mit dieser Überzeugung. (Vgl. Marquardt: *So Gott will,* 2.) Es wäre zu prüfen, ob Marquardt nicht eine klare Verbündete in der Prozessphilosophie bzw. -theologie hat, auch in ihren feministischen Varianten.
127 Siehe Kaiser: Art. *Hoffnung*, RGG[4], 1822–1824.

diese Ausrichtung vorherrschend.[128] Friedrich Beisser bezeichnet die alt- und neutestamentliche Hoffnung gar als «positive Zukunftserwartung»[129]. Terrence Prendergast stellt für die gesamte Bibel fest, dass Hoffnung in Gott verwurzelt ist.[130] Ein Hoffen für Gott, wie es Marquardt bedenkt, ist also weder unmittelbar biblisch noch dogmatisch breit abgestützt.

Das ist aber kein Grund dafür, dieses Konzept grundsätzlich abzulehnen. Vielmehr ist es bedenkenswert, weil es auf den biblisch breit bezeugten Motiven der Beteiligung und der Beziehung aufbaut.

> Laut Charles Elliott Vernoff ist jüdischerseits Hoffnung nur verständlich, wenn sie in Zusammenhang mit Glauben gesehen wird, der seinerseits bundestheologisch begründet ist und deshalb «humanity» als «a partner with God in responsability for completing the creation» gesehen werden kann. «Humanly initiated actions are indispensable contributions, along with divine initiatives, to redeeming the world.» Hoffnung und Glaube sind daher zwei einander unterstützende und bedingende, wenn auch kategorial verschiedene Grundlagen dafür, dass auf eine gute Zukunft hin gearbeitet werden kann: «faith indirectly affirms transcendent divine intentionality, hope directly excercises mundane human intentionality.» Dieses Konzept von Hoffnung stützt sich aber unhintergehbar auf den Glauben daran, «that God generally intends to re-deem his faithful from their troubles.»[131]

Gerade dieser Motivkreis ist ja in Marquardts Gebotsverständnis das Fundament dafür, dass Menschen Gebote einhalten. Angewendet auf die Zukunftsfrage bedeutet dies: Darin, dass die Menschen die noachidischen Gebote halten, treten sie mit Gott als dem Träger der Hoffnung in Beziehung und beteiligen sich mit ihm am Vorbereiten und Aufbauen des Reiches Gottes. Weil Gott aber ohne die Taten der Menschen keine Möglichkeit hat, seine Hoffnung für die Menschen belebbar zu machen, braucht er die glaubende, hoffende und tätige Mitarbeit der Menschen. Bei all dem gilt grundlegend, dass die Menschen nur darauf hoffen können, dass von dem Gott, dessen Existenz nach Auschwitz «auf dem Spiel steht»[132], doch noch ein Hoffnungsüberschuss ausgeht. Nur dann kann aus diesem Hoffnungsüberschuss auf eine gute Zukunft hin geglaubt, gelebt und gearbeitet werden.

Marquardt verbindet auch im Blick auf die Zukunft seine «Ohnmachtsformel» «So Gott will und er lebt» mit dem Wort «Amen».[133] In diesem Wort, das selbst «Zukunftsname Gottes» ist und als γένοιτο «Zukunft» herbeiwünscht, wird die Hoffnung ausgedrückt, dass Gott selber «einsteht für alles, was er je gesagt und getan hat».[134] Ausserdem zeigt dieses von Menschen ausgesprochene

---

128 Siehe du Toit: Art. *Hoffnung*, RGG[4], 1825f.

129 Vgl. Beisser: Art. *Hoffnung*, RGG[4], 1826.

130 Siehe Prendergast: Art. *Hope*, The Anchor Bible Dictionary, 285.

131 Vgl. Vernoff: *Hope*, 418–420.

132 Vgl. Marquardt: *So Gott will*, 7.

133 Auf diese Verbindung wurde oben bereits im Zusammenhang mit der Fraglichkeit Gottes eingegangen.

134 Vgl. Ders.: *Amen*, 277f.

und vor allem gebetete «Amen», dass Gott bestätigungsbedürftig ist: «Gott ist nicht Er-selbst, Adonai, ohne sein Volk. Er ist Gott nur in dem ‹Ich will euer Gott sein, ihr sollt mein Volk sein›.» Ob dann Gott aber letztlich «je ohne unsere Zustimmung sein werden» wird, ob unser «Amen» ihn je bestätigen wird, das wird erst in der kommenden Welt offenbar.[135]

Die Verantwortung der Menschen liegt aber darin, bereits in der gegenwärtigen Welt tätig für Gott zu hoffen. Dies hat Auswirkungen auf das Verständnis dessen, was Kirche ist. Kirche ist tätige Hoffnungsgemeinschaft, die ihre Tatkraft aus der Verheissung schöpft, die in der Tora und im Leben Jesu liegt. Gerade dadurch, dass die Kirche die noachidischen Gebote hält, schafft sie Hoffnung auf eine gute Zukunft.

Dazu kann die Kirche in Verkündigung, Zeugnis und Diakonie noachidischgebotstreu leben. Weil die noachidischen Gebote auf einen gemeinschaftlichen Grundton gestimmt sind, muss das Fundament, worauf das kirchliche Gebotsverständnis ruht, ebenfalls Gemeinschaftlichkeit hoch halten. Dies steht im Widerspruch mit kirchlichen Selbstverständnissen, die etwa auf Machtausübung, Moralverkündigung oder schlichtem Selbsterhalt abstützen.

So könnten Grundfragen für eine noachidisch gebotstreue Kirche lauten: Wie konstituiert und lebt sie eine Gemeinschaft, in der jeder Mensch zu seinem Recht kommt? Wie verbannt sie Vergötzung und Lästerung des Gottesnamens? Wie setzt sie sich für ein friedliches Miteinander und den Primat des Lebens ein?[136]

Diese Grundfragen berühren nicht nur die Art und Weise, wie gepredigt, unterrichtet, sozialdiakonisch und praktisch gearbeitet wird, sondern gerade auch, wie sich die Kirche intern strukturell konstituiert. Wie funktioniert Meinungsbildung? Welche Stimmen werden gehört? Wie wird mit Minderheitspositionen umgegangen? Wie begegnet sie Tendenzen wie Bürokratisierung, Hierarchisierung, Institutionalisierung?

Gerade die Maximen Gemeinschaftlichkeit, Partnerschaftlichkeit und Frieden sind es, die die noachidischen Gebote konkret lebbar machen:

Gemeinschaftlichkeit kann konkret unter anderem bedeuten: Die Kirche legt das Evangelium in der Gemeinschaft aus; sie organisiert sich so, dass in ihr selbst Gemeinschaft unter den Gläubigen möglich wird; sie bringt unterschiedliche Lebensentwürfe ins gemeinsame Gespräch; sie vermeidet Einzelkämpfertum und Hierarchien; sie glaubt an einen Gott, der in sich selbst gemeinschaftlich und beziehungsreich ist.

Partnerschaftlichkeit kann unter anderem so konkretisiert werden, dass sie in ein Hörverhältnis zu Andersgläubigen und Andersdenkenden auf gleicher Augenhöhe tritt – auch und gerade zu ihren jüdischen Glaubensverwandten; dass

135 Vgl. Marquardt: *Amen*, 282f.

136 Siehe die Skizze der noachidischen Gebote weiter oben bzw. E I, 330–333.

sie ein Gottesbild verkündigt, das Gott als eigenständiges und eigenwilliges partnerschaftliches Beziehungsgegenüber glaubwürdig erscheinen lässt.

Frieden wird dadurch gelebt, dass sie das Potential, das im Gemeinschaftlichen und Partnerschaftlichen liegt, dafür einsetzt, dass im Kleinen und Grossen der Friede gesucht und ihm nachgejagt wird. Die Vergewisserung, dass dauerhaft konkret gelebter Friede in Gott selbst verwurzelt sein muss, kommt in liturgischen Vollzügen zur Sprache.

Wenn sich die Kirche in ihren Handlungsfeldern und Strukturen nach Gemeinschaftlichkeit, Partnerschaftlichkeit und Frieden theologisch und praktisch orientiert, kann sie für sich selbst und für Gott Zukunft schaffen, sie kann so auf den Zukunftsweg Gottes führen. Dies ist die Verheissung, unter den die noachidischen Gebote stehen.

3.5 *Im Blick auf die Christologie*

Die über weite Strecken abstrakten christologischen Gedanken Marquardts können mit Jürgen Moltmanns Christologie konkretisiert werden, etwa mit dessen Hinweis auf die hohe ethische Verantwortung von Christinnen und Christen Jüdinnen und Juden gegenüber: Im Handeln der Christenmenschen muss für Israel das Messianische sichtbar werden.

Der Glaube an Jesus als Messias impliziert, dass die Glaubenden Teil der Messiashoffnung Israels sind. Dies kann aber nur Realität werden, wenn die immer noch vorhandene Berührungsangst zwischen Christen und Jüdinnen überwunden wird. Ein Weg dazu ist die Friedensethik, zumal diese auch im Judentum einen hohen Stellenwert geniesst.

3.5.1 Wie nimmt das Christentum seine messianisch begründete Verantwortung Israel gegenüber wahr?

Marquardt befürchtet, dass christlicherseits theologische Beliebigkeit Überhand nimmt, wenn Theologie und Kirche ihren konstitutiven theologischen Bezug zu Israel vergessen. Tritt diese Beliebigkeit ein, so ist auch die christliche Hoffnung nicht mehr fundiert, weil der in der Existenz Israels beispielhaft gelebte und Hoffnung spendende Zusammenhang aus Verheissung und Gebot nicht mehr gilt. Mehr noch: Kirche macht sich «zum Anwalt des Heidentums», wenn «Christianisierung nicht Hinführung eines Volkes zum Zion, d. h. zur Tora» bedeutet.[137] Das gilt nicht nur für die Vergangenheit, sondern auch für die Gegenwart.

Wie kann aber die jüdische Knüpfung von Verheissung und Gebot, die durch den Juden Jesus von Nazareth als dem Christus allen Menschen bezeugt und zugänglich gemacht wurde, christlicherseits so verantwortungsvoll gelebt werden, dass einerseits die Israel geltenden Verheissungen für Christinnen und Christen nicht bedeutungslos und andererseits dass christlicherseits die ursprünglich an Israel ergangenen Verheissungen nicht usurpiert werden?

In dieser Frage soll mit Jürgen Moltmanns Thesen über Marquardt hinaus gedacht werden, denn Moltmann schreibt eine Christologie in «messianischen Dimensionen» – er stellt also seine Christologie in eine Dimension, die auch für Israel gilt. Die Messiasfrage ist es auch, die «im Zentrum aller christlich-jüdischen Gespräche [...] unausweichlich» steht: «‹Bist du es, der da kommen soll, oder sollen wir auf einen anderen warten?›» Moltmann fragt vor diesem Hintergrund: «Ist das jüdische Nein antichristlich? Ist das christliche Ja antijüdisch? Sind Nein und Ja in dieser Frage endgültig oder vorläufig, sind sie exklusiv oder können sie auch dialektisch positive Bedeutung für diejenigen gewinnen, die es sprechen müssen?» Obwohl die Evangelien die ganze Erscheinung Jesu «in den Horizonten der messianischen Hoffnung Israels» begreifen, ist es für Israel unmöglich, Jesus als den Messias anzuerkennen, weil die Welt spürbar unerlöst ist.[138]

Vor diesem Hintergrund stellt Moltmann die «christliche Existenzfrage: Kann man in dieser unerlösten Welt schon *Christ* sein und also als messianischer Mensch existieren?» Moltmann fragt dasselbe aber auch für Israel, denn beide, Israel und das Christentum, «widersprechen» der «unerlösten Welt»: Israel, weil es nach der «Zäsur» der Gesetzgebung am Sinai zur Einhaltung der Gebote aufgerufen ist, das Christentum, weil es der Erlösung durch Jesus als dem Christus glaubend nachfolgt.[139]

Moltmann begegnet dieser doppelten Infragestellung wegen der Unerlöstheit der Welt damit, dass er sagt: «Jesus von Nazareth, der gekommene Messias, ist der *leidende Gottesknecht*, der durch seine Wunden heilt und durch seine Leiden gewinnt. Er ist noch nicht der *Parusiechristus*, der in der Herrlichkeit Gottes kommt und die Welt zum Reich erlöst.» Durch Jesus als Christus sind «die Rechtfertigung der Gottlosen und die Versöhnung der Feinde» in die Welt gekommen, «aber noch nicht die ‹Erlösung der Welt›, die Überwindung aller Feindschaft, die Auferstehung der Toten und die neue Schöpfung. Die *Liebe Gottes* ist durch Chris-

137 Vgl. E II, 158.

138 Vgl. Moltmann: *Weg*, 45f. Moltmann nimmt in diesem Punkt Bezug auf Martin Buber, Schalom Ben-Chorin und Gershom Scholem, die das jüdische Nichtanerkennenkönnen Jesu als Messias mit der konkreten Unerlöstheit der Welt begründen.

139 Vgl. ebd., 47f.

tus offenbar geworden. Die *Herrlichkeit Gottes* aber ist noch nicht aus ihrer Verborgenheit hervorgebrochen.»[140]

> «Das *christliche Ja* zur Messianität Jesu auf Grund geglaubter und erfahrener Versöhnung wird deshalb das *jüdische Nein* auf Grund erfahrener und erlittener Unerlöstheit der Welt anerkennen und sich insofern zueigen machen, als es von jener totalen und universalen Welterlösung nur in den Dimensionen der Zukunftshoffnung und des gegenwärtigen Widerspruchs zu dieser unerlösten Welt spricht. Das *christliche Ja* zu Jesus dem Christus ist also nicht in sich selbst abgeschlossen und fertig, sondern in sich geöffnet für die messianische Zukunft Jesu. Es ist ein eschatologisch vorgreifendes und *vorläufiges Ja* [...].»[141]

Dieses vorläufige Ja «schliesst jeden kirchlichen und politischen Triumphalismus aus der Christologie aus [...]. Der Kommende ist im Kommen begriffen und kann nur so aufgefasst werden: auf dem Weg und mitgehend.» Deshalb führt jedes Bekenntnis «auf den Weg und ist selbst noch nicht das Ziel». Das Nein Israels, dieser Ausdruck des Unvermögens, Jesus angesichts der Unerlöstheit der Welt als Messias anzuerkennen, ist deshalb nicht Ausdruck von selbstverschuldetem Verstocken. Vielmehr wurde Israel von Gott unter dieses Unvermögen gestellt, «damit das Evangelium von Israel zu den Völkern gehe». Israel wurde aber nicht definitiv verstockt, deshalb bleiben die «Verheissungen Israels [...] Israels Verheissungen». Der Evangelist Matthäus, der laut Moltmann die Geschichte Jesu als «kollektive Biographie Israels» erzählt, sieht es in Moltmanns Interpretation so: «In Jesus Christus begegnet den Glaubenden aus den Völkern Israel selbst in messianischer Gestalt. Durch seine Öffnung Israels zu den Völkern werden diese ihrerseits in die göttliche Verheissungs- und Treuegeschichte Israels hineingenommen.»[142]

Beide, jüdischer und christlicher Glaube, wollen «Abrahamsglaube» sein. Deshalb fragt Moltmann, ob nicht Israel das Christentum als «messianische Bereitung der Völker auf das Kommen der Erlösung» betrachten kann. Dagegen müsste das Christentum «selber zuvor so ansehnlich werden, dass Israel in ihm solche *praeparatio messianica* der Völkerwelt zu erkennen vermag».[143]

Die Moltmannschen Gedanken können folgendermassen zusammengefasst werden: Die Verheissungen Israels sind insofern für Christinnen und Christen auch verheissungsvoll, wenn sie sich dem Juden Jesus von Nazareth als dem gekommenen und wiederkommenden Messias glaubend zuwenden. Israels Verheissungen sind für sie nur mittelbar, nämlich durch den jüdischen Mittler Jesus von Nazareth, zugänglich. Das bedeutet, dass für eine Christologie, die nicht antijüdisch sein will, der Jude Jesus von Nazareth nur in einer doppelten, dialektischen Messiasfunktion glaubhaft ist: als gekommener und, gemeinsam hoffend

---

140 Vgl. Moltmann: *Weg*, 49.
141 Ebd., 50.
142 Vgl. ebd., 51–54.
143 Vgl. ebd., 55.

mit Israel, als kommender Messias. Der Gekommene ist immer auch einer, der wieder und noch kommen wird, der Kommende einer, der schon einmal da war.

Das hat Auswirkungen auf das Sein von Theologie und Kirche: Das christliche Bekenntnis zu Jesus als dem Christus nimmt auch die Christinnen und Christen ethisch in Pflicht, dem Judentum zu bezeugen, dass es die messianische Völkerbereitung ist, auf die das Judentum aufgrund seiner universalen Messiashoffnung hofft. Deshalb ist ein verantwortungsvolles christlich-christologisches Sprechen immer auch ethisches Sprechen und Handeln, was gerade und immer noch auch angesichts des Holocaust schwierig ist.

Die christologisch zentralen Fragen nach der Gottheit Jesu Christi bzw. der Menschwerdung Gottes in Jesus Christus und der Trinitarität sind aber mit diesem ethischen Zugang noch nicht beantwortet. Die Frage nach der Trinität ist an dieser Stelle deshalb wichtig, weil sie danach fragt, «wie man Gott im Geschehen des Kreuzes Christi verstehen soll»[144]. Das «Kreuz Jesu» ist «die Anschauung des trinitarischen Gottesbegriffes»[145], weil ohne trinitarischen Gottesbegriff das Kreuz nicht vollwertig theologisch wahrgenommen werden kann.[146] Gleichzeitig spitzt sich wie an keinem anderen theologischen Locus am Kreuz die Frage nach der Gottheit des Menschen Jesus von Nazareth zu: Ist der Gekreuzigte ein gekreuzigter Jude, damals einer unter vielen? Oder ist der Gekreuzigte ein gekreuzigter Gott, der trotz der auf ihn anwendbaren Motive alttestamentlicher Messiaserwartung am Kreuz ganz gestorben, aber als der Christus auferstehen und wiederkommen wird?

> Marquardt stellt sich klar gegen die Vorstellung, dass in Jesus von Nazareth Gott gekreuzigt worden sei. Denn dadurch, dass in Mk 14,34 Jesu «ψυχή» bekümmert ist, betet sie «um das Gottsein Gottes, um diejenige Identität, die kein Mensch so wie Jesus kennen kann». Im darauf folgenden Todesgeschehen hat Gott aber dann seinen Willen durchgesetzt und Jesus sich in diesen Willen «gefügt».[147]

Moltmann hingegen legt einen Blick von der Zukunft her auf das Geschehene nahe. Obwohl Marquardts trinitätstheologischen Gedanken ähnlich eschatologiezentrierte Perspektivität aufweisen, sind Moltmanns Erwägungen stärker geerdet, gerade dadurch, dass sie, wie oben skizziert, einen konkreten kirchen- und theologiekritischen Impuls abgeben. Vor diesem Hintergrund ist die Frage, wie vom Juden Jesus von Nazareth als dem Christus christologisch verantwortlich und nicht antijüdisch behauptet werden kann, dass durch ihn die Israel gegebenen Verheissungen auch den Christinnen und Christen gelten, folgendermassen zu beantworten: Christliche Theologie und Kirche müssen sich der Verantwortung, die sie Israel gegenüber haben, bewusst sein, wenn sie an den Juden Jesus als Messias glauben wollen. Denn der Glaube an Jesus als Messias impliziert,

---

144 Vgl. Moltmann: *Weg*, 225.
145 Vgl. ebd., 227.
146 Vgl. ebd., 232.
147 Vgl. E II, 116f.

dass die Glaubenden Teil der Messiashoffnung Israels sind. Nur so, im Bewusstsein dieser Verantwortung Israel gegenüber, können christliche Theologie und Kirche in Beziehung zu Israel treten, das selber eine Messiashoffnung hat. Diese Verantwortung ist in erster Linie eine ethische, welche ihre konkreten Anweisungen aus den Geboten Israels und der Verkündigung Jesu erhält. Ausserdem ist es aber auch eine eschatische Verantwortung, denn sie hofft mit Israel auf das Erscheinen, Erlösen und Vollenden desselben Gottes (in den letzten beiden Fällen als *genitivus objectivus* und *subjectivus*) und sieht sich darin getragen von der Verheissung dieses Gottes. Umgekehrt bedeutet hier Israelvergessenheit von christlicher Theologie und Kirche eine Loslösung aus der Verantwortung Israel gegenüber. So laufen sie Gefahr, selbstgenügsam und selbstbezüglich zu sein.

3.5.2 Die in Jesus gegebene Friedensethik als Weg aus christlicher Israelfurcht?

Gegen Ende des ersten Eschatologiebandes wird Marquardt konkret, indem er das «Zukunftsleben Jesu», das den Christinnen und Christen in Jesus begegnet, als ein Leben charakterisiert, das eintritt «in die Mitte von Jesus-Freunden, die durch ihren φόβος τῶν Ἰουδαίων sich verriegelt haben auch vor Jesus selbst; und mit dem Wunsch des Schalom, der er selbst ist, indem er in ihre Mitte tritt, erweckt er ihre eschatologische χαρά und überwindet damit ihre Judenfurcht»[148]. Die latente Berührungsangst, die nach wie vor zwischen christlicher Theologie bzw. Kirche und Israel besteht, muss überwunden werden, wenn sich christliche Theologie und Kirche auf den Juden Jesus als ihr Fundament berufen wollen. Nur so können sie wirklich einerseits aus der Kraft der Verheissungen Israels leben und gleichzeitig ihre Verantwortung Israel gegenüber wahrnehmen, ein Teil der Erwählten aus den Völkern auf dem Weg zum eschatischen Messias zu sein und Israel dadurch den Weg zum Messias zu weisen.

Ist ein möglicher Weg, eine christliche Israelfurcht zu überwinden, die Friedensethik? Für Marquardt ist sie zentral, denn ohne sie steht Jesus nicht in der Mitte: «*Wir haben das neue Leben, auch Jesum, nicht in unserer Mitte [...], wenn wir nicht mit Juden im Frieden leben.*» Weil Israel der «Augapfel Gottes» (Dtn 32,10) ist, schliesst Marquardt daraus: «*Ohne Israels Frieden inmitten der Völker kein Frieden in der Welt.*»[149]

Die Friedensethik ist im Judentum von zentraler Bedeutung. Walter Homolka beschreibt die jüdische messianische Friedenshoffnung als gleichzeitig universell und individuell:

---

148 Vgl. E I, 421f.
149 Vgl. ebd., 423.

> «Das Friedenspostulat, das sich im Wort *Schalom* manifestiert, beinhaltet nicht nur einen politischen Zustand, sondern geht von dem Frieden als Grunderfahrung und Sehnsucht des einzelnen Subjekts aus, woraus sich die Konsequenz ergibt, Frieden mit dem Gegenüber zu schliessen, was letztlich zum Frieden im Gemeinwesen führen soll und in einem universalen Friedenszustand der gesamten Schöpfung enden wird. Nach jüdischem Verständnis orientiert sich das gesamte Leben und Handeln jedes Einzelnen an der Verwirklichung dieses grossen Ziels auf dem Weg zum Messianischen Zeitalter.»[150]

Im «Zentrum der biblischen Friedenshoffnung» steht laut Homolka die Hoffnung auf «die Macht Gottes und seine Durchsetzung als Weltautorität». Diese Hoffnung ist «eng mit dem Gebot sittlichen Lebenswandels» und der «Forderung nach Sittlichkeit, nach Heiligkeit (Lev 19,2)» insbesondere mit der «Betonung der Gemeinschaftstugenden ‹Recht› und ‹Gerechtigkeit›» verbunden. In den rabbinischen Quellen ist der Frieden «zum höchsten Ideal sowohl im zwischenmenschlichen Bereich als auch unter den Nationen» geworden. Dabei ist «das Individuum als wichtiger Schritt hin zum Frieden endgültig in den Mittelpunkt der Glaubensausführung gerückt».[151] Im 20. Jahrhundert ist, prominent bei Leo Baeck, die «Nächstenliebe, die sich ausdrücklich auch auf den Feind bezieht, [...] zentraler Begriff» der Friedenstheologie geworden. Baeck interpretiert die Nächstenliebe als «‹nicht hassen›», was «im Judentum mit dem Begriff der ‹Messianität› umschrieben wird».[152]

> Der Alttestamentler Manfred Oeming beschreibt den Friedensbegriff im Alten Testament als aus zwei Gründen komplex und umstritten: Einerseits, weil das Alte Testament «kein *pazifistisches Buch*, sondern ein realistisches» ist. Deshalb beschreibt es z. B. die «Bewahrung der Freiheit, der Gerechtigkeit der nackten Existenz [...] oder der ungehinderten Religionsausübung» als legitime Kriegsgründe. «Man muss eine enge Verbindung von *Gott und Krieg* konstatieren.» Andererseits, weil das Alte Testament «*sehr unterschiedliche Modelle*, wie Frieden erreicht werden soll» kennt: Den politischen Weg, der auf die Möglichkeiten des politischen Handelns setzt; den weisheitlichen Weg, der von allen Menschen das Einhalten von Weltordnung und ethischen Gesetzen bedingt; den kultischen Weg, der mit der Wegnahme von Sünde rechnet; den eschatologischen Weg, der mit der menschlichen Nichtmachbarkeit von Frieden rechnet und deshalb auf endzeitliche göttliche Neuschaffung hofft. Bei aller Verschiedenheit dieser Modelle fällt auf, dass ihnen eine «besondere Zuspitzung auf Israel» gemein ist.[153] «Da in einer konfliktgeladenen Welt nicht alle gegenläufigen Interessen befriedigt werden können, hätte der Begriff auch ein Element der Erwählung und Parteinahme Gottes. ‹Frieden über Jerusalem/Israel› würde bedeuten, dass alle Ansprüche und Bedürfnisse dieser Gruppe abgegolten werden sollen – freilich auf Kosten anderer Gruppen.»[154]

---

150 Homolka: *Frieden*, 566.
151 Vgl. ebd., 571f.
152 Vgl. ebd., 575.
153 Vgl. Oeming: *Frieden*, 126–128.
154 Ebd., 128.

Das friedensethische Ziel, das Marquardt, christologisch begründet formuliert, liegt auf derselben Linie wie die hohe Wichtigkeit der Friedensethik im Judentum. Marquardts eschatologisch-utopische Friedensidee muss sich jedoch von den differenzierenden, aber realistischeren und deshalb auch menschlicheren friedensethischen Konzepten, wie sie Homolka, Lapide und auch Oehming formulieren, ins Wort fallen und anregen lassen. Keinesfalls ist von christlicher Theologie und Kirche eine naive Friedenshoffnung zu fordern, genauso wenig, wie die Friedensethik ganz ignoriert werden kann. Vielmehr muss gefragt werden, welche illusionslosen und doch hoffnungsgeladenen friedensethischen Perspektiven sich der christlichen Theologie und der Kirche eröffnen. Vielleicht können christliche Theologie und Kirche das doppelte verheissungs- und verantwortungsvolle Beziehungsgeschehen zu Israel und zu Christus darin konkret leben, dass sie sich trotz aller vermeintlicher Aussichtslosigkeit überhaupt friedensethische Ziele stecken und auf dem Weg zu diesen Zielen als ersten Schritt aus Selbstverliebtheit und -bezüglichkeit ausbrechen müssen.

Marquardts Forderung, «*mit Juden in Frieden leben*»[155] könnte vor diesem Hintergrund bedeuten: Der weltweit real existierende Unfrieden, gerade auch im Staat Israel, darf Theologie und Kirche nicht dazu bewegen, friedensethische Gedanken ganz zu unterlassen. Gleichzeitig müssen sie sich der Mächte, die sich realiter und leider all zu oft erfolgreich gegen Friedensbemühungen stellen, gewahr sein. Ausserdem muss der Vieldimensionalität des hebräischen Schalombegriffs Rechnung getragen werden, was die Friedensethik in einen vielgestaltigen und -bezüglichen Horizont stellt: Z. B. Frieden nicht nur als Abwesenheit von Krieg, sondern als Zustand von Ganzsein von Beziehungen. Frieden als konstruktives Miteinander verschiedener Parteien in der Sache, gleichzeitig aber ungetrennt und unvermischt in ihrem jeweiligen Wesen. Frieden als universale Hoffnung, gleichzeitig aber auch als individualethischen Imperativ.

3.6 Im Blick auf das kommende Gericht

Für Marquardts Gerichtsvorstellung charakterisierend ist, dass das kommende Gericht die Menschen bereits jetzt anmahnt, nach Gott zu fragen, im Frieden zu leben und so Gott zu bestätigen.

Sie regt ausserdem dazu an zu fragen, ob nicht das Gebet ein möglicher Weg speziell für die Kirche ist, die Bestätigungsbedürftigkeit Gottes christlich verantwortet zu leben.

Ferner impliziert die enge Israelverbindlichkeit von Marquardts Gerichtsauffassung, dass auf dem Richterstuhl ein Gott sitzen wird, der sich selbst an Israel gebunden hat und

155 E I, 423.

deshalb diese Beziehung im Gericht rechtfertigen muss. So werden dort Beziehungen bereinigt werden können.

3.6.1 Mahnt das Gericht die Menschen, schon jetzt im Frieden zu leben?

Marquardts These, die das Gericht als «Lebens-Krise» und als «Beziehungsgeschehen» sieht,[156] ist ein anschlussfähiger Ansatz, umstrittene und vielschichtige Eschata in Theologie und Kirche zeitgemäss und verantwortet gegenüber jüdischen und universalistischen Auffassungen zu interpretieren. Einerseits die Tatsache, dass Himmel und Hölle jüdischerseits theologisch eine weniger bedeutsame Rolle spielen als in christlichen Traditionen, und andererseits der Umstand, dass christlicherseits kein Konsens über die Art und Weise des Ausgangs des Gerichts besteht, bilden das unebene Terrain, auf dem Marquardt eine Eschatologie aufbaut, die anschlussfähig und hoffnungsvoll ist. Das Motiv der Selbstrechtfertigung Gottes schliesslich erleichtert universalistischen und religionskritischen Ansichten den Zugang zu einer eschatischen Gerichtsvorstellung.

Im Alten Testament, so der Systematiker Veli-Matti Kärkkäinen, werden die Themen «death» oder «afterlife [...] only marginally and occasionally» erwähnt. Und selbst dort, wo diese Themen auftauchen, beziehen sie sich weniger auf eine individuelle, sondern viel mehr auf eine nationale Hoffnung und auf Adonajs Intervention in den Kosmos. «This-worldly blessings from Yahweh are at the center of the Israelite religion.» Auch die Rolle Adonajs als Richter bezieht sich auf die Errichtung irdischer Gerechtigkeit. Anders verhält es sich im rabbinischen Judentum: Im Talmud und auf ihn bezogenen Schriften sind zahlreiche eschatische und apokalyptische Spekulationen zu finden. Den Grund für «the rise of eschatological impulse» sieht Kärkkäinen mit David Novak in der Frage, warum Menschen, die an Adonaj glauben, leiden müssen.[157]

Dass eschatologische Modelle auf der Leidenserfahrung und der damit verbundenen Theodizee-Frage beruhen, hängt eng damit zusammen, dass jüdischerseits davon ausgegangen wird, dass das Halten der Gebote den Weg zum Heil eröffnet. «Following the Torah is the key.»[158] Marquardt ist einerseits ganz auf dieser Linie, weil er das Gebot der Verheissung voranstellt. Darüber hinaus ist er für gegenwärtige jüdische Denker und auch für die alttestamentliche Wissenschaft ein anschlussfähiger Gesprächspartner, weil er zwar einen eschatischen Dual bedenkt, aber die Möglichkeit einer Verwerfung weder stark gewichtet noch sie als Folge menschlichen sündigen Handelns sieht. Für Marquardt

156 Siehe insbes. Kap. 2.5.2.
157 Vgl. Kärkkäinen: *Hope*, 41–43.
158 Ebd., 46.

wird ja beiseitegestellt, wer selber, aus eigenem Willen, nicht in der Nähe Gottes sein will.[159]

Marquardt lässt aber offen, worin er mit dem alttestamentlichen Zeugnis einher geht. Das Alte Testament ist selber uneindeutig in der Frage, wie man sich individuelles Leben nach dem Tod vorzustellen hat. Auch im Judentum, das zwar immer an einen Glauben an ein Leben nach dem Tod festgehalten hat, gibt es sehr unterschiedliche Vorstellungen darüber.[160]

Marquardts Gerichtstheologie ist aber gerade vor diesem Hintergrund konkret theologisch und insbesondere auch für die kirchliche Verkündigung ergiebig, weil sie nicht in diesen unbestimmten Eschata verbleibt, sondern auf die konkrete Lebensgestaltung im Hier und Jetzt einwirkt. Obwohl sich Gott im Gericht zuerst selbst rechtfertigen muss und so noch einmal ganz anders eins werden wird, ermahnt nämlich das Beziehungsgeschehen Gericht die Menschen, ihre Beziehungsgestaltung konkret am Frieden auszurichten.

Diese Verbindung zwischen Beziehung und Frieden ist auch bei Herrmann Cohen gegeben:

> «Der Friede Gottes ist ein tieferer Ausdruck als der Bund Gottes. Das Bündnis hat noch einseitig juristischen Charakter. Und das lateinische Wort für Frieden, das in die neueren Sprachen übergegangen ist, gehört dieser Wurzel des Bündnisses an. Selbst das deutsche Wort entspricht dem Gehege, der Einfriedung, die der juristische Schutz vollzieht. Die hebräische Wurzel der Vollkommenheit gibt dem Frieden den eindeutigen Zweckwert. So wird der Friede gleichbedeutend mit dem Prinzip des Zwecks.»[161]

Cohen geht noch weiter und knüpft den Frieden einerseits mit dem Studium der Tora: Die «Freude an der Thora ist der Friede der Seele, die Feste der Zufriedenheit».[162] Andererseits, bezogen auf das hebräische Wort עוֹלָם, stellt er den Frieden in eine eschatische Perspektive:

> «Diese Ewigkeit [עוֹלָם, AZ] ist das wahre Ende der Welt, das Ziel der irdischen Welt. Und zu dieser Ewigkeit hin leitet der Tugendweg des Friedens. [...] Der Friede ist das Wahrzeichen der Ewigkeit und ebenso die Losung des menschlichen Lebens in seinem individuellen Verhalten, wie in der Ewigkeit seines geschichtlichen Berufes. In dieser geschichtlichen Ewigkeit vollführt sich die Friedensmission der messianischen Menschheit.»[163]

Der Zusammenhang zwischen der Tora, deren Befolgung Frieden gebiert, und dem Frieden, der eine eschatische Dimension hat, kann als eine konkrete lebenspraktische Konsequenz der Gerichtstheologie Marquardts gesehen werden. Die nichtjüdischen Menschen sind bei Marquardt ja aufgerufen, gemeinsam

---

159 Siehe E III, 370f.
160 Vgl. Orni, Art. *Afterlife*, EJ, 441.
161 Cohen: *Religion*, 531. Unter «Zweck» versteht Cohen hier das Ziel des Leidens des Messias.
162 Vgl. Cohen: *Religion*, 533.
163 Ebd., 546.

mit Israel zu hoffen, dass Gott, so er will und er lebt, das Reich Gottes herbeiführen wird, welches ja kein anderes als ein Reich des Friedens sein kann. Dieses Friedensreich, das in der Beziehungshaftigkeit Gottes selbst, ausgedrückt in der Trinitätslehre und der Christologie, bereits abgebildet ist, gilt es, nach menschlichen Möglichkeiten bereits im Hier und Jetzt zu verwirklichen. Gerade die kirchliche Verkündigung kann darin ihren Beitragen leisten, indem sie diese Zusammenhänge klar macht.

3.6.2 Konkretisiert das Gebet die Bestätigungsbedürftigkeit Gottes im Gericht?

Die Bestätigungsbedürftigkeit Gottes gehört zu einem israeltheologisch begründeten Hauptcharakteristikum von Marquardts Theologie.[164] Wie kann sie – in der Lebenswelt der Christinnen und Christen und darin speziell in der Kirche – konkret werden, ohne dass Gott vereinnahmt und der Mensch «Herr über Gott» wird?[165] Angeregt durch einerseits Marquardts Zuschreibung, das Gebet sei «Lebensakt»[166] und andererseits seine Grundidee, Theologie dürfe nicht in erster Linie nur Denken[167] sein, sondern müsse sich in konkreten Lebensvollzügen und Kontexten abbilden,[168] sei in dieser Frage auf das Gebet verwiesen.

Marquardt selbst beginnt den ersten Teil seiner Prolegomena mit einem Hinweis auf die selbstbegrenzende Funktion des Gebets: Theologie ist «Ernteversuch» vom verbotenen «Baum der Erkenntnis des Guten und des Bösen» und darum «eine Grenzüberschreitung gegen den Willen Gottes, gestraft mit Kennzeichen von Hybris».[169] «Drum ist es gut, wenn sie [die Theologie, az] betet. Denn wer betet, begrenzt sich. Er bekennt sich als abhängig und angewiesen auf Gott, über den er nicht verfügen kann, er bejaht dabei unüberschreitbare Grenzen seines Vermögens.»[170]

---

164 Siehe hierzu insbes. Kap. 2.5.

165 Diese Doppelkritik äussert Thomas Schieder über die Metaphysik des Hans Jonas, der nach Auschwitz die Gottesfrage stellte. (Siehe Schieder: *Weltabenteuer*, 280.)

166 P, 13.

167 Der «Lebensakt» des Gebets steht in der Theologie vor dem «Denkakt», weil in Christus und dem lebendigen Gott Abrahams, Isaaks und Jakobs ihr Grund gelegt ist. (Vgl. ebd.)

168 So verstehe ich auch das Motto des Kapitels 2: «Versuche, dir deinen Ort zu suchen im Zusammenhang der Geschichte der Kirche, der Theologie, der Gesellschaft, und bestimme deine Fragen innerhalb dieser Kontexte. Entwirf also von vornherein eine Theologie im Kontext, und zwar keine Theologie nur im Kontext der Theologie, sondern im Kontext von Raum und Zeit – so, wie sie dich bestimmen.» (Marquardt: *Werkstattbericht*, 79.)

169 Vgl. P, 12f.

170 Ebd., 13.

Dem Gebet schreibt Marquardt aber nicht nur eine den oder die Betende begrenzende Funktion zu. Es ist, wie gesagt, auch «Lebensakt», denn es verweist auf Gott, «den Grund seines [der oder des Theologietreibenden, az] Lebens»:[171]

> «Im Gebet liefert ein Theologe den Gegenstand seiner Arbeit von vornherein dem Grund seines Lebens aus. Er bittet Gott, dass er ihm nicht zum toten Gegenstand seiner Arbeit werde, sondern auch ihm, dem Theologen, freies, lebendiges, alle eigenen Gedanken übersteigendes, begrenzendes, bewahrheitendes und: widerlegendes Leben bleibt.»[172]

Auch sowohl in der Liturgie wie im Leben des und der einzelnen Gläubigen ist das Gebet ein zentraler konkreter Vollzug des Glaubens, eine sprachliche Handlung in der Welt mit Ausrichtung auf das Transzendente, auf Gott. Beten erfordert eine kognitive Aktion, welche sich in wahrnehmbaren Handlungen bzw. Haltungen zeigt. Es ist Denken und Handeln zugleich.

Laut Dorothee Sölle heisst beten «im Gespräch mit Gott leben»: «Solches Beten besitzt nicht, es wartet. Es hat noch nicht, es will.» Es nagelt Gott auf seine «Versprechungen» fest. Sölle argumentiert sprachtheoretisch weiter: Gebet ist Sprache und Sprache «geschieht [...] immer auf einen anderen hin». «Beten ist antworten, und dass wir antworten können auf die Frage der Liebe, ist unsere ganze Definition.» «Im Gebet setzt sich der Mensch aufs Spiel», weil im Gebet das gesagt wird, «was noch aussteht.» Im Gebet antwortet der Mensch auf den Gott, «der sich in Jesus von Nazareth aufs Spiel gesetzt hat, der seine eigene Zukunft preisgegeben und entäussert hat in die Geschichte der Leute hinein.»[173]

Jürgen Moltmann sieht das Gebet als Ausdruck von Freundschaft, weshalb es nicht nur Bitten und Fordern sein kann, sondern das Mitteilen von Freuden und Leiden sein muss. Beten ist ein Aussprechen mit Gott, gar ein Beraten «in seinem Weltregiment».[174] Moltmann weitet das Beten auf die ganze Schöpfung aus, die «im Atem des Geistes ohne Unterlass» betet.[175]

> «Wo wir im *Geist Gottes* erwachen, nehmen wir auch teil an den Leiden Gottes in und mit dieser Welt und warten auf die Zukunft seiner Erlösung. Beten heisst in dieser Hinsicht nichts anderes, als das zu tun, was die Erde mit allen ihren Lebewesen tut, und das zu tun, was Gott selbst durch seinen Geist in dieser Welt tut. Nicht mehr zu beten, ist etwas Absonderliches, weil sich der stumme Mensch von der schreienden und stöhnenden Erde absondert. Nicht mehr zu beten, bedeutet nicht Wachen, sondern von Gottesferne betäubt zu sein.»[176]

---

171 Vgl. P, 13.
172 Ebd.
173 Vgl. Sölle: *Atheistisch*, 113–117.
174 Vgl. Moltmann: *Quelle*, 122f.
175 Vgl. ebd., 128.
176 Ebd., 129.

Für Moltmann ist das Gebet ein Kommunikationsgeschehen, das eingeübt werden will. Als «Schule des Betens» sieht er besonders die alttestamentlichen Psalmen, nebst dem Gebet Jesu und dem kirchlichen Gesangbuch.[177]

Laut Hannelore Jauss ist Gott «liebesbedürftig». Sie begründet dies mit Hos 1–3 und dem bedürftigen Jesuskind in der Krippe.[178] Jauss weist in der Hinführung ihres detailreichen Buchs darauf hin, dass von Franz Rosenzweig die Liebe im zweiten Teil des *Stern der Erlösung*, in dem nach der Schöpfung und vor der Erlösung die Offenbarung Thema ist, mit der Offenbarung ins Gespräch gebracht wird.[179] Dadurch, dass der Tod «Schlussstein des dunklen Gewölbes der Schöpfung» ist, wird er «zum Grundstein des lichten Hauses der Offenbarung.»[180] Die Liebe muss die Offenbarung davor absichern, «in die Nacht des Geheimnisses» zu versinken. Es braucht zusätzlich zur ersten Offenbarung in der Schöpfung eine zweite, in der Gott gegenwärtig wird.[181] Weil die Seele bekennt, dass der Gott ihrer Liebe Gott ist, «gewinnt auch Gott, der offenbare Gott, sein Sein: ‹wenn ihr mich bekennt, so bin ich.›»[182] Das Gebet ist «[l]etzte Konsequenz dieser Offenbarung».[183] Es «ist das Letzte, was in der Offenbarung erreicht wird». Die Seele «betet um das Betenkönnen, das mit der Gewissheit der göttlichen Liebe ihr schon gegeben ist.» Mit diesem «Betenkönnen» ist ihr aber das «Betenmüssen auferlegt», zumal «um die Vollendung des einst gegründeten Baus und um nichts weiter» gebetet werden muss.[184]

Sölles und Moltmanns Gebetsverständnis, die etwas komplizierte Knüpfung von Offenbarung, Liebe, Bekenntnis und Gebet bei Rosenzweig und die biblisch begründete These Jauss' von der Liebenswürdigkeit Gottes, bieten Grundlage dafür, im Gebet eine lebensverbundene Konkretion der abstrakten Marquardtsche «Bestätigungsbedürftigkeit Gottes» zu sehen. Gerade, weil im Begriff «Bestätigungsbedürftigkeit» der Bezug zu gelebtem Glauben, zu Theologie in der Lebenspraxis, mitschwingt, genügt es nicht, in der Analyse und Problematisierung dieses Begriffs nur theoretisch vorzugehen. Die Ebene der Praxis ist mindestens, wenn nicht prioritär, einzubeziehen.

Können die Menschen nicht gerade im Gebet ihre Verantwortung wahrnehmen, Gottes Bestätigungsbedürfnis zu respektieren und zu befriedigen? Gott als der, der verheisst, ist darauf angewiesen, dass sich Menschen auf diese Verheissungen berufen: «Im Gebet setzen Betende auf Gottes Verheissung und wenden sich an Gott als den, der den Menschen Gutes verspricht, und bei dem man sich

177 Vgl. Moltmann: *Quelle*, 132.
178 Vgl. Jauss: *Gott*, 519, FN 2.
179 Vgl. ebd., 12.
180 Vgl. Rosenzweig: *Stern*, 174.
181 Vgl. Jauss: *Gott*, 12f, dort Verweis auf Rosenzweig: *Stern*, 179f.
182 Vgl. ebd., 15, dort Verweis auf Rosenzweig: *Stern*, 203.
183 Vgl. ebd., 15.
184 Vgl. Rosenzweig: *Stern*, 205f.

darauf verlassen kann, dass er hält, was er verspricht.»[185] Dadurch, dass sich Menschen gerade im Gebet auf Gottes Verheissungen berufen und Gott so an diese Verheissungen erinnern, wird Gott bestätigt.[186]

Mit Gebet ist nicht nur das Gebet des bzw. der Einzelnen gemeint. Alexander Deeg fordert für den kirchlichen Gottesdienst, dass er Ort des gemeinsamen Gebets sei. «[...] Gottesdienst ist Wort-Wechsel zwischen Gott und Mensch oder er ist nicht Gottesdienst».[187] Auch im Gottesdienst können Gläubige ihre Verantwortung wahrnehmen, Gott zu bestätigen. Dabei liegt es in der Verantwortung des Liturgen bzw. der Liturgin, das Gebet als solches klar zu kennzeichnen. Geschieht dies nicht oder zu wenig deutlich, kann der «Wort-Wechsel»[188] nicht stattfinden, weil die Gemeinde nicht weiss, mit wem die Worte gewechselt werden. Ebenfalls in liturgischer Verantwortung steht die Wortwahl und die Adressierung der Gebete, besonders, wenn im Beten Gott bestätigt werden will. Bei Gebeten muss Gott selbst der direkte Adressat sein, sei es in Dank-, Lob- oder Bittgebeten. Wenn ein Gebet aber entweder eine menschliche Adressatenschaft wie etwa die Kirchenleitung, die Gemeinde oder die Pfarrerin hat oder eine persönliche Botschaft des bzw. der Betenden wie typischerweise moralische Appelle, Kirchenfrust oder Selbstoffenbarungen zum Ausdruck bringt, wird dadurch nicht Gott bestätigt, sondern das Kommunikationsbedürfnis eines Menschen befriedigt. Das Gebet als Bestätigung Gottes kann also einerseits Form und Inhalt des kirchlichen Betens entscheidend prägen.

3.6.3 Wie führt der Israelbund zu bereinigten Beziehungen im Gericht?

Marquardt begründet seine Gerichtstheologie mit Israel: Weil sich Gott selbst von Anfang an so eng an Israel gebunden hat und ohne Israel durch die Zeit hindurch gar nicht hätte sein können, muss zwingend in Zukunft Gerechtigkeit wahr werden, denn in der Beziehung zwischen Israel und Gott ist durch die Zeit hindurch Ungerechtigkeit geschehen, welche als solche nicht Bestand haben kann.[189]

An Israel werden Gottes Beziehungsbedürftigkeit und seine Gerechtigkeit sichtbar. Im Umkehrschluss bedeutet dies: Ohne den Israelbund kann Gott end-

185 Dalferth: *Reden*, 97.

186 Biblischerseits sind es vor allem die Psalmen, die diese in Gebete geformte Bestätigung und Bestätigungsbedürftigkeit ausdrücken. Darauf etwa, wie Marquardt als Prediger die Psalmen auslegt und inwiefern diese, vor allem auch jüdisch, exegetisch interpretiert und gottesdienstpraktisch durchlebt werden, kann hier nicht eingegangen werden.

187 Vgl. Deeg: *Gottesdienst*, 55.

188 Ebd., 55.

189 Vgl. insbes. E III, 239f.

zeitlich keine Gerechtigkeit herstellen, weil ohne Israel Gottes Gerechtigkeit nicht geerdet werden kann. Ohne Israel hat Gottes Gerechtigkeit kein menschliches Angesicht.

Wenn also die Gerechtigkeit Gottes geschaut werden will, muss Israel in den Blick genommen werden, was wiederum für die nichtjüdischen Menschen nur über die Tora, die Völkertora und über Jesus als dem Juden geschehen kann. Wird das Gebot Gottes befolgt, liegt darauf die Verheissung, im Gericht nicht beiseitegestellt zu werden.

Diese Koppelung von Gerechtigkeit und Tora verhindert, dass etwas als Gottes Gerechtigkeit betrachtet wird, was eigentlich menschliche Gerechtigkeit ist. Sie verhindert, dass auf dem Richterstuhl ein Mensch, eine Ideologie oder eine Religion sitzt, und sie weist radikal darauf, dass die Grundlagen, auf welchen dort Recht gesprochen wird, bereits in der Tora und im Leben des Juden Jesus von Nazareth, gegeben sind.

Kein anderer Kodex wird jemals als Grundlage göttlicher Gerechtigkeit verwendet werden, als der, der in Israel und durch Jesus von Nazareth bereits gegeben ist. Das heisst, dass andere Kodizes – seien es beispielsweise bürgerliche oder sozialistische – aufgrund derer Menschen andere Menschen richten, dort nichts verloren haben. Es ist die Aufgabe der kirchlichen Verkündigung, auf diesen in Israel und Jesus von Nazareth gegebenen Kodex zu verweisen.

Eine weitere Aufgabe ist es, zu zeigen, dass im Gericht das Sündenzählen nachrangige Bedeutung hat. Vielmehr kommt dort die Werkbeziehung mit Gott in den Blick. Dass es beim Tun der Werke um Gott geht, belegt Marquardt mit Mt 25,31–46: Hungrige speisen, Durstige tränken, Fremde beherbergen, Nackte kleiden, Kranke und Gefangene besuchen: «in der Tiefe von alledem» wurde durch diese guten Taten «*Jesus geholfen*». Dieses Schema folgt «urjüdischer Tradition», denn laut den Rabbinen können die Menschen Gott dadurch nachfolgen, indem sie «*Handlungen Gottes* folgen»: Gott hat Nackte gekleidet (Adam und Eva), hat Kranke (Abraham unter der Terebinthe von Mamre) und Trauernde (Jizchak) besucht.[190] Diese göttlichen Taten sind die Werke, die der Mensch nachahmen soll und nach denen er im Gericht gerichtet werden wird – unter dem Vorbehalt der Selbstrechtfertigung Gottes: Letztlich bleibt doch aber ungewiss, wie genau Gott richten wird, denn er «will und wird noch einmal anders eins mit sich selbst werden, als wir es bisher erfahren».[191]

Die «*Werkbeziehung*»[192] wird also im Gericht, das im Israelbund gegründet ist, zur Sprache kommen, denn «*Bundesbeziehung ist Werkbeziehung*»[193]. Gericht ist Beziehungsgeschehen, wie der Bund und wie die Werke auch Beziehungsgeschehen sind. Nicht Satz- sondern Tatgehorsam wird abverlangt. Diese Perspektive korri-

190 Vgl. E III, 243f.
191 Vgl. ebd., 212.
192 Ebd., 241.
193 Ebd.

giert traditionelle und bisweilen gängige christliche Gerichtsvorstellungen, die einerseits dem Gericht einen bestimmten Moralkodex zugrunde legen und andererseits den Sinn guter Taten darin sehen, sich etwa den Himmel zu verdienen oder die drohende Strafe Gottes abzuwenden.[194]

In jüdischer Eschatologie ist «Yahweh's role as judge [...] also by and large envisioned in relation to earthly affairs, particularly with the establishment of justice and righteousness.»[195] Marquardts jüdisch inspirierte Gerichtsvorstellung regt an, die grossen Taten Gottes, von denen in der Tora berichtet wird, als Vorbildwerke für die eigenen menschlichen Taten zu nehmen, damit innerweltlich Frieden gestiftet und mehr Gutes getan und damit die Beziehung zwischen Mensch und Gott geheiligt wird.

194 Siehe hierfür den Überblick etwa bei Rahner: *Eschatologie*, 217–251. Marquardts Bundestheologie müsste aus der Sicht reformierter Föderaltheologie hinterfragt werden, da diese den Ursprung des Bundes bei Gott allein sieht.

195 Vgl. Kärkkäinen: *Hope*, 42.

«Nur wollen wir Gott menschlich und nicht unmenschlich erkennen lernen, wollen, dass der ‹wesentlich christlichen› Erkenntnis der ‹Menschlichkeit Gottes› eine menschliche Erkenntnis entspricht. Menschliche Gedanken entstehen aber nur in einem menschlich geführten Leben.»
Friedrich-Wilhelm Marquardt: P, 125.

4 Ausblick: Mit Marquardt über Marquardt hinaus zu einer lebensverbindlichen Theologie und Kirche

Die analytische Herausarbeitung theologischer Grundmotive von Marquardts konsequent israelverbindlicher Eschatologie und das Weiterdenken im Blick auf deren Implikationen für Theologie und Kirche bieten den Grund dafür, in diesem Ausblickskapitel den Fokus wieder zu weiten. Weil nämlich in allen Motiven die Lebensverbindlichkeit eine mehr oder weniger starke Bezugsgrösse ist, lässt sich fragen, inwiefern die Eschatologie Marquardts – wenn nicht sogar seine gesamte Dogmatik – als Grundlage für eine lebensverbindliche Theologie und Kirche dienen kann.

Ausgehend von jedem der fünf im Hauptteil I herausgearbeiteten Motive sei hier je eine ausgewählte Perspektive auf ihre Konsequenzen für eine lebensverbindliche Theologie und Kirche skizziert. Dabei verzichte ich bewusst auf das Einarbeiten von Sekundärliteratur, bleibe Marquardt immanent und konzentriert auf meine eigenen Thesen.[1]

Marquardt nimmt in seiner Dogmatik immer wieder die Theologie als Ganze in den Blick. Es ist nämlich nicht sein Ziel, nur Teilbereiche der christlichen Dogmatik neu auszurichten, indem er sie in die Lebensverbindlichkeit mit dem Gottesvolk Israel und seiner Halacha bringt. Er hat «einen Vorbehalt gegen das ganze Werk der Theologie». Der ganzen Dogmatik Marquardts merkt man auf jeder Seite sein Ringen mit der Theologie an, die sich von der «biblischen Wirklichkeitsordnung» entfernt hat.[2] Jedes Motiv seiner Eschatologie ist deshalb

1 Dieses Ausblickskapitel ist bewusst als vorläufige Skizze gestaltet. In einer Folgepublikation, die sich primär an ein theologisch interessiertes Laienpublikum richten wird, möchte ich das Ansinnen verwirklichen, die lebensverbindlichen Konsequenzen von Marquardts Dogmatik aufzuzeigen, dann in erster Linie im Blick auf konkrete kirchliche Handlungsfelder. Die Perspektive im vorliegenden Kapitel ist grösstenteils auf die Theologie beschränkt und es lässt weitere theologische Referenzen und kirchliche Stellungnahmen aussen vor.

2 Vgl. P, 7f.

geprägt von der grossen und letztlich unbeantwortbaren Frage, wie Gott sei. Alle Denkwege Marquardts arbeiten sich in letzter Konsequenz an der Gottesfrage ab, weshalb seine Theologie entweder nur scheitern kann oder aber prototypisch für theologisches Denken im Wortsinn steht. Marquardt ist sich dieses grossen Spannungsfeldes bewusst, das auch der Rezeption seiner Texte nicht erspart bleibt.

Dieses Spannungsfeld bewirkt, dass Marquardts Theologie entweder wenig bis gar nicht rezipiert, oder aber als produktive und kreative Lieferantin theologischer Impulse für ein Weiterdenken gesehen wird. Ihre Verwegenheit, Widersprüchlichkeit, Unabgeschlossenheit und Selbstständigkeit verbieten es hingegen, dass sich längerfristig ein Kreis glühender Anhängerinnen und Anhänger bilden kann, die sich etwa als Marquardtianerinnen oder Marquardtianer bezeichnen würden. Denn Marquardts Theologie regt auf und deshalb an zum selbstständigen Weiterdenken. Darum ist eine Arbeit, die sich mit Marquardts Dogmatik beschäftigt, nie fertig und ihr Ende kann darum nur ein Ausblick sein.

Entsprechend geht dieses kurze und skizzenhafte Schlusskapitel mit Marquardt über Marquardt hinaus und fokussiert wieder auf die Theologie als ganze und die Kirche als Organisation und Ort der Gläubigen. Dafür leitend ist die Erkenntnis aus der Beschäftigung mit Marquardts Dogmatik, dass sie ihren Blick immer wieder auf das Leben richtet: Weil Marquardt auf einen lebendigen Gott hofft, müssen sich Theologie und Kirche in erster Linie am Leben orientieren. So werden sie ständig von der Frage bewegt, ja getrieben: «Was sollen wir glaubend tun?»[3] Damit nimmt Marquardt den radikalen «Tatvorbehalt» ernst, den er als Vorbehalt jüdischer Gotteserkenntnis sieht.[4]

Dieser Ausblick bleibt fragmentarisch. Er deutet mehr oder weniger holzschnittartig und oft im Konjunktiv Perspektiven an, die in dogmatischen und insbesondere ekklesiologischen Folgestudien geprüft und entfaltet werden können. Ferner bieten sie theologiegeschichtlichen Fragestellungen Nährboden, etwa ob und inwieweit es bereits entsprechende ekklesiologische Überlegungen oder gar konkrete Kirchenmodelle gegeben hat, die für heutige ekklesiologische Herausforderungen fruchtbar gemacht werden können.

---

3 Vgl. P, 187.
4 Vgl. ebd., 241.

4.1 *Standpunkt: Die Lebensverbindlichkeit als impliziter* cantus firmus *von Marquardts israelverbindlicher Eschatologie*

Schon im Vorwort des ersten Eschatologiebandes deutet Marquardt sein Ansinnen, lebensnahe Eschatologie zu treiben, an: «Im Folgenden wollen wir unser Bestes versuchen, dem Hoffen der Menschen das Wort zu reden [...]. Denn Hoffen ist menschlich, weil wir es nötig haben, uns über den Augenblick hinaus etwas Besseres vorstellen und versprechen zu können.» Danach zählt er gegenwärtig existierende Missstände auf: Hunger, Vergewaltigung, Gewalt, Aussichtslosigkeit, Fremdenhass, Feigheit, falsche Zurückhaltung der Kirchen im wohlhabenden Westen. Marquardts Eschatologie steht im Dienste der Hoffnung, dass «all das» nicht sein soll.[5]

Darum soll, wie Marquardt in der Einleitung zum ersten Eschatologieband schreibt, Eschatologie «*Lehre von der Weltrevolution*»[6] sein – nicht zuletzt auch deshalb, weil Christinnen und Christen «nicht andere Himmel und eine andere Erde, sondern *neue* Himmel und eine *neue* Erde» erwarten.[7] So beklagt Marquardt:

> «Der Aspekt der Weltrevolution ist verschwunden und zurückgestellt hinter Probleme des Denkens. Wir können sagen: *Der ethische Ermutigungszusammenhang, den Eschatologie in den biblischen Verheissungen zweifellos überall hat, ist verdrängt worden von intellektuellen Problematisierungen der Zukunft überhaupt*, und statt zukunftsträchtig zu leben – das ist u. E. der praktische Sinn aller christlichen Eschatologie –, lehrte Eschatologie je länger je mehr: die Zeit richtig denken.»[8]

Marquardt will nicht eine «*Jenseits- und Individual-Eschatologie*»[9] entwerfen, sondern eine, die auf dem Prinzip ruht, dass christliche Hoffnung der Erfahrung «der Verheissung und *den Verheissungen Gottes*» entspringt. Weil christliche Eschatologie aber «geschüttelt wird von der *Fraglichkeit Gottes*: ob in seinem Namen umlaufende Versprechungen irgendwie begründet sein möchten oder nur grundlose Illusion», muss sie die Frage beantworten, «ob es also Sinn macht, auf Selbstversprechungen von so etwas wie Gott, und gar von dem biblisch bezeugten Gott zu setzen.»[10]

> «In Konsequenz dieser spezifischen Fraglichkeit muss christliche Eschatologie gipfeln in dem tollkühnen Versuch, Gott zu behaupten. [...] Eschatologie in diesem Sinne nennen *wir* also weder Lehre von den letzten Dingen noch von letzten Ereignissen, sondern Lehre von dem, was wir Menschen zuletzt – hoffentlich in Anbetung, Lob

5 Vgl. E I, 13.
6 Ebd., 19.
7 Vgl. ebd., 18.
8 Ebd., 22.
9 Ebd., 26f.
10 Vgl. ebd., 28.

> und Dank – zu sagen lernen und was wirklich auch das Letzte ist, weil es *der* Letzte ist, der Eschatos, also: *Lehre von Gott.*»[11]

Diese grundlegenden Beschreibungen dessen, wie Marquardt Eschatologie versteht, begründen die These, dass die Lebensverbindlichkeit, ohne dass der Begriff hier explizit begegnet, den *cantus firmus* seiner Eschatologie darstellt. Denn wenn Eschatologie als «*Lehre von der Weltrevolution*»[12] in Marquardts Sinne Gotteslehre sein muss, hat sie zur Aufgabe, einem lebendigen Gott das Wort zu reden, weil Gott mit dieser Welt in Verbindung steht und deshalb nicht reine Abstraktion sein kann.

Der Begriff «Lebensverbindlichkeit» taucht zum ersten mal in Marquardts Dogmatik im Prolegomenaband auf. Dort postuliert er, dass Theologie «neue Lebensverbindlichkeiten» eingehen muss, wenn sie auf «die Bibel als Zeugnis vom Wort und Willen des lebendigen Gottes» gründen will, «die in ihrer Denkart uns Unmenschlichkeit verhindern lehrt». Die «christliche Schriftauslegung» und auch das Neue Testament «stehen unter Anklage der Judenfeindschaft und damit der Unmenschlichkeit». Vor diesem Hintergrund fordert Marquardt von der Theologie, neue, menschliche Denkwege zu beschreiten, die von neuer Lebensverbindlichkeit geleitet wird.[13]

> «Wenn wir von neuen Lebensverbindlichkeiten als Voraussetzungen neuen Denkens sprechen, meinen wir eine in diesem Sinne ‹leibliche› Kommunikation mit Menschen. Von einer solchen Beziehung erhoffen wir jene Sensibilität und Berührbarkeit, die wir im Geistigen allein verloren haben. Leibliche Lebensganzheit hindert uns, vom Judentum zu sprechen – an tote und lebendige Juden dabei aber nicht zu denken.»[14]

Die Verbindlichkeit «tote[n] und lebendige[n] Juden»[15] gegenüber zieht sich durch die gesamte Dogmatik Marquardts: In den Prolegomena insbesondere in der These, evangelische Theologie als «Evangelische Halacha» zu verstehen, um so nahe wie möglich an «*jüdischer Halacha*» zu stehen.[16] In der Christologie im «Judesein Jesu», denn «der ‹vere homo› ist Jude», weil die Geschichte des Herkommens der Menschen von Gott «auf ihre Teilhabe an der Geschichte Israels» hinausläuft. «Die ‹wahren Menschen› sind zuerst einmal die von Gott erwählten und in seine Dienste berufenen Juden.»[17] In der Utopie im «christlich-jüdischen Verhältnis», im dem «vor allem die *Welt*verantwortung der Christen, besonders für einen neuen Himmel, eine neue Erde, ja auch: einen neuen Menschen zur Diskussion» stehen. Das jüdische «Nein gegen die kirchliche

---

11 E I, 28f.
12 Ebd., 19.
13 Vgl. P, 151f.
14 Ebd., 155.
15 Ebd.
16 Vgl. ebd., 166.
17 Vgl. C I, 139.

Botschaft von der *Erfüllung* aller Gottes-Hoffnungen und der schon begonnenen Weltvollendung im Christus-Heil» öffnet Christenmenschen die Augen dafür, «Diesseitsverantwortung» wahrzunehmen und sich der «noch nicht erlösten Welt» nicht widerstandslos anzupassen.[18]

Weil sich die Lebensverbindlichkeit durch Marquardts gesamte Dogmatik zieht, können die im *Hauptteil I* herausgearbeiteten Motive von Marquardt Eschatologie auf ihre lebensverbindlichen Perspektiven hin untersucht werden. Aus jedem der fünf Motive skizziere ich nachfolgend eine Perspektive im Blick auf Theologie und Kirche.[19]

4.2 Perspektive I: Die doppelte Fraglichkeit als Grund für ein Gott bezeugendes Handeln

Dass die Schoa mit all ihren Abgründen und Fraglichkeiten Ausgangspunkt von Marquardts Theologie ist, zeigt, wie lebensverbindlich Marquardt denkt: Er nimmt die real existierende Fraglichkeit menschlichen Handelns theologisch ernst. Gleichzeitig rechnet er mit einem Gott, dessen Fraglichkeit durch die konkret erlebte Schoa augenfällig geworden ist. Diese doppelte Fraglichkeit stellt aber die Theologie nicht etwa auf ein Abstellgeleise, sondern hebt sie ganz neu auf den Leuchter, weil sie die Aufgabe hat, die fraglich-wirkmächtigen Taten der Menschen, die es ja beinahe geschafft hätten, Gottes erwähltes Volk auszulöschen, in ein Zusammenspiel mit einem fraglich-hoffnungsvollen Gott zu bringen, der hoffentlich trotz allem lebt, weil auch Israel lebt – entgegen allen wirkmächtigen Auslöschungsversuchen, seitens von Christenmenschen notabene.[20]

Weil Gott fraglich ist, ist er auf das tatkräftige und hoffnungsgeladene Bezeugen bzw. Bestätigen der Menschen angewiesen. Marquardt spricht deshalb von der «Bestätigungsbedürftigkeit Gottes»[21]. Im wirkmächtigen und hoffnungsvollen Tun der Menschen wird Gott selber als Gott bezeugt, denn in der Hoffnung auf Gottes neuschaffendes Handeln in Zukunft liegt der Antrieb für jegliches hoffnungsvolles menschliches Handeln in der Gegenwart. Eschatologie ist nach Marquardt also immer auch «christliche *Lehre von der Weltrevolution*»[22], also alles andere als ein abstraktes dogmatisches Lehrstück.

---

18 Vgl. U, 7.

19 Hier müsste geklärt werden, wie die israelverbindliche Eschatologie Marquardts die Grundlage einer lebensverbindlichen Theologie im Allgemeinen darstellt, die ja mit einer nur lebensnahen Theologie nicht hinreichend beschrieben ist.

20 Siehe hierzu insbes. Kap. 2.1.

21 Siehe hierzu insbes. Kap. 0.3 und 3.6.2.

22 E I, 19.

Eine so verstandene Eschatologie stellt der Theologie die Frage, welche hermeneutischen Möglichkeiten sie bietet, gegenwärtig «*Lehre von der Weltrevolution*»[23] zu sein. Welche Möglichkeiten hat sie, der Welt glaubwürdig Gott zu bezeugen? Etwa dadurch, «*Orientierungswissen*»[24] zu verschaffen? Oder reicht es, wenn sie sich, wie die Kirche schon lange und aus gutem Grunde, herrschafts- oder kapitalismuskritisch äussert? Bezeugt sie Gott dadurch, dass sie problematische globale Grosstendenzen kritisch hinterfragt?

Damit Theologie und Kirche gerade wegen der doppelten Fraglichkeit Gott in der Welt bezeugen können, brauchen sie gleichzeitig Demut und Mut: Demut, weil einerseits Theologie und Kirche selber fraglich und die Herausforderungen, denen sie sich stellen müssen, schwierig sind. Mut, da sie von ihrer ureigensten menschlichen Fraglichkeit zum diesseitigen Zeugnis Gottes gedrängt werden.

Gerade in dieser Gott bezeugenden und darum bestätigenden Diesseitsorientierung sieht Marquardt das Jüdische und das vom Judentum lernende Orientierende, Weg Weisende für christliche Theologie. Es ist zwar nicht im eigentlichen Sinne ein Charakteristikum reformierter Theologie oder eines reformierten Kirchenverständnis. Gleichwohl leuchtet diese jüdische Anliegen ein, weil es eine Verbindung zum konkreten Leben schafft und ihr Zeugnis deshalb konstant von der Wirklichkeit hinterfragt wird.[25]

Theologie spielt sich nicht nur in der Studierstube und im universitären Hörsaal ab, sondern in den konkreten Wechselfällen des Lebens. Sie darf sich nicht aufs viele Büchermachen konzentrieren, sondern muss Lebensverbindlichkeit beweisen, indem sie nicht sich selbst, sondern Fragen, die das Leben stellt, als Ausgangspunkt ihrer Arbeit nimmt. Ist Theologie rein selbstbezüglich, kann sie nur sich selbst, nicht aber Gott bezeugen. Marquardt lehrt die Theologie, die Herausforderung der lebensverbindlichen Kontextualisierung nicht zu scheuen, denn sie nimmt ihre Kraft nicht aus sich selbst, sondern aus ihrer Hoffnung auf den lebendigen und zukunftsträchtigen Gott. Dieser hält auch der Theologie Zukunft offen, wenn sie sich auf die Lebensverbindlichkeit einlässt.

In ekklesiologischer Hinsicht kann gefragt werden: Wie lebt die Kirche ihre Verkündigung, ihren religiösen Bildungsauftrag, ihr Zeugnis in der Welt, ihren Gottesdienst lebensverbindlich? Wie bezeugt sie Gott? Wie geht sie mit der real existierenden Fraglichkeit Gottes um? Worauf beruft sie sich? Hält sie Gott am Leben, indem sie immer wieder neu nach ihm fragt? Oder ist die Kette des Fragens längst abgebrochen, die lebensverbindliche Gemeinschaft begraben unter leerem Tradieren und krampfhaftem Erhalten? Welches Gottesbild zeigen ihre Strukturen, ihre Gotteshäuser, die Wortwahl ihrer Stimme im kirchlichen Raum selbst und in der Öffentlichkeit?

---

23 E I, 19.

24 Siehe Mittelstrass: *Glanz*, 19.

25 Hier könnte geprüft werden, inwiefern diese Diesseitsorientierung im reformierten Wächteramt gegeben ist.

Marquardts lebensverbindliche Theologie fordert Theologie und Kirche nicht zuletzt heraus, sich immer wieder und immer wieder neu die Gottesfrage zu stellen. Welchen Gott bezeugen wir? Über welchen Gott denken wir im Wissenschaftsbetrieb nach? Wie ist der Gott, an den wir glauben, auf den wir hoffen – oder umgekehrt: an den wir nicht glauben und auf den wir nicht hoffen können? Beide, Theologie und Kirche stehen nämlich in der Gefahr, ‹Gott› als Worthülse zu verwenden. Das Leben mit seinen Fraglichkeiten und Herausforderungen an Theologie und Kirche kann aber Instanzen, die unreflektierte Floskeln im Zentralbestand ihrer Deutungsressourcen führen, nicht ernst nehmen.

4.3 *Perspektive II: Die erlebte Geschichte Israels stellt die Eschatologie an den Anfang der Theologie*

Marquardts Theologie kommt nicht ohne die erlebte, konkrete Wirklichkeit aus. Zu diesem Erlebten gehören die zukunftsweisenden und hoffnungs-geladenen Verheissungen, die Gott in der Geschichte seinem Volk Israel zugesprochen hat. So liest Marquardt die Geschichte Israels konsequent hoffnungstheologisch, also eschatologisch, denn die gottgegebenen und bleibend gültigen Verheissungen weisen in die Zukunft und legen so den Grund für eine hoffnungsvolle, geschichtlich begründete Eschatologie.[26]

Vor diesem Hintergrund kann gefragt werden, ob das konsequente Verweisen Marquardts auf die Geschichte und insbesondere die Geschichte Israels die Theologie nicht dazu führt, ebenso konsequent mit der Eschatologie zu beginnen. Traditionellerweise enden ja dogmatische Entwürfe mit der Eschatologie, während Marquardt bereits in den Prolegomena eschatologisch Theologie treibt, gerade weil er aus einer doppelten Umkehr heraus denkt: Einerseits aus der Umkehr der christlichen Theologie zu Israel, das aufgrund seiner Geschichte eschatologisch perspektiviert ist. Andererseits auch aus der Umkehr zu einem Gott, der seinerseits nur eschatologisch denkbar ist, weil er in sich lebt, «Gott ein Gott-Suchender» ist, der «göttliche Menschenerkenntnis» hat.[27] Gott ist nicht «totes theoretisches Objekt [...], sondern Grund lebendigster Teilnahme».[28]

> «[...] Theologie hat ihren Grund im lebendigen Gott, der als Vater, Sohn und Geist ein volles und das heisst auch: ein erkennendes Leben führt, an dem er von vornherein Menschen beteiligt.» Ein solcher Gott «lebt in den Wechselfällen der Zeit und mischt sich ein in die Widersprüche des irdischen Daseins.»[29]

---

26 Siehe hierzu insbes. Kap. 2.2.

27 Vgl. P, 16. Marquardt verweist hier auf 2Kor 2,10.

28 Vgl. ebd., 17.

29 Ebd., 22f.

Im Blick auf Theologie bedeutet Geschichtlichkeit also nicht etwa, dass die Theologie ihre Blickrichtung nur in die Vergangenheit richten muss. Weil Gott lebt und sich am Leben der Menschen «beteiligt»,[30] hat er auch eine Zukunft.

Beginnt also die Theologie mit der Eschatologie, wird sie den Marquardtschen dogmatischen Prolegomena gerecht. Sie rechnet so auch schon auf der Strukturebene mit einem lebendigen Gott, mit lebendiger Gotteserkenntnis der Menschen, weil sie in die Zukunft gerichtet ist. Die Zukunft hält ja Ungewisses bereit, wie das Leben auch. Gerade aufgrund dieser Ungewissheit ist allein die Hoffnung der «Weg der Zukunft»[31], die wiederum in der Geschichtlichkeit Israels begründet liegt: Weil sich Gott in der Geschichte Israels als ein Gott der hoffnungsvollen Verheissungen zu erkennen gegeben hat, kann heute noch daran geglaubt werden, dass Gott nach wie vor hoffnungsvolle Verheissungen ausspricht, welche die Menschen in die Zukunft tragen. Deshalb ist das Hoffen der Christenmenschen israelgeschichtlich: «*Als Hoffende gehören Christen in den Umkreis der geschichtlichen Verheissungen Gottes an das jüdische Volk und der Versuche dieses Volkes, seiner Zukunft treu zu bleiben. Wir sprechen darum von einer Israel-Geschichtlichkeit des christlichen Hoffens.*»[32]

Grundsätzlich müsste aber abgeklärt werden, inwiefern aus heutiger Sicht die Kategorie der *Geschichte* erhellend ist. Ihr könnten angesichts aufkommender nationalistischer Strömungen, die sich auf ihr eigenes, zum Teil geklittertes Geschichtsbild stützen, regulative Aufgaben zukommen. Gerade eine Theologie, die sich auf eine Geschichtlichkeit des Hoffens beruft, hätte in diesem Diskurs ein menschliches und deshalb lebensdienliches Korrektiv einzubringen, indem sie insbesondere rassistischen hermeneutischen Kategorien solche der Inklusion und der Mitmenschlichkeit entgegenhält.

Marquardt webt die Eschatologie von Anfang an in seine Dogmatik. Er stellt sie nicht nur an den Anfang, sondern macht sie quasi zu deren Fundament und scheut die Berührung mit dieser ungewissesten Teildisziplin der ohnehin ungewissen Theologie nicht. Diese Eschatologisierung aller Dogmatik und damit auch Gottes selbst, spricht dafür, Dogmatik nicht in Sequenzen zu denken, sondern in Zusammenhängen. Genauso wie die Eschatologie weben sich auch Christologie, Pneumatologie, Anthropologie und Schöpfungslehre in den grossen einen dogmatischen Text ein. Die verschiedenen dogmatischen Teildisziplinen gesellen[33] sich zueinander, bedingen sich gegenseitig und ergeben immer nur in diesem Zusammenspiel ein lebendiges Ganzes.

Berechtigterweise muss sich Marquardt die Frage gefallen lassen, ob diese Eschatologisierung der Theologie mit jüdischer Theologie vereinbar ist. Liest das

---

30 Vgl. P, 22f.

31 Siehe das Thema des § 1 von E I: «Hoffnung – der Weg der Zukunft».

32 Vgl. E I, 31.

33 Die «Gesellige Gottheit» Kurt Martis steht diesem Gedanken Patin. (Siehe insbesondere *Kurt Marti: Die gesellige Gottheit. Ein Diskurs, Stuttgart 1989.*)

Judentum die Geschichte Israels eschatologisch? Wie wichtig ist Eschatologie im Judentum, in der schriftlichen und mündlichen Tora? Gleichwohl weist Marquardt Theologie und Kirche darauf hin, die Eschatologie nicht zu vergessen. Dadurch, dass er die Eschatologie die Dogmatik fundieren lässt, ruft er auch die Kirche aus einer Eschatologievergessenheit heraus. Und dies speziell dadurch, indem er die Israel-Geschichtlichkeit als Grund für die Eschatologisierung der Theologie nimmt. So ist die Eschatologisierung der Dogmatik kein rein theologisches Prinzip, sondern hat einen Anhalt im Leben – konkret darin, wie die erlebte Geschichte theologisch gedeutet wird.

Für die Kirche könnte die Eschatologisierung der Dogmatik bedeuten, dass sie eschatologieverbindlicher wird. Konkret heisst das, dass sie, weil sie die Geschichte hoffnungstheologisch liest, zunehmend zu einem Ort der Hoffnung wird, in dem den Menschen eine Hoffnungsperspektive aufgezeigt wird, die über eine Selbstvergewisserung oder einen Traditionserhalt hinausgeht. Indem das Leben eschatologisch gedeutet wird, entsteht eine Zukunftshoffnung, die zu verkündigen, zu leben und anzumahnen Aufgabe der Kirche ist. Kirche könnte so zu einer Institution der Hoffnung werden. Sie würde ganz auf dem Boden der Geschichte stehen, die sie hoffnungstheologisch deutet, und gleichzeitig in ihrem Reden und Handeln ihre Zukunftshoffnung ausdrücken.

Die Geschichtsverbundenheit würde sie von weltfremdem oder naivem Zukunftsoptimismus abgehalten, indem sie ihre Hoffnung geschichtsverbindlich begründet. So könnte sie auf das Fundament der Verheissung gestellt werden, das sie in allen vor allem gesellschaftlichen Anfechtungen trägt: Bedeutungsverlust, Ressourcenverknappung, Mitgliederschwund, Marginalisierung, Bürokratisierung.

Das Herausfinden aus der Eschatologievergessenheit kann der Kirche auf allen ihren Ebenen Kraft geben, denn in den existenziellen Umwälzungen, in denen sie steckt, würde ihr Blick auf ihre zentralste Aufgabe gerichtet bleiben: Den Menschen die Geschichte der Hoffnung vorleben. Spuren der Hoffnung sind ja auch in der Kirchengeschichte viele vorhanden, auch durch den Holocaust hindurch.

Die Besinnung auf die konkret erlebte Hoffnungsgeschichte könnte Form und Inhalte der Kirche charakterisieren: Die Form dadurch, indem sie sich fragt, wie sie sich organisieren muss, damit sie Hoffnungsgeschichte schreiben kann. Machen kirchliche Strukturen gegenwärtig Sinn? Welche Organisationsform trägt und schützt das Anliegen, Ort der Hoffnung zu sein? Welche Strukturen binden Kräfte und lähmen so das geschichtswirksame hoffnungsvolle Wirken? Dadurch, dass die Eschatologie am Anfang der Dogmatik steht, könnte am Anfang jeder Kirchenordnung oder jedes Gemeindereglements die Maxime stehen, dass sich die Kirche laufend darum bemüht, eine Institution der Hoffnung zu sein und deshalb ihre Form immer wieder überdenkt und gegebenenfalls anpasst. Schwerfällige, überkommene und weltfremde Strukturen könnten so hinterfragt und in lebensverbindlichere Formen überführt werden. Konkret könnten so etwa das Territorialprinzip, eine zentralistische Organisation oder die Staatskirchlichkeit daraufhin befragt werden, inwiefern sie der Kirche die Möglichkeit geben, Institution der Hoffnung zu sein. Kirche könnte, dank ihrer Verheissungserinnerung, Kräfte freisetzen, solche Prozesse gehen zu wollen, da ihre existenzielle Grundlage nicht die Strukturen sind, die sie sich selber gegeben hat oder die historisch so gewachsen sind, sondern die Verheissung, dass der lebendige Gott sie in die Zukunft trägt, wie er das in der Geschichte auch schon getan hat.

4.4 *Perspektive III: Geerdete Theologie ist lebensverbindlich, weil sie die* cooperatio dei *ernst nimmt*

Marquardts Knüpfung von Verheissung und Gebot trägt in sich Lebensverbindlichkeit, weil die Reihenfolge der Topoi Verheissung und Gebot hoffnungsvoll in Richtung Leben verheissende Zukunft weist. Die Verheissungen, die an sich lebensverbindlich sind, weil sie vom Leben verheissenden Gott zeugen, weisen auf die Gebote, welche eine Verbesserung der zwischen-menschlichen Beziehung und der Beziehung zwischen Menschen und Gott zum Ziel haben. Die Verheissung ihrerseits weist aufgrund ihres in der Geschichte Israels mehrfach gezeigten Hoffnungscharakters zuversichtlich auf eine zukünftige Lebensgemeinschaft von Mensch und Gott.[34]

Gerade am Beispiel der Landverheissung wird deutlich, dass Marquardts Verheissungsverständnis geerdet ist und er Gottes Verheissungshandeln an die Lebenswirklichkeit Israels und aller Menschen gebunden sieht. Dies gilt nicht nur für biblische Zeiten, sondern auch für die Gegenwart. Das Überleben Israels bezeugt die unverbrüchlichen Verheissungen Gottes. Marquardt versteht Verheissung konkret, geerdet, sie zeigt Handeln Gottes und hat so Offenbarungsqualität.[35]

Darin, dass die Landverheissung anstössig ist – das Land war weder in biblischer noch in jüngster Zeit leer, als es von Israel besiedelt wurde – zeigt sich, dass Gott selbst weder allmächtig noch unberührbar ist. Sein Verheissungshandeln kann anstössig sein, weil es nicht im leeren Raum geschieht, sondern immer Menschen berührt und beeinflusst. Dies hat zur Folge, dass Gottes verheissendes Handeln selbst erlösungsbedürftig ist. Die Menschen sind darum herausgefordert, mit ihrem Tun daran mitzuarbeiten, dass Gottes Verheissungen, und dadurch in logischer Konsequenz, da sie Gott offenbaren, auch Gott selbst von die-

34 Siehe hierzu insbes. Kap. 2.3.1.
35 Vgl. E I, 153f., E II, 188.

ser Anstössigkeit erlöst wird.[36] Zu dieser verantwortungsvollen und zukunftsträchtigen *cooperatio dei* sind Menschen fähig, indem sie die lebensfördernden Gebote Gottes befolgen. Darin liegt auch begründet, dass Marquardt das Motiv der göttlichen Gebote in der Eschatologie verortet. Denn ohne die *cooperatio dei*, ohne das menschliche Halten der Gebote kommen weder Gottes Verheissungen noch Gott selber zum Ziel.

Beides, die *cooperatio dei* und das Halten der Gebote konstituieren Beziehung, weil sie den lebensverbindlichen Gott bezeugen.[37] Lebensverbindliche Theologie hat demnach zur Aufgabe, diese wechselseitige Verbindlichkeit, diese Beziehung, zu reflektieren. Das Geerdet-Sein Gottes verweist die Theologie darauf, selber geerdet zu sein, die Wechselhaftigkeit und Anstössigkeiten des Lebens ernst zu nehmen. Theologie ist nur Theologie, wenn sie bodenständig ist, das heisst, auf dem Boden des Lebens steht und auf diesem, zugegeben nicht selten wackeligen Grund, die Lebensverbindlichkeit der Menschen mit Gott bedenkt.

Für die Kirche wird dies an einer seelsorgerlichen Chance von Marquardts Knüpfung von Verheissung und Gebot konkret: Angesichts von Krisen stellt sich oft die Theodizeefrage. Diese kann zwar mit Marquardts Verheissungs- und Gebotstheologie nicht beantwortet, wohl aber ihrer Aporie entledigt werden, weil Marquardt Gott als existenziell angewiesen auf menschliches Mitwirken sieht. Gott ist weder allmächtig noch bis ins Letzte gerecht, sondern fraglich und anstössig und gerade darin Gott, weil er erst in Zukunft, als Eschatos, als andere und sich selbst Neuschaffender, neue Kompetenzen erhalten wird, zu denen hoffentlich ein sich universal durchsetzendes, aufrichtendes, gerechtes Richten gehört. Es ist also noch nicht mit einem gerechten Gott zu rechnen, wohl aber mit einem, der den Menschen seine Verheissung gegeben hat und damit auch das Gebot, dessen Einhaltung bei der *cooperatio dei* mithilft, den lebensverbindlichen Gott zu bezeugen, ihn so am Leben zu erhalten und ihm dadurch Zukunft zu geben.[38]

Wenn Kirche Ort gelebter *cooperatio dei* – im Sinne eines *genitivus objectivus* und *subjectivus* – sein will, steht sie vor der Frage, welche konkreten Räume sie dafür öffnet. Im Gottesdienst müsste von einem Gott die Rede sein, der auf das Tun der Menschen existenziell angewiesen ist und der sich als mitarbeitende Kraft im Leben der Menschen zeigt. Dieses partnerschaftliche Gottes- und Menschenbild ist christlicher Verkündigung nicht sehr geläufig, weshalb sie sich hier bei jüdischen Quellen inspirieren lassen kann. Es ginge aber nicht darum, etwa synagogale Liturgien zu kopieren oder Gebetstexte unverändert zu übernehmen, sondern Texte jüdischer Bibelauslegung als Gesprächspartner für christliche Bibelauslegung heranzuziehen, zu befragen und zu Wort kommen zu lassen.

---

36 In E II, 201f. skizziert Marquardt den erlösungsbedürftigen Gott.

37 Vgl. E I, 328. Dies geschieht für nichtjüdische Menschen durch das Halten der noachidischen Gebote. Siehe hierzu insbes. Kap. 3.4.2.

38 Hier wäre zu klären, ob sich so nicht die Theodizee- zur Anthropodizeefrage verschiebt.

Auf struktureller Ebene könnte der Cooperatiogedanke so abgebildet werden, dass sich die Kirche nicht hierarchisch, sondern subsidiär und partnerschaftlich organisiert. Einzelne Kirchgemeinden würden deshalb etwa von der Zentralkirche darin unterstützt, ihr eigenes Profil zu finden und in Kooperation mit anderen Gemeinden oder Kirchen zu treten. Die Zentralkirche hingegen würde von den Kirchgemeinden dazu ermächtigt, Kompetenzen auszuarbeiten, die sinnvollerweise zentral ausgeübt werden wie etwa das Anbieten theologischer Beratung, überregionale, nationale, ökumenische und internationale Dialog- und Vernetzungsarbeit, das Bereitstellen von Weiterbildungsangeboten oder Öffentlichkeitsarbeits- und Finanzierungskonzepte.

Auch innerhalb einzelner Kirchgemeinden könnten die Strukturen der Zusammenarbeit den Cooperatiogedanken so wiedergeben, indem den einzelnen Mitarbeitenden egalitäre Positionen zugewiesen werden, damit das Machtgefälle möglichst flach ist. Weder ein Präsidium noch eine Verwaltung oder ein Pfarramt steht so an der Spitze des Organigramms, sondern ein Gremium, in dem alle am Gemeindeleben Beteiligten nach einem diese Realität abbildenden Schlüssel vertreten sind.[39] Die Kirche wäre so auf unterschiedlicher Organisationsebene auf Partnerschaftlichkeit angewiesen, was die *cooperatio dei* strukturell in der innergemeindlichen Verfasstheit abbildet.

Führt man sich eine solche Kirchenstruktur vor Augen, tauchen Probleme auf, wie die Frage nach dem Weg der Entscheidungsfindung, der gerechten Handhabbarkeit von Prozessen, der Verteilung von Kompetenzen in der Mitsprache und der Lenkung der Debatten. Es ist gerade Marquardts Theologie, die zeigt, dass die *cooperatio dei* mehr Fragen aufwirft als sie beantworten kann. Sie ist deshalb der steinigere Alternativweg zu einer Theologie, die klare Strukturen und Definitionen kennt. Ihr grosser Gewinn liegt aber auch im Blick auf ihre Konsequenzen für die Kirche in der Wertschätzung der unterschiedlichsten in ihr tätigen Akteurinnen und Akteure, welche Grund dafür ist, diese zu ermächtigen, sich ins Spiel zu bringen und so tätig mitzuarbeiten.

4.5 Perspektive IV: Jesus öffnet die Geschichte Gottes allen Menschen und fordert deshalb Beziehung lebende Theologie und Kirche

Marquardts Eschatologie ist fundamental auf den Juden Jesus von Nazareth angewiesen, weil nur dieser die Geschichte Gottes mit den Menschen als eine

39 In Ansätzen verfolgt die Berner Kirche ein solches Modell bereits, indem sie sich als Drei-Ämter-Kirche konstitutiert, worin das Pfarramt, das katechetische und das sozialdiakonische Amt einander gleichgestellt sind.

Geschichte Gottes mit allen Menschen möglich gemacht hat. Der Gott der Bibel kann nur dann als Gott gelten, wenn er der Gott aller Menschen ist. Als ein solcher muss er sich zwar eschatisch erst noch erweisen – etwa darin, dass er sich im Gericht als Gott bestätigen wird. Dank dem aber, so Marquardt, dass Israel Jesus von Nazareth als Christus abgelehnt hat, konnte Gott den Weg auch zu den nichtjüdischen Menschen gehen, ohne dabei den Bund mit seinem erwählten Volk aufs Spiel zu setzen.[40]

Für christliche Theologie und Kirche bedeutet diese universelle Dimension Anspruch und Anfechtung zugleich: Der Anspruch besteht darin, dass sie in interreligiöse Beziehungen treten. Die Anfechtung äussert sich in einer Aporie: Das Christentum muss beziehungsfähig sein und gleichzeitig seinen Gott als Gott aller Menschen behaupten. Sobald aber Theologie und Kirche diesen Weg gehen, besteht die Gefahr, dass sie entweder ihren Gott absolut setzen oder ihren spezifisch christlichen Anspruch aufgeben.

Eine Aporie als Grund zum Aufgeben zu nehmen, entspräche aber nicht Marquardts Denkansatz. Vielmehr sollte sie Anlass neuen theologischen Wegfindens sein. Im konkreten Fall der hier auftretenden Aporie könnte dieser Ausweg darin gefunden werden, christliche Theologie und Kirche als existenziell beziehungsbedürftig zu sehen.

In Marquardts Dogmatik spielt das Beziehungshafte auf mehreren Ebenen eine tragende Rolle. Er sieht etwa Gott selbst sowohl als beziehungsgerecht als auch als lebendiges Beziehungswesen und das eschatische Gericht als Beziehungsgeschehen. Dabei wird lebendige Beziehungshaftigkeit ganz wesentlich durch Wechselwirkung charakterisiert: Diejenigen, die miteinander in Beziehung stehen, müssen, aufgrund sich ändernder Gegebenheiten, ihre Beziehung je immer wieder neu justieren. Beziehung ist ein dynamisches Weg-Geschehen, das unmittelbar aufhört, Beziehung zu sein, sobald es aufhört, dynamisch zu sein.

Mit Blick auf Marquardts Dogmatik stellt sich aber die Frage, was Beziehung hier konkret meint. Gerade im Utopieband verweist er in einem über 70 Seiten umfassenden Exkurs auf Emanuel Lévinas, dessen Beziehungsverständnis in erster Linie auf Herausforderung und Verlegenheit durch das Antlitz des Andern abhebt.[41] In Marquardts Interpretation fordert Lévinas, dass «wir als Subjekte [...] uns dem aus[...]liefern, was uns begegnen möchte, und dadurch – im Uns-Ausliefern – Erfahrung von ihm [...] machen und vielleicht so auch Erkenntnis von ihm [...] gewinnen».[42]

Vor diesem Hintergrund bedeutet hier, dass sich Theologie und Kirche in Beziehungen begibt, die sie herausfordern, infrage stellen und sogar in Verlegenheit bringen. Beziehungsfähigkeit bedeutet so, sich dem Antlitz des Andern

40 Siehe hierzu insbes. Kap. 2.4.2.
41 Vgl. U, 467–539, hier: 512.
42 Vgl. ebd., 467f.

auszusetzen, um zu höherer Erkenntnis zu kommen. Es ist demnach weder der Binnendiskurs noch sind es Abgrenzungsbemühungen, die weiterführen, sondern der Drang danach, infragegestellt zu werden. Dank dem, dass Theologie und Kirche infrage gestellt werden – sei das aus sich selbst heraus oder von aussen – kann eine spannungsreiche und gewiss auch aporetische Interaktion mit den Andern, die infragestellen, aufgenommen werden.

Vor diesem Hintergrund gilt für christliche Theologie, dass sie Aussenbeziehungen aktiv positiv gestaltet, indem sie sich von der Tradition, von Nachbardisziplinen und auch anderen Religionen ohne Berührungsangst in ihren Fragestellungen und Methoden ins Wort fallen oder in Verlegenheit bringen lässt. Nach trinitarischem Vorbild lebt und wagt sie existenziell notwendig Beziehungen mit dem und der anderen immer wieder neu, ohne dabei zu dominieren oder den eigenen Charakter zu verleugnen. Deshalb kann christliche Theologie nicht in Abgeschiedenheit getrieben werden, zumal sie im beziehungsbedürftigen Jesus von Nazareth den Grund zu ihrer Beziehungsbedürftigkeit hat. Ohne seine Beziehung zu den nichtjüdischen Menschen könnte der Jude Jesus von Nazareth nicht der Christus sein. Christliche Theologie ist demnach auch aus christologischem Grund existenziell beziehungsbedürftig.

Für die Kirche bedeutet dies, dass sie damit rechnet, infrage gestellt zu werden und dieses als Beziehungsangebot wahrnimmt. Gleichzeitig muss sie mutig sein, selber infrage zu stellen. Sie pflegt nach innen und aussen Beziehungen, die nicht dank Überlegenheit oder Zwang bestehen, sondern dank dem, dass in der Andersartigkeit des Andern Herausforderung und Erkenntniszuwachs gewonnen werden. Gerade im Gottesdienst und in der gemeinschaftsbezogenen Gemeindearbeit kann dies dadurch konkret werden, dass sich die Kirche denjenigen Menschen zuwendet, die nicht zum angestammten Adressatenkreis ihrer Art der Verkündigung und Angebotsgestaltung gehören. Spricht sie nur die angestammten Personengruppen an, läuft sie Gefahr, einseitig zu werden. Mit Marquardts christologisch begründetem Ansatz, dass der beziehungsbedürftige Gott Israel dank dem Nein Israels zur Messianität Jesu und dank Jesus von Nazareth zum Gott aller Menschen geworden ist, kann die Kirche daran erinnert werden, auch in der Begegnung mit den sie infragestellenden Andern Erkenntnisse zu gewinnen und so mit ihnen in existenziell notwendige Beziehung zu treten. Konkret kann sie sich deshalb die Frage stellen: Wo, wann, wie und mit wem feiern wir Gottesdienste? Wen laden wir ein, zu wem wollen wir eingeladen werden? Wie finanzieren wir uns? Wofür setzen wir unsere Ressourcen ein? Wie definieren wir Zugehörigkeit zur Kirche?

4.6 *Perspektive V: Das Gericht als «Lebens-Krise» als Grund eines wirkmächtigen Menschen- und menschlichen Gottesbildes*

Marquardt versteht das eschatische Gericht als Gesprächsgeschehen. Gericht ist «miteinander rechten» und nicht ein einseitiges Be- und Verurteilen.[43] Dies bedeutet, dass sich Gott in eine «ernsthafte *Gefährdung*», begibt, denn er muss sich «mit seinen Zeugnissen» bei den Menschen durchsetzen können.[44] Israel erwartet, dass sich Gott im Gericht selber rechtfertigen wird.[45] «Dies ist, wie wir es verstehen, ein *tiefster Aspekt im Verständnis des Jüngsten Gerichts:* Eine *Rechtfertigung Gottes durch die Menschen in dem Ereignis einer endlichen Selbstrechtfertigung Gottes.*»[46]

Dass sich Gott im eschatischen Gericht in einem zukunftsoffenen Gesprächsprozess gegenüber den Menschen rechtfertigen muss, hat weitreichende Folgen für die Theologie. Es ist nämlich die Frage zu stellen, ob Gott im Gericht auch scheitern kann.

Es wäre aber nun nicht Aufgabe der Theologie, Argumente entweder für Gott oder für die Menschen zu sammeln. Vielmehr muss sich die Theologie von einem Gottesbild verabschieden, das Gott nur als geheimnisvoll und unverfügbar sieht. Gott wird menschlicher, weil er im Gericht nicht nur auf dem Richterstuhl sitzt und aufgrund seiner göttlichen, höheren Gerechtigkeit Recht spricht, sondern sich auch auf der Anklagebank findet. Gott wird menschlich, weil das Gericht lebensverbindlich ist, das Leben ernst nimmt – «Lebens-Krise»[47] Gottes und der Menschen ist.

Die Theologie ist es darum herausgefordert, einerseits die Stellung der Menschen gegenüber einem Gott zu bedenken, der sich rechtfertigen muss, dessen Leben im Gericht in eine Krise gerät, genau so wie die Leben der Menschen. Was bedeutet es für die Anthropologie und für das Gottesbild, wenn sich Gott und Mensch im eschatischen Gericht gegenseitig in Verlegenheit[48] bringen?

Dieser doppelten hermeneutischen Aufgabe der Theologie, das Menschen- und Gottesbild anhand der göttlichen Selbstrechtfertigung im Gericht zu reflektieren, könnte eine Bibelhermeneutik zu Hilfe kommen, die die Texte daraufhin befragt, inwiefern sie ein menschliches Gottesbild transportieren. Ein solcher

43 Vgl. E III, 194f.
44 Vgl. ebd., 196.
45 Vgl. ebd., 198.
46 Ebd.
47 Siehe insbes. § 7 in E III, 164ff.
48 Siehe hierzu Marquardts Lévinas-Kapitel in: U, 467–539.

hermeneutischer Zugang stünde gegen eine Hermeneutik der Unterwürfigkeit, der Ohnmacht oder der schieren Schwierigkeit.

Konkret könnte dies beispielsweise anhand einer Exegese von Klagepsalmen erprobt werden, indem die Rolle des Menschen als Ankläger Gottes und Gott als Angeklagter des Menschen reflektiert würde. Folglich müsste die hamartiologische Frage geklärt werden, ob und inwiefern Gott an den Menschen schuldig werden und sündigen kann.

Das Gericht als «Lebens-Krise»[49] stellt darüber hinaus Vorstellungen infrage, die davon leben, eine Sündenliste zu führen, anhand derer die Menschen im Jüngsten Gericht verurteilt werden. Solche Sündenlisten entbehren etwa in evangelikalen oder traditionell landeskirchlichen Gemeinschaften nicht selten jeglichen biblischen Anhalts, sondern bilden vielmehr gerne einen bürgerlichen Tugendkatalog ab. Gerade Wohlanständigkeit – was die Lebensführung im Allgemeinen und das Sexuelle im Besonderen betrifft – Fleiss und Sparsamkeit erhalten so Dignität, werden als Ideale christlicher Lebensführung propagiert und deshalb als Massstab genommen, anhand dessen Gott im Jüngsten Gericht darüber entscheidet, ob die Ewigkeit im Himmel oder in der Hölle wird verbracht werden muss.

Marquardts Gerichtsvorstellung stellt sich aber nicht automatisch gegen einen dualen Ausgang des Gerichts, zumal sie die Kategorie des «Beiseitegestellt» kennt, da Marquardt dem Menschen die Freiheit zugesteht, sich auch gegen Gott entscheiden zu können. «Beiseitegestellt» werden im eschatischen Gericht deshalb all jene, die sich gegen Gott entschieden haben.[50]

Dieses Konzept spricht nicht einer unterkomplexen Gerichtstheologie das Wort. Vielmehr lenkt sie den Blick auf die Wirkmächtigkeit der Menschen, weil sie den Menschen die Kompetenz zuschreibt, Gott im Gericht zu rechtfertigen. Gleichzeitig betont sie die Menschlichkeit Gottes, weil Gott im Gericht der Kritik der Menschen ausgesetzt wird. So wird die Theologie vor die verantwortungsvolle Aufgabe gestellt, einerseits die Rolle der Menschen als Gegenüber Gottes, andererseits aber auch Gott als anklagendes und sich selbst rechtfertigendes Gegenüber der Menschen im Gericht zu denken.

Für die Kirche folgt daraus, dass sie sich von ihrer Rolle der moralischen Instanz verabschieden muss. In der Verkündigung, in der Seelsorge und auch der Katechetik kann sie hingegen ein Menschenbild der Ermächtigung zum Leuchten bringen: Menschen werden dazu ermächtigt, ihre Gaben und Möglichkeiten im Leben konkret einzusetzen, gemäss Gottes lebensfördernden Geboten zu handeln. So wird Gott im Hier und Jetzt als Gott bestätigt und es werden die Grundlagen dafür gelegt, dass Gott im eschatischen Gericht die Menschen rechtfertigen kann.

---

49 Siehe insbes. § 7 in E III, 164ff.

50 Vgl. ebd., 361–371.

Gleichzeitig müsste die asymmetrische und devote Vorstellung aus der kirchlichen Realität verabschiedet werden, die die Menschen primär als Sünder und deshalb angewiesen auf Gott sieht. Die Kirche verlöre so endgültig ihren Status als Wächterin über die Lebensführung der Menschen und entliesse sie in Selbstverantwortung und Freiheit, indem sie dazu ermächtigt, als wirkmächtiges Gegenüber eines menschlichen Gottes zu handeln.

Die Menschlichkeit Gottes wertet Gott aber keineswegs ab, indem sie ihn etwa auf dieselbe Augenhöhe wie die Menschen herabsetzt. Gott behält seine ihn als Gott qualifizierende Kompetenz, eschatisch Neues zu schaffen. Sie betont aber sein existenzielles Angewiesensein auf den Menschen, seine Fraglichkeit und seine Beziehungsbedürftigkeit.

Marquardts Gerichtstheologie macht es Theologie und Kirche nicht einfach. Sie lehrt aber, von und mit Israel zu hoffen: Auf einen Menschen, der seine Verantwortung Gott und den Menschen gegenüber wahrnimmt; auf einen Gott, der Zukunft hat, weil er mit den Menschen ins Reine gekommen ist:

> «Die Lebens-Krise des Jüngsten Gerichts wird diejenige sein, in die unser gelebtes Leben durch das neue Leben Gottes gerät, zu dem er uns von eh und je bestimmt hat.
>
> In der Lebens-Krise des Jüngsten Gerichts ziehen Gott und Menschen sich gegenseitig ins Gespräch und setzen sich darin noch einmal einander aus.
>
> Einander im letzten, ernsten Gespräch ausgesetzt, bringen Gott und Menschen noch einmal einander in Lebensgefahr.
>
> Im Gericht möchte Gott die Menschen rechtfertigen, sucht aber auch, von ihnen gerechtfertigt zu werden.
>
> *Gott will in dieser letzten Krise im Verhältnis zu den Menschen mit sich ins reine [sic] kommen, seine Barmherzigkeit seine Gerechtigkeit überwinden lassen und so – eins mit sich selbst – endlich der eine Gott werden. So gibt er sich selbst Zukunft.*»[51]

51 E III, 164f, kursiv im Original.

«[...] Himmel – / Festland / der Bodenlosen.»
Elazar Benyoëtz: *Finden*, 15.

5 Literaturverzeichnis

Die hier verwendeten Abkürzungen richten sich nach Siegfried M. Schwertner (Hg.): *IATG³. Internationales Abkürzungsverzeichnis für Theologie und Grenzgebiete. Zeitschriften, Serien, Lexika, Quellenwerke mit bibliographischen Angaben*, 3. überarbeitete und erweiterte Auflage, Berlin et al. 2014.

Der kursive Druck im Literaturverzeichnis spiegelt die Zitationsweise in den Fussnoten wider.

5.1 Texte von und über Marquardt

5.1.1 Quelle zu Person und Werk

Pangritz, Andreas (Hg.): Friedrich-Wilhelm Marquardt: Autobiographische *Erinnerungen*. Lebens- und theologiegeschichtliche Assoziationen. Mitschnitte informeller Erzählungen aus dem Wintersemester 1994/95 an der Freien Universität Berlin (Hörtext mit Transkription der Tonbandkassetten). Redigiert und hrsg. von dems. unter Mitarbeit von Ralf H. Arning, Bonn 2010. Folgende Transkriptionen, die auf dieser DVD enthalten sind, werden in der vorliegenden Arbeit verwendet und jeweils mit «Pangritz: Erinnerungen, Transkript» und nachfolgender römischer Laufnummer und Seitenzahl zitiert: Transkription «I) 14. 10. 1994: Über den Zusammenhang von Theologie und Biographie – am Beispiel des gescheiterten Habiliationsverfahrens an der Kirchlichen Hochschule Berlin 1971» «II) 21. 10. 1994: Meine Kindheit und Jugend in der Nazi-Zeit», «III) 28. 10. 1994: Meine Kriegszeit», «IV) 4. 11. 1994: Meine Freiheit (1945)», «V) 11. 11. 1994: Meine Religion – und was ihr dazwischenkam», «VI) 18. 11. 1994: Meine (Marburger) Lehrer», «VII) 25. 11. 1994: Meine erste Auslandsreise», «IX) 13. 1. 1995: Meine Lehrer (Basel): Karl Barth», «X) 20. 1. 1995: Die erste Liebe: mein Vikariat (Lindau)», «XI) 27. 1. 1995: 50 Jahre nach der Befreiung von Auschwitz (Exkurs)», «XII) 3. 2. 1995: Kalter Krieg (I)», «XIII) 10. 2. 1995: Kalter Krieg (II)», «[hier Ergänzung durch Nr. XIV, da im Original nur entsprechende Nummerierung im Dateinamen, nicht aber in der Dokumentüberschrift. Der besseren Übersichtlichkeit wegen wird hier und bei den folgenden Transkripten die chronologisch jeweils folgende Nummer ergänzt] 5. Februar 1995: Interview mit Friedrich-Wilhelm Marquardt», «[XV] 3. 7. 1995: Schlussbemerkung zur letzten Dogmatik-Vorlesung», «[XVI] 4. 7. 1995: Die Geschichte meiner Dogmatik».

5.1.2 Vorhandene Bibliographien

Constandse, Coen.: Het *Gebod* van de Hoop. Een bijdrage aan het debat over eschatologie en ethiek vanuit het werk van F.-W. Marquardt, Delft 2009, 355–368.

Jobatey, Ilk Eva: *Bibliographie* Friedrich-Wilhelm Marquardts 1953–1998, in: Hanna Lehming et al. (Hgg.): Wendung nach Jerusalem. Friedrich-Wilhelm Marquardts Theologie im Gespräch, Gütersloh 1999, 467–509.

Pangritz, Andreas: «Mich befreit der *Gott* Israels». Friedrich-Wilhelm Marquardt - eine theologisch-biographische Skizze. Mit einem Essay von Friedrich-Wilhelm Marquardt: Juden und Christen: «Vorwärts und nicht vergessen!», Berlin 2003, 55f.

Stegeman, Derk et al. (Hgg.): *Marquardt* lezen. Nederlandse theologen over het werk van Friedrich-Wilhelm Marquardt, Baarn 2003.

Stöhr, Martin: Auswahl aus F.-W. Marquardts *Veröffentlichungen*, in: Ders. (Hg.): Auf einem Weg ins Lehrhaus. Leben und Denken mit Israel, Frankfurt a.M. 2009, 284f.

5.1.3 Dogmatikbände

Von Elend und Heimsuchung der Theologie. Prolegomena zur Dogmatik, München 1988. (Zitiert als P)

Das christliche Bekenntnis zu Jesus, dem Juden. Eine Christologie, Bd. 1, Studienausgabe, München 1990. (Zitiert als C I)

Das christliche Bekenntnis zu Jesus, dem Juden. Eine Christologie, Bd. 2, Studienausgabe, München 1991. (Zitiert als C II)

Was dürfen wir hoffen, wenn wir hoffen dürften? Eine Eschatologie, Bd.1, Gütersloh 1993. (Zitiert als E I)

Was dürfen wir hoffen, wenn wir hoffen dürften? Eine Eschatologie, Bd. 2, Gütersloh 1994. (Zitiert als E II)

Was dürfen wir hoffen, wenn wir hoffen dürften? Eine Eschatologie, Bd. 3, Gütersloh 1996. (Zitiert als E III)

Eia, wärn wir da – eine theologische Utopie, Gütersloh 1997. (Zitiert als U)

5.1.4 Verwendete Aufsätze, Monographien und Sammelbände

«*Abirren*». Zu Erscheinungsformen des Häretischen in meiner Theologie, in: Susanne Hennecke, Michael Weinrich (Hgg.): «Abirren». Niederländische und deutsche Beiträge von und für Friedrich-Wilhelm Marquardt, Wittingen 1998, 151–174.

Amen – einzig wahres Wort des Christentums, in: Ders.: Auf einem Weg ins Lehrhaus. Leben und Denken mit Israel. Aufsätze. Herausgegeben von Martin Stöhr, Frankfurt a. M. 2009, 268–283.

Zwischen *Amsterdam* und Berlin, in: Susanne Hennecke, Michael Weinrich (Hgg.): «Abirren». Niederländische und deutsche Beiträge von und für Friedrich-Wilhelm Marquardt, Wittingen 1998, 98–147.

«*Begegnungen* mit Juden», in: Ders.: Verwegenheiten. Theologische Stücke aus Berlin, München 1981, 145–151.

Die *Entdeckung* des Judentums für die christliche Theologie. Israel im Denken Karl Barths (= ACJD, Bd. 1), München 1967.
«*Feinde* um unsertwillen». Das jüdische Nein und die christliche Theologie, in: Ders.: Auf einem Weg ins Lehrhaus. Leben und Denken mit Israel. Aufsätze. Herausgegeben von Martin Stöhr, Frankfurt a. M. 2009, 227–252.
Die *Gegenwart* des Auferstandenen bei seinem Volk. Ein dogmatisches Experiment (= ACJD, Bd. 15), München 1983.
Genosse meiner Niederlagen, in: Ders.: Ulrich Kabitz (Hgg.): Begegnungen mit Helmut Gollwitzer, München 1984, 88–105.
Johannes – aus dem Hebräischen gedacht. Vortrag am 24.3.1990 in der katholischen Paulusakademie, Zürich. Aus dem Manuskript übertragen von Dorothee Marquardt, unter Mitarbeit von Dagmar Asten und Cornelia Sahamie, redigiert von Andreas Pangritz, www.fwmarquardt.eu/Johannes.html, zuletzt aufgerufen am 11. Januar 2019.
Ein kleiner *Katechismus* zur Selbstvergewisserung über das Christsein und die kirchliche Lehre heute: nach Auschwitz. Den Gemeinden Jesu zur Stärkung, der Öffentlichkeit zur Information, in: Dorothee Marquardt (Hg.): Gott, Jesus, Geist und Leben. Friedrich-Wilhelm Marquardt erläutert und entfaltet das Glaubensbekenntnis, mit einer Einleitung von Harry Wassmann, Tübingen 2005[2], 9–86.
Die Juden und ihr *Land*, Hamburg 1975.
Die Bedeutung der biblischen *Landverheissungen* für die Christen (= TEH, Nr. 116), München 1964.
Vom *Rechtfertigungsgeschehen* zu einer Evangelischen Halacha (2001), in: Hans Martin Dober, Dagmar Mensink: Die Lehre von der Rechtfertigung des Gottlosen im kulturellen Kontext der Gegenwart. Beiträge im Horizont des christlich-jüdischen Gesprächs, Stuttgart 2002 (Hohenheimer Protokolle, 57), 43–75.
Auf einem *Schul-Weg*. Kleinere christlich-jüdische Lerneinheiten, Berlin 1999.
gem. mit Albert Friedlander: Das *Schweigen* der Christen und die Menschlichkeit Gottes. Gläubige Existenz nach Auschwitz, München 1980.
Was meint «*So Gott will* und er lebt»?, in: Begegnungen. Zeitschrift für Kirche und Judentum, 3(2008), 5–12.
Warum mich als Christen der *Talmud* interessiert (1992), in: Andreas Pangritz (Hg.), in Zusammenarbeit mit Daniela Koeppler: Friedrich-Wilhelm Marquardt, Chana Safrai. Talmud lernen. Vorträge an der Evangelischen Akademie zu Berlin 1992–2001, Bonn 2014, 35–55.
Theologie und Sozialismus. Das Beispiel Karl Barths, München u. Mainz 1972.
Amsterdamer *Werkstattbericht*, in: Susanne Hennecke, Michael Weinrich (Hgg.): «Abirren». Niederländische und deutsche Beiträge von und für Friedrich-Wilhelm Marquardt, Wittingen 1998, 79–94.

5.1.5 Verwendete Rezensionen und Sekundärliteratur über Marquardt

Aktion Sühnezeichen Friedensdienste e.V. (Hg.): Was bedeutet «Evangelische *Halacha*»? Gedenken an Friedrich-Wilhelm Marquardt. Dokumentation der Akademischen Gedenkfeier der Freien Universität Berlin und der Tagung der Evangelischen Akademie zu Berlin für Friedrich-Wilhelm Marquardt vom Dezember 2003. Mit einem Vortrag von Friedrich-Wilhelm Marquardt vom 17.11.2001. Zusammengestellt von Rainer Alisch und Michael Weinrich, Berlin 2005.

Brocke, Edna: Gab es «das jüdische *Nein* zu Jesus Christus»? An- und Rückfragen an F.-W. Marquardts ‹Feinde um unsertwillen›, in: Hanna Lehming et al. (Hgg.): Wendung nach Jerusalem. Friedrich-Wilhelm Marquardts Theologie im Gespräch, Gütersloh 1999, 185–195.

Brouwer, Rinse Reeling: ‹Siehe, wir ziehen hinauf nach *Jerusalem*›, in: Hanna Lehming et al. (Hgg.): Wendung nach Jerusalem. Friedrich-Wilhelm Marquardts Theologie im Gespräch, Gütersloh 1999, 422–435.

Ders.: Nicht das letzte *Wort*. Über Marquardts (Anti-)Eschatologie, in: Susanne Hennecke, Michael Weinrich (Hgg.): «Abirren». Niederländische und deutsche Beiträge von und für Friedrich-Wilhelm Marquardt, Wittingen 1998, 39–56.

Brumlik, Micha: Konkrete *Freundschaft*. Friedrich-Wilhelm Marquardt zu Ehren, in: Susanne Hennecke, Michael Weinrich (Hgg.): «Abirren». Niederländische und deutsche Beiträge von und für Friedrich-Wilhelm Marquardt, Wittingen 1998, 183–188.

Constandse, Coen: Het *Gebod* van de Hoop. Een bijdrage aan het debat over eschatologie en ethiek vanuit het werk van F.-W. Marquardt, Delft 2009.

Constandse, Coen: Der *Umweg* der Evangelischen Halacha. Wie weit bietet Marquardts «Evangelische Halacha» einen Ansatz für eine biblisch-radikale Praxis der christlichen Gemeinde?, in: Andreas Pangritz (Hg.): «Biblische Radikalitäten». Judentum, Sozialismus und Recht in der Theologie Friedrich-Wilhelm Marquardts, (= Studien des Bonner Zentrums für Religion und Gesellschaft, hrsg. von Albert Gerhards et al., Bd. 6), Würzburg 2010, 141–149.

Frettlöh, Magdalene L.: Gott am *Ende*? – Am Ende Gott! Notizen zur trinitarisch-utopischen Gotteslehre Friedrich-Wilhelm Marquardts, in: Dies.: Gott, wo bist Du? Kirchlich-theologische Alltagskost 2, Wittingen 2009, 225–238.

Funke, Andreas: *Umkehr* und Teilnahme. Zur Form von Friedrich-Wilhelm Marquardt's Dogmatik, in: KuI 6(1991), 75–86.

Gniewoss, Ute (Hg.): Störenfriedels *Zeddelkasten*. Geschenkpapiere zum 60. Geburtstag von Friedrich-Wilhelm Marquardt, Berlin 1991.

Hattrup, Dieter: *Rezension* zu E I, in: ThGl 85(1995), 292f.

Hennecke, Susanne, Michael Weinrich (Hgg.): «*Abirren*». Niederländische und deutsche Beiträge von und für Friedrich-Wilhelm Marquardt, Wittingen 1998.

Holtschneider, K. Hannah: Der *Holocaust* und die Verhältnisbestimmung von ChristInnen und JüdInnen in Deutschland. Eine kritische Untersuchung der Theologie Friedrich-Wilhelm Marquardts, in: Katharina v. Kellenbach et al. (Hgg.): Von Gott reden im Land der Väter. Theologische Stimmen der dritten Generation seit der Schoah, Darmstadt 2001, 123–142.

Huber, Wolfgang: Friedrich-Wilhelm *Marquardt*: ein Lehrer der Kirche, in: EvTh 65(2005), 4–7.

Jobatey, Ilk Eva: *Bibliographie* Friedrich-Wilhelm Marquardts 1953–1998, in: Hanna Lehming et al. (Hgg.): Wendung nach Jerusalem. Friedrich-Wilhelm Marquardts Theologie im Gespräch, Gütersloh 1999, 467–509.

Kal, Viktor: Eine universale *Halacha*? Marquardt, Lévinas und der jüdische Partikularismus, in: Susanne Hennecke, Michael Weinrich (Hgg.): «Abirren». Niederländische und deutsche Beiträge von und für Friedrich-Wilhelm Marquardt, Wittingen 1998, 23–38.

Klappert, Bertold: *Tora* und Eschatologie. Auf dem Schulweg der Tora. Mose-Tora – Christus-Tora – noachidische Völkertora und die neue Welt Gottes. Friedrich-Wilhelm Marquardt zum Gedenken. Erwägungen zu Fr.-W. Marquardts eschatologischem Neuansatz, in: Werner Licharz, Wieland Zademach (Hg.): Treue zur Tradition als Aufbruch in die Moderne. Visionäre und mahnende Stimmen ans Judentum und Christentum, Waltrop 2005, 188–263.

Kriener, Tobias: *Landverheissung* und Zionismus in der Theologie Friedrich-Wilhelm Marquardts – eine Problemanzeige, in: Hanna Lehming et al. (Hgg.): Wendung nach Jerusalem. Friedrich-Wilhelm Marquardts Theologie im Gespräch, Gütersloh 1999, 217–225.

Lehming, Hanna et al.: *Vorwort*, in: Dies et al. (Hgg.): Wendung nach Jerusalem. Friedrich-Wilhelm Marquardts Theologie im Gespräch, Gütersloh 1999, 9–11.

Dies. et al. (Hgg.): *Wendung* nach Jerusalem. Friedrich-Wilhelm Marquardts Theologie im Gespräch, Gütersloh 1999.

Liß-Walther, Joachim: Eine *Einführung* in die Dogmatik Friedrich-Wilhelm Marquardts, in: Hanna Lehming et al. (Hgg.): Wendung nach Jerusalem. Friedrich-Wilhelm Marquardts Theologie im Gespräch, Gütersloh 1999, 13–52.

Logister, Wiel: *Rezension* zu E I, in: TTh 34(1994), 316.

Ders.: *Rezension* zu E II, in: TTh 35(1995), 304.

Ders.: *Rezension* zu E III, in: TTh 36(1996), 429f.

Meyer, Barbara U.: *Christologie* im Schatten der Shoah – im Lichte Israels. Studien zu Paul van Buren und Friedrich-Wilhelm Marquardt, Zürich 2004.

Dies.: «*Der Andere* ist des Anderen ein Anderer». Kritische Anmerkungen zur Theologie Friedrich-Wilhelm Marquardts, in: Katharina von Kellenbach et al.: Von Gott reden im Land der Täter. Theologische Stimmen der dritten Generation seit der Shoah, Darmstadt 2001, 110–122.

Dies.: Theologie der *Umkehr*. Friedrich [sic] Wilhelm Marquardt, in: Johannes Ehmann, Joachim J. Krause, Bernd Schröder (Hgg.): «Alles wirkliche Leben ist Begegnung». Festschrift zum vierzigjährigen Bestehen von Studium in Israel e.V. (= SKI, Bd. 10), Leipzig 2018, 255–265.

Müller, Klaus: Am *Gebot* hoffen lernen. Eine Lesehilfe zur Rezeption der noachidischen Tora in der Marquardtschen Eschatologie, in: Hanna Lehming et al. (Hgg.): Wendung nach Jerusalem. Friedrich-Wilhelm Marquardts Theologie im Gespräch, Gütersloh 1999, 173–184.

Pangritz, Andreas: «Mich befreit der *Gott* Israels». Friedrich-Wilhelm Marquardt – eine theologisch-biographische Skizze. Mit einem Essay von Friedrich-Wilhelm Marquardt: Juden und Christen: «Vorwärts und nicht vergessen!», Berlin 2003.

Ders.: Was bedeutet «Evangelische *Halacha*»? – Friedrich-Wilhelm Marquardt als evangelischer Tora-Theologe, in: Aktion Sühnezeichen Friedensdienste e.V. (Hg.): Was bedeutet «Evangelische Halacha»? Gedenken an Friedrich-Wilhelm Marquardt. Dokumentation der Akademischen Gedenkfeier der Freien Universität Berlin und der Tagung der Evangelischen Akademie zu Berlin für Friedrich-Wilhelm Marquardt vom Dezember 2003. Mit einem Vortrag von Friedrich-Wilhelm Marquardt vom 17.11.2001. Zusammengestellt von Rainer Alisch und Michael Weinrich, Berlin 2005, 39–61.

Ders. (Hg.), in Zusammenarbeit mit Daniela Koeppler: Friedrich-Wilhelm Marquardt, Chana Safrai. Talmud *lernen*. Vorträge an der Evangelischen Akademie zu Berlin 1992–2001, Bonn 2014.

Ders.: *Talmud* und christliche Theologie. Zur Erinnerung an das Werk Friedrich-Wilhelm Marquardts, in: Boschki, Reinhold et. al (Hg.): Erinnerungskultur in der pluralen Gesellschaft. Neue Perspektiven für den christlich-jüdischen Dialog, Paderborn 2010, 183–195.

Ders.: «*Wendung* nach Jerusalem»: zu Friedrich-Wilhelm Marquardts Arbeit an der Dogmatik, in: EvTh 65(2005), 8–23.

Reichrath, Hans L.: *Rezension zu E I,* in: Jud. 50(1994), 163f.

Safrai, Chana: Die *Bedeutung* des jüdisch-christlichen Dialogs für die Juden, in: Aktion Sühnezeichen Friedensdienste e.V. (Hg.): Was bedeutet «Evangelische Halacha»? Gedenken an Friedrich-Wilhelm Marquardt. Dokumentation der Akademischen Gedenkfeier der Freien Universität Berlin und der Tagung der Evangelischen Akademie zu Berlin für Friedrich-Wilhelm Marquardt vom Dezember 2003. Mit einem Vortrag von Friedrich-

Wilhelm Marquardt vom 17.11.2001. Zusammengestellt von Rainer Alisch und Michael Weinrich, Berlin 2005, 63–69.
Dies., Dorothee C. von Tippelskirch: Rav Assi und seiner Mutter. *Talmud-Studium* für Juden und Christen, in: Hanna Lehming et al. (Hgg.): Wendung nach Jerusalem. Friedrich-Wilhelm Marquardts Theologie im Gespräch, Gütersloh 1999, 135–155.
Slenczka, Notger: *Theologie* im Gespräch mit dem Judentum. Zur Dogmatik Friedrich-Wilhelm Marquardts, in: ThLZ 12(1998), Sp. 1161–1176.
Snoek, Johan M.: *Israël*, de Palestijnen en de Bijbel. Opvattingen van de Duitse theoloog F.-W. Marquardt kritisch bezien, in: Michsjol 16(2007), 10–37.
Stegeman, Derk et al. (Hgg.): *Marquardt* lezen. Nederlandse theologen over het werk van Friedrich-Wilhelm Marquardt, Baarn 2003.
Stöhr, Martin: Friedrich-Wilhelm *Marquardt*. 2.12.1928–25.5.2002. Zum Gedenken an einen grossen Lehrer in der Christenheit, www.jcrelations.net/Marquardt__Friedrich-Wilhelm.582.0.html?L=2, zuletzt aufgerufen am 15. Januar 2020.
Ders.: Auswahl aus F.-W. Marquardts *Veröffentlichungen*, in: Ders. (Hg.): Auf einem Weg ins Lehrhaus. Leben und Denken mit Israel, Frankfurt a.M. 2009, 284f.
Stümke, Volker: Eschatologische *Differenz* in Gott? Zum Verhältnis von Barmherzigkeit und Gerechtigkeit Gottes bei Karl Barth und Friedrich-Wilhelm Marquardt, in: Hanna Lehming et al. (Hgg.): Wendung nach Jerusalem. Friedrich-Wilhelm Marquardts Theologie im Gespräch, Gütersloh 1999, 369–396.
ten Boom, Wessel H.: *Umkehr* nach Jerusalem. Friedrich-Wilhelm Marquardt und der Ausgang der klassischen Theologie, in: Hanna Lehming et al. (Hgg.): Wendung nach Jerusalem. Friedrich-Wilhelm Marquardts Theologie im Gespräch, Gütersloh 1999, 342–352.
Tomson, Peter: Die historische *Kritik*, die Dogmatik und die rabbinische Literatur. Responsorien an Friedrich-Wilhelm Marquardt, in: Susanne Hennecke, Michael Weinrich (Hgg.): «Abirren». Niederländische und deutsche Beiträge von und für Friedrich-Wilhelm Marquardt, Wittingen 1998, 56–78.
Trutwin, Werner: *Rezension* zu E I–E III, in: FrRu 4(1997), 1f. (Die Seitenzahlen beziehen sich auf den A4-Computerausdruck von www.freiburger-rundbrief.de/de/?id=518&format=print, zuletzt aufgerufen am 24. November 2014.)
Waßmann, Harry: «Bloss nicht *Vaterland*». Friedrich-Wilhelm Marquardt – ein Nachkriegstheologe?, in: Hanna Lehming et al. (Hgg.): Wendung nach Jerusalem. Friedrich-Wilhelm Marquardts Theologie im Gespräch, Gütersloh 1999, 55–67.
Wessel, Coen: *Einführung* in Marquardts Dogmatik, in: Susanne Hennecke, Michael Weinrich (Hgg.): «Abirren». Niederländische und deutsche Beiträge von und für Friedrich-Wilhelm Marquardt, Wittingen 1998, 11–21.
Ders.: Marquardts zerbrechliches *Theologisieren*, in: Andreas Pangritz (Hg.): «Biblische Radikalitäten». Judentum, Sozialismus und Recht in der Theologie Friedrich-Wilhelm Marquardts, (= Studien des Bonner Zentrums für Religion und Gesellschaft, hrsg. von Albert Gerhards et al., Bd. 6), Würzburg, 2010, 59–68.

5.2 Übrige verwendete Literatur

Agamben, Giorgio: Was von *Auschwitz* bleibt. Das Archiv und der Zeuge, Frankfurt 2003 (= edition suhrkamp 2300).
Aus, Roger David: Art. «*Gericht* Gottes II. Judentum», TRE, Bd. 12.
Baeck, Leo: Das *Wesen* des Judentums. Zweite neu bearbeitete Auflage, Frankfurt a. M. 1922.

Balthasar, Hans Urs von: Einsame *Zwiesprache*. Martin Buber und das Christentum, Köln 1958.
Barth, Hans-Martin: Art. «*Gesetz* und Evangelium I. Systematisch-theologisch», TRE, Bd. 13.
Barth, Karl: *Evangelium* und Gesetz, in: TEH, Heft 32, München 1935, 3–30.
Barth, Karl: Die kirchliche Dogmatik [zit. als *KD*], Bd. II/2. Die Versöhnungslehre, Zollikon 1948.
Beck, Martin: Art. «*Tag* Jahwes (AT)», Das Wissenschaftliche Bibellexikon im Internet (www.wibilex.de), 2008, zuletzt aufgerufen am 23. November 2020.
Beisser, Friedrich: Art. «*Hoffnung* IV. Dogmatisch», RGG[4], Bd. 3.
Ben-Chorin, Schalom: Jüdischer *Glaube*. Strukturen einer Theologie des Judentums anhand des Maimonidischen Credo. Tübinger Vorlesungen, Tübingen 1979[2].
Ben-Chorin, Schalom: Bruder *Jesus*. Der Nazarener in jüdischer Sicht, München 1967.
Ders.: Was ist *jüdische Theologie*?, in: Julius H. Schoeps (Hg.): Auf der Suche nach einer jüdischen *Theologie*. Der Briefwechsel zwischen Schalom Ben-Chorin und Hans-Joachim Schoeps, Frankfurt a. M. 1989, 167–177.
Ders.: *Narrative Theologie* des Judentums anhand der Pessach-Haggada. Jerusalemer Vorlesungen von dems., Tübingen 1985.
Benyoëtz, Elazar: *Finden* macht das Suchen leichter, München 2005.
Biewald, Roland, Jens Beckmann: *Bonhoeffer* Werkbuch. Spurensuche – didaktische Überlegungen – Praxisbausteine, Gütersloh 2007.
Blidstein, Gerald J.: Art. «*Messiah*. Messiah in Rabbinic Thought», in: EJ, Bd. 14.
Bock, Martin: Ihr aber, wer sagt ihr, dass ich sei? (Mk 8,29). *Christologische Fragestellungen* im christlich-jüdischen Gespräch nach 1945 (= BthU 4), Frankfurt a. M., 1998.
Bollag, David: Alt-Neue *Theologie*. Das Orthodox Statement on Christianity aus jüdischer Sicht, in: Jud. 72(2016), 362–364.
Boyarin, Daniel: Semantic *Differences*; or, «Judaism»/»Christianity», in: Adam H. Becker et al.: The Ways that Never Parted. Jews and Christians in Late Antiquity and the Early Middle Ages (= TSAJ, Bd. 95), Tübingen 2003, 65–85.
Boyarin, Daniel: Die jüdischen *Evangelien*. Die Geschichte des jüdischen Christus. Mit einem Geleitwort für die deutsche Ausgabe von Johann Ev. Hafner und einem Vorwort von Jack Miles, übersetzt von Armin Wolf (= Judentum – Christentum – Islam. Interreligiöse Studien, hrsg. von Klaus Bieberstein et al., Bd. 12), Würzburg 2015.
Buber, Martin: *Reden* über das Judentum. Gesamtausgabe, Berlin 1932[2].
Brenner, Michael: Kleine jüdische *Geschichte*, München 2008.
Busch, Eberhard: Art. «*Barth* und die Juden», in: Michael Beintker (Hg.): Barth Handbuch, Tübingen 2016, 148–153.
Calvin, Johannes: Institutio Christianae Religionis, (zit. als *Inst.*), Neukirchen-Vluyn 2008.
Cohen, Hermann: *Religion* der Vernunft aus den Quellen des Judentums. Eine jüdische Religionsphilosophie. Mit einer Einführung von Ulrich Oelschläger, Wiesbaden 2008.
Cohn-Sherbok Dan: The Jewish *Messiah*, Edingburgh 1997.
Crüsemann, Frank: *Massstab*: Tora. Israels Weisung für christliche Ethik, Gütersloh 2003.
Ders.: *Menschheit* und Volk. Israels Selbstdefinition im genealogischen System der Genesis, in: ders.: Kanon und Sozialgeschichte. Beiträge zum Alten Testament, Gütersloh 2003, 13–27.
Ders.: «Deinen *Nachkommen* gebe ich dieses Land» (1Mose 12,6). Bausteine zu einer christlichen Theologie des jüdischen Landes, www.imdialog.org/md2001/042001md03.html, zuletzt aufgerufen am 10. Juni 2017.
Ders.: Das Alte Testament als *Wahrheitsraum* des Neuen. Die neue Sicht der christlichen Bibel, Gütersloh 2011.
Ders.: *60 Jahre* Kirche und Staat Israel, in: Gesellschaften für Christlich-Jüdische Zusammenarbeit. Deutscher Koordinierungsrat E.V. (Hg.): 60 Jahre Staat Israel. Wer nicht an Wunder glaubt, ist kein Realist (= Themenheft 2008), Bad Nauheim 2008, 38–40.

Dabney, D. Lyle: Die *Natur* des Geistes. Schöpfung als Vorahnung Gottes, in: Jörg Haustein, Giovanni Maltese (Hgg.): *Handbuch* pfingstliche und charismatische Theologie, übersetzt und eingeleitet von dens.. Mit einem Vorwort von Michael Bergunder, Göttingen 2014, 232–248.

Dalferth, Ingolf U.: Ein *Reden* des Herzens mit Gott. Christliches Beten als Vollzug des Liebesgebots, in: Ders., Simon Peng-Keller (Hgg.): Beten als verleiblichtes Verstehen. Neue Zugänge zu einer Hermeneutik des Gebets (= QD, Bd. 275), Freiburg et al. 2016, 83–107.

Deeg, Alexander: Der evangelische *Gottesdienst* als gemeinsames Gebet, in: Luca Baschera et al. (Hgg.): Gemeinsames Gebet. Form und Wirkung des Gottesdienstes (= Praktische Theologie im reformierten Kontext, hrsg. von Albrecht Grözinger et al., Bd. 9) Zürich 2014.

Deines, Roland: Der *Messiasanspruch* Jesu im Kontext frühjüdischer Messiaserwartungen, in: Armin D. Baum et al. (Hgg.): Der jüdische Messias Jesus und sein jüdischer Apostel Paulus (= WUNT, Bd. 425), Tübingen 2016, 49–106.

de Lange, Nicholas: An Introduction to *Judaism*, Cambridge 2000.

Demut, André: *Evangelium* und Gesetz. Eine systematisch-theologische Reflexion zu Karl Barths Predigtwerk (= TBT, Bd. 145), Berlin et al. 2008.

de Vos, Jacobus Cornelis: Heiliges *Land* und Nähe Gottes. Wandlungen alttestamentlicher Landvorstellungen in frühjüdischen und neutestamentlichen Schriften (= FRLANT, Bd. 244), Göttingen et al. 2012.

Dietrich, Walter: Art. «*Gericht* Gottes (AT)», Das Wissenschaftliche Bibellexikon im Internet (www.wibilex.de), 2008, zuletzt aufgerufen am 23. November 2020.

Döbert, Marcus: *Posthermeneutische* Theologie. Plädoyer für ein neues Paradigma (= Religions-Kulturen, hrsg. von Christian Strekter et al., Bd. 3), Stuttgart 2009.

du Toit, Andrie: Art. «*Hoffnung* III. Neues Testament», RGG[4], Bd. 3.

Ebach, Jürgen: «*Name* ist Schall und Rauch». Beobachtungen und Erwägungen zum Namen Gottes, in: Jürgen Ebach et al. (Hgg.): Gretchenfrage. Von Gott reden – aber wie? Band II (= Jabboq, hrsg. von Jürgen Ebach et al., Bd 3), Gütersloh 2002, 17–82.

Ders.: Die *Unübersetzbarkeit* des Gottesnamens, in: Christine Gerber et al. (Hgg.): Gott heisst nicht nur Vater. Zur Rede über Gott in den Übersetzungen der «Bibel in gerechter Sprache», Göttingen 2008, 13–36.

Eco, Umberto: *Lector* in Fabula. Die Mitarbeit der Interpretation in erzählenden Texten. Aus dem Italienischen von Heinz G. Held, München 1990[2].

Ellis, Marc H.: Ending *Auschwitz*. The Future of Jewish ans Christian Life, Louisville 1994.

Ders.: Zwischen *Hoffnung* und Verrat. Schritte auf dem Weg einer jüdischen Theologie der Befreiung, Luzern 1992.

Elwert, Frederik, Martin Rademacher, Jens Schlamelcher (Hgg.): Handbuch *Evangelikalismus*, Bielefeld 2017.

Fischer, Alexander A.: *Tod* und Jenseits im Alten Orient und im Alten Testament. Eine Reise durch antike Vorstellungs- und Textwelten (= SKI, Bd. 7), Leipzig 2014.

Flusser, David: Das *Christentum* – eine jüdische Religion, München 1990.

Ders.: *Jesus*, in Zusammenarbeit mit R. Steven Noteley, Jerusalem 1998.

Ders.: *Jesus mit Selbstzeugnissen* und Bilddokumenten (= RoMo), Reinbek bei Hamburg, 1968.

Ders.: Art. «*Messiah*. Second Temple Period», EJ, Bd. 14.

Ders.: Art. «*Noachidische* Gebote I: Judentum», TRE, Bd. 24.

Foucault, Michel: Die *Heterotopien*. Der utopische Körper. Zwei Radiovorträge. Zweisprachige Ausgabe, übersetzt von Michael Bischoff. Mit einem Nachwort von Daniel Defert, Berlin 2014[2].

Frettlöh, Magdalene L.: *Theologie des Segens*. Biblische und dogmatische Wahrnehmungen, Gütersloh 2005[5].

Frevel, Christoph: § 3 *Bibel* und Geschichte, in: Walter Dietrich (Hg.): Die Welt der Hebräischen Bibel. Umfeld – Inhalte – Grundthemen. Stuttgart 2017, 43–56.

Fruchtenbaum, Arnold G.: Handbuch der biblischen *Prophetie*, Asslar 2019[11].

Funkenstein, Amos: Jüdische *Geschichte* und ihre Deutungen, aus dem Englischen von Christian Wiese, Frankfurt a.M. 1995.

Fox, Marvin: Art. «God, *Names* of», EJ, Bd. 7.

Gesundheit, Shimon: Gibt es eine jüdische *Theologie* der Hebräischen Bibel?, in: Bernd Janowski (Hg.): Theologie und Exegese des Alten Testaments / der Hebräischen Bibel. Zwischenbilanz und Zukunftsperspektiven (= SBS, Bd. 200), Stuttgart 2005, 73–86.

Goldschmidt, Dietrich, Hans-Joachim Kraus (Hgg.): Der ungekündigte *Bund*. Neue Begegnungen von Juden und christlicher Gemeinde. Im Auftrag der Arbeitsgemeinschaft Juden und Christen beim Deutschen Evangelischen Kirchentag herausgegeben von dens., Stuttgart 1962.

Gronauer, Gerhard: Der Staat *Israel* im westdeutschen Protestantismus. Wahrnehmungen in Kirche und Publizistik von 1948 bis 1972 (= AKZG, Reihe B, Bd. 57), Göttingen 2013.

Grözinger, Karl E.: Jüdische *Messiasvorstellungen* und -konzepte, in: ZRGG 68, 1(2016), 17–30.

Grudem, Wayne: Biblische *Dogmatik*. Eine Einführung in die systematische Theologie (= ThLSM, Bd. 29), Hamburg 2013.

Harvey, Warren: Art. «*Torah*. Nature and Purpose», EJ, Bd. 20.

Haslinger, Peter: *Diskurs*, Sprache, Zeit, Identität. Plädoyer für eine erweiterte Diskursgeschichte, in: Franz X. Eder (Hg.): Historische *Diskursanalysen*. Geneaologie, Theorie, Anwendungen, Wiesbaden 2006, 27–50.

Hempelmann, Reinhard: *Sakrament* als Ort der Vermittlung des Heils. Sakramententheologie im evangelisch-katholischen Dialog (= KiKonf, Bd. 32), Göttingen 1992.

Heschel, Abraham Joshua: *Gott* sucht den Menschen. Eine Philosophie des Judentums (= InfJud, Bd. 2), Neukirchen-Vluyn 1980.

Hirschfeld, Peter: Die bleibende *Provokation*. Christliche Theologie im Angesicht Israels, Neukirchen-Vluyn 2008.

Hobsbawm, Eric: Introduction: *Inventing* Traditions, in: Ders. et al. (Hgg.): The Invention of Tradition, Cambridge 2000, Reprint von 1983.

Holtz, Gudrun: Damit *Gott* sei alles in allem. Studien zum paulinischen und frühjüdischen Universalismus (= BZNW, Bd. 149), Berlin et al. 2007.

Homolka, Walter: Krieg und *Frieden* im jüdischen Kontext, in: Ines-Jacqueline Werkner, Klaus Ebeling (Hgg.): Handbuch Friedensethik, Wiesbaden 2017, 565–581.

Ders.: Vom Niedergang eines zentralen Deutemusters – Die *Messiasvorstellung* im neuzeitlichen Judentum, in: ZRGG 68, 1(2016), 31–39.

Hübner, Hans: Art. «*Israel* III: Neues Testament», TRE, Bd. 16.

Ignatius von Loyola: *Geistliche Übungen*, übersetzt von Alfred Feder, Regensburg 1922.

Jacobs, Louis: *God* אלוהים, in: Arthur A. Cohen et al. (Hgg.): Contemporary Jewish Religions Though. Original Essays on Critical Concepts, Movements, and Beliefs, New York et al. 1987, 291–298.

Ders.: Art. «*Messiah*. In Modern Jewish Thought», EJ, Bd. 14.

Janssen, Friedrich: Von der *Christologie* zur Jesulogie? Zu einer christologischen Akzentverschiebung, in: Münchner Zeitschrift für Theologie 29(1978), 296–311.

Jenson Robert W.: Systematic *Theology*. Volume II: The Works of God, New York 1999.

Jauss, Hannelore: Der liebesbedürftige *Gott* und die gottesbedürftige Liebe des Menschen. Ursprung und Funktion der Rede der Liebe des Menschen zu Gott als alttestamentlicher Beitrag zur Gotteslehre (= Beiträge zum Verstehen der Bibel, hrsg. von Manfred Oeming und Gerd Theissen, Bd. 25), Berlin 2014.

Jelen, Sheila: Art. «*Yom* ha-Din», The Oxford Dictionary of the Jewish Religion, Oxford et al. 2011, 800f.
Johnston, Philip S.: Shades of *Sheol*. Death and Afterlife in the Old Testament, Illinois 2002.
Jüngel, Eberhard: Art. «*Rechtfertigung* IV. Dogmatisch», RGG[4], Bd. 7.
Kaiser, Otto: Art. «*Hoffnung* II. Altes Testament», RGG[4], Bd. 3.
Kapic, Kelly M., Bruce L. McCormack: Mapping Modern *Theology*. A Thematic and Historical Introduction, Grand Rapids 2012.
Kasper, Walter: *Jesus* Christus – das Heil der Welt. Schriften zur Christologie (= Walter Kasper – Gesammelte Schriften, hrsg. von George Augustin et al. unter Mitwirkung des Kardinal Walter Kasper Instituts für Theologie, Ökumene und Spiritualität an der Philosopisch-Theologischen Hochschule Vallendar, Bd. 9), Freiburg i. Br. 2016.
Kammerer, Gabriele: In die Haare, in die *Arme*. 40 Jahre Arbeitsgemeinschaft «Juden und Christen» beim Deutschen Evangelischen Kirchentag, Gütersloh 2001.
Kärkkäinen, Veli-Matti: *Hope* and Community (= A Constructive Christian Theology for the Pluralistic World, Bd. 5), Michigan 2017.
Kickel, Walter: Art. «*Israel* IV. Moderne Zeit», TRE, Bd. 16.
Klaiber, Walter: Art. «*Rechtfertigung* II. Neues Testament», RGG[4], Bd. 7.
Klappert, Bertold: Hat infolge des Christlich-Jüdischen Dialogs ein *Paradigmenwechsel* in Kirche und Theologie stattgefunden? in: Edith Petschnigg, Irmtraud Fischer (Hgg.): Der «jüdisch-christliche» Dialog verändert die Theologie. Ein Paradigmenwechsel aus ExpertInnensicht, Wien et al. 2016, 173–201.
Kohler, Kaufmann: *Grundriss* einer systematischen Theologie des Judentums auf geschichtlicher Grundlage (1990), in: Schalom Ben-Chorin, Verena Lenzen (Hgg.): Lust an der Erkenntnis: Jüdische Theologie im 20. Jahrhundert. Ein Lesebuch (= Lust an der Erkenntnis), München 1988, 379–390.
Konferenz Europäischer Kirchen (Hg.): *Charta Oecumenica*. Leitlinien für die wachsende Zusammenarbeit unter den Kirchen in Europa, Strassburg 2001.
Köckert, Martin: Art. «*Verheissung* I. Altes Testament», TRE, Bd. 34.
Kraft, Dieter: *Israel* in der Theologie Karl Barths, in: Weissenseer Blätter 3/1982, 9–21. [Hier verwendet: www.dieterkraft.eu/Barth.htm, zuletzt aufgerufen am 4. Februar 2019, worauf sich die Seitenangeben im Text beziehen.]
Kraus, Hans-Joachim: *«Israel»* in der Theologie Calvins, in: ders.: Rückkehr zu Israel. Beiträge zum jüdisch-christlichen Dialog, Neukirchen-Vluyn 1991, 189–199.
Kremers, Heinz: Die *Bedeutung* von Land und Staat Israel für die Christenheit, in: Thomas Kremers. et al. (Hgg.): Heinz Kremers – Vom Judentum lernen. Impulse für eine Christologie im jüdischen Kontext, Neukirchen-Vluyn 2015, 124–139.
Kremers, Thomas et al. (Hgg.): Heinz *Kremers* – Vom Judentum lernen. Impulse für eine Christologie im jüdischen Kontext, Neukirchen-Vluyn 2015.
Ders.: «Vom Vorurteil zur Partnerschaft» – Leben und *Werk* von Heinz Kremers, in: Ders. et al. (Hgg.): Heinz Kremers – Vom Judentum lernen. Impulse für eine Christologie im jüdischen Kontext, Neukirchen-Vluyn 2015, 3–23.
Küchler, Max: Art. «*Land Israel* II. Neues Testament», RGG[4]. Bd. 5.
Küng, Hans: Das *Judentum*, München et al. 1991.
Labahn, Antje: «Deine Toten werden leben...» (Jes 26,19). Sinngebung mittels der Vorstellung individueller *Revivikation* als Grenzerweiterung im Jesajabuch, in: Michael Labahn, Manfred Lang (Hgg.): Lebendige Hoffnung – ewiger Tod?! Jenseitsvorstellungen im Hellenismus, Judentum und Christentum (= ABIG, Bd. 24), Leipzig 2007, 53–86.
Landwehr, Achim: Historische *Diskursanalyse*, (= Historische Einführungen, hrsg. von Frank Bösch et al., Bd. 4), Frankfurt a. M. 2008.

Leibowitz, Yeshayahu: *Commandments* מצוות, in: Arthur A. Cohen et al. (Hgg.): Contemporary Jewish Religions Though. Original Essays on Critical Concepts, Movements, and Beliefs, New York et al. 1987, 67–80.

Levin, Christoph: *Entwurf* einer Geschichte Israels. Julius-Wellhausen-Vorlesung (= Centrum Orbis Orientalis et Occidentalis (CORO). Zentrum für Antike und Orient. Akademie der Wissenschaften zu Göttingen. Georg-August-Universität Göttingen, hrsg. von Reinhard G. Kratz et al., Heft 5), Berlin et al. 2017.

Licht, Jacob: Art. «*Day* of the Lord», EJ, Bd. 5.

Lindsay, Mark R.: *Barth*, Israel, and Jesus. Karl Barth's Theology of Israel (= Barth Studies, hrsg. von John Webster et al.), Aldershot et al. 2007.

Lohfink, Gerhard: Am *Ende* das Nichts? Über Auferstehung und Ewiges Leben, Freiburg i.Br. 2017[4].

Lohfink, Norbert SJ: *Eschatologie* im Alten Testament, in: Horst Dietrich Preuss: Eschatologie im Alten Testament (= WdF, Bd. CDLXXX), Darmstadt 1978, 240–258, erstmals erschienen in: Norbert Lohfink: Bibelauslegung im Wandel, Frankfurt a.M. 1967, 158–184.

Lohrbächler, Albrecht, Helmut Ruppel, Ingrid Schmidt (Hgg.): Was Christen vom Judentum *lernen* können. Anstösse, Materialien, Entwürfe. Unter Mitarbeit von Jörg Thierfelder, Stuttgart 2006.

Luther, Martin: Eine *Unterrichtung*, wie sich die Christen in Mosen schicken sollen. Gepredigt durch Martin Luther. Gepredigt nach dem 15. Mai 1525, ausgegangen 1526, in: Walch, Joh. Georg (Hg.): Dr. Martin Luthers sämtliche Schriften, Bd. 3. Auslegung des Alten Testamentes (Fortsetzung). Predigten über das erste Buch Mosis und Auslegungen über die folgenden biblischen Bücher bis zu den Psalmen (excl.), Nachdruck der 2. überarbeiteten Auflage, Gross-Oesingen 1986, 2–17.

Marschler, Thomas: *Eschatologie*, in: Ders., Thomas Schärtl. (Hgg.): Dogmatik heute. Bestandsaufnahme und Perspektiven, Regensburg 2014, 509–553.

Mayer, Reinhold: *Einführung*, in: Franz Rosenzweig: Der Stern der Erlösung. Mit einer Einführung von dems. und einer Gedenkrede von Gershom Scholem, Frankfurt a. M. 1996[5], IX–XXXVII.

Mendes-Flohr, Paul: *History*, in: Arthur A. Cohn, ders. (Hgg.): Conteporary Jewish Religious Thought. Original Essays on Critical Concepts, Movements, and Beliefs, New York 1988, 371–378.

Menke, Karl-Heinz: *Jesus* ist Gott der Sohn. Denkformen und Brennpunkte der Christologie, Regensburg 2012[3].

Miron, Ronny: The Angel of Jewish *History*. The Image of the Jewish Past in the Twentieth Century (= Emunot: Jewish Philosophy and Kabbalah, hrsg. von Dov Schwartz), Boston 2014.

Miskotte, Kornelis Heiko: Wenn die *Götter* schweigen. Vom Sinn des Alten Testaments, München 1963.

Ders.: Das *Wesen* der jüdischen Religion. Die Dissertation von 1932 – erstmals ins Deutsche übersetzt und mit einer Einführung versehen von Heinrich Braunschweiger (= Tübinger Judaistische Studien, hrsg. von Matthias Morgenstern, Bd. 3), Münster 2017.

Mittelstrass, Jürgen: *Glanz* und Elend der Geisteswissenschaften (= Oldenburger Universitätsreden. Vorträge, Ansprachen, Aufsätze, Nr. 27), Oldenburg 1989.

Moltmann, Jürgen: Der gekreuzigte *Gott*. Das Kreuz Christi als Grund und Kritik christlicher Theologie (= Werke, Bd. 2, Sonderausgabe 2016), Gütersloh 1997.

Ders.: Theologie der *Hoffnung*. Untersuchungen zur Begründung und zu den Konsequenzen einer christlichen Eschatologie (= BEvT, Bd. 38), München 1968[7].

Ders., Pinchas Lapide: *Israel* und Kirche: ein gemeinsamer Weg? Ein Gespräch, München 1980.

Ders.: *Kirche* in der Kraft des Geistes. Ein Beitrag zur messianischen Ekklesiologie, (= Werke, Bd. 3), Sonderausgabe 2016, München 1975.

Ders.: Das *Kommen* Gottes. Christliche Eschatologie (= Werke, Bd. 8, Sonderausgabe 2016), Gütersloh 1995.

Ders.: Die *Quelle* des Lebens. Der Heilige Geist und die Theologie des Lebens (= KT, Bd. 150), Gütersloh 1997.

Ders.: Der *Weg* Jesu Christi. Christologie in messianischen Dimensionen, München 1989.

Mostert, Walter: *Jesus* Christus – wahrer Gott und wahrer Mensch. Zwei Vorlesungen und ein Vortrag zur Christologie. Mit einer Einführung in die Theologie Walter Mosterts durch Christof Gestrich, hrsg. von Karl Adolf Bauer et al. Zürich 2012.

Ders.: *Rechtfertigungslehre.* Biblisch-theologisch, dogmengeschichtlich, fundamentaltheologisch, hrsg. von Christian Möller zusammen mit Karl Adolf Bauer, Peter Gerhardt et al., Zürich 2011.

Müller, Klaus: *Tora* für die Völkerwelt. Die noachidischen Gebote und Ansätze zu ihrer Rezeption im Christentum, (= SKI, hrsg. von Peter von der Osten-Sacken, Bd. 15), Berlin 1994.

Neher, André: Jüdische *Identität.* Einführung in den Judaismus. Aus dem Französischen übersetzt von Holger Fock. Mit einem Nachwort von Rudolf Pfisterer, Hamburg 1995.

Nocke, Franz-Joseph: Allgemeine *Sakramentenlehre*, in: Theodor Schneider (Hg.): Handbuch der Dogmatik, Bd. 2, Gnadenlehre, Ekklesiologie, Mariologie, Sakramentenlehre, Eschatologie, Trinitätslehre, erarbeitet von Bernd Jochen Hilberath et al., Düsseldorf 2000, 188–225.

Oeming, Manfred: «Suche *Frieden* und jage ihm nach!» (Ps 34,15). Der umstrittene Weg zum Frieden im Alten Testament, in: BiKi 61(2006), 126–129.

Orni, Ephraim, Shabed Gilboa: Art. «*Afterlife*», EJ, Bd. 1.

Orthodox Rabbinic Statement on Christianity: To Do the Will of Our Father in Heaven: Toward a *Partnership* between Jews ans Christians, December 2015 (Herausgeber- bzw. Autorschaft und Ort unbekannt), in: Jud. 72(2016), 356–361, zweisprachiger Text, übersetzt ins Deutsche von Jehoshua Ahrens und Michael Kühntopf.

Pannenberg, Wolfhart: Die Aufgabe christlicher *Eschatologie*, in: ZThK 92(1995), 71–82.

Ders.: Systematische Theologie, Band 3, Göttingen 2015. (Zit. als *ST III*).

Petersen, Birte: Theologie nach *Auschwitz*? Jüdische und christliche Versuche einer Antwort (= VIKJ, Bd. 24), Berlin 1996.

Prendergast, Terrence: Art. «*Hope* (NT)», The Anchor Bible Dictionary, Bd. 3.

Rahner, Johanna: Einführung in die christliche *Eschatologie* (= GrTh), durchgesehene und aktualisierte Auflage, Freiburg et al. 2016[2].

Raphael, Simcha Paull: Jewish Views of the *Afterlife*, Lanham et al. 1994.

Reformierte Kirchen Bern-Jura-Solothurn (Hg.) *Begegnung* und Dialog der Religionen. Eine Standortbestimmung der Reformierten Kirchen Bern-Jura-Solothurn, Bern 2010.

Rendtorff, Rolf: *Israel* und sein Land. Theologische Überlegungen zu einem politischen Problem (= TEH, Bd. 188), München 1975.

Ders.: *Theologie* des Alten Testaments. Ein kanonischer Entwurf. Band 2: Thematische Entfaltung, Neukirchen-Vluyn 2001.

Rosenzweig, Franz: Der *Stern* der Erlösung. Mit einer Einführung von Reinhold Mayer und einer Gedenkrede von Gershom Scholem, Frankfurt a. Main 2015[10].

Sauter, Gerhard: *Rechenschaft* über die Hoffnung im Vertrauen auf die Treue Gottes. Zur Selbstprüfung der Kirche im Blick auf Israel, in: Eschatologie und Schöpfung. FS für Erich Gräßer zum siebzigsten Geburtstag, hrsg. von Martin Evang et al., (= BZNW, Bd. 89), Berlin/New York 1997, 293–320.

Ders.: Art. «*Rechtfertigung* VII. Dogmatisch», TRE, Bd. 28.

Schäfer, Peter: *Anziehung* und Abstossung. Juden und Christen in den ersten Jahrhunderten ihrer Begegnung. Übersetzt von Paul Silas Peterson, hrsg. von Jürgen Kampmann, Tübingen 2015.

Ders.: Die *Geburt* des Judentums aus dem Geist des Christentums. Fünf Vorlesungen zur Entstehung des rabbinischen Judentums (= Tria Corda. Jenaer Vorlesung zu Judentum, Antike und Christentum, hrsg. von Walter Ameling et al., Bd. 6), Tübingen 2010.

Schelhas, Johannes: Die *Bedeutung* Israels im christlichen Verständnis. Karl Barths Israel-(ein)sichten von 1946, in: ZKTh 130(2008), 195–220.

Schieder, Thomas: *Weltabenteuer* Gottes. Die Gottesfrage bei Hans Jonas (= APPSR, Bd. 48), Paderborn et al. 1998.

Schlier, Heinrich: Art. «*ἀμέν*», ThWNT, Bd. 1.

Schnelle, Udo: Die ersten 100 Jahre des Christentums 30–130 n. Chr. Die *Entstehungsgeschichte* einer Weltreligion, 3. neubearbeitete Auflage, Göttingen 2019.

Scholem, Gershom: *Judaica I*, Frankfurt a. Main 1963.

Schwartz, Baruch J.: Art. «*Blessings*», EJ, Bd. 3.

Schwarz, Berthold: «*Israelogie*» als Bindeglied innerhalb der *Loci Theologici* – Ein dogmatischer Entwurf, in: ders, Helge Stadelmann (Hgg.).: Christen, Juden und die Zukunft Israels. Beiträge zur Israellehre aus Geschichte und Theologie (= Edition Israelogie, hrsg. von Berthold Schwarz et al., Bd. 1), Frankfurt am Main et al. 2009, 235–333.

Ders., Helge Stadelmann: *Vorwort*, in: dies. (Hgg.): Christen, Juden und die Zukunft Israels. Beiträge zur Israellehre aus Geschichte und Theologie (= Edition Israelogie, hrsg. von Berthold Schwarz et al., Bd. 1), Frankfurt am Main et al. 2009, IX–X.

Schwemer, Ulrich: Juden und Christen – zwei *Glaubensweisen* vor einem Gott. Der Einfluss des christlich-jüdischen Dialogs auf die Verkündigung in der Gemeinde, in: KuI 35(2020),132–143.

Snoek, Johan M.: The *Grey Book*. A Collection of Protests against Anti-Semitism and the Persecution of Jews issued by Non-Roman Catholic Churches and Church Leaders during Hitlers's Rule. Mit einer Einführung von Uriel Tal, Assen 1969.

Snyder, Timothy: Black *Earth*. Der Holocaust und warum er sich wiederholen kann, aus dem Englischen von Ulla Höber at al., München 2015.

Sölle, Dorothee: *Atheistisch* an Gott glauben. Beiträge zur Theologie, Freiburg im Breisgau 1968.

Sonderegger, Kathrine: That *Jesus* Christ Was Born a Jew. Karl Barths «Doctrine of Israel», Pennsylvania 1992.

Stäblein, Christian: *Predigen* nach dem Holocaust. Das jüdische Gegenüber in der evangelischen Predigtlehre nach 1945, (= APTh, Bd. 44), Göttingen 2004.

Stemberger, Günter: Der *Talmud*. Einführung. Texte. Erläuterungen, München 2008[4].

Stock, Alex: Poetische *Dogmatik*. Christologie. 1. Namen, Paderborn 1995.

Stolina, Ralf: Art. «*Negative* Theologie», RGG[4], Bd. 6.

Theissen, Gerd, Petra von Gemünden: Der *Römerbrief*. Rechenschaft eines Reformators, Göttingen 2016.

Thoma, Clemens: Art. «*Israel* II: Frühes und rabbinisches Judentum», TRE, Bd. 16.

Ders.: Christliche *Theologie* des Judentums. Mit einer Einführung von David Flusser (= Der Christ in der Welt. Eine Enzyklopädie. In Verantwortlicher Zusammenarbeit mit deutschen und französischen Autoren unter beratender Mitwirkung von P. Johannes Hirschmann SJ. VI. Reihe Das Buch der Bücher, Bd. 4a/b), Aschaffenburg 1978.

Tietz, Christiane: Art. «*Rechtfertigung* III: Dogmengeschichtlich», RGG[4], Bd. 7.

Tiwald, Markus: Das *Frühjudentum* und die Anfänge des Christentums. Ein Studienbuch, (= BWANT, Bd. 208), Stuttgart 2016.

Treier, Daniel J.: Scripture and *Hermeneutics*, in: Kapic, Kelly M., Bruce L. McCormack: Mapping Modern Theology. A Thematic and Historical Introduction, Grand Rapids 2012, 67–96.

Turner, Max: Eine *Interpretation* der Samaritaner in Apostelgeschichte 8. Das Waterloo pfingstlicher Soteriologie und Pneumatologie? in: Jörg Haustein, Giovanni Maltese (Hgg.): *Handbuch* pfingstliche und charismatische Theologie, übersetzt und eingeleitet von dens.. Mit einem Vorwort von Michael Bergunder, Göttingen 2014, 69–92.

Tück, Jan-Heiner: Gottes *Augapfel*. Bruchstücke zu einer Theologie nach Auschwitz, Freiburg et al. 2016.

Uffenheimer, Benjamin: Art. «*Eschatologie* IV. Judentum», TRE, Bd. 10.

van Buren, Paul M.: Eine *Theologie* des christlich-jüdischen Diskurses. Darstellung der Aufgaben und Möglichkeiten. Aus dem Amerikanischen übersetzt und für die deutsche Ausgabe redaktionell übearbeitet von Eva Sacksofsky, München 1988.

Vernoff, Charles Elliott: *Hope* תקוה, in: Arthur A. Cohen et al. (Hgg.): Contemporary Jewish Religions Though. Original Essays on Critical Concepts, Movements, and Beliefs, New York et al. 1987, 417–421.

Volz, Paul: Die *Eschatologie* der jüdischen Gemeinde im neutestamentlicen Zeitalter. Nach den Quellen der rabbinischen, apokalyptischen und apokryphen Literatur, Hildesheim 1966[2]. Titel der ersten Auflage: Jüdische Eschatologie von Daniel bis Akiba, Tübingen 1934.

Waldenfels, Hans: Löscht den *Geist* nicht aus. Gegen die Geistvergessenheit in Kirche und Gesellschaft, Paderborn 2008.

Walzer, Michael: *Universalism* and Jewish Values. Twentieth Annual Morgenthal Memorial Lecture on Ethics and Foreign Policy. Transcript of the lecture delivered on May 15, 2001, at the Harmonie Club in New York City, www.carnegiecouncil.org/publications/archive/morgenthau/114, zuletzt aufgerufen am 19. November 2020.

Weber, Timothy P.: *Millenialism*, in: Jerry L. Walls (Hg.): The Oxford Handbook of Eschatology, New York et al. 2008, 365–383.

Wiedenhofer, Siegfried: *Ekklesiologie*, in: Theodor Schneider (Hg.): Handbuch der Dogmatik, Bd. 2, Gnadenlehre, Ekklesiologie, Mariologie, Sakramentenlehre, Eschatologie, Trinitätslehre, erarbeitet von Bernd Jochen Hilberath et al., Düsseldorf 2000, 47–187.

Willi, Thomas: «דרכיה דרכי נעם וכל נתיבותיה שלום». Ihre *Wege* sind liebliche Wege und ihre Pfade Frieden! Eine christliche Reaktion auf das Orthodox Rabbinic Statement on Christianity, in: Jud. 76(2016), 365–367.

Winkler, Ulrich: *Christologie* im Kreuzverhör. Wider die Diastase von Israeltheologie und Religionstheologie, in: SaThZ 8(2004), 30–61.

Wohlmuth, Josef: *Mysterium* der Verwandlung. Eine Eschatologie aus katholischer Perspektive im Gespräch mit jüdischem Denken der Gegenwart (= Studien zum Judentum und Christentum, hrsg. von dems.), Paderborn et al. 2005.

Yerushalmi, Yosef Hayim: Ein Feld in *Anatot*. Zu einer Geschichte der jüdischen Hoffnung, aus dem Amerikanischen von Wolfgang Heuss, in: ders.: Ein Feld in Anatot. Versuche über jüdische Geschichte, aus dem Amerikanischen von Wolfgang Heuss und Bruni Röhm (= Kleine kulturwissenschaftliche Bibliothek, Bd. 44), Berlin 1993, 81–94.

Yerushalmi, Yosef Hayim: Zachor: Erinnere Dich! Jüdische Geschichte und jüdisches Gedächtnis, aus dem Amerikanischen von Wolfgang Heuss, Berlin 1988.